人民文库 第二辑

北宋武将群体与相关问题研究

（增订本）

陈　峰｜著

人民出版社

出 版 前 言

　　1921 年 9 月，刚刚成立的中国共产党就创办了第一家自己的出版机构——人民出版社。一百年来，在党的领导下，人民出版社大力传播马克思主义及其中国化的最新理论成果，为弘扬真理、繁荣学术、传承文明、普及文化出版了一批又一批影响深远的精品力作，引领着时代思潮与学术方向。

　　2009 年，在庆祝新中国成立 60 周年之际，我社从历年出版精品中，选取了一百余种图书作为《人民文库》第一辑。文库出版后，广受好评，其中不少图书一印再印。为庆祝中国共产党建党一百周年，反映当代中国学术文化大发展大繁荣的巨大成就，在建社一百周年之际，我社决定推出《人民文库》第二辑。

　　《人民文库》第二辑继续坚持思想性、学术性、原创性与可读性标准，重点选取 20 世纪 90 年代以来出版的哲学社会科学研究著作，按学科分为马克思主义、哲学、政治、法律、经济、历史、文化七类，陆续出版。

习近平总书记指出:"人民群众多读书,我们的民族精神就会厚重起来、深邃起来。""为人民提供更多优秀精神文化产品,善莫大焉。"这既是对广大读者的殷切期望,也是对出版工作者提出的价值要求。

文化自信是一个国家、一个民族发展中更基本、更深沉、更持久的力量,没有文化的繁荣兴盛,就没有中华民族的伟大复兴。我们要始终坚持"为人民出好书"的宗旨,不断推出更多、更好的精品力作,筑牢中华民族文化自信的根基。

人民出版社

2021 年 1 月 2 日

目　　录

序

人们认为,中国古代正史的《兵志》体例始于宋祁、欧阳修等撰的《新唐书》。其实《兵志》亦非《新唐书》首创,比此书早三十年,宋朝记录太祖、太宗和真宗的纪传体《三朝国史》中已有《兵志》。元人编写《宋史·兵志》,大致是将宋代各朝正史的《兵志》拼凑而成,仍然留下了拼凑的痕迹。例如《宋史》卷187记载禁军屯驻分布,有"建隆以来之制",无疑就是照抄《三朝国史》和宋仁宗、宋英宗的《两朝国史》,又如同书卷189《兵志》厢兵"飞将"后小注说:"自此至拣中骑射,凡三军,《三朝志》无。"《宋史·兵志》等作为古人介绍军制的作品,势必受当时军制学发展水平的局限。

20世纪,史学家们开始重新研究中国古代军制,取得相当成绩。我个人受恩格斯为西方百科全书所撰释文的影响,决定另辟蹊径,按照现代军制学的规范,如指挥系统、编制、装备、通信、后勤、战略战术等,重新研究宋朝军制,于1983年出版了《宋朝兵制初探》。出版的当时,固然得到国内外的一些好评,给人以耳目一新之感,也确实在断代军制学的研究方面,实现了从传统到现代的转轨。但我至少尚有自知之明,认为自己的研究还不够深入细致,在内容和体系上肯定尚有不足,在史料上的错误亦不可免,故书名"初探"两字,不可不用。事实上,随着研究的深入,此书的学术价值确是在不断地降低,显得愈来愈陈旧,无再版的必要。但自己的精力却日益衰退,没有可能将原作重新改写。

幸好有陈峰先生等一些学者,有志于从事宋朝军制的深入研究,使我深感欣慰。陈峰先生此书作为他进行宋朝军制研究的一部分,功力甚勤,显然比我的旧作大为深入。此书系统地、深入地论述了北宋武将在枢密院地位的变化,各地统军体系中武将地位的降低,三衙将帅体制的方方面面,以及北宋后期的文臣和宦官统军等问题,其内容就比我的旧作丰富得多,不仅写了制度,更着重于制度的运作。制度是死的,人是活的,制度的运作也许是制度史研究更重要的一方面。至于论析北宋的武将群体,则为我的旧作所未有。以往人们针对宋朝的文官政治,常用“重文轻武”一语加以概括,此语的缺点是可能产生误解,以为宋朝统治者不重视军事。陈峰先生经过认真斟酌,改用“崇文抑武”一语,并对北宋时的崇文抑武和驭将之策作了深刻的论析。总的说来,此书确是一部很有分量的北宋军制研究新作。衷心祝愿陈峰先生再接再厉,对宋朝军制的研究能连续不断地发表新作。

《中国军制史》的绪论曾将中国古代军制归纳为十二个方面,包括:(一)军事领导体制,(二)武装力量体制,(三)军队的组织编制,(四)武器装备制度,(五)兵役制度,(六)教育训练制度,(七)军队管理制度,(八)武官选任制度,(九)军事通信联络制度,(十)后勤保障制度,(十一)军事法制,(十二)军制思想、观点、理论的发展演变。应当说,这十二条是相当全面的。我的旧作与之相对照,确实存在一些缺陷。例如我的旧作对军制思想等就全无论述,后勤只谈了战时的运输,而未谈平时的粮秣、军器等贮备和保管,也未涉及军队的医药等问题。但旧作也有某些十二条以外的内容。

历史研究的基本特点之一,是在于实证性,在不少场合,确是有一分史料说一分话。经济研究可以在现实经济生活中索取资料,而任何时代,其传世史料再丰富,对后世的历史研究者而言,总是残缺不全的。例如清朝的史料,可谓浩如烟海,任何人也无法穷尽。但如人们开始重视《红楼梦》一书的研究后,虽然煞费苦心地搜索,而有关作者曹雪芹的生平记载却非常稀缺,无法为他作一完整的传记。

因此,面对上述的十二条规范,具体研究各代军制史,就只能遵循

"量体裁衣"的原则,努力发掘史料,但有史料则写,无史料则不写。更不必完全拘泥于十二条。例如我撰写《金朝军制》,其中有"金军的多民族成分"一章。按十二条的规范,可以不写,但考虑金朝的史实,却不应不写。再如陈峰先生此书用相当大的篇幅论述北宋武将群体,按《军制史》武官选任制度,"主要包括各级武官的选拔、任用、考核、军爵、秩品、俸禄、致仕制度等",而北宋武将群体的论述大体还是在上述规范之外。

总之,研究历史确实需要有先进理论的指导,但先进理论不应成为历史研究者的思想束缚,而应当促进人们的思想解放。

王曾瑜

2002 年 10 月

前　言

在中国历史上,武将与文臣作为王朝政治的两大重要支柱,在历代统治过程中各负其责,共同扮演了重要的角色。先秦时,孔子即云:"有文事者必有武备,有武事者必有文备。"①这一对文武的认识,可谓中国古代的基本政治常识。唐太宗还著有《阅武》与《崇文》两篇,进一步概括了文臣与武将的不同作用:"斯二者递为国用。至若长气亘地,成败定乎锋端,巨浪滔天,兴亡决乎一阵,当此之际,则贵干戈,而贱庠序。及乎海岳既晏,波尘已清,偃七德之余威,敷九功之大化,当此之际则轻甲胄,而重诗书。是知文武二途,舍一不可。与时优劣,各有其宜。武士、儒人焉可废也。"②这都充分地说明了"文武二途舍一不可",武将在古代政治生活中具有的重要性。古代"兵圣"孙子则对"将"的作用有如此评价:"夫将者,国之辅也,辅周则国必强,辅隙则国必弱。"③"故知兵之将,民之司命,国家安危之主也。"④

在中国古代文明的早期阶段,即所谓人类的"英雄"时代,一方面,因军事活动在社会和政治生活中占有至关重要的地位,乃有"国之大事,在

---

① 司马迁:《史记》卷四七《孔子世家》,中华书局1982年版,第1915页。

② 唐太宗:《帝范》卷四,《丛书集成新编》第31册,台北新文丰出版公司2008年版,第655页。

③ 孙武撰,曹操等注,杨丙安校理:《十一家注孙子校理·谋攻篇》,中华书局2018年版,第71页。

④ 《十一家注孙子校理·作战篇》,第50页。

祀与戎"①之说，即国家大事，以祭祀和兵戎活动为重；另一方面，因统治疆域狭小、内外政务相对为简，其政权结构及功能遂较为单一。于是，统治集团中并无严格的文、武区分，常常是贵族混兼文臣与武将的职责。正因为如此，从"武"的角度来看，夏、商及西周所谓"三代"时期，天子左右的大臣，除了在内执政外，其在外的重要职责就是统军出征，即承担统帅之责，如姜尚、周公东征等典型例证。与此同时，各级武将通常皆由贵族组成，如《周礼·夏官司马》反映：西周时期，设置大司马一名，由卿大夫出任，小司马二名，由中大夫担任；军司马四名，由下大夫出任；舆司马八名，由上士担任；行司马十六名，由中士担任；旅三十二名，由下士承担。②直至春秋时期，仍大体沿用贵族承担各级武将之责的传统。恩格斯在《家庭、私有制和国家的起源》中曾深刻地指出："掠夺战争加强了最高军事首长以及下级军事首长的权力；习惯地由同一家庭选出他们的后继者的办法，特别是从父权制实行以来，就逐渐转变为世袭制，他们最初是耐心等待，后来是要求，最后便僭取这种世袭制了；世袭王权和世袭贵族的基础奠定下来了。"③因此，在这一时期，从军不仅是一种义务，而且也是一种特权和荣誉。④ 所以，当时贵族学校的教育内容——"六艺"，就有"射""御"等军事性的科目。⑤ 孟子即云："设为庠序学校以教之。庠者，养也。校者，教也。序者，射也。"⑥以后王安石便指出：古代士人习"文武之道"，以掌握射术和御乘为急，其他技能倒在其后，"于礼乐之事，未尝不寓以射"。故其优秀分子入可为公卿大臣，"出则为六军之将"；其次者

① 《春秋左传注》成公十三年，第 861 页。
② 郑玄注，贾公彦疏：《周礼注疏》，阮元校刻：《十三经注疏》，中华书局 2009 年版，第 1792 页。
③ ［德］恩格斯：《家庭、私有制和国家的起源》，人民出版社 2018 年版，第 183 页。
④ 雷海宗先生对此曾有简要而精辟的见解："春秋时代虽已有平民当兵，但兵的主体仍是士族。所以春秋时代的军队仍可说是贵族阶级的军队。因为是贵族的，所以仍为传统封建贵族的侠义精神所支配。封建制度所造成的贵族，男子都以当兵为职务，为荣誉，为乐趣。不能当兵是莫大的羞耻。"《中国的兵》，中华书局 2005 年版，第 8 页。
⑤ 孙诒让撰，王文锦、陈玉霞点校：《周礼正义·地官·司徒第二》，中华书局 2013 年版，第 756 页。
⑥ 焦循撰，沈文倬点校：《孟子正义·滕文公上》，中华书局 1987 年版，第 343 页。

也能或任地方官吏，或为军队将校。所谓："居则以是习礼乐，出则以是从战伐。①"南宋人也有感而发道："三代而上，文武不分。春秋列国军将皆命卿，处则执政，出则将兵，载于《诗》《书》《左传》，可考也。然此特谓将帅耳，乃若卒伍之贱，虽贤士亦为之，不以为异。"②

至春秋、战国之际，才出现文臣、武将队伍，所谓："官分文武，惟王之二术也。"③对此，现代学者杨宽先生已有精辟论述，概括而言即是：春秋、战国之际出现了集权的官僚政治，在国君之下，形成以相、将为文武首脑的官僚队伍。其特点是官分文武，这与西周春秋时代各国卿大夫同时掌握政权、兵权的制度不同，是适应政治、军事发展需要的结果。这样既有利于提高战争技艺，也便于把权力集中到国君手中。④ 从此，武将作为群体与文臣队伍开始政治分工，成为王朝统治的两大支柱。如秦汉时期，三公九卿中有太尉、卫尉、郎中令及太仆等武官，同时又存在诸将军、中尉、中郎、护军都尉、校尉等高级武将及更多的中下级武官，地方则有郡尉及县尉等武官。⑤ 秦汉以降，各级武将的名称虽不断发生变化，但趋势却是设置更趋于健全和复杂。

自官僚队伍出现文武分工以后，一方面，武将拥有与文臣大致对等的地位，承担国防、军事活动的组织与实施职责，其中高级将领更深受重用和礼遇。如《汉书》卷六八《霍光传》反映：当时大臣列名时，大将军及诸将军便在副宰相的御史大夫之前。⑥ 后世还注意到：西汉时期，前后左右将军位上卿，金印紫绶，御史大夫也位上卿，却是银印青绶。⑦ 由此可窥见当时将军显赫地位之一斑。宋代陈傅良云：汉朝"太尉、相国列为三公，城门领兵得如五府"，"武帝留意边功，增设营校，卒置大司马官，尊宠

---

① 王安石：《王文公文集》卷一《上皇帝万言书》，上海人民出版社1974年版，第7页。
② 洪迈撰，孔凡礼点校：《容斋随笔》之《四笔》卷一六《昔贤为卒伍》，中华书局2005年版，第820页。
③ 尉缭：《尉缭子·原官第十》，《丛书集成新编》第32册，台北新文丰出版公司2008年版，第188页。
④ 杨宽：《战国史》，上海人民出版社2003年版，第221—222页。
⑤ 班固：《汉书》卷一九《百官公卿表上》，中华书局1962年版，第725—743页。
⑥ 《汉书》卷六八《霍光传》，第2939页。
⑦ 《容斋随笔》之《三笔》卷一《汉将军在御史上》，第434页。

将帅,以冠诸军,大臣之权尤偏重于将矣"。① 汉宣帝时,赵充国以后将军身份长期主持对羌战争,皇帝及公卿大臣皆对其言听计从。② 宋人孙何遂总结道:"谨按《史记》汉高祖将定三秦,择良日斋戒,设坛场,拜韩信为大将军,部管诸将。魏故事:遣将出征,符节郎授节钺,跪而推毂。北齐命将出征,则太卜诸庙,灼龟授旗鼓于庙,皇帝陈法驾,服衮冕拜于太庙,遍告讫,降就中阶,引上将操钺柄;将军既执斧钺,对曰:'国不可从外治,军不可从中制,臣即授令,有鼓旗斧钺之命,而无一言之命于臣。'帝曰:'苟利社稷,将军以之。'将军就载斧钺而出,皇帝推毂度门曰:'从此已外,将军制之也。'"③孙何的这一叙述,正是对以前朝廷尊崇将帅及其权威的羡慕表达。

另一方面,武将与文臣虽然存在分工,但彼此之间也没有一道绝对的鸿沟,因统治需要而常有大将转任宰相、文臣出为将帅的现象,即政坛有所谓"出将入相"的传统。宋人曾搜寻了许多有关的例证,来说明这种现象的存在:"汉初诸将所领官多为丞相,如韩信初拜大将军,后为左丞相击魏,又拜相国击齐。周勃以将军迁太尉,后以相国代樊哙击燕,樊哙以将军攻韩王信,迁为左丞相,以相国击燕。郦商为将军,以右丞相击陈豨",其余如尹恢、陈涓皆以丞相出师。④ 事实上,相关的史实还不止这些,如隋朝杨素、唐朝李靖、徐世勣、刘仁轨、娄师德及郭元振等人,也先后因军功而入朝为相(见相关正史中诸将本传)。据唐人记载:"高宗朝,姜恪以边将立功为左相,阎立本为右相"。于是世称:"左相宣威沙漠,右相

---

① 陈傅良:《历代兵制》卷二《东汉》,《景印文渊阁四库全书》第663册,台湾商务印书馆1986年版,第450—451页。《秦汉官制史稿》第三章第一节《大将军》(附各种武官)在对秦汉时期武将的设置情况进行叙述的同时,充分地肯定了高级武将在当时的重要地位,其中特别是大将军至前后左右将军的地位相当高,而大将军、骠骑将军的权威甚至在宰相之上,车骑将军、卫将军等也位比三公,在九卿之上。第233—260页。

② 《汉书》卷六九《赵充国·辛庆忌传》,第2971—2995页。

③ 孙何:《上真宗论御戎画一利害》,赵汝愚:《宋朝诸臣奏议》,上海古籍出版社1999年版,第1431页。

④ 《容斋随笔》之《续笔》卷一,《汉初诸将官》,第336页。

驰誉丹青。"①唐玄宗时,郭元振、薛讷、李适之等"咸以立功边陲,入参钧轴"。② 另外,地方长吏转任或挂军职,指挥作战的现象也屡见不鲜,如西汉宣帝时,酒泉太守辛武贤出任破羌将军,随赵充国征讨西羌;③东汉初,陇西太守马援在西陲指挥用兵,后封伏波将军,为一时名将;④东晋陶侃在郡守、州刺史任内,多次领兵参加平叛行动,特别是在太宁三年(325年),加征西大将军衔,镇压了苏峻、祖约之乱;⑤唐、五代时期,从地方官成为军事将领,乃至于藩镇割据者,更不在少数。

在此要特别指出的是,由于秦汉长期实行军功爵制度,从而在社会上营造了强烈的崇尚军功的意识。通过从军立功而获得爵位,不仅可以得到相应的政治地位、特权和经济利益,而且能够受到社会的推崇,与此同时,还可以入仕为官。如秦有所谓"官爵之迁与斩首之功相称"之说。⑥即指秦之官职爵位的高低与军功的多寡存在直接联系。汉代虽然对低级封爵者授官加以限制,但官职对高爵者则仍然开放。这种军功爵制度一直延续到曹魏时期,其对社会价值观的影响,则更为深远。⑦ 虽然魏晋南北朝因世家制度的存在,普通士卒的地位低下,⑧但武将群体仍始终拥有较高的社会地位,当时门阀世族中统兵者便不少见,军功也成为世人向往的重要目标。尤其到南朝时,大批寒门出任将帅,不仅掌握军权,甚至控制朝政,乃至于取得帝位。至于在北朝浓烈的武风之下,从武为将更拥有优越的社会地位,自不待言。现代学者研究指出:将军在汉代已经出现"用为优崇之衔"的情况,可以加给并不带兵的文官等。到魏晋南北朝

---

①　刘昫:《旧唐书》卷七七《阎立本传》,中华书局 1975 年版,第 2680 页。

②　刘肃撰,许德楠、李鼎霞点校:《大唐新语》卷一一,中华书局 1984 年版,第 173 页。

③　《汉书》卷六九《赵充国、辛庆忌传》,第 2995 页。

④　范晔:《后汉书》卷二四《马援传》,中华书局 1965 年版,第 838 页。

⑤　房玄龄:《晋书》卷六六《陶侃传》,中华书局 1974 年版,第 1773—1775 页。

⑥　韩非撰,王先慎集解,钟哲点校:《韩非子集解》卷一七《定法篇》,中华书局 1998 年版,第 399 页。

⑦　有关这方面的研究,已有相当多的成果。可参见本师漆侠:《二十等爵与封建制度》,《求实集》,天津人民出版社 1982 年版。

⑧　参见何兹全:《魏晋南北朝的兵制》,《历史语言研究所集刊》第 16 本,商务印书馆 1948 年版。

时,诸"将军"逐渐演变成由众多军号构成的军阶,授予的对象"并不限于军官而已,也包括文职官员"①。这种原本武事性的将军称号作为优崇之衔,可加授于武臣之外的文官的现象,也折射出军功在当时社会上依然有着根深蒂固的影响。于是,在相当长的历史中,统治集团中的精英人才常能被军旅所吸引。

战国以前,在以贵族为主体的统治集团内,已涌现出如姜尚、孙武、管仲、孙叔敖、司马穰苴等一大批兼通治国之术的杰出军事家。战国之时,随着社会形态发生巨大变革,专业武将群体开始广泛吸纳统治阶级中的新兴力量,造就出一大批军功阶层。正因为如此,兵家在列国异常活跃,战将更在各国图强交战的过程中发挥出举足轻重的作用,如吴起、孙膑、白起、王翦、廉颇、乐毅等将领,皆以其震撼天下的战绩与卓越的军事才能名垂史册。

自秦统一以降,就总体而言,历代王朝在发展域内各项建设事业的同时,多以积极进取的精神,勇于扩张的理念,征服四方,拓展疆域,故大都注重武备建设。在此形势下,社会上尚武之风盛行,军营依然召唤着社会各阶层的杰出人才,因此武将队伍来源稳定。秦汉时代,军功阶层受到社会的崇拜自不用说,②即使在魏晋时期,门阀世族并未放弃对军职的追求。如名士阮籍之谋求步兵校尉,③谢石、谢玄之热衷带兵,桓温之长期把持大将官位等等。唐朝时期,军功依然是提高政治地位的重要手段,如唐高宗时修《姓氏录》,"得五品官者皆升士流。于是兵卒以军功致五品者,尽入书限"。④ 于是,千余年间,军事人才层出不穷,如秦汉时期的蒙恬、韩信、李广、卫青、霍去病、赵充国、冯异、马援等,三国、魏晋、南北朝的曹操、诸葛亮、司马懿、周瑜、桓温等,隋唐时代的韩擒虎、贺若弼、李靖、徐世、薛仁贵、郭子仪、李光弼、李晟等。即使文人学子也有"投笔从戎"的

---

① 参见阎步克:《品位与职位》,中华书局 2002 年版,第 34—35 页。

② 参见李开元:《汉帝国的建立与刘邦集团——军功受益阶层研究》,生活·读书·新知三联书店 2000 年版。

③ 陈寿:《三国志》卷二一《魏书·阮籍传》,中华书局 1982 年版,第 604 页。

④ 《旧唐书》卷八二《李义府传》,第 2769 页。

豪情壮志，如西汉的张骞、唐朝的边塞诗人便为典型例证。至于同期历史上无数军事将领创造的赫赫武功，都赢得了世人的崇敬。

正因为军功的强烈感召，在9世纪以前的中国历史上，既出现了秦帝国大一统的空前辉煌，也形成了以"汉唐雄风"为标志的特征以及开疆拓土的时代特征。在如此相当长的岁月中，英雄主义牢牢扎根于中原大地，并成为社会推崇的重要精神。这就难怪许多文人名士都对驰骋疆场的生活充满渴望，并要求子弟文武并重，将投身军旅视作入仕的重要途径。如两汉之际，耿弇家本书香门第，"弇少好学，习父业"。但以后"常见郡尉试骑士，建旗鼓，肄驰射，由是好将帅之事"。耿弇在东汉的建立过程中屡立战功，为一代名将。在其影响下，耿氏一门子弟也多成长为将领，"三世为将"。① 南北朝时影响颇大的《颜氏家训》即认为："必有天才，拔群出类，为将则暗与孙武、吴起同术，执政则悬得管仲、子产之教。"② 又谆谆告诫道："习五兵，便乘骑，正可称武夫尔。今世士大夫，但不读书，即称武夫儿，乃饭囊酒瓮也。"③ 而北魏迁都洛阳后，北方边镇因受到轻视，"而又痛施排抑，武人选格不预清流，边方子弟悉同厮养"，遂引起诸镇造反起义。④ 唐朝诗人李白不仅自己有"从军玉门道，逐虏金微山。笛奏梅花曲，刀开明月环。鼓声鸣海上，兵气拥云间。愿斩单于首，长驱静铁关"⑤的志向，而且勉励外甥从军："六博争雄好彩来，金盘一掷万人开。丈夫赌命报天子，当斩胡头衣锦还。"⑥一时更有"宁为百夫长，胜作一书生"⑦，"功名只向马上取，真是英雄一丈夫"⑧之类诗句唱响大江南北。中唐以后，文人还常常以投身藩镇幕府为进身要途，自愿效力于武夫悍

---

① 《后汉书》卷一九《耿弇传》，第715页。

② 颜之推撰，王利器集解：《颜氏家训集解》（增补本）卷三《勉学第八》，中华书局1993年版，第158—159页。

③ 《颜氏家训集解》（增补本）卷五《诫兵第十四》，第355页。

④ 《历代兵制》卷五《北朝》，《景印文渊阁四库全书》第663册，第464页。

⑤ 李白撰，王琦注：《李太白全集》卷六《从军行》，中华书局1977年版，第348页。

⑥ 《李太白全集》卷一七《送外甥郑灌从军三首》（之一），第810页。

⑦ 杨炯撰，祝尚书笺注：《杨炯集笺注》卷二《从军行》，中华书局2016年版，第175页。

⑧ 岑参撰，廖立笺注：《岑嘉州诗笺注》卷二《送李副使赴碛西官军》，中华书局2004年版，第369页。

将,所谓"大凡才能之士,名位未达,多在方镇"。① 在五代时期,学子弃文从武的记载更为常见,如历仕五代后期节镇的焦继勋,原本书生,但以后却发誓道:"大丈夫当立功异域,取万户侯,岂能孜孜事笔砚哉?"②

在上述漫长的历史时期里,武将作为群体,其来源虽然前后不一,构成也变化颇大,但却无疑吸纳了社会各阶层中的大批人才。曹操"唯才是举"的著名思想,就是这一史实的某种反映。更重要的是,统治者大都能放手将帅指挥用兵,如春秋时,司马穰苴斩杀贵臣监军庄贾,以树立主帅权威;③战国时王翦用兵,秦王嬴政不仅授予其全权,而且满足其一切要求;④刘邦拜韩信为将、周亚夫屯军细柳营的故事,更为引人注目。而如卫青、霍去病出塞远征,班超经营西域,李靖出击突厥等用兵过程,无不体现"将在外君命有所不受"的原则。如此便充分发挥并锻炼了将领的军事才能,故其群体素质普遍较高。还值得一提的是,还有不少武将属于文武全才,不仅精通兵略,而且谙熟经史诗文。如西晋征讨孙吴的大将杜预,便是当时著名的经学家。

值得注意的是,当中国古代出现上述强大的边防局面、武将群体获得充分施展能力的空间之时,其实正是民族尚武精神发扬的体现。诚如现代英国著名历史学家汤因比在论述"英雄时代"时指出的:"事实上,一个英雄时代就是一个军事界线结晶化以后的社会和心理的自然结果。"⑤

然而步入宋朝时期,历史的格局却发生了相当大的转变,文武并重的传统演变为"崇文抑武"的导向。宋代统治集团长期实行"崇文抑武"、重内轻外的治国理念,⑥以至于边防上长期陷于被动挨打,遂呈现出"大概声容盛而武备衰"⑦的局面。以往历史上大一统的追求目标就此消失,强

---

① 《旧唐书》卷一三八《赵憬传》,第 3778 页。并参见张国刚:《唐代藩镇研究》,湖南教育出版社 1987 年版,第 26 页。

② 脱脱:《宋史》卷二六一《焦继勋传》,中华书局 1985 年版,第 9042 页。

③ 《史记》卷六四《司马穰苴列传》,第 2157—2158 页。

④ 《史记》卷七三《白起、王翦列传》,第 2340 页。

⑤ [英]汤因比:《历史研究》下册,上海人民出版社 1964 年版,第 146 页。

⑥ 参见拙作:《宋代治国理念及其实践研究》,人民出版社 2015 年版。

⑦ 《宋史》附录《进宋史表》,第 14255 页。

军强国的统治意识亦随之消退。就宋朝武将群体而言,无疑在各方面都受到极大的控制与防范,其所扮演的角色、拥有的地位和发挥的作用皆不能与以往相比。这不能不引起我们的关注和深思,也不能不加以研究和探讨。诚如台湾学者黄宽重在《中国历史上武人地位的转变:以宋代为例》一文中指出:"研究中国历史的中外学者,对武人的问题,如历代武将的角色、文武的关系、文武地位的变化及影响,甚至近千年来人们所强调、大家耳熟能详的'儒将'、'重文轻武'等观念的历史背景,都还有加强探讨与研究的必要。宋代是中国历史变迁的关键。它不但是中国转化为近代型的时期,而且由于它重文轻武,声容盛而武备衰,是文武地位转变的重要时代。以宋代为基点来探讨历史上的文武问题,不仅有助于了解中国历史发展的轨迹,更能掌握近代中国变化的趋势,和近代民族性格形成的因素。"①

　　目前学术界对宋代武将问题的研究,主要集中在个案、参与的有关战役、某些政策以及一般军事制度之上。如邓广铭先生对于岳飞以及北宋募兵制度的研究;②漆侠先生对宋统治者防制武人以及宋辽战争的研究;③王曾瑜先生对宋朝兵制及岳飞的研究;④宁可先生对宋代重文轻武风气的关注;⑤何冠环对宋初三朝武将的量化分析,以及诸多北宋武将个案的研究;⑥罗文对文臣统兵问题的再探,⑦苗书梅对宋代武官选任制度

---

　　①　黄宽重:《南宋军政与文献探索》,台北新文丰出版公司1990年版,第387—399页。
　　②　邓广铭:《岳飞传》(增订本),人民出版社1983年版;《北宋募兵制度及其与当时积弱积贫和农业生产的关系》,《中国史研究》1980年第4期。
　　③　漆侠:《宋代对武人的防制》,《经世日报读书周刊》1947年12月31日;《宋太宗第一次伐辽,宋辽战争研究之一》,《河北大学学报》1991年第3期;《辽国的战略进攻与澶渊之盟的建立》,《河北大学学报》1992年第3期。
　　④　王曾瑜:《宋朝兵制初探》,中华书局1983年版;《宋朝的文武区分和文臣统兵》,《中州学刊》1984年第2期;《岳飞新传》,河北人民出版社2001年版;《岳家军的兵力和编制》,《文史》第11辑。
　　⑤　宁可:《宋代重文轻武风气的形成》,中华书局编辑部编:《学林漫录》第3集,中华书局1981年版。
　　⑥　何冠环:《宋初三朝武将的量化分析——北宋统治阶层的社会流动现象新探》,《食货月刊》复刊第16卷第3、4期(1986年12月);《北宋武将研究》,(香港)中华书局2003年版。
　　⑦　罗文:《北宋文臣统兵的真相》,漆侠主编:《宋史研究论文集》,河北大学出版社2002年版。

的论述;①范学辉对宋代三衙管军制度的多方面研究,②以及对诸如曹彬、王禀、岳家军群体人物的论述等。而从宏观上关注到宋代武将群体地位的学者,还主要是刘子健、黄宽重两位先生。③ 这些论述,都无疑对宋代武将的有关问题进行了必要的揭示。

但是,遗憾的是目前学界对宋代武将群体还缺乏全面、系统的研究,特别是对其构成、类别及其变化,其在中央和地方军事体系中的角色、地位和作用的演变,其整体素质状况,武将政策与治国方略的关系,以及"崇文抑武"方略对社会价值观、风尚的影响等方面,都有必要深入探究。近二十年来,笔者曾就这些问题的诸多方面进行了探讨,并取得了部分研究成果。④

本书以北宋为范围,在学界和本人已有研究的基础上,力图对这一时期武将群体及相关问题作全面的考察和论述。在此需要说明的是,宋朝武官(或泛指的武职)的涉及面很广,不仅中央三衙统军机构和军队中的各级将校(军职)、出征和镇守的统兵官属于武官,而且各种内职(包括横行、诸司使及大小使臣等)、皇室、外戚、筦库、伎术官甚至宦官之类都纳入武官序列。其中担负内职、库务职责的武官,虽然往往可以出任统兵官,乃至于升迁到枢密院,但终身不涉军事活动者也大有人在。本书讨论的范围,自然不包括所有的武官。既有"武将"之概念,便应或在军队中具有统兵、指挥作战的资格,或具有决策军事以及管理一支可以独立战守的军队的身份。因此,本书论述的北宋武将群体的范围,主要包括当时从事军事及与军事有关活动的中级及以上武官(武职),下级武官因达不到武将职责的标准,便不在讨论之列,而那些虽具有中级及以上武官身份,但职责并不涉及军事的人员,则也论述从略。另外,本书对北宋历史大致划分为初期、中期及后期几个阶段,其中北宋初期包括宋太祖及太宗二

---

① 苗书梅:《宋代武官选任制度初探》,《史学月刊》1996 年第 5 期。
② 范学辉:《宋代三衙管军制度研究》,中华书局 2015 年版。
③ 刘子健:《略论宋代武官群在统治阶级中的地位》,《两宋史研究汇编》,台北联经出版事业公司 1987 年版。黄宽重所论,已见前揭。
④ 见本书参考文献部分。

朝,北宋中期包括宋真宗、宋仁宗、宋英宗及宋神宗四朝,而北宋后期则主要包括宋哲宗、宋徽宗及宋钦宗三朝。但在论述过程中,在涉及许多特定或宽泛的时间段的问题时,又有不同的表述,如北宋建国初是指宋太祖朝前期,北宋末年主要指宋徽宗朝后期及宋钦宗朝等。

第 一 章
北宋武将群体的主要构成

　　北宋时期,作为统治集团中重要组成部分的武将群体,其出身与文官队伍有明显的不同,具有来源与构成更为复杂、前后变化较大等特点。目前,学界对宋代文官及其构成情况已有相当多的研究,但相比之下,对北宋武将群体有关方面的掌握则相当不足。因此,有必要对这些问题进行梳理和探究。

　　在北宋167年的历史上,武将的数量无疑是十分庞大的,不过由于其完整的记录资料不可能保留,故要进行完全准确的统计,亦十分困难。但为了对北宋武将群体的构成加以分类,还是有必要进行一定的梳理和量化分析。现存有关北宋较为系统的武将人物传记资料,主要在《宋史》和《东都事略》之中,后者虽比前者成书早,然而记载却不如前者全面。现若以《宋史》"列传""忠义传""外戚传""佞幸传"及"叛臣传"等目录中出现的人物为依据,而暂不考虑未列名其中的子弟以及宦官为将人数的话,可以发现大致共有北宋武官480人。当然,他们未必皆为真正意义上的武将,其中有少数人虽为武官,然而从事的却是与军事关系不大的职事。不过,这毕竟还是提供了一个可供考察的基础平台。那么依此范围对这些武官的情况进行甄别后,能够看到如下史实:属于武将世家者大约为190人,军班行伍者大约有127人,潜邸出身者(不含宋太祖建国之前的潜邸出身者)大约有62人,外戚出身者大约为59人,文人及文官出身者大约有24人,其他出身及出身不详者共18人。他们分别占总人数的比例为:武将世家占 39.6%,军班行伍占 26.5%,潜邸出身占 12.9%,外戚出身占 12.3%,文人及文官占 5%,其他出身及出身不详者占 3.7%。从这些粗略的统计数据可以看出,在北宋武将群体中,武将世家和军班行伍者人数较多,两者占据总数的 66% 以上;潜邸和外戚出身者人数紧随其后,也占据一定的比例;文人文官与其他出身及出身不详者的人数则很少,其总和也不及前面最少的一类。这四类人数的总和无疑占据了北宋武将的绝大多数。

就北宋历史来看,一般意义上的武将出身的范围应当包括:武将世家、军班行伍、潜邸亲随、外戚成员、文人文官从军、武举选拔、宦官、蕃将、吏人、宗室及其他等。总体而言,根据以上统计可知武将世家、军班行伍、潜邸亲随和外戚成员等四类武将,为北宋各个时期武将群体中的主要力量,所发挥的作用和影响也最大。至于文人文官从军、武举选拔、宦官、吏人、蕃将及其他出身的武将,因在北宋武将群体中所占比例很小,实际发挥的作用及影响又相当有限,加之因篇幅所限,故都仅简要加以介绍,不再作详细论述。而北宋宗室成员,虽按照惯例皆授武阶官衔,具有武将的名分,并循此途而不断升迁,唯考虑到这些天潢一脉养尊处优,从不实际从军,所以可将其排除在武将之外。因此,本章将重点讨论武将世家、军班行伍、潜邸亲随及外戚成员等四类武将的出身与构成问题。

第一节 武将世家(将门)

在北宋以前,武将世家已长期存在,并成为军中影响颇大的一种现象,即有所谓"将门出将"的传统。据《史记》卷七五《孟尝君传》记载,孟尝君早年曾对其父曰:"文(即孟尝君田文)闻将门必有将,相门必有相。"[1]可见"将门有将"之说在孟尝君之前当流传已久。之后,此说更成

---

① 《史记》卷七五《孟尝君传》,第 2353 页。

为流播甚广的谚语。如曹魏时期，曹植在上疏中有"谚曰：'相门有相，将门有将'"①的言辞；南北朝时，同样的谚语见诸史籍记载；②隋炀帝也对群臣曰："将门必有将，相门必有相，故不虚也。"③揆诸史乘，还有类似的记载。如西汉时，赵禹对大将军卫青说："吾闻之：'将门之下必有将类。'"④诸如此类，等等。

先秦时期，将门世家颇为活跃，著名者如：秦国自王翦之后，王氏三世为名将（王翦、王贲和王离），蒙氏两代为名将（蒙骜、蒙恬和蒙毅）；赵国之赵氏两世为主帅（赵奢、赵括）。还有乐羊、乐毅及乐乘等几世在数国统军的现象。这一时期，最突出者则莫过于楚国的项氏世将，如太史公所称："项氏世世为楚将，封于项，故姓项氏。"⑤

秦汉以降，"将门出将"的现象依旧绵延不绝。如秦汉时之李氏将门，先后出名者有李信、李广、李蔡、李当户及李陵等数世，号"李氏世将"；⑥周勃、周亚夫两代则皆居西汉大将之位。在汉代，因陇西等六郡"处势迫近羌胡，民俗修习战备，高上勇力鞍马骑射"，故良家子弟往往从军而产生将门，如赵充国便因此成为西汉中叶名将，其子赵卬亦追随至中郎将。与此同时，辛武贤与其子辛庆忌以军功分别至破羌将军、左将军，辛庆忌诸子也继为将领，"皆有将帅之风"。⑦ 两汉之际的耿弇，是东汉建国的功臣大将，以后其子弟也多为将领，史称："三世为将。"⑧三国、魏晋及南北朝时期，高门世族把持军权的现象更为突出。如孙吴之陆氏，自陆逊挂帅之后，其子陆抗继拜大司马、荆州牧，领兵镇守荆州重镇。陆抗死，其子"晏及弟景、玄、机、云，分领抗兵"，其中陆晏和陆景兄弟官至裨将

---

① 《三国志》卷一九《魏书·任城陈萧王传》，第 572 页。
② 魏收：《魏书》卷六二《李彪传》，中华书局 1974 年版，第 1396 页；司马光：《资治通鉴》卷一一五《晋纪三十七》，中华书局 2011 年版，第 3671 页。
③ 魏征、令狐德棻：《隋书》卷七〇《杨玄感传》，中华书局 1973 年版，第 1616 页。
④ 《史记》卷一〇四《田叔列传》，第 2780 页。
⑤ 《史记》卷七《项羽本纪》，第 295 页。
⑥ 《史记》卷一〇九《李将军列传》，第 2877 页。
⑦ 《汉书》卷六九《赵充国·辛庆忌传》，第 2997 页。
⑧ 《后汉书》卷一九《耿弇传》，第 715 页。

军、偏将军。① 隋唐时期，军队中继世为将的现象仍然非常普遍。如隋朝名将韩擒虎出身将门，其父居北周大将军之位，韩擒虎之弟韩僧寿、韩洪亦为隋将，其家族统军者多人，故修史者曰："韩擒[虎]累世将家，威声动俗。"② 唐初名将薛仁贵之后，其子薛讷继为大将，"后突厥扰河北，武后以讷世将，诏摄左威卫将军、安东道经略使"。薛仁贵弟薛楚玉及其子薛嵩、其孙薛平、其重孙薛从等，则数世为将。③ 中唐名将张守珪一门三世为将，名振河西；④ 出身将家的李晟，"世以武力仕，然位不过裨将"。但自李晟立功成名后，家族数代统军为大将，其子李愬又再为名将。⑤ 至于中唐以后、五代之时，藩镇割据下的世代为将、垄断军职的现象，更是屡见不鲜。如典型的河朔三镇的父死子继、兄终弟及之类。这当然又是一种特殊背景下的极端化现象。⑥

在北宋时期，"将门出将"的现象继续普遍地存在，当时武将群体中相当大一部分成员，便属于武将世家。其中高级将领之家更占有极为显赫的位置，其子弟在武官队列中迁转迅速，成为北宋武官集团的重要成员和武将的重要后备力量。概括而言，他们包括宋初的开国将领、遗臣故将以及之后逐渐成长起来的高级将帅及其后裔。如曹彬在宋太祖朝、宋太宗朝出为大帅，入居枢府，其子弟则绵延为将者不绝。直至北宋灭亡之际，曹彬后裔曹曚仍在出任禁军三衙统帅之职，曹氏将门可谓与北宋王朝相始终。而范围更为广泛的普通武将，其子弟虽然在升迁的过程中起点较低，但由于人数众多，故也有相当大一部分人，能够通过年资和军功跻身武将之列。如元人修史时便指出：种氏一门自种世衡立功青涧，"至师

---

① 《三国志》卷五八《吴书·陆逊传》，第 1360 页。
② 《隋书》卷五二《韩擒虎传》，第 1347 页。
③ 欧阳修、宋祁：《新唐书》卷一一一《薛仁贵传附讷、嵩、平、从》，中华书局 1975 年版，第 4143—4146 页。
④ 《新唐书》卷一三三《张守珪传附献诚、献恭、煦、献甫》，第 4548—4551 页。
⑤ 《新唐书》卷一五四《李晟传附愿、宪、愬、听、琢》，第 4863—4880 页。
⑥ 参见拙作：《北宋将门现象探析——对中国古代将门的断代史剖析》，《中国史研究》2004 年第 3 期。

道、师中已三世,号山西名将"。①"世为将家"②,遂成为当世军队中一种颇为普遍的现象。

一、开国将领世家

北宋初,出现了一批开国军事将领,他们或因"翊戴之功"加官晋爵,或因深受信任而分居要职,或以能征善战成为军中将帅,从而构成了当时武将群体中的重要力量。虽然宋太祖随之收夺了功臣大将在中央禁军二司中的兵权,但却保留了开国将领诸多方面的特权,特别是子弟荫补武职、优先迁转的待遇,并且给予其与皇室联姻的礼遇,而这一做法又为后世嗣君所承袭。由此,便造就出一批将门之家,绵延数代,几世为将。通过全面爬梳他们的任将经历,并对其中代表性家族进行个案考察,可以获得对这一类将门基本特点的认识。

宋初的开国将领,由功臣大将和更多的禁军将帅组成。其中宋太祖赵匡胤首先酬功的石守信、高怀德、张令铎、王审琦、张光翰及赵彦徽诸将,③以及韩重赟、罗彦瓌及王彦升等人,④都有拥戴之功,是为开国功臣将领。通过翻检《宋史》诸将传、《续资治通鉴长编》以及宋代有关碑传等文献资料,可以清楚地看到除张光翰、赵彦徽、罗彦瓌及王彦升四人子嗣情况不详外,其余功臣诸将后裔,都有继世为将的记录。

宋初的功臣大将中,两世为将者以高怀德、韩重赟及张令铎三家为代表。高怀德是宋初禁军将帅,曾为殿前副都点检,官居使相之位。其二子

---

① 《宋史》卷三三五"论曰",第10755页。

② 《宋史》卷三五七《刘延庆传》,第11236页。

③ 李焘:《续资治通鉴长编》卷一,建隆元年正月辛亥,中华书局2004年版,第6—7页。另,张、赵二氏无传,其事迹仅在《宋史》卷二五〇《韩重赟传》中有所涉及(《宋史》卷二五〇《韩重赟传》,第8824页)。

④ 见《宋史》韩重赟、罗彦瓌及王彦升三人本传,另《宋史》卷二五〇将韩、罗及王氏传与石守信等并列,亦为佐证。《宋史》卷二五〇《韩重赟传》,第8823—8824页;《宋史》卷二五〇《罗彦瓌传》,第8827—8828页;《宋史》卷二五〇《王彦升传》,第8828—8830页。

皆荫补武职,分别历官庄宅使和西京作坊使。① 按照北宋的有关制度,庄宅使和西京作坊使属于诸司使中的两种武阶官,②可以出为带兵将职。张令铎也是宋太祖朝禁军大将,居侍卫马步军都虞候之位。其长子官至内园使;次子历崇仪使,领绵州刺史。"景德(1004—1007 年)初,知原州,就加西上阁门使、知泰州"。③ 按:原州为西部军事重镇,宋初多以武将镇守此地,故张氏出知原州,即为前线将官。而西上阁门使则为武职"横行"中的一阶,地位又高于一般的诸司使。刺史在宋初尚循旧制为地方州级长官,但同时也成为加授武将的官衔之一,又有遥郡和正任之别。在刺史之上则依次递增为团练使、防御使、观察使、节度观察留后和节度使。④ 通常获得刺史之衔,即具有中级武官身份。韩重赟在宋太祖朝曾为殿前都指挥使,授节钺,不仅承担京师禁卫重任,而且出任过统兵大将。其子崇训是宋太宗、真宗时期较有名的边将,初为贝、冀等州都巡检使和权知麟州,后"为镇、定、高阳马步军都钤辖,屯定州"。历任四方馆使、枢密都承旨等,领韶州防御使。按:四方馆使为武职"横行"中的第四阶,遥郡防御使也属于中高级武将的加衔,而枢密都承旨则是枢密院长贰下属官之首,"通领院务"。⑤ 韩重赟另一子崇业,"以荫补供奉官,选尚秦王廷美女云阳公主",官至左屯卫大将军、领高州团练使等。⑥

　　宋初功臣大将三世及以上为将者,以石守信、王审琦两家为突出。石守信是宋太祖建国的主要功臣,曾任三衙最高军职的侍卫马步军都指挥使,历仕宋太祖、太宗两朝,荣显冠于诸将。石守信诸子皆荫补武职,其中长子保兴,在宋太祖建国之初,"年十四,以荫补供奉官"。宋太宗征河

---

　　① 《宋史》卷二五○《高怀德传》,第8823页。
　　② 有关武阶官的情况,《宋史》卷一六六《职官六》、孙逢吉的《职官分纪》卷四四(《景印文渊阁四库全书》第923册)、司义祖整理的《宋大诏令集》卷一六三《改武选官名字诏》(中华书局1962年版)等都有记载。并参见龚延明:《宋代官制词典》(中华书局1997年版)第689—695页所列诸表。
　　③ 《宋史》卷二五○《张令铎传》,第8827页。
　　④ 见前注有关宋代武阶官。
　　⑤ 《宋史》卷一六二《职官二》,第3801页。
　　⑥ 《宋史》卷二五○《韩重赟传附崇训、崇业》,第8825—8826页。

东,其随同出征。雍熙(984—987年)初,"契丹扰边,与戴兴、杨守一并为澶州前军驻泊"。以后在陕西前线带兵,先后知平戎军、夏绥麟府州钤辖及延州路副都部署等,多次参与对夏战争。到宋真宗时期,历知威虏军、邢州及澶州等,拜棣州防御使,是为当时驻守地方的中上级将领。石保兴之子元孙,"以守信荫为东头供奉官、阁门祗候"。在宋仁宗朝,石元孙先历知莫州、保州兼广信、安肃军缘边都巡检、并代州兵马钤辖,后任侍卫步军和殿前都虞候、鄜延副都部署、缘边安抚使,加观察使衔,可谓禁军三衙管军、高级将领。康定元年(1040年),在三川口之战中,石元孙兵败被俘。石守信另一子保吉,以娶宋太祖次女延庆公主的缘故(按宋朝规矩已成为外戚,但为了集中考察石氏家族,也考虑到石保吉在武将的角色上无太大作为,故在此一并论述。以下王审琦子承衍等亦如是),升迁迅速,宋太宗朝已授节镇,历知河阳、大名府兼兵马都部署。咸平(998—1003年)时,宋真宗出巡河北,命其为河北诸路行营都部署,驻屯定州。景德元年(1004年),宋真宗北上亲征,石保吉与另一将领李继隆分别为驾前东西面都排阵使,承担护驾重任,扮演了领兵大将的角色。石保吉之子从武者,官至诸司使。[①]

王审琦也以参与陈桥兵变的"翊戴之功",在北宋开国初为殿前都指挥使,后获使相之荣,是宋太祖朝的重要禁军将帅。其九子皆以父荫补武职。其中长子承衍尚宋太祖女昭庆公主,在宋太宗朝授彰国军节度,先后出知天雄军府兼都部署、贝冀都部署等统兵之职,一时为河北驻军的重要将领。王审琦次子承衍,历庄宅使及东西上阁门使等,领昭州刺史,先后出知澶、延、代、并、秦州及天雄军等,"皆兼兵马钤辖"。王审琦其余诸子,则为西上阁门使以下武官。王审琦的第三及第四代后裔中,仍不乏诸司使、副使及领刺史者。[②]

根据以上情况可知,宋初功臣诸将都有入则握重兵、出则为大帅的经历,成为北宋开国初禁军的核心将领,因此也为其子弟在仕途上的发展创

---

① 《宋史》卷二五〇《石守信传附保兴、保吉、元孙》,第8812—8815页。
② 《宋史》卷二五〇《王审琦传附承衍、承衍》,第8815—8821页。

造了优越的条件,遂出现了几代为将的现象。

宋初功臣大将之外的开国将领,如以《宋史》列传为线索考察的话,不难发现可包括入宋后获节钺者及以下众多将领。由于他们大多原本官爵不算显赫,与前朝关系相对较浅,因而受到宋王朝的重用。如王全斌、郭守文、尹崇珂、刘廷让、崔彦进、张廷翰、张琼、杨信(原名杨义,后避讳宋太宗名讳而改)、曹彬、潘美、党进、马全义、何继筠、李进卿、李汉超、李谦溥、荆罕儒、贺惟忠、李汉琼、刘遇、李怀忠、米信、田重进、刘廷翰及崔翰等将领。这些开国将领之家,虽然在地位及特权上不及功臣为高,但由于不断得到拔擢,加之人数更多,于是也涌现出很多将门世家,其中既有几代为将者,也有一世多人扬名军旅者,他们在北宋武将群体中总的影响也超过那些功臣之家。其突出者如:

杨信在后周时仅为赵匡胤麾下亲信裨校,入宋后历殿前都虞候和都指挥使,在宋太祖朝及太宗朝初期深受重用。其弟杨嗣,"建隆(960—963年)初以(杨)信荐为殿直,三迁崇仪副使、火山军监军"。宋太宗时期,杨嗣历任高阳关都监、知保州及缘边都巡检使等。在宋真宗即位初期,其以军功先后被授予保州刺史、团练使,历任镇、定、高阳关三路后阵钤辖、定州及镇州路副都部署等将职。杨信另一弟杨赞,"以兄故得掌禁旅,累资朝著至牧守焉"。①

宋初禁军大将李进卿原为中下级将校,在宋太祖朝历侍卫步军及马军都虞候、步军都指挥使,授节度使。李进卿诸子皆以荫补武官,其中延渥三迁西京左藏库使,在宋真宗朝前期历平戎军、保州及威虏军钤辖,知冀、瀛、邢、贝、博等州及天雄军,又出任贝州副都部署等,成为河北前线重要边将。②

潘美在北宋建国前为中级武将,在宋初两朝颇受宠信,是宋太祖朝征服南汉的主帅和平南唐的副帅和监军,在宋太宗第二次北伐幽云期间,又为西路军主帅,官爵显赫。潘美诸子皆为武官,并且官阶都在诸司使以

---

① 《宋史》卷二六〇《杨信传附嗣、赞》,第9018页。
② 《宋史》卷二七三《李进卿传附延渥》,第9324—9325页。

上。其中惟德至宫苑使,惟固西上阁门使,惟正西京作坊使,惟清崇仪使,惟熙庄宅使等。另有惟吉,宋代史家王称将其列入诸子之一,官至深州刺史。而《宋史》则称其为潘美从子,"累资为天雄军驻泊都监"。此外,潘惟熙之女被潜邸时的宋真宗纳为夫人,后追为皇后,这样潘氏家族便具有了外戚的身份。①

何继筠在宋初长期驻守棣州,以战功从刺史经团练使、防御使而拜建武军节钺。其子承矩自幼追随乃父征战,以荫补武职。宋太宗即位后,其曾几度为监军,以后知沧州、雄州及制置河北缘边屯田使。曾提议在沿边兴修河塘,实行屯田,以遏制契丹军队进攻。宋真宗朝,何承矩继续镇守雄州、澶州等要地,任缘边安抚使,累迁为西上阁门使、齐州团练使,为当时河北重要边臣。其诸子则荫补武职。②

宋初著名边将李汉超,长期出任关南兵马都监及巡检之职,镇守关南要地,授观察使衔。其子守恩,"少晓果善战",随父从军。"汉超卒,擢为骁猛军校,累官至陇州刺史、知灵州"。后在护送军粮途中,遇夏军伏击而战死,同时死难者还有李守恩之子望之、李守恩之弟守忠等武将。③ 可见李氏一门从军多人。

李谦溥在后周时为澶州巡检使、丹州刺史。在宋太祖朝,李谦溥长期任隰州刺史兼晋、隰缘边巡检使,承担防御北汉之责,后官至济州团练使。李谦溥弟谦升至如京副使,李谦溥长子允则历镇、定、高阳三路行营兵马都监、客省使、知镇州及潞州等,终宁州防御使。李谦溥次子允正"以荫补供奉官",在宋太宗朝历西上阁门使、并州驻泊钤辖及知并、代州等。在宋真宗时期,又历知镇、莫州,并、代马步军钤辖,鄜延部署兼知延州及

---

① 王称撰,孙言诚、崔国光点校:《东都事略》卷二七《潘美传》,齐鲁书社 2000 年版,第 219—221 页。《宋史》卷二五八《潘美传》,第 8990—8993 页。另《宋史》卷二四二《后妃上》云:宋真宗潘皇后"忠武军节度美第八女。真宗在韩邸,太宗为聘之,封莒国夫人"(《宋史》卷二四二《后妃上》,第 8611 页)。而《东都事略》卷二七《潘美传》和《宋史》卷二五八《潘美传》则记为惟熙之女,即潘美孙女,今以此为据。

② 《宋史》卷二七三《何继筠传附承矩》,第 9327—9333 页。

③ 《宋史》卷二七三《李汉超传附守恩》,第 9334 页。

知定州兼镇定都钤辖等,累官客省使、遥郡团练使。"累典边任,多杀戮。"①

在上述开国将门中,最为突出的还是曹彬、王全斌及马全义三户。曹彬出身后周外戚,又为周世宗亲信,但由于入宋后处处表现得忠谨谦恭,从而赢得宋太祖、太宗及真宗的信赖,曾先后出任征讨南唐的主帅和雍熙三年(986年)北伐的主力大将,两为枢密使,官至使相,死后追封济阳郡王,可谓极武将之荣。正因为曹彬的受宠,加之曹氏门规较严,其子弟便在右途中获得显著发展。曹彬死时,仅其亲族、门客及亲校就有十余人被授官。② 据李宗谔《曹武惠王彬行状》③记载:曹彬七子:璨、珝、玮、玹、玘、珣及琮,惟有玘为文官,其余六子皆为武臣。虽然曹珝娶秦王女兴平郡主,但秦王赵廷美在太平兴国七年(982年)便被放逐,曹玘之女被立为宋仁宗皇后也是明道二年(1033年)的事,故曹氏在宋太宗、真宗及仁宗朝初期并不具有外戚身份。曹彬诸子以璨、玮及琮在军中的地位最高,影响也最大。

曹璨,"以父任为供奉官,彬为上将,璨常从行"。④ 曾长期在河北、陕西前线出任都监、钤辖及镇守之职。在宋真宗朝,曹璨历殿前都虞候、侍卫马军副都指挥使、殿前都指挥使等禁军三衙要职,授节钺,"在禁卫十余年"。史称:"璨起贵胄,以孝谨称,能自奋厉,以世其家。"⑤曹玮为宋真宗朝的西北前线大将。当其年仅十九岁时,便在乃父的推荐下出任同知渭州,开始了长期的军旅生涯。其后历知渭州、邠州兼环庆路兵马都钤辖、秦州兼泾原仪渭镇戎缘边安抚使、鄜延路副都部署以及环庆秦等州缘边巡检安抚使等。其间还一度改为真定路都钤辖。天禧四年(1020年),曹玮为宣徽北院使、镇国军节度观察留后,出任签书枢密院事,又参与最

---

① 《宋史》卷二七三《李谦溥传附允正》,第9339—9341页;卷三二四《李允则传》,第10478—10482页。
② 《宋史》卷二五八《曹彬传》,第8982页。
③ 李宗谔:《曹武惠王彬行状》,杜大珪:《名臣碑传琬琰之集》中卷四三,《景印文渊阁四库全书》第450册,第536—537页。
④ 《东都事略》卷二七《曹彬传》,第215页。
⑤ 《宋史》卷二五八《曹彬传附璨》,第8984页。

高军事决策。但"以宿将为（丁）谓所忌"，被贬出朝，为知天雄军及真定府、定州都部署等，拜节镇。① 曹琮早年为其父节镇下衙内都指挥使。曹彬卒，"特迁西头供奉官、阁门祗候"。以后也有与乃兄大致相同的经历，在宋仁宗朝长期赴西北前线任职，先后为环庆路马步军部署、秦凤路副都部署兼知秦州及陕西副都部署、经略安抚招讨副使等。再入为侍卫步军副都指挥使、马军副都指挥使，成为继乃兄曹璨之后的禁军三衙大将。②

因资料所限，可查到的曹彬第三代后裔人数虽然不算少，但已不完整，且其事迹也多不详。现据有关史料考证可知，曹氏第三代中为武臣者有：曹璨之子仪，曹玮四子僖、倚、偀、倩，曹琮之子佺、修，曹玘之子俦及傅等人。而真正可称为武将并有事迹者，主要有曹仪、曹僖、曹偀及曹修等数人。据宋人记载：曹仪"以祖荫补右班殿直"，曾出知邠州，为对夏前线边将，迁军职至侍卫步军都虞候，史称"尝以上军都虞候为泾原副总管"。景祐元年（1034年），当其同宗女被册为宋仁宗皇后时，曹仪遂成为外戚，"乃请解军职，而易廉车之任"。③《续资治通鉴长编》卷一一五，景祐元年十二月已未条则称："步军都虞候、康州防御使、泾原路副都部署曹仪为耀州观察使，落管军。皇后既立，自乞罢军职，从之。"曹僖在武官之位上官至礼宾使，曾到西北前线任知仪州事，又曾上御夏之策，可见为边将无疑。曹偀官至供备库副使，死于对西夏的战争中。曹修则历洛苑副使兼阁门通事舍人等武职，曾任"广南西路同体量安抚经制贼盗"，为南疆带兵武将。④ 其余同辈官高者为皇城使、防御使，低者为大小使臣。⑤ 至于曹玘之子俦及傅，已成为外戚，于是曹氏第四代及其后裔也具有后族成分，其继续任将情况下面再论。

王全斌在后周末为相州留后，北宋建国初以参加平定李筠之叛，拜安

---

① 《宋史》卷二五八《曹彬传附玮》，第8984—8989页。
② 《宋史》卷二五八《曹彬传附琮》，第8989—8990页。
③ 曾巩撰，王瑞来校正：《隆平集校正》卷九《曹仪》，中华书局2012年版，第290页。
④ 《续资治通鉴长编》卷一七二，皇祐四年六月丙戌，第4172页。
⑤ 王安石：《曹武穆公玮行状》，《名臣碑传琬琰之集》中卷四三，《景印文渊阁四库全书》第450册，第539页。

国军节度。宋太祖乾德二年(964 年),作为主帅指挥了征剿后蜀的战役。收复西川后,由于其纵容部下抢掠,导致动乱,被贬而不用。后虽复节镇,但不久死去。王全斌诸子多为武官,其中审钧官至崇仪使、富州刺史,曾出任永兴军驻泊都监及广州兵马钤辖等,为驻守地方武将,"以击贼死"。王全斌曾孙,也是王审钧之孙王凯,因大臣寇准之荐补三班奉职。北宋对西夏元昊开战后,王凯初为都监、缘边都巡检使。再为并、代州钤辖等,以功迁为捧日天武四厢都指挥使、绵州防御使,历环庆、定州及秦凤路副都部署等,累迁侍卫步军副都指挥使、马军副都指挥使等,授节度观察留后。王凯之孙王诜,尚蜀国长公主,官至留后。①

　　马全义是北宋开国初的一员勇将,初为禁军厢都指挥使,加授遥郡团练使。《宋史》卷二七八《马全义传附知节》称:在宋太祖亲征李筠的过程中,马全义有突出表现。又从征李重进,"贼平班师,录功居多,改龙捷左厢都校、领江州防御使"。不久即卒,时其子知节"幼孤"。宋太宗朝,马知节以荫补供奉官,年仅十八岁便奉命监彭州兵。以后,马知节知定远军、梓州,出任益州钤辖兼益、汉九州都巡检使等,参加了镇压李顺造反的行动。宋真宗咸平(998—1003 年)初,改知秦州、延州兼鄜延驻泊部署,成为陕西前线方面军大将。景德元年(1004 年),马知节出知河北军事要地的镇州,参与了抗辽战役。之后,入朝历任签书枢密院事、枢密副使和知枢密院事等要职。终因与大臣王钦若等人不和,出知潞州、天雄军及贝州兼部署等,授彰德军留后。据王安石记载:马知节死后,其子洵美"终西京作坊使、英州刺史";另一子之美,"终内殿承制、阁门祗候"。马知节的孙辈有十六人,其中"庆宗今为右班殿直,庆崇今为文思使、知恩州"。②

二、遗臣故将及其后裔

　　北宋建国初,前朝遗臣故将虽然因既不属于赵宋开国勋臣,也非宋太

---

　　① 《东都事略》卷二〇《王全斌传》,第 161—164 页;《宋史》卷二五五《王全斌传附凯》,第 8926 页。
　　② 《王文公文集》卷八三《检校太尉赠侍中正惠马公神道碑》,第 895 页。

祖亲信,无法得到重用,但由于其中一部分人在特定时期内得以留用,加之原本地位甚高,故不仅其本人在短期内扮演了枢相、将帅的角色,而且其后裔中也不乏跻身武将者。如魏仁浦、吴廷祚、符彦卿、韩令坤、慕容延钊、王景、郭从义、武行德、侯益、孙行友及赵晁等,其中以魏仁浦、吴廷祚、慕容延钊及侯益诸将家较为突出。

后周枢相魏仁浦在宋初得到礼遇,其子咸信尚永庆公主,授右卫将军、驸马都尉。"雍熙三年(986年)冬,契丹扰边,王师出讨,悉命诸主婿镇要地;王承衍知大名,石保吉知河阳,咸信知澶州。"不久,魏咸信授彰德军节度使。咸平(998—1003年)中,宋真宗北征,魏咸信为贝冀路行营都部署,"诏督师",成为一路军主帅。魏咸信死后,二子官诸司使。另一子昭亮历洛苑使、东西上閤门使及四方馆使等,加遥郡团练使。从子昭文官西染院使,①魏昭亮子余庆官供备库副使。② 可见魏氏将门绵延了三代。

后周时枢密使吴廷祚在宋初得到留用,建隆三年(962年)出为雄武军节度使,镇守西陲的秦州。吴廷祚共有六子,长子元辅累任至定州钤辖;次子元载,"建隆(960—963年)初,授太子右春坊通事舍人……廷祚卒,授供奉官",以武官身份历知秦州及成都府等,授西上閤门使、领富州刺史。在王小波起义期间,吴元载因"不能捕灭,受代归阙",遭贬;元扆尚宋太宗第四女蔡国公主,宋真宗咸平中授宁国军留后、知定州,曾配合宋军对辽作战。后拜节镇,出知潞州,"遂分领泽、潞、晋、绛、慈、隰、威胜七州军戎事,委元扆专总之"。另二子至礼宾副使。吴廷祚诸孙中,尚有诸司使、刺史者。③ 可知吴氏将门亦延续三代。

慕容延钊在后周末任殿前副都点检、北面行营马步军都虞候,"握重兵屯真定"。因其在赵匡胤代周后积极听命新朝,从而受到礼遇,迁殿前都点检的最高军职。后虽解殿前司军权,但却在出征荆、湘地区的行动中出任主帅,死后又追封河南郡王,故其子弟颇受宋廷任用。其弟延忠至磁

---

① 昭文,魏咸熙之子,见《宋史》卷二四九《魏仁浦传附咸信、昭亮》,第8805页。
② 《宋史》卷二四九《魏仁浦传附咸信、昭亮》,第8807—8808页。
③ 《宋史》卷二五七《吴廷祚传附元辅、元载、元扆》,第8947—8952页。

州刺史;延卿至虎捷军都指挥使。其子德业至卫州刺史,德钧至尚食副使。而其次子德丰八岁即补山南东道衙内指挥使。"延钊卒,授如京使"。德丰曾从宋太祖征太原,历扬州、升州都监。宋太宗朝,慕容德丰先历知庆州兼邠、宁都巡检、定远军钤辖及判四方馆事,再出知延州、灵武,"以所部不治,徙知庆州,俄又改灵州兼部署"。宋真宗在位期间,其迁客省使,历知镇州及贝、瀛二州,加颍州团练使。慕容延钊从子德琛,"以延钊荫补供奉官",在知夔州任内,参加了镇压李顺造反。后历崇仪副使、荆湖北路钤辖、并代钤辖、庄宅使,加遥郡刺史等。慕容延钊的第三代后裔虽然继续为武官,但地位已降至使臣。①

侯益在北宋立国前便早已为藩镇,后周时致仕。宋太祖即位后,给予其相当礼遇。侯益五子中除一人为文官外,其余皆为武官。其中仁愿至左金吾卫大将军、蓬州刺史;仁遇,西京内园使;仁兴,右屯卫将军。仁愿之子延济,至西京作坊使、康州刺史。而次子仁矩一系最显。侯仁矩在宋初历祁、雄二州刺史,"治军有方略"。其子延广,早年在乃父手下补牙职。"仁矩卒,补西头供奉官",出任护延州军兼缘边巡检。后近臣上言:"延广将家子,习边事无出其右。"遂迁崇仪副使,充同、鄜、坊、延、丹缘边都巡检使。宋太宗淳化(990—994年)时,侯延广出任知灵州,领奖州刺史,以对付李继迁势力。后因监军康赞元所妒,被诏还。至道(995—997年)间,西北重镇灵州危急,在大臣钱若水的推荐下,侯延广再度出知灵州兼兵马都部署,授宁州团练使,不久病死于任所。其子至东染院使,其孙也继为武官。②

孙行友,为后周时期的藩镇。北宋建隆二年(961年),其因有反迹而被废黜,入为环卫大将军的闲职。其弟方进至德州刺史。其子全照,"以荫补殿直",在宋太宗朝历静戎、威虏二军监军、知威虏军及鄜延路都巡检使等。宋真宗即位初,历泾原路钤辖兼安抚都监、环庆路钤辖、知天雄军府及宁边军部署等,成为镇守地方的将领。景德元年(1004年),宋真

---

① 《宋史》卷二五一《慕容延钊传附德丰、德琛》,第8834—8837页。
② 《宋史》卷二五四《侯益传附仁矩、延广》,第8879—8885页。

宗赴澶渊，孙全照出任驾前西面邢洺路马步军钤辖兼天雄军驻泊，兼管勾东南贝、冀等州钤辖，参加了抗辽战争。再历知镇州、邠宁环庆都部署、知永兴军兼驻泊钤辖等，至引进使、遥郡刺史。①

查阅《宋史》有关传记资料又可发现，杨承信、侯章、张从恩、扈彦珂、薛怀让、赵赞、药元福、王彦超、白重赞、王仁镐、刘重进、祁廷训、李万全及田景咸等五代时期的节度使，入宋后虽一度被留用，但很快就失去地盘和军权，只能忝位闲散武职，谨慎度日。所谓："召前朝慢令恃功藩镇大臣，一日而列于环卫，皆俯伏骇汗，听命不暇。"②如义武军节度使祁廷训，胆小怕事，有"祁骆驼"的别号。③ 这些人死后都无子嗣为将或从政的记录，说明旧藩镇中的一部分人在丧失割据权势的同时，因与新朝关系疏远，加之子弟能力低下，遂失去了继世为将的能力，于是家族迅速沦落，被排挤出武将群体之外。如其中的杨承信，后周时为忠正军节度使、鲁国公，宋初移镇河中，封赵国公。但其死后子孙却无记载，直到宋真宗景德四年（1007 年），宋廷才录其一孙为三班奉职，④而此职仅为武官中最低级的一种。据《宋史》记载：经历类似的王彦超死后，不仅"诸子果无达者"，而且庞大的家产也不久丧失殆尽。⑤

三、高级将领之家

到宋太宗朝以后，已成长起来的高级将领不仅本身扮演着军中重要角色，而且其后嗣因同样获得荫补及优先迁转的机会，遂构成北宋历史上将门世家的重要部分。当然，他们中也有一些人属于宋初开国将领后裔（如曹彬后代）和潜邸背景大将（如王超家族）子弟，为避免内容重复，在此将不再讨论前者的问题，而对于后者，也仅论述其子嗣为将的内容。

---

① 《宋史》卷二五三《孙行友传附全照》，第 8871—8875 页。
② 王明清：《挥麈录·余话》卷一，中华书局 1961 年版，第 283 页。
③ 《宋史》卷二六一《祁廷训传》，第 9047 页。
④ 《宋史》卷二五二《杨承信传》，第 8857—8858 页。
⑤ 《宋史》卷二五五《王彦超传》，第 8913 页。

　　宋太宗朝以后至北宋末的高级将领及其家族，不少都有继世为将的情况，这在《宋史》《东都事略》及宋代有关碑传资料中都有相当多的记载。如杨业、王超、高琼、范廷召、葛霸、丁罕、张凝、曹利用、冯守信、张耆、夏守恩、狄青、赵振、郭逵、姚兕、宋守约、刘仲武、苗授、和斌及郭成等人。像宋真宗朝殿前都虞候张凝，其子昭远也历仕河北缘边安抚副使、知定州、鄜延路兵马都钤辖及侍卫步军、马军都虞候等，①可谓两世禁军管军。事迹不显著的丁罕，在宋太宗及真宗朝曾任侍卫步军都虞候，加观察使衔。其子守德虽无明确记载，但据史称"能世其家"②可知，当继续从武为将。《宋史》及《东都事略》中均无传的冯守信，据王安石所写神道碑反映：冯氏至步军副都指挥使，授节钺，其子十三人中，虽多为侍禁、殿直等低级武职，但也有官至西京左藏库副使者。③ 宋仁宗朝禁军大将刘平死后，其子刘季孙历西京左藏库副使、权两浙西路兵马都监兼东南第三将等。④ 而在这些家族中尤以杨业、王超、高琼、葛霸、张耆及姚兕诸家最为突出。

　　宋太宗时代抗辽名将杨业，出身将门，在北汉为著名大将。北宋平河东后，杨业入宋为代北守将，任判代州兼三交驻泊兵马都部署，加云州观察使。雍熙三年（986 年）北伐时，杨业为西路军副帅。杨业战死后，子弟多迁补武职。其中长子延昭在宋真宗朝又以河北前线守将闻名，历保州缘边都巡检使、知保州兼缘边都巡检使及高阳关副都部署等，积官莫州防御使。杨延昭之子文广，曾追随范仲淹于陕西御夏前线，又"从狄青南征"，历广西钤辖、知宜、邕二州等。治平（1064—1067 年）中，议选宿卫将，宋英宗曰："文广，名将后，且有功。"遂擢为龙神卫四厢都指挥使。后历知镇戎军及定州路副都总管等，再迁侍卫步军都虞候。⑤ 杨业一门为

---

① 《宋史》卷三二六《张昭远传》，第 10538 页。
② 《宋史》卷二七五《丁罕传》，第 9377 页。
③ 《王文公文集》卷八四《侍卫亲军步军副都指挥使勤威冯鲁公神道碑》，第 900—901 页。
④ 苏轼撰，孔凡礼点校：《苏轼文集》卷三一《乞擢用刘季孙状》，中华书局 1986 年版，第 900—901 页。
⑤ 《宋史》卷二七二《杨业传附延昭、文广》，第 9308 页。

大将三世，是北宋高级将领家族中的杰出代表。

王超为宋太宗和真宗朝的禁军大帅，其子德用，在宋仁宗朝出为大将，入居枢密使，如苏颂所说："累殿藩翰，再历枢筦。"王德用弟德基，官至延州观察使、鄜延经略使；德恭，官至蕲州刺史。"鲁公（王超）之孙二十八，皆以材武闻于时，继登显仕，或遥领州郡，或擢在横班。"①所谓"横班"，又称横行，即指武官中从内客省使下至西上閤门副使等十级阶官，②都属于中高级武官。其中王德用之子咸融，官至左藏库使、眉州防御使；③长子咸熙早卒，生二子，"伯讳泽，以强敏习知民政，累典州郡，终皇城使。仲讳渊，字巨源，结发为右侍禁、閤门祗候，七迁至皇城使、閤门通事舍人，更历烦使，出权陕州兵马钤辖"。宋神宗朝，王渊历仕引进、客省副使等官职。宋哲宗时，再迁西上閤门使。王渊死，其子四人官居内殿崇班、供备库副使以下；长孙补三班奉职；女婿五人，其中有右侍禁二人。苏颂遂评说道："尝读前史，观国朝以来将相大臣子孙保有其家室，迨数世而不坠门法者，不十数家，而建雄军节度使、鲁国武康王公（即王超）其一也。"④

同样历仕宋太宗、真宗两朝的禁军大将高琼，其后嗣为将的情况更为突出。《宋史》卷二八九《高琼传》称：高琼有继勋、继宣、继忠、继密、继和、继隆及继元七子。其中继勋"初补右班殿直"，宋太宗在得知其家世后，立即"擢寄班祗候"。在宋真宗朝，高继勋初为益州兵马都监、绵汉剑门路都巡检使，参加过镇压王均造反行动。再任并、代、麟及府州钤辖，后改知定州、鄜延路钤辖及知冀、贝州等。宋仁宗即位后，历捧日天武四厢都指挥使、三衙都虞候、侍卫步军及马军副都指挥使等要职，先后出任泾原路副都部署兼知渭州、真定府及定州路都部署等，授节钺。可谓继其父之后又一位禁军高级将领。另一子继宣，"以恩补西头供奉官"，历益州

---

① 苏颂撰，王同策点校：《苏魏公文集》卷六〇《西上閤门使王公墓志铭》，中华书局1988年版，第921—922页。
② 《职官分纪》卷四四《横行东西班大小使臣》引《元祐令》，《景印文渊阁四库全书》第923册，第821页。
③ 《宋史》卷二七八《王超传附德用》，第9469页。
④ 《苏魏公文集》卷六〇《西上閤门使王公墓志铭》，第921页。

路兵马钤辖、泾原路钤辖兼安抚使,知渭州、雄州及并州,授捧日天武四厢都指挥使、眉州防御使。①

但据王珪于宋神宗熙宁九年(1076年)记载,高琼共有十四子,继勋、继宣之外诸子从武为将情况概略为:继忠,四方馆使、荣州团练使;继和,崇仪副使;继伦,西头供奉官;继密,内殿承制、阁门祗候;继隆,引进使、陵州团练使;继元,东上阁门使、嘉州刺史;继荀,右侍禁;继芳,供备库使、忠州刺史;继颙,左侍禁;继丰,供备库使、昌州刺史;继敏,内殿承制;继昌,西头供奉官。当时高琼孙辈情况为:"西京左藏库副使遵度等六十三人";曾孙辈:"左班殿直士先等一百四十五人";四世孙:"东头供奉官公庠等七十一人";"来孙右班殿直世祚等十三人"。② 需要说明的是,这里所提到的孙辈以下后人的任职情况,仅为王珪于熙宁九年时所见,自然不表明最后的官爵,同时各代又只提及最长者,则其余级别更高者也不能显现。由于高琼重孙女(高遵甫之女)在宋英宗登基后被册立为皇后,故此后高氏虽继续从武,但已转为外戚。就高琼家族而言,其后裔为将颇多的情况,固然与高琼的特殊地位有关,但高琼门规较严也是重要的因素,所谓"善训诸子,使读书,率能自立于时",③故能继世保持高级将领的地位。而这又反过来增强了其家族在当时武将群体中的影响力。直到靖康之难中,金军第二次南下期间,宋廷派耿延禧为使者,以知东上阁门事高世则为参议官,与金军议和。高世则即高琼的后裔,其父高公绘为"韩烈武王琼玄孙,仕至保静军节度使"。④ 宋高宗时,"褒录后家",高世则获得节度使官衔,"他受恩者,又十余人云"。⑤ 可见高氏一门绵延之久。

与高琼同时期的禁军大将葛霸,死于景德(1004—1007年)中。其子怀信至如京副使;怀照至内殿承制;怀正至博州团练使,知沧、莫二州;怀敏"以荫授西头供奉官",历知莫、保、雄及沧州,迁西上阁门使、莱州团练

---

① 《宋史》卷二八九《高琼传附继勋、继宣》,第9691—9697页。
② 王珪:《华阳集》卷三六《高武烈王琼神道碑》,中华书局1985年版,第467—472页。
③ 《东都事略》卷四二《高琼传》,第330—333页。
④ 李心传撰,胡坤点校:《建炎以来系年要录》卷一,建炎元年正月辛卯,中华书局2013年版,第17页。
⑤ 《宋史》卷三四二《后妃上·英宗宣仁圣烈高皇后传》,第8627页。

使。后因受王德用(葛怀敏为王德用妹婿)牵连而被贬。对夏战争开始后,葛怀敏起为泾原路马步军副都部署兼泾原、秦凤两路经略安抚副使,再擢捧日天武四厢都指挥使及殿前都虞候,加眉州防御使,先后历知泾州、延州、鄜延路副都部署及泾原路兼招讨、经略、安抚副使等,成为陕西前线的重要将官。庆历二年(1042年),死于定川砦之役,其子四人"皆迁官"。①

历仕宋真宗、仁宗两朝的禁军统帅、枢密使张耆,有子二十四人,多荫补武职,其中张得一至西上阁门使,在庆历(1041—1048年)中守贝州,以屈从王则造反被诛;张诚一至客省使、枢密都承旨;张希一累官引进使,历知冀、邢等九州、河北缘边安抚副使及真定府路总管等;张利一,"以荫补供奉官",历知莫、冀、保、雄、代、沧州等重镇及定州路总管等,累迁西上阁门使、雄州团练使。②

姚兕之父姚宝随葛怀敏战死,姚兕在宋神宗朝历鄜延、泾原都监及鄜延路总管,累迁东上阁门使、通州团练使。其弟麟,"亦有威名,关中号'二姚'",在宋哲宗朝历马军副都指挥使、殿前副都指挥使及知渭州等,授武康军节度使。宋徽宗即位后,姚麟迁殿前都指挥使,成为北宋后期的著名禁军将领。姚兕之子雄、古,也是当时有名的边将。其中姚雄"年十八即佐父征伐",历泾原、秦凤将、知通远军及熙州。宋徽宗朝,一度遭贬,后起为权经略熙河、安辑复新边使及知熙州,迁步军副都指挥使,授节钺。史称:"熙河十八年间更十六帅,唯雄三至,凡六年。"姚古"亦以边功,官累熙河经略",宋钦宗靖康元年(1126年),勒兵勤王,为河东制置使,因临阵退却遭罢黜。姚古之子平仲,早年在西北为将,后率军赴开封勤王,出任种师道麾下都统制,以夜劫金营失败而被贬。③从姚宝算起至姚平仲,姚氏在北宋中后期为将四世。

根据以上例证可知,北宋各个时期的众多高级将领子弟,因特殊的背

---

① 《宋史》卷二八九《葛霸传附怀敏》,第9702—9703页。
② 《宋史》卷二九○《张耆传附希一、利一》,第9712页。
③ 《宋史》卷三四九《姚兕传附麟、雄、古》,第11061页;《苏魏公文集》卷五四《陇干姚将军神道碑铭》,第826—828页。

景条件,为将之途相对平坦,因此在北宋武将群体之中占有相当重要的地位。如天禧(1017—1021年)初,阁门副使缺员,宋真宗便说:"朕有人矣。张昭远知边略,曹仪习朝仪,可并除西上阁门副使。"①张昭远和曹仪作为三衙大将张凝、曹璨之子,自然易为人君及当政者了解和关照,其升迁遂较普通武将更容易。另如:宋仁宗时,录前禁军大将桑赞之孙桑庆为三班奉职。所谓:"庆本亲从官,因试武技而自陈其家世,特录之。"②与此同时,一些高级将帅子弟也因家门的缘故,既增加了与文臣交往的机会,也较易得到他们的关注。如:咸平(998—1003年)时,李谦溥之子李允则之所以得到皇帝的注意,就在于大臣毕士安的推荐。正如宋真宗对李允则所言:"朕在南衙,毕士安道卿家世,今以湖南属卿。"③宋仁宗朝大将刘平战死后,其子刘季孙继续为将,便受到不少文官的注目。张耒便有"君家将军本缝掖,叱咤西摧贺兰石。一时成败何足论,要使英名垂竹帛"④的诗句相赠。苏轼也曾向朝廷举荐过他,所谓:"况其练达武经,讲习边政,乃其家学。至于奋不顾身,临难守节,以臣度之,必不减平。今平诸子独有季孙在,而年已五十有八,虽备位将领,未尽其用。"⑤而这些正是产生北宋高级将门出将的重要原因所在。又如苏轼所说:"惟我神考,笃于将帅,生则厚其宠,死则恤其孤。将使识朝廷之仪,习军旅之事,无忝厥祖,以世其家……"⑥

四、普 通 将 门

北宋历史上,大批普通武将(包括武官)的子弟,因为受到科举考试难度的制约,遂在家庭环境的熏陶和荫补等相关制度的鼓励下,通常以从

---

① 《宋史》卷三二六《张昭远传》,第10538页。
② 《续资治通鉴长编》卷一一六,景祐二年五月丙戌,第2730页。
③ 《续资治通鉴长编》卷四七,咸平三年四月己未,第1012页。
④ 张耒:《柯山集》卷一二《送刘季孙守隰州》,《景印文渊阁四库全书》第1115册,第103页。
⑤ 《苏轼文集》卷三一《乞擢用刘季孙状》,第901页。
⑥ 《苏轼文集》卷三八《刘奭阁门祗候》,第1076页。

武为立身发展之道,一些人还能跻身禁军大将行列。如宋制规定:"诸卫大将军、内诸司使、枢密院诸房副承旨子,三班奉职;期亲,借职;余属,为下班殿侍。诸卫将军、内诸司副使、枢密分房副承旨子,为三班借职。"①而在战争中死难的武官之子弟,一般都可以获得荫补下级武职的机会。如庆历二年(1042 年),环庆部署司曾建议:战死将校子孙原录二、三人,今后对非战胜而死者,要求仅录一人。宋廷一时"从之"。但韩琦认为这一规定不合情理,"乞并如旧制施行",当政者又"从之"。② 这对于普通武官子弟来说,无疑具有很大的吸引力。于是由此形成了当世武将群体的又一重要组成部分。如北宋后期将领张蕴的经历便颇具有代表性,"张蕴字积之,开封将家子也,从军为小校",后不断升迁,出任地方驻军的马步军副总管,加授防御使衔,③成为中上级武将。有关这方面的记载,虽不如前述高级将领那样详细,但仍然多见诸史籍之中。宋初将领出身前代普通将家的情况非常普遍,自然与唐末、五代以来的社会背景有直接关系,在此不再赘述。自北宋建国后一般将门产生的武将,现以时间顺序,列举例证如下:

白守素,其祖虽为后周藩镇,但其父在宋初仅为龙捷都指挥使、领遥郡刺史,并非高级将领。"守素以荫补东班承旨",历供备库使、镇州行营钤辖等,在宋真宗即位初,因与契丹作战有功,加团练使衔。④

位居宋真宗和仁宗朝将相之位的曹利用,出身武官家庭,其父至崇仪使。曹利用在乃父死后,"补殿前承旨,改右班殿直,选为鄜延路走马承受公事",从此走上以武显达之路。⑤

刘兼济,其父曾从宋太宗征河东,累迁崇仪使。刘兼济以父荫补三班奉职,历雄、霸州界河巡检、鄜延路兵马都监及知笼竿城等。其兄刘平战死三川口后,"特授内殿崇班、知原州"。后历泾原路钤辖、知广信军、雄

---

① 《宋史》卷一五九《选举五·补荫》,第 3726 页。
② 《续资治通鉴长编》卷一三七,庆历二年六月乙未,第 3279 页。
③ 《宋史》卷三五〇《张蕴传》,第 11087—11088 页。
④ 《宋史》卷二八〇《白守素传》,第 9506—9507 页。
⑤ 《宋史》卷二九〇《曹利用传》,第 9705 页。

州及河北缘边安抚副使等,累迁惠州刺史、西上阁门使等。①

　　许怀德,其父许均为宋真宗朝武将,官至知代州,加团练使衔。许怀德"少以父任为东西班殿侍",历鄜延路兵马钤辖、秦凤路副部署、高阳关、并代路副都部署及知亳州等,又历殿前都虞候、侍卫马军副都指挥使、殿前副都指挥使和都指挥使等,授节钺,"在宿卫十四年"。②

　　宋仁宗时期的武将马怀德,其父为东头供奉官,"言怀德可试引弓、击剑、角抵,补三班奉职"。马怀德历知保安军、环州及环庆、益利路钤辖。累迁殿前都虞候、侍卫步军副都指挥使,加随州观察使,官至节度观察留后。③

　　赵滋,其父为阁门祗候、环庆路都监,天圣(1023—1032年)中战殁,"录滋三班奉职"。赵滋从军后,历泾、原、仪、渭、镇戎军都巡检,京东东路都巡检,定州路驻泊都监,知保州、雄州等。宋英宗即位后,迁侍卫步军都虞候,领遥郡防御使,成为禁军高级将官。④

　　宋仁宗朝的王珪,"为泾原勇将,号'王铁鞭'",在好水川之战中捐躯后,"录其子光祖为西头供奉官、阁门祗候,后为东上阁门使;光世,西头供奉官;光嗣,左侍禁"。⑤　王光祖在宋神宗朝及之后,历河北沿边安抚都监、副使、真定及梓夔钤辖。"渝獠叛",与诸将受命征讨。历知泸州、泸南安抚使、泾原、太原府路副总管等,迁官至客省使、嘉州刺史。⑥　王光祖之子禀,在宋徽宗朝曾任侍卫步军都虞候,⑦后在守太原时为侍卫马军副都指挥使、副都总管,城破战死。⑧

---

　　①　《宋史》卷三二五《刘平传附兼济》,第10504页。
　　②　《宋史》卷三二四《许怀德传》,第10477页。
　　③　《宋史》卷三二三《马怀德传》,第10466—10477页。
　　④　《宋史》卷三二四《赵滋传》,第10495—10497页。
　　⑤　《宋史》卷三二五《王珪传》,第10508—10509页;卷三二五《王光祖传》,第11077—11078页。
　　⑥　《续资治通鉴长编》卷三二五,元丰五年四月庚午,第7822页;卷四〇四,元祐二年八月辛卯,第9835页;卷四四七,元祐五年八月丙辰,第10754页。
　　⑦　杨仲良:《续资治通鉴长编纪事本末》卷一四一《徽宗皇帝·讨方贼》,北京图书馆出版社2003年版,第4423—4424页。
　　⑧　《宋史》卷二三《钦宗纪》,第430页;王国维:《补家谱忠壮公传》,《王国维遗书》第四册,上海古籍出版社1983年版,第1—15页。

延州西路都巡检使郭遵于康定(1040—1041 年)中战死,其弟逵因此被录为三班奉职。郭逵从军后,历真定兵马监押、环庆兵马都监及荆湖南路钤辖等。宋英宗朝,迁殿前都虞候、同签书枢密院事、陕西宣抚使,判渭州。宋神宗即位后,迁静难军留后,历知潞州、太原,为安南行营经略招讨使兼荆湖、广南宣抚使,统军讨伐交趾,因故坐贬。史称:"虽坐征南无功久废,犹隐然为一时宿将云。"①

宋仁宗时期的名将种世衡,死时任环庆路兵马钤辖,所居官职为东染院使,属于诸司使中倒数第四级,故种世衡只能算是中级武将。其子古、谔、谊,"皆有将材,关中号曰'三种'"。种古因父死之故入仕,历泾原路都监、知原州、宁州、镇戎军、西上阁门副使及环庆路钤辖等。种谔,"以父任累官左藏库副使",历鄜延钤辖、东上阁门使、知泾州,徙鄜延副总管等,迁凤州团练使、龙神卫四厢都指挥使。种谊,"熙宁(1068—1077 年)中,古入对,神宗问其家世,命谊以官",历熙河副将、知兰州等,迁东上阁门使、保州团练使。种氏第三代中,种朴"以父任右班殿直",历皇城使、昌州刺史、熙河兰会钤辖兼知河州及安抚洮西沿边公事,后战死。种师道"以荫补三班奉职",历知德顺军、泾原都钤辖及侍卫马军副都指挥使等。从童贯讨伐辽朝燕京,为都统制,拜节钺。以得罪当权者致仕。靖康元年(1126 年),出任同知枢密院事、京畿两河宣抚使、河北、河东宣抚使等要职。种师中历知庆阳府、秦州、侍卫步军及马军副都指挥使,加奉宁军承宣使。靖康之难中,种师中任河东路制置副使,战死沙场。②

景思立,其父景泰官至秦凤路马步军部署,领遥郡刺史。景思立继续为将,熙宁中知河州,授引进使及防御使衔,在与西羌董毡势力交战中死难。其弟思忠在任遂州驻泊都监、左藏库副使时,也战死,"兄弟继死王事"。③

刘昌祚,乃战死于定川砦之役的环庆路都监刘贺之子。以父战殁故,

① 《宋史》卷二九〇《郭逵传》,第 9726 页;卷三二五《郭遵传》,第 10505 页。
② 《宋史》卷三三五《种世衡传附古、谔、谊、朴、师道、师中》,第 10754—10755 页;《宋史》卷二三《钦宗纪》,第 428 页。
③ 《宋史》卷三二六《景泰传》,第 10518 页。

"录为右班殿直",先历熙河路都监、泾原副都总管及知延州等。到宋哲宗朝,再历侍卫步军、马军及殿前都虞候、殿前副都指挥使等,授武康军节度使。①

刘舜卿,其父生前监镇戎军兵马,死于好水川之战。"舜卿年十岁,录为供奉官",历秦凤钤辖及知雄州、熙州等。长期在西北前线作战,后迁徐州观察使、侍卫步军副都指挥使、知渭州。②

刘延庆,其父祖辈情况不详,但揆诸"世为将家"③的记载,可知当出身普通武将之家。刘延庆长期在西北作战,积官鄜延路总管、侍卫马军副都指挥使,加保信军节度使。后从童贯北伐,"以宣抚都统制督兵十万",大败而归。靖康之难中被杀。其子光世,"初以荫补三班奉职",历鄜延路兵马都监及钤辖,随父出征方腊和燕京,靖康(1126—1127 年)初,擢侍卫马军都虞候,跻身高级将领。④

根据以上诸多例证可以看出,北宋时期军队中存在着较为普遍的继世为将的情形。这种现象的存在,实与北宋武官荫补制度的支持有很大关系。也可以说,荫补出身是当时武官选任的主流。有学者已指出:"在(宋代)荫补入仕的官僚队伍中,武官始终占大多数……荫补为官者中,武官为文臣的 6 至 8 倍。"⑤毫无疑问,上层武官享有荫补和优先迁转子弟的特权,其中宋初开国将帅因为特殊的显赫地位,为其子弟在武将道路上的发展更创造了优越的条件。于是,这些膏粱子弟往往乳臭未干已获职衔,未经战阵便为将官,如石守信长子保兴"年十四,以荫补供奉官",其余诸子更为年幼就获得荫补;石保吉、王承衍等人未立寸功,已获节钺,并几度成为前线将帅。然而,宋朝毕竟不存在如先秦的固定世袭及魏晋

---

① 《宋史》卷三四九《刘昌祚传》,第 11053—11055 页。

② 《宋史》卷三四九《刘舜卿传》,第 11062—11063 页。

③ 《宋史》卷三五七《刘延庆传》,第 11236 页。又《三朝北盟会编》卷七〇,靖康元年闰十一月二十七日引《林泉野记》记载:"刘延庆,其先西夏熟户,世为将,知名。"徐梦莘:《三朝北盟会编》,上海古籍出版社 1987 年版,第 530 页。

④ 《宋史》卷三五七《刘延庆传》,第 11236—11238 页;卷三六九《刘光世传》,第 11478—11479 页;《三朝北盟会编》卷七〇,靖康元年闰十一月二十七日引《林泉野记》,第 530 页。

⑤ 苗书梅:《宋代官员选任和管理制度》,河南大学出版社 1996 年版,第 72 页。

的门阀制度,这就决定了继世为将现象的不稳定性。如果过度依赖家门背景而缺乏战场历练,便不能不极大地弱化承担武将的能力,随着其荫补资格的逐渐下降,其后裔便很难保持重要的官爵,遂被排挤出武将群体。如范仲淹所说:"将门出将,史有言焉。今将家子弟蔑闻韬钤,无所用心,骄奢而已。"①正因为如此,北宋两世为将者不少,而三世及以上为将者就相当有限了。唯有如曹彬、高琼等个别高级将帅家族,依赖军功和外戚身份的互相支撑,才能维持将门世家的长期存在。北宋普通武将之家,其子弟多以从军为立身之本,已如前所述。由于其荫补和迁转的条件远不如上层将领那样优越,往往只有战死者的后裔才能获得较快迁补,因此,他们通常更多地依赖战功在军中发展,如种氏、姚氏等将门便因此保持了数世鼎盛。

与此同时,继世为将现象也是当时军人举家为伍的一个必然结果。北宋军人以从军为职业,也以军营为家,子弟遂深受军旅影响,并熟悉军中情况,武将便成为其发展和追求的主要目标。如:"郭遵者,开封人也,家世以武功称。遵少隶军籍,稍迁殿前指挥使。"②郭遵及其弟郭逵为北宋中叶名将,郭逵又官居同签书枢密院事的高位,但其父辈却无官职记录,即反映郭氏出身显然属于普通军人家庭。郭遵年少便受家庭影响,"隶军籍",以后凭借军功才迁至殿前指挥使的下级军职,开始走上武将之路。而宋统治者从稳定军队的目的出发,也有意培植军人及子弟安心军营。如宋真宗就曾针对性地表态:"朕念取农民以实军伍,盖非良策。惟军伍之家悉有子弟,多愿继世从军,但虑父兄各隶一军,则须分别,以此不敢应募,今可晓谕许隶本军。"枢密使王钦若附和道:"此辈常从父兄征行,兵甲位伍,熟于闻见,又免废农亩而夺耕民,真长久之画也。"③韩琦在宋神宗熙宁(1068—1077 年)初也指出:"诸军多是弟侄子孙以父兄尊属在军,遂愿投本营同活;或无子孙者,即召本营人为舍婿,冀一身有托。更

---

① 范仲淹:《范文正集》,卷八《上执政书》,《景印文渊阁四库全书》第1089册,第638页。
② 《宋史》卷三二五《郭遵传》,第10505页。
③ 《续资治通鉴长编》卷六三,景德三年六月庚戌,第1411页。

有堂从疏属有服外亲充军,后有卑幼补为人员。"①甚至还招刺战死者后代从军,所谓:"士死国,赒赏其家,涅其孤儿,使继衣廪。"②这种军人普遍举家为伍并追逐武将目标的情况,势必为产生继世为将现象提供了宽广的基础,如郭遵之辈的情况即为代表。北宋政府还曾在京师设置弓马子弟所,招收包括武官在内的官员及良家子弟学习武艺,以培养武将后备力量。③ 如:王彦,"性豪纵,喜读韬略。父奇之,使诣京师,隶弓马子弟所。徽宗临轩阅试,补下班祗应,为清河尉。从泾原路经略使种师道两入夏国,有战功",④后终成一时名将。

还值得注意的是,北宋时期武将之间互相联姻的现象相当普遍。其突出的数家如:曹彬之子玮曾娶潘美之女;曹玮一女嫁王超之子德基;⑤王超之子德用娶宋初节度使宋延渥之女;⑥葛霸之子怀敏娶王超之女;⑦王德用之孙渊娶故殿前都指挥使、保静军节度使蔚昭敏之孙女⑧等。这种联姻自然会产生相互支持的作用,能够促进和巩固将门的地位,像曹彬、王超家族的鼎盛,当与其保持与高级将帅联姻有一定关系。张昭允则原为大理评事,以娶潘美之女的缘故,换右班殿直,累迁西上阁门使、河西马步军钤辖。宋真宗即位,"以昭允章怀皇后妹婿,颇被亲信",至镇、定、高阳关行营马步都钤辖。⑨ 可见张氏在右途上的发展,与潘美家族的关系颇大。宋人还有这样的记载:北宋后期著名将领姚雄,早年曾将女儿许配与"守官边寨"的寨主之子。后寨主死,家道落魄,寨主妻遂在开封为

---

① 韩琦:《改配诸军五服内亲事奏》,李之亮、徐正英笺注《安阳集编年笺注》之《附录一·韩琦诗文补编》卷七,巴蜀书社 2000 年版,第 1670 页。

② 李清臣:《韩忠献公琦行状》,《安阳集编年笺注》之《附录二·传记行状》,第 1736 页。

③ 徐松辑,刘琳、刁忠民、舒大刚等校点:《宋会要辑稿》职官六之三三,上海古籍出版社 2014 年版,第 3171—3172 页。

④ 《宋史》卷三六八《王彦传》,第 11451 页。

⑤ 《曹武穆公玮行状》,《名臣碑传琬琰之集》中卷四三,《景印文渊阁四库全书》第 450 册,第 539 页。

⑥ 欧阳修:《王武恭公德用神道碑》,《名臣碑传琬琰之集》上卷一九,《景印文渊阁四库全书》第 450 册,第 165 页。

⑦ 《宋史》卷二八九《葛霸传附怀敏》,第 9701 页。

⑧ 《苏魏公文集》卷六〇《西上阁门使王公墓志铭》,第 924 页。

⑨ 《宋史》卷二七九《张昭允传》,第 9475 页。

人浣衣。某次,寨主妻碰巧与姚雄相遇,姚雄乃如约完婚。① 这一记载虽意在反映姚雄重情义之事,但也说明武将之间联姻的现象相当普遍。当然,有时这种联姻关系也会造成一损俱损的结果,如葛怀敏为王德用的妹婿,王德用遭到贬官,他亦受到牵连影响,"德用贬,亦降知滁州"。②

第二节　军 班 行 伍

所谓军班③行伍,应泛指军士,包括诸班直和士卒,其中前者为禁军殿前司中贴近皇帝的卫士。这里之所以将两者合并在一起,是因为他们都可以纳入军兵的范畴,区别仅仅在于军中职责与地位的不同,更重要的是他们大都出身于应募从军,诸班直又常常从普通士卒中选拔。行伍,亦为军人泛称。在北宋的各个时期,都有一批军班行伍出身者通过积累年资,特别是借助军功,逐渐得到拔擢,从而跻身当时的武将群体之中。故宋人称:"军班,内外诸军兵并班直、军头司等人,年劳或有功得官皆是。"④在战争时期,军班往往还能得到更多的出头机会。如以北宋中叶

---

①　赵喜璨:《自警编》卷四《接物类》,《景印文渊阁四库全书》第 875 册,第 284 页。

②　《宋史》卷二八九《葛霸传附怀敏》,第 9701 页。

③　军班不同于宋人所称的"班行"。班行乃指使臣,如祖无择在《紫微撰西斋话记共三十五事》中记述:曹彬曾在宫廷等待召见时,"俄有使臣数人率衔命外方,未尝识公者……复曰:'彼此班行,何消藏机。应是已有好勾当处?'"《龙学文集》卷一四,《景印文渊阁四库全书》第 1098 册,第 859 页;《续资治通鉴长编》卷一三六,庆历二年五月庚午(第 3270 页):"环庆招讨司言西界伪团练使闹罗来降,乞补班行,诏除右班殿直"。《续资治通鉴长编》卷一五一,庆历四年八月甲寅(第 3688 页):在贝州发生兵变后,右侍禁郭遂前往劝诱时说:"我班行也,汝下索我,我就汝语。"而军班是指诸班直,如范仲淹所说:"今诸军诸班必有勇智之人,多被管军臣僚人员等递互弹压,不得进用,坐至衰老。只如朱观元是军班出身,因历边任,方得将名。伏望圣慈专督管军臣僚等,于诸班中搜罗勇智之人,各举一名……"《范文正集》补编卷一《奏乞督责管军臣僚举智勇之人》,《景印文渊阁四库全书》第 1089 册,第 798 页。由军班又可以擢为班行,如《宋史》卷二九〇《狄青传》云:"初隶骑御马直,选为散直"。宝元初,"诏择卫士从边,以青为三班差使、殿侍、延州指使"。第 9718 页。

④　赵升撰,王瑞来点校:《朝野类要》卷三《入仕》,中华书局 2007 年版,第 66 页。

为例:宋仁宗康定元年(1040年)从卫士中选将,"擢诸班殿直卫士有材武者二十九人,散直都虞候王逵授官苑使、昌州刺史,东西班指挥使许迁为供备库使"①。庆历八年(1048年),仅仅因镇压贝州兵变之事,大批军兵便得到提拔,所谓:"都虞候至士卒八千四百人,第其功为五等,第一等一百六十人,转五资;第二等三百人,转四资;第三等三百人,转三资;第四等六百人,转二资;第五等一千八百人,转一资。"②其中龙猛军士张忠原迁至东头供奉官、閤门祇候,至此因首先登城负伤,先后迁崇仪副使、西染院使,加刺史衔。③

有关北宋军班行伍出身为将者的情况,在史籍中随处可见,如范仲淹所云:"只如朱观元是军班出身,因历边任,方得将名。"④现以时间顺序列举典型例证如下:

北宋建国前兵伍出身者,在入宋后逐渐成长为军队武将的情况很多,其中著名者如前述田重进,"周显德(954—960年)中,应募为卒,隶太祖麾下",⑤后为禁军大帅;不显者如张思钧,"少善击剑,挽强",宋初补龙卫指挥使。历淄、郓、滨、棣州及鄜延巡检使,后徙益州钤辖兼绵、汉九州都巡检使及知郑州等。史称:"思钧起行伍,征讨稍有功。"⑥

自北宋立国后至宋真宗时期,军班行伍出身者为将的历程,以如下将领为典型代表:

陈兴,在开宝(968—976年)时"应募为卒,得隶御龙右直"。曾从宋太宗征河东、幽州,以后又先后在西北前线参战,累迁天武指挥使、御龙弩直都虞候。宋真宗朝,在河北、陕西前线任职,颇有战功,历知霸州、沧州副都部署、泾原仪渭镇戎军部署、龙神卫四厢都指挥使、领遥郡防御使。⑦

许均,"建隆(960—963年)中应募为龙捷军卒,征辽州,以功补武骑

---

① 《续资治通鉴长编》卷一二六,康定元年三月乙亥,第2987页。
② 《续资治通鉴长编》卷一六二,庆历八年正月戊申,第3907页。
③ 《续资治通鉴长编》卷一六二,庆历八年正月癸巳,第3905页。
④ 《范文正集》补编卷一《奏乞督责管军臣僚举智勇之人》,第798页。
⑤ 《宋史》卷二六〇《田重进传》,第9024页。
⑥ 《宋史》卷二八〇《张思钧传》,第9507页。
⑦ 《宋史》卷二七九《陈兴传》,第9483—9484页。

十将"。从征南唐、河东及夏州等。在随石普作战后，"普表上其功，迁第三军指挥使"。至宋真宗朝，历深州兵马钤辖、泾州驻泊部署、知镇戎军、邠州及永兴军部署及知代州等，授团练使衔。①

魏能，"少应募，隶云骑军，后选补日骑左射，又隶殿前班，七迁散员左班都知"。历殿前左班都虞候、镇、定、高阳关三路前阵钤辖及知威虏军。在宋真宗朝抗击契丹进攻中，颇有战功。后历莫州路、宁边军路部署等，授防御使衔。②

张进，拳勇善射，"太祖亲选勇士，奇进才力，以补控鹤官，积劳至御龙弩直都虞候、领恩州刺史"。宋太宗朝至天武右厢都指挥使、领贺州团练使。宋真宗时期，历迁捧日天武四厢都指挥使、权殿前都虞候、侍卫步军都虞候等，先后出任天雄军部署、并代副都部署。③ 诸如此类等等。

北宋中期及其后，军班行伍出身者成长为武将（包括高级将领）的现象，较以往呈增长趋势，其总数在当时武将群体中的比例也有所扩大。对此，可以通过该类出身者在当时三衙将帅中的人数得到最好的说明（有关情况见第四章《北宋的禁军三衙及其将帅》）。这里仅列举其代表性人物及任将情况如下：

狄青，可谓是北宋军班行伍中成为大将的最著名人物。其早年从军，"善骑射，初隶骑御马直，选为散直"。在宋仁宗宝元（1038—1040 年）初，"诏择卫士从边，以青为三班差使、殿侍、延州指使"。从此长期在对夏前线作战，以屡立军功受到文臣主帅韩琦、范仲淹等人的赏识，遂不断得到升迁。历任泾原路副都部署、经略招讨副使、捧日天武四厢都指挥使、侍卫步军及殿前都虞候、侍卫步军及马军副都指挥使、知延州等，先后擢枢密副使、枢密使，授节钺，又曾为南征侬智高行动的主帅。由此，狄青成为当时军人的骄傲，史称："青在枢密四年，每出，士卒辄指目以相矜夸。"④

范恪，"少隶军籍于许州，选入捧日军"，历行门、龙旗直、散员押班

---

① 《宋史》卷二七九《许均传》，第 9484—9485 页。
② 《宋史》卷二七九《魏能传》，第 9481—9482 页。
③ 《宋史》卷二七九《张进传》，第 9486 页。
④ 《宋史》卷二九〇《狄青传》，第 9718—9721 页。

等。康定元年（1040 年），因"试武伎"成绩突出，被擢为内殿崇班，出任庆州北路都巡检使。从此长期在西北前线参战，历环庆路兵马都监、钤辖、权秦凤路兵马部署等，自龙神卫四厢都指挥使累迁至侍卫步军和马军副都指挥使，授节度观察留后。史称："恪骁勇善射，临难敢前，故数有战功。"①

燕达，"容体魁梧，善骑射，以材武隶禁籍，授内殿崇班，为延州巡检"。长期在西北前线作战，多有战功，历鄜延都监、秦凤副都部署及龙神卫四厢都指挥使等。宋神宗元丰（1078—1085 年）中，再迁侍卫步军都虞候、马军副都指挥使及殿前副都指挥使等，授武康军节度使。宋哲宗朝及之后，迁殿前都指挥使。燕达由士卒而不断得到提拔，不仅获得节钺殊荣，而且遍历三衙要职，可谓达到当时武将生涯的极致。②

郝质，"少从军，挽强为第一，充殿前行门，换供奉官，为府州驻泊都监"，在对夏战争中屡有军功，"宣抚使杜衍、安抚使明镐连荐之，且条上前后功状，超迁内殿承制、并代路都监"，以后"大名贾昌朝又荐为路钤辖"。至宋神宗朝为殿前都指挥使，授节钺。③

杨遂，"善骑射，应募隶军籍，从征贝州，穴城以入。贼平，功第一，补神卫指挥使"。又从征侬智高，以功迁荣州团练使。宋英宗即位后，擢侍卫步军都虞候，历环庆、泾原、鄜延三路副都部署及侍卫马军、殿前副都指挥使，授节钺。④

其余如：薛超，"乾德（963—968 年）初，应募为虎捷卒。从崔彦进伐蜀，平，录功补虞候，迁十将"。以后在对北汉和契丹的战争中，以功不断获得升迁。在宋太宗时期，迁天武指挥使、神武军都校、天武（都）指挥使，领澄州团练使；⑤周美，"少隶朔方军，以材武称"，"天子召见，隶禁军"。其在西北战场上多有军功，后至鄜延副都部署、侍卫马军副都指挥

---

① 《宋史》卷三二三《范恪传》，第 10465—10466 页。

② 《宋史》卷三四九《燕达传》，第 11056—11057 页。

③ 《宋史》卷三四九《郝质传》，第 11049—11050 页。

④ 《宋史》卷三四九《杨遂传》，第 11062 页。

⑤ 《宋史》卷二七五《薛超传》，第 9376—9377 页。

使等；①阎守恭，宋太宗时应募，"隶拱圣军，擢殿前押班"。历拱圣、龙卫、捧日指挥使、永兴军及并代兵马钤辖，加刺史衔，有战功；②孟元，"少隶禁军，以挽强选补殿侍，累迁散都头班指挥使"。在镇压王则兵变中，其有突出表现。后历并代路副都部署、侍卫马军都虞候等；③任福，"咸平（998—1003 年）中，补卫士，由殿前诸班累迁至遥郡刺史"。在对夏交战中有功，"以功拜龙神卫四厢都指挥使、贺州防御使，改侍卫马军都虞候"；④张忠，原本为龙猛军士卒，"以材武补三班借职、陕西总管司指使"。历真定府、定州、高阳关及京东西路兵马钤辖等，因功累迁如京使、领英州团练使；⑤王信，"大中祥符（1008—1016 年）中，盗起晋、绛、泽、潞数州。信应募籍军，与其徒生擒贼七十人，累以功补龙、神卫指挥使"。后在与西夏作战和镇压王则造反过程中有功，到宋仁宗朝后期任侍卫步军副都指挥使；⑥刘谦，"少补卫士，数迁至捧日右厢都指挥使"，后"以功擢龙神卫四厢都指挥使、象州防御使"；⑦赵振，"景德（1004—1007 年）中，从石普于顺安军，获契丹阵图，授三班借职"。以军功屡迁至捧日天武四厢都指挥使、鄜延路副都部署及知延州等，授防御使衔；⑧贾逵，早年为拱圣军士卒，因屡获战功不断得到提拔，元丰（1078—1085 年）初任殿前都指挥使，授节钺；⑨和斌，"选隶散直，为德顺军指挥使"。从狄青南征有功，"仁宗抚劳，擢文思副使、权广西钤辖"。再以参加对安南战争有功升迁，后至侍卫步军都虞候；⑩曲珍，世为德顺军陇干之著姓，北宋中叶投军。至宋神宗时期，以战功迁龙神卫四厢都指挥使，加防御使衔；⑪郭成，"从军，

---

① 《宋史》卷三二三《周美传》，第 10457—10459 页。
② 《宋史》卷三二三《阎守恭传》，第 10459 页。
③ 《宋史》卷三二三《孟元传》，第 10460 页。
④ 《宋史》卷三二五《任福传》，第 10506 页。
⑤ 《宋史》卷三二六《张忠传》，第 10521 页。
⑥ 《宋史》卷三二六《王信传》，第 10518—10519 页。
⑦ 《宋史》卷三二三《刘谦传》，第 9382 页。
⑧ 《宋史》卷三二三《赵振传》，第 10461—10463 页。
⑨ 《宋史》卷三四九《贾逵传》，第 11050—11052 页。
⑩ 《宋史》卷三五〇《和斌传》，第 11079—11080 页。
⑪ 《宋史》卷三五〇《曲珍传》，第 11083 页。

得供奉官"。以参加对夏战争有功,至宋徽宗朝为泾原钤辖,加授雄州防御使;①贾嵒,"少时,善骑射,喟然叹曰:'大丈夫生世,要当自奋,扬名显亲可也。'遂起家从戎,神宗选材武,以为内殿承制、庆州荔原堡都监"。在驻守西北前线期间,多有军功。后至侍卫步军都指挥使;②张整,"初隶皇城司御龙籍,补供奉官,为利、文州都巡检使"。在对荆湖少数部族作战中有功获得提拔,后升任龙神卫四厢都指挥使、管干侍卫马军司;③王恩,"以善射入羽林,神宗阅卫士,挽强中的,且伟其貌,补供备库副使"。长期驻守西陲,颇立战功。宋徽宗朝,历迁侍卫步军、马军都指挥使、殿前都指挥使等,授武信军节度使;④吴玠,德顺军陇干人,"未冠,以良家子隶泾原军。政和中,夏人犯边,以功补进义副尉,稍擢队将。从讨方腊,破之,及击河北群盗,累功权泾原第十将",后为两宋之际名将。⑤ 诸如此类等,不一而足。

通过对以上军班行伍出身者为将典型例证的梳理,不难发现军功在其成长过程中起到了相当重要的作用。狄青的情况自不用说,郝质的几次重要升迁,便都与杜衍、明镐及贾昌朝等朝臣推荐其军功有关。王信以生擒地方造反者,"累以功补龙、神卫指挥使",由军卒成为军校。而赵振从普通士兵转为三班借职,则因"获契丹阵图"的缘故。难怪将官张忠对部下曾言:"我十年前一健儿,以战功为团练使,若曹勉之。"⑥当然,在北宋时期,也有不少军班行伍是通过年劳资历爬升到武将队伍中的,即使在上述军班行伍出身将领中,同样还存在着资历的因素。这就难怪苏辙指出:"方今京师之将,所任者谁乎? 匹夫小人以次当迁,而为之什百之长。此其为名,尚未离乎卒伍也。"⑦

---

① 《宋史》卷三五〇《郭成传》,第 11085 页。
② 《宋史》卷三五〇《贾嵒传》,第 11086 页。
③ 《宋史》卷三五〇《张整传》,第 11086—11087 页。
④ 《宋史》卷三五〇《王恩传》,第 11088—11089 页。
⑤ 《宋史》卷三六六《吴玠传》,第 11408 页。
⑥ 《宋史》卷三二六《张忠传》,第 10521 页。
⑦ 苏辙撰,陈宏天、高秀芳点校:《苏辙集》之《栾城应诏集》卷七《进策五道·第五道》,中华书局 1990 年版,第 1302 页。

第三节　潜邸亲随

北宋历史上,在武将群体中长期存在着一支特殊而核心的力量——潜邸亲随,即君主称帝前身边的亲信和随从。大致而言,在宋初两朝,潜邸亲随在武将群体中逐渐呈现出上升的趋势,特别是在宋太宗朝得到了极大的信任,其影响也相当之大。至宋真宗、仁宗时代,潜邸亲随已成为武将群体中的权贵势力。而到宋英宗朝及以后,潜邸亲随虽然依旧地位特殊,但影响力却已然下降。概括来说,北宋时期潜邸亲随因有特殊出身背景,不仅升迁超常,而且最受信任,故常常出为大将,入掌枢府,在军事体系中占有重要的地位。北宋人张方平说:"臣窃观国朝故事,所除军职或以边功,或以劳旧,或以肺腑。"①这里所说的肺腑,即指潜邸亲随。宋人又称之为"随龙"。如司马光所言:"国初草创,天步尚艰。故祖宗即位之始,必拔擢左右之人以为腹心羽翼。岂以为永世之法哉,乃遭时不得已而然也。自后嗣君守承平之业,继圣考之位,亮阴未言之间,有司因循,踵为故事,凡东宫僚吏一概超迁,谓之'随龙'。"②以下分宋初、宋真宗和仁宗朝及之后三个部分,对潜邸亲随将领的有关情况加以论述。

一、宋初武将群体中的潜邸亲随

北宋军中任用潜邸亲随的做法,无疑始于宋太祖时代。确如司马光所言:建国之际,"天步尚艰","必拔擢左右之人以为腹心羽翼",不如此不足以掌控军队,其实这正是历代王朝开国史上的普遍现象。赵匡胤登

---

① 张方平:《乐全集》卷二四《论除兵官事》,四川大学古籍所编:《宋集珍本丛刊》,第5册,线装书局2004年版,第523页。

② 司马光:《上神宗论郭昭选除阁职》,《宋朝诸臣奏议》卷六九《百官门·谨名器》,第766页。

基前的亲随下属主要有:赵普、吕余庆(赵、吕二人后为文臣,故不予讨论)、李处耘、王仁赡、楚昭辅、张琼、杨信、史珪、石汉卿、米信、崔翰、李怀忠及田重进、刘审琼等,其中李处耘、王仁赡及楚昭辅等人出身武职吏人,恭谨善计,遂以武官身份出任枢密院长贰等要职;张琼以下则出身军伍,建宋后乃继续从武为将,其中张琼和杨信因受到特别信任,先后承担殿前司要职,以统领京师禁军。但就资料来看,其余诸将最初并未得到超迁。如李怀忠在宋太祖朝官至富州团练使、日骑左右厢都指挥使。到宋太宗即位后,才授节钺,至侍卫步军都指挥使;①米信、崔翰及田重进则终宋太祖时代,仅至遥郡刺史;②史珪虽颇受信任,但官位也仅至光州刺史。③ 由此观之,赵匡胤对于自己潜邸出身的追随者,还能掌握一定尺度,并非皆委以重任。事实上,不仅石守信、高怀德、张令铎、王审琦、张光翰和赵彦徽等一批参与陈桥兵变的功臣曾受到重用,以体现"酬其翊戴之勋"④的犒赏之意,而且韩令坤、慕容延钊两位宿将也曾被授予侍卫马步军都指挥使、殿前都点检的最高军职。⑤ 随后,韩重赟、罗彦瓌两位宋太祖建国前的部将也获得节钺,出任殿前都指挥使、侍卫步军都指挥使。⑥ 可见当时大批无潜邸背景的武将仍然得到重用,特别是在统军出征和防守边关方面所承担的职责更为突出。

宋太宗一朝,可以说是大用潜邸亲随掌权握兵的时代。宋太宗赵光义登基不久,便提拔身边一批亲随,"以商凤为东上阁门使。上在藩邸时,凤居典客之任,践祚之五日,陈从信以右知客押衙为西上阁门使、枢密承旨,程德玄以药院押衙为翰林使,陈赞以弓箭库官为军器库副使,王延德以监厨为御厨副使。凤时在病告中,及是愈,乃有是命"。⑦ 随之,不断

---

① 《宋史》卷二六〇《李怀忠传》,第9021—9022页。

② 《宋史》卷二六〇《米信传》,第9022页;卷二六〇《崔翰传》,第9026页;卷二六〇《田重进传》,第9024页。

③ 《宋史》卷二七四《史珪传》,第9358页。

④ 《续资治通鉴长编》卷一,建隆元年正月辛亥,第6—7页。

⑤ 《续资治通鉴长编》卷一,建隆元年正月丁巳,第7页。

⑥ 《宋史》卷二五〇《韩重赟传》《罗彦瓌传》,第8824,8829页。

⑦ 《续资治通鉴长编》卷一八,太平兴国二年正月癸酉,第395页。

拔擢陈从信等人及柴禹锡、王继升、弥德超（又作弸德超）诸人，"自从信而下皆尝给事藩邸，以旧恩进用也"。① 其后，这些潜邸亲随不仅充斥于枢密院上下，而且分布于京师和地方统军系统的重要环节之中。所谓："太宗即位后未数年，（应）[旧]为朱邸牵拢仆驭者皆位至节帅，人皆叹讶之。"②仅就《宋史》中明确记载的就有柴禹锡、张逊、杨守一、赵镕、周莹、王显、傅潜、王超、戴兴、王汉忠、王能、张凝、李重贵、刘用、陈从信、王继升、尹宪、耿全斌、周仁美、王荣、杨琼、李琪、赵延溥、张禹珪、裴济、王昭远、高琼、葛霸、桑赞③、卢斌、张煦、王延德、程德玄、王延德（同名）、魏震、石普、元达、郭密、傅思让、李斌、张平、张从式、王宾及安忠等人。另据记载，弥德超也有同样出身。④ 在这些人中，柴禹锡、张逊、杨守一、赵镕及王显诸人在宋太宗朝至枢密院长贰；傅潜、王超、戴兴、王汉忠、王能、张凝、王昭远、王荣、赵延溥、高琼、葛霸、元达及桑赞等为禁军大将；其余则或为高级武官，或为带兵将领。正因为这一现象在宋太宗时代显得非常突出，故有必要分别介绍其重要代表人物。首先，宋太宗朝有潜邸背景而位居枢府长贰者如下：

柴禹锡，在宋太宗赵光义居晋王藩邸时，"以善应对，获给事焉"。太平兴国（976—984 年）初，授供奉官，历如京使等，"以藩府旧僚，多召访外事"，充当帝王耳目的角色。太平兴国七年（982 年），以告宋太宗胞弟秦王廷美"阴谋"，擢枢密副使。以后又出任知枢密院事等要职，授节度使。柴氏由低微的供奉官至枢密副使，前后不过七年时间，升迁速度可谓超乎寻常。⑤

杨守一，"稍通《周易》及《左氏春秋》，事太宗于晋邸"。宋太宗即位初，补右班殿直。历监登州兵、枢密都承旨等。端拱元年（988 年），授宣

---

① 《续资治通鉴长编》卷一九，太平兴国三年三月戊申，第 425 页

② 潘汝士撰，杨倩描、徐立群点校：《丁晋公谈录》（外三种），中华书局 2012 年版，第11 页。

③ 桑赞在《宋史》中无传，《宋史》卷二八九《高琼传》第 9691 页《高琼传》则记载有其出身情况。

④ 《隆平集校正》卷九《弥德超》，第 282 页。

⑤ 《宋史》卷二六八《柴禹锡传》，第 9221—9222 页。

徽北院使、签署枢密院事。①

赵镕，"以刀笔事太宗于藩邸，即位，补东头供奉宫"，历知沧州兼兵马部署、枢密都承旨等。淳化四年（993 年），授同知枢密院事，不久迁知院事。②

王显，"初为殿前司小吏，太宗居藩，尝给事左右"。太平兴国初，"补殿直"。历军器库副使、东上閤门使等。太平兴国八年（983 年），便出任枢密副使，随即再迁枢密使。史称："显自三班不数年正枢任，奖擢之速，时无俦之者。"到宋真宗朝，再任枢密使。后以使相身份出为定州路行营都部署和镇、定、高阳关三路都部署等，成为河北前线的统军大帅。③

其次，同期任禁军三衙将帅或授节钺者如下：

傅潜，"少事州将张廷翰，太宗在藩邸，召置左右。即位，隶殿前左班"。至太平兴国中，已迁至日骑天武左右厢都指挥使、领云州防御使。雍熙二年（985 年），北征失败后，一度遭贬。但不久又被擢为殿前都虞候，再历殿前副都指挥使、侍卫马步军都虞候等要职，授节度使，先后出任高阳关、延州路及镇州都部署，成为当时禁军中军职最高的将领。④ 傅潜从殿前卫士至三衙大将、节度使，历时不过短短十三年。

戴兴，"以勇力闻里中……太宗在藩邸，兴诣府求见，奇之，留帐下，即位，补御马左直，迁直长"。端拱（988—989 年）初，已迁至侍卫步军都指挥使，领镇武军节度。再迁殿前副都指挥使、都指挥使，历天雄军、镇、定及夏州路行营都部署等方面大帅之职。⑤ 需要指出的是，戴兴在军职中的升迁速度及过程，与傅潜大致相同，而傅氏、戴氏又与西府中的柴禹锡、王显相对应，构成当时重用藩邸亲随的突出代表。

高琼，"事王审琦，太宗尹京邑，知其材勇，召置帐下"。太平兴国（976—984 年）中，至神卫右厢都指挥使，领团练使。端拱时，擢为侍卫步

---

① 《宋史》卷二六八《杨守一传》，第 9224 页；《东都事略》卷三三《杨守一传》，第 270 页。
② 《宋史》卷二六八《赵镕传》，第 9225 页。
③ 《宋史》卷二六八《王显传》，第 9230—9231 页。
④ 《宋史》卷二七九《傅潜传》，第 9473 页。
⑤ 《宋史》卷二七九《戴兴传》，第 9475—9476 页。

军都指挥使,领归义军节度。出为并州、镇州都部署。①

葛霸,"姿表雄毅,善击刺骑射。始事太宗于藩邸"。淳化(990—994年)初,擢殿前都虞候。历高阳关、镇州及天雄军都部署等,授保顺军节度。②

王超,"弱冠长七尺余。太宗尹京,召置麾下。及即位,以隶御龙直"。到淳化二年(991年),已迁至河西军节度使、殿前都虞候。③

王汉忠,"形质魁岸、善骑射","太宗在藩邸,召见,奇其材力,置左右"。端拱二年(989年),擢侍卫马军都虞候、领洮州观察使、高阳关副都部署。后迁殿前都虞候。④

赵延溥,宋初旧藩镇赵晁之子,"太宗守京邑,延溥以所部为帐下牙军"。太平兴国三年(978年),任侍卫马、步军都虞候。"殿前白进超卒,即日以延溥为日骑、天武左右厢都指挥使,兼权殿前都虞候事。"雍熙二年(985年),加蔚州观察使,历镇州兵马都部署、判冀州、知贝州等。⑤

王继升,"事太宗于潜邸,太宗信任之。即位。补供奉官,累迁军器库副使"。官至顺州团练使。⑥ 王昭远,王继升之子,"事太宗于晋邸,特被亲遇,常呼其小字。及即位,补殿前指挥使"。历冀州都监、殿前都虞候、灵州路都部署等,授观察使。⑦

王荣,"太宗在藩邸,得隶左右。即位,补殿前指挥使"。历任御前忠佐马步军都军头、侍卫马军都虞候等军职,加观察使,又出为定州行营都部署等。⑧

元达,"太宗居晋邸时,达求见,得隶帐下"。"及即位,补御龙直队

---

① 《宋史》卷二八九《高琼传》,第 9691—9693 页。
② 《宋史》卷二八九《葛霸传》,第 9699 页。
③ 《宋史》卷二七八《王超传》,第 9464—9465 页。
④ 《宋史》卷二七九《王汉忠传》,第 9476—9477 页。
⑤ 《宋史》卷二五四《赵晁传附延溥》,第 8899 页。
⑥ 《宋史》卷二七六《王继升传》,第 9406 页。
⑦ 《宋史》卷二七六《王继升传附昭远》,第 9407 页。
⑧ 《宋史》卷二八〇《王荣传》,第 9499 页。

长"。在宋太宗朝历侍卫步军都虞候、北面行营都部署及京城巡检等。①

其余为将者的情况如下：

王能，"太宗在晋邸，召置左右"。在宋太宗朝至殿前右班都虞候兼御前忠佐马步军都军头，领遥郡刺史。②

张凝，"少有武勇，倜傥自任"，"太宗在藩邸，闻其名，以隶亲卫"。淳化（990—994年）初，领肃州刺史。历天雄军驻泊都监、高阳关行营钤辖，加六宅使。③

郭密，"以知瀛州马仁瑀荐，隶晋王帐下，给事左右"。至淳化间，为贝州驻泊兵马部署，不久擢领安州观察使，充灵州兵马都部署，"训练士卒，号令严肃，夏人畏服，边境赖以宁谧"。④

傅思让，"少无赖，有勇力，善骑射。太宗居晋邸，补亲事都校"。宋太宗朝累迁容州观察使、知莫州、陇州等，"所为多不法"。卒，赠保顺军节度。⑤

李斌，"太宗在晋邸，闻其状貌魁伟，召置左右"。宋太宗雍熙四年（987年），领溪州团练使。历贝、冀二州驻泊都监。至道（995—997年）初，擢桂州观察使，判洺州、沧州。⑥

张平，宋太宗藩邸亲随出身，"太宗即位，召补右班殿直"。历官同知三班院事、盐铁使等，授西上閤门使、客省使等。⑦

尹宪，"开宝（968—976年）中，事太宗于藩邸。太宗即位，擢为殿直，充延州保安军使"。先后多次出任前线监军之职，后任知贝州、高阳关兵马钤辖，授四方馆使。⑧

王宾，早年入宋太宗藩邸。"太平兴国（976—984年）初，补东头供奉

---

① 《宋史》卷二七五《元达传》，第9373—9374页。
② 《宋史》卷二七九《王能传》，第9478页。
③ 《宋史》卷二七九《张凝传》，第9479—9480页。
④ 《宋史》卷二七五《郭密传》，第9378页。
⑤ 《宋史》卷二七五《傅思让传》，第9378页。
⑥ 《宋史》卷二七五《李斌传》，第9378—9379页。
⑦ 《宋史》卷二七六《张平传》，第9405—9406页。
⑧ 《宋史》卷二七六《尹宪传》，第9408—9049页。

官、亳州监军"。后任右羽林大将军、判左金吾兼六军诸卫仪仗司事及知扬州兼淮南发运使等。①

安忠,"事太宗藩邸,殆二十年。太宗即位,授东头供奉官,掌弓箭库"。曾追随大将曹彬、李继隆等与辽作战,多次出任监军。后知寿州、贝州,以东上阁门使身份出任淮南诸州兵马钤辖。②

石普,"十岁给事邸中,以谨信见亲,补寄班祗候",历迁洛苑使、富州团练使、延州缘边都巡检使。③

裴济,"少事晋邸",宋太宗即位,历迁定州都监、知定州、镇州行营钤辖及知镇州等。宋真宗咸平(998—1003年)初,知灵州兼都部署,领顺州团练使。后灵州城被西夏军攻陷,死难其间。④

李琪,以潜邸背景累迁效忠都虞候、开封府马步军副都指挥使、领富州刺史等。史称"琪性素鄙,历事三朝,而行不加修。太宗知之,遂改授屯卫大将军,领郡如故"。⑤

至于宋太宗时代,某些藩邸亲随地位较低,或遭贬责,则往往因为有特殊缘故。如张禹珪"粗知书,有方略,幼事太宗藩邸"。宋太宗即位后,补东西班承旨,居禁卫之职。⑥ 张氏升迁有限,显然是因为其年龄过轻和资历太浅的缘故。王荣自御前忠佐马步军都军头、领遥郡刺史,先出为外州马军教练使,再一度削籍流海岛,乃在于"坐受秦王廷美宴劳"及"与秦王亲吏善"⑦的原因,自然不会为宋太宗所容。

宋太宗之所以大肆重用藩邸亲随,显然是要在登基后迅速控制兵权,并制约宋太祖朝遗留的禁军将帅。如宋太宗即位后,前朝旧臣曹彬、楚昭辅为枢密院长官。针对这一掌控军权与决策的核心机构,宋太宗当然不放心,遂在太平兴国四年(979年)安插潜邸亲随石熙载为签书枢密院事,

① 《宋史》卷二七六《王宾传》,第9409—9410页。
② 《宋史》卷二七六《安忠传》,第9411—9412页。
③ 《宋史》卷三二四《石普传》,第10471—10472页。
④ 《宋史》卷三〇八《裴济传》,第10143—10144页。
⑤ 《宋史》卷二八〇《李琪传》,第9509页。
⑥ 《宋史》卷二六一《张铎传》,第9048页。
⑦ 《宋史》卷二八〇《王荣传》,第9499页。

不久提拔为枢密副使、枢密使,将楚昭辅罢为闲职。再将亲随柴禹锡任命为枢密副使。太平兴国八年(983 年),潜邸亲随出身的弥德超迎合宋太宗需要,诬告枢密使曹彬收买军心,宋太宗便乘机将曹彬贬出京师,又将弥德超和另一位潜邸亲随出身的王显再委任为枢密副使。于是,一时枢密院内成为清一色的亲随出身者掌权。当弥德超诬告曹彬之事败露后,史称"上悟曹彬无它,待之愈厚,临朝累日不怿",但却并未恢复曹氏原职。① 宋太宗赵光义称帝初,禁军三衙首脑如殿前都指挥使杨信、侍卫马军都指挥使党进以及李重勋、李汉琼、刘遇等人,都是统军多年的宿将。于是,宋太宗先以白进超等其他将领逐渐加以替代。太平兴国四年(979 年),在宋太宗亲自领兵北伐幽州期间,一度发生部分将领试图拥戴宋太祖之子赵德昭的事件。因此,在北伐结束不久,宋太宗对宿将石守信、刘遇等人进行了贬责,②又在殿前都指挥使白进超死后,"即日以(赵)延溥为日骑、天武左右厢都指挥使,兼权殿前都虞候事"。③ 潜邸亲随出身的赵延溥出任此职,显然具有牵制诸将的用意。以后,宋太宗便陆续将傅潜、王超、戴兴及王汉忠等大批亲信提拔到禁军三衙中任要职,从而完全主宰了兵权。

二、宋真宗、仁宗朝的潜邸亲随将领

自宋太宗之后,重用藩邸亲随出身将领成为一种帝王传统,虽然也曾受到某些文臣的微词,但后嗣君主大都加以仿效。其中又以宋真宗及仁宗两朝为突出。

宋真宗在位期间,对自己早年的潜邸旧人十分器重,对其中的武职出身者常不次任用。景德二年(1005 年),"枢密院议次补禁军列校,王继英奏曰:'藩邸给事之人尚在外,议者皆聚议腾谤,谓臣蒙蔽不言于上,致其

---

① 《续资治通鉴长编》卷二四,太平兴国八年四月壬寅,第 544 页。
② 《续资治通鉴长编》卷二〇,太平兴国四年八月戊申、甲寅、甲戌,第 459、460 页。
③ 《宋史》卷二五四《赵晁传附延溥》,第 8899 页。

沉滞。'"①这种压力显然来自任用藩邸亲随的传统意见,宋真宗虽表面上对此表示不以为然,但实际上仍沿用了这一做法。宋真宗朝潜邸亲随出身的将领主要有王继忠、王继英、张耆、杨崇勋、刘谦、夏守恩与守赟兄弟、蔚昭敏、高化、郑守忠、彭睿及阎日新等。他们分居禁军与枢密院要职,成为当时武将群体之中的权贵。在此就其出身和任职情况陈述如下:

王继忠六岁便以父荫补东西班殿侍,"真宗在藩邸,得给事左右,以谨厚被亲信"。宋真宗即位后,不过六年左右时间,王氏已累迁殿前都虞候、领云州观察使,出任镇定高阳关三路钤辖兼河北都转运使、高阳关及定州副都部署等。咸平六年(1003年),与契丹交战于望都,兵败被俘。②

王继英少事宰相赵普,"真宗在藩邸,选为导吏兼内知客事"。在宋真宗朝,王继英历枢密都承旨、澶州钤辖等,拜宣徽北院使、同知枢密院事和枢密使等要职。③

张耆,"年十一,给事真宗藩邸"。④ 又据宋人称,宋真宗为皇太子时,所宠爱的蜀姬刘氏(即以后的刘后),一度被宋太宗逐出东宫,遂"置于殿侍张耆之家。耆避嫌,为之不敢下直"。⑤ 由此,足见张氏为宋真宗藩邸时信任的亲随。宋真宗即位,张耆初授西头供奉官,历并、代州钤辖、管勾皇城司等。景德(1004—1007年)初,迁英州防御使、侍卫马军都虞候。随后再迁殿前都虞候、侍卫马军副都指挥使,授节度使。大中祥符(1008—1016年)末,为宣徽南院使兼枢密副使。至宋仁宗朝,因刘太后的关系,曾任枢密使兼群牧制置使等要职,封邓、徐二国公。⑥

杨崇勋"以父任为东西班承旨,事真宗于东宫"。宋真宗登基,历群牧副使、枢密都承旨、侍卫马军都虞候、并代副都部署及群牧使等要职。到宋仁宗朝,历殿前都虞候、侍卫马军副都指挥使、殿前都指挥使、枢密副

---

①　《续资治通鉴长编》卷五九,景德二年正月甲寅,第1307—1308页。

②　《宋史》卷二七九《王继忠传》,第9471—9472页。

③　《宋史》卷二六八《王继英传》,第9228—9229页。

④　《宋史》卷二九〇《张耆传》,第9709页。

⑤　司马光撰,邓广铭、张希清点校:《涑水记闻》卷五,中华书局1989年版,第101页。

⑥　《宋史》卷二九〇《张耆传》,第9711页。

使及枢密使等高位。①

刘谦，"真宗升储邸，增补宫卫……授谦西头供奉官、东宫亲卫都知"。宋真宗称帝后，历迁捧日天武四厢都指挥使、权殿前都虞候、侍卫马军都虞候、权侍卫步军都指挥使及殿前都指挥使等，授节钺。②

夏守恩，以父战殁之故，六岁"补下班殿侍，给事襄王（即以后的宋真宗）宫，累迁西头供奉官"。宋真宗朝历龙神卫、捧日天武四厢都指挥使、泰州防御使等。"帝不豫，中宫预政，以守恩领亲兵，倚用之。擢殿前都虞候，以安远军节度使观察留后管勾殿前马步军都指挥使事"，③备受重用。夏守恩弟守赟，以兄故自幼入宋真宗潜邸，"稍长，习通文字。王为太子，守赟典工作事。及即位，授右侍禁"。历真定路走马承受公事、枢密都承旨、侍卫步军和马军都虞候、侍卫步军、马军及殿前都指挥使等，授节度使，"帝甚亲信之"。④

蔚昭敏出身军人之家，宋真宗为襄王，"昭敏自东班殿侍选隶襄王府，帝即位，授西头供奉官"。累迁冀贝行营兵马都监、定州行营钤辖、殿前副都指挥使及都指挥使等，授保静军节度使。⑤

阎日新，"少为本州牙职，补三司使役吏。淳化（990—994年）中，选隶寿王府，主邸中记簿"。宋真宗登基后，历永兴军驻泊都监、管勾环州驻泊兵马、知环州兼邠宁环庆路钤辖、缘边都巡检使、安抚都监等，至昭州团练使、知单州。⑥

高化，"从州将入京师，遂隶禁军，选为襄王牵拢官"。宋真宗朝，累迁御龙骨朵直都虞候。到宋仁宗朝，至殿前副都指挥使，授节度使。⑦

郑守忠，在《宋史》中无传。据富弼所言："殿前副都指挥使郑守忠、

---

① 《宋史》卷二九〇《杨崇勋传》，第9713—9714页。
② 《宋史》卷二七五《刘谦传》，第9382—9383页。
③ 《宋史》卷二九〇《夏守恩传》，第9714—9715页。
④ 《宋史》卷二九〇《夏守恩传附守赟》，第9715—9716页。
⑤ 《宋史》卷三二三《蔚昭敏传》，第10455—10456页。
⑥ 《宋史》卷三〇九《阎日新传》，第10167—10168页。
⑦ 《宋史》卷三二三《高化传》，第10456页。

马军副都指挥使高化,故亲事官,皆奴才小人"之语,①则可知郑氏与襄王府邸牵拢官的高化当出身相同。在宋仁宗朝,也至殿前副都指挥使,授节度使。②

除以上诸将外,据《宋史》卷二七九《王继忠传》下附记称:

> 真宗宫邸攀附者,继忠之次有王守俊至济州刺史,蔚昭敏至殿前都指挥使、保静军节度,翟明至洺州团练使,王遵度至磁州团练使,杨保用至西上閤门使、康州刺史,郑怀德至御前忠佐马步军都军头、永州团练使,张承易至礼宾使,吴延昭至供备库使,白文肇至引进使、昭州团练使,彭睿至侍卫马军副都指挥使、武昌军节度,靳忠至侍卫马军都虞候、端州防御使,郝荣至安国军节度观察留后,陈玉至冀州刺史,崔美至济州团练使,高汉美至郑州团练使,杨谦至御前忠佐马步军副都军头、河州刺史。③

这里所提及的蔚昭敏的情况,已见前述,其余诸人的官爵也未必皆得之于宋真宗时期,如彭睿出任侍卫马军副都指挥使的时间是在宋仁宗天圣三年(1025 年),④但大致还是能够反映宋真宗重用潜邸出身者任将的部分情况。

宋仁宗在位期间,其潜邸亲随依旧担任重要军职,突出者有郭承祐、安俊、张孜(茂实)及夏随等数人。

郭承祐乃宋初藩镇郭从义重孙,娶宗室舒王元称女。宋仁宗为皇太子时,"补左清道率府率、春坊左谒者",进入宋仁宗潜邸。故宋仁宗称帝后有"朕以卿有初载之遇,有离卫之勤"之语。郭承祐历知贝州、澶州兵马部署、真定府、定州及大名府等路副都部署。再迁殿前都虞候、殿前副都指挥使,出为代州副都部署兼知代州,授节钺,跻身禁军将帅之列。

---

① 《续资治通鉴长编》卷一二六,康定元年正月壬午,第 2970 页。
② 《续资治通鉴长编》卷一二九,康定元年十二月癸卯,第 3061 页。
③ 《宋史》卷二七九《王继忠传》,第 9472 页。《宋史》卷三二三《安俊传》,第 10467—10468 页。
④ 郭倪:《侍卫马军司题名记》,周应合:《景定建康志》卷二六《官守志·侍卫马军司》,《宋元方志丛刊》第 2 册,中华书局 1990 年版,第 1764 页。

安俊，"仁宗为皇太子，俊以将家子谨厚，选为资善堂祗候"。宋仁宗即位后，累迁环州都监、环庆路都监、秦凤路钤辖、知忻州、代州及秦凤路部署。再历仕龙神卫、捧日天武四厢都指挥使、侍卫步军都虞候，加防御使衔。

夏随为夏守赟之子，以父荫为茶酒班殿侍，宋仁宗在东宫时，"为率府副率兼春坊谒者"。宋仁宗登基后，历天雄军兵马钤辖、领三班院、知卫州、邠州，加防御使衔。对西夏大规模战争开始后，出任鄜延路副都部署、陕西副都部署兼缘边招讨副使。宋仁宗对夏随也极为信任，曾对其曰："朝廷方以边事委卿，卿毋以父在机密为嫌。"①

张孜（茂实），内侍张景宗养子，以荫补三班奉职，"给事春坊司"，服侍宋仁宗于东宫。在宋仁宗时代，张孜历陈州兵马都监、知莫州和贝州、并代副部署、侍卫马军和殿前都虞候、侍卫步军副都指挥使、马军副都指挥使等，授宁远军节度使，成为禁军将帅。

三、宋英宗朝及以后潜邸将领在武将群体中影响的下降

宋英宗及以后诸帝，也往往提携潜邸亲随为武官、武将。如宋神宗即位伊始，便授予原东宫随从郭昭选等四人阁门祗候，司马光对此曾有激烈的批评言辞："今昭选等以贱隶而叨美职，是官不择人也。"熙宁（1068—1077年）时期，仍有推恩潜邸亲随的举动。② 以后，宋哲宗朝也有类似情况，如宋人文集中的一份制辞反映：武官冯世宁因曾有宋哲宗藩邸的关系而得到提拔，所谓："恪勤公忠有补，兼系哲宗朝攀附之臣。"③高俅出身宋徽宗潜邸旧人，所谓"俅以胥徒之才事上皇于潜邸"。在北宋末年，高俅任殿前司主帅多年。但从总体上看，自宋英宗朝开始潜邸亲随在武将群体中的影响却明显降低，不仅人数减少，而且出任将帅级别者也并不多见。通过对《宋史》有关这一时期武将列传出身情况的分析，便不难发现

---

① 《宋史》卷三二三《安俊传》，第 10467—10468 页。
② 《宋史》卷二九〇《夏守恩传附随》，第 9717 页。
③ 《宋史》卷三二四《张孜传》，第 10475—10476 页。

这一事实。

宋英宗朝以后,潜邸亲随地位降低,究其原因乃在于:一方面,文官士大夫集团在政治上的影响已与日俱增,所谓"与士大夫共天下",而当政的文官大臣对以上重用潜邸亲随的传统多予以猛烈的抨击,如前述司马光等人的言辞;另一方面,统治者长期忧虑的来自武将群体对皇权的威胁已彻底消弭,潜邸亲随在制约其他将帅方面的价值已消失殆尽,加之宋神宗锐意改革,所以这一陋习逐渐被放弃,潜邸亲随的影响遂明显下降。

由上可见,北宋时期潜邸出身的将领在武将群体中占有特殊的地位,特别是在宋太宗、真宗和仁宗三朝,最高统治者对自己早年的亲随给予极大的信任,多方倚重,以至于出现"牵拢仆驭者皆位至节帅,人皆叹讶之"的现象。这便难怪,曾在宋太祖朝后期做过开封府牙吏的张煦,于宋太宗雍熙二年(985年)"自陈太宗尹京尝事左右",遂当即被任命为殿前承旨,再出任镇定、邢、赵州都巡检使、权知环州及保安军等。张煦并无军事才能,不过"明术数,善相宅,时称其妙"而已。① 而较张氏地位更高的王荣也敢于放言:"我不久当得节帅。"夏守赟因有藩邸背景,故"帝甚亲信之",宋真宗还直接关注其升迁问题。据记载:宋真宗曾遣中使问夏守赟:"欲管军乎?为横行使乎?"夏氏答曰:"臣得日近冕旒足矣。"遂当即迁其为西上阁门使。②

第四节 外戚成员

在宋朝时期,为了防范外戚干政的历史教训重现,通常限制外戚成员担任中枢要职。如元人修《宋史》时所总结:宋朝以优厚待遇对外戚,却又有法度之严、礼统之正的约束,"而终无外家干政之患"。③ 不过,宋代

① 《宋史》卷三〇八《张煦传》,第10149—10150页。
② 《宋史》卷二九〇《夏守恩传附守赟》,第9716页。
③ 《宋史》卷四六三《外戚传序》,第13535页。

外戚一如往昔享有政治特权,又在特有的政策下获得右途上发展的照顾。按照宋代官制规则,外戚成员及其子弟一律荫补武阶官,故他们可以轻取武官之位。如李继隆死,"遗奏亲属牙校等凡三十人,有司请援曹彬、潘美恩例。上曰:'继隆乃太后兄,可引杜审进为比。'因求其案籍,具得之。于是,继隆子侄并超等迁秩,至于疏属、给使辈咸收叙焉"。① 北宋外戚不仅在统军体系中占有一席之位,而且与潜邸背景者一样,常常居于武将群体中的上层。值得指出的是,北宋还出现了某些外戚家族长期掌兵的现象,如曹彬、李处耘、高琼后裔及李用和家族等。南宋人李心传即认为:"祖宗盛时,率用外戚典兵马。"② 从有关的记载来看,此说并非虚言。以下大致依照时间顺序,对北宋外戚成员为将的情况予以考察。

在宋太祖朝,外戚成员依照惯例皆获授武职官位,其地位特殊者还能获得高级官爵。但真正掌军为将者却有限,主要有王继勋、杜审琼、刘知信及杜彦圭等数人。

王继勋为宋太祖王皇后胞弟,"以后故,为内殿供奉官、都知",历龙捷右厢都指挥使、虎捷左右厢都虞候,授节度观察留后。乾德二年(964年),侍卫步军都指挥使崔彦进出征后蜀,王继勋遂权侍卫步军司公事,成为禁军高级将领。到乾德四年(966年),王氏因暴虐才被"夺其军职"。杜审琼乃宋太祖母亲杜太后之兄,先后授左龙武军大将军、右卫大将军、领遥郡刺史,曾权判右金吾街仗事。当王继勋解职后,"诏审琼兼点检侍卫步军司事",但不久病死。③ 刘知信,其母为杜太后之妹,"起家授供奉官"。开宝(968—976年)时,先后掌武德司,领遥郡刺史。宋太祖出巡洛阳,刘氏为行宫使及西京武德、皇城、宫苑等使。宋太祖以后离京时,又充大内留守,为宋太祖特别信赖的近卫将官。④ 杜彦圭是杜审进(杜太后之兄)之子,"起家六宅副使,迁翰林使"。在宋太祖朝曾从征太

---

① 《续资治通鉴长编》卷六〇,景德二年五月戊辰,第1334页。

② 李心传撰,徐规点校:《建炎以来朝野杂记》甲集卷一〇《官制一》,中华书局2000年版,第204页。

③ 《宋史》卷四六三《外戚上·王继勋传》,第13541—13543页,《外戚上·杜审琦传附审琼》,第13536页;《续资治通鉴长编》卷七,乾德四年五月庚寅,第172页。

④ 《宋史》卷四六三《外戚上·刘知信传》,第13543页。

原,后驻屯中山及出知定州,官至观察使。①

宋太宗时期,外戚为将者主要有李继隆家族、贺怀浦父子及刘文裕等人。在宋太祖朝,枢密副使李处耘次女为皇弟赵光义妃(即宋太宗的李皇后)。李处耘早死,诸子皆继世为将,而以李继隆和继和兄弟最为出名。李继隆"以父荫补供奉官",在宋太祖朝历果、阆州监军、御营前后巡检使等。宋太宗即位后,李继隆以外戚身份继续武将生涯,历定州驻泊都监、知定州、沧州及定州都部署、河西行营都部署及灵、环十州都部署等要职,又先后出任侍卫马军都虞候、都指挥使等禁军将帅之职,获节钺,多次以大帅身份统领大军出征和屯守。景德元年(1004年),宋真宗赴澶州,李继隆任驾前东西排阵使,与石保吉共同率军担任护驾任务。"公二纪宿卫,四换节旄","功臣之号,凡三加焉"。② 李继隆死后,还作为唯一的武臣与已故宰相李沆、王旦同配享于宋真宗庙,由此可见其被视为一代最重要的军事将领。李继隆弟继和,"少以荫补供奉官,三迁洛苑使",历知镇戎军兼泾、原、仪、渭钤辖及并、代钤辖,长期镇守西陲。景德初,参与了对契丹的军事行动。后出任殿前都虞候,领端州防御使。李继隆另一弟继恂,官至洛苑使、顺州刺史。③

李氏下一代,仍在外戚的背景下继续为将。其中李继隆之子昭亮,"四岁,补东头供奉官"。成年后历潞州兵马钤辖、知代、瀛、定州、判延州、大名府、秦凤路及并代路副都部署、真定路都部署等,又同时历迁殿前都虞候、侍卫步军副都指挥使及殿前副都指挥使等要职,授节度使,成为又一代将帅。李昭亮之子惟贤,"以父荫为三班奉职",历知莫州、冀州等,终四方馆使、领遥郡团练使。④ 李继隆从子昭逊,至供备库使。⑤

---

① 《宋史》卷四六三《外戚上·杜审琦传附彦圭》,第13538页。
② 杨亿:《武夷新集》卷一〇《宋故推诚翊戴同德功臣山南东道节度使管内观察处置桥道等使特进检校太尉同中书门下平章事持节襄州诸军行襄州刺史判许州军州事上柱国陇西郡开国公食邑一万四百户食实封三千二百户赠中书令谥曰忠武李公墓志铭》,《宋集珍本丛刊》第2册,第290页。
③ 《宋史》卷二五七《李处耘传附继隆、继和》,第8969—8975页。
④ 《宋史》卷四六四《外戚中·李昭亮传》,第13563—13564页。
⑤ 《宋史》卷二五七《李处耘传附继隆、继和》,第8974页。

宋太祖贺皇后之兄怀浦，至宋太宗登基初为岳州刺史，领兵屯河东三交口。后从杨业北征而死。其子令图不仅出身外戚，而且有宋太宗藩邸背景，史称"少谨愿，隶太宗左右，洎即位，补供奉官"。贺令图历任知莫州、雄州及幽州行营壕砦使，倡言并参加了雍熙三年（986年）的北伐。授六宅使、遥郡团练使，护瀛州屯兵，后兵败被辽军所俘。史称："令图握兵边郡十余年，持藩邸旧恩，每岁入奏事，多言边塞利害，及幽蓟可取之状。上信之，故有岐沟之举。"①

刘文裕，出身外戚之家，在宋太祖朝"起家补殿直"。迁权管云骑员僚直，"太宗在藩邸，多得亲接"。宋太宗朝，历秦陇巡检、高阳关都监及镇州兵马部署等，授观察使，②为当时驻守地方的将领。

北宋中期及以后，外戚显于武职将官者主要有王贻永、刘美、李用和、郭崇仁、杨景宗、李端懿、曹佾及高遵裕等。

王贻永，宋初宰相王溥之孙，枢相魏仁溥的外孙，其舅又为外戚魏咸信。"咸平（998—1003年）中，尚郑国公主，授右卫将军、驸马都尉"。在宋真宗朝，王贻永历知单、徐、澶、定州及成德军、天雄军等，长期镇守河北要地，授节钺。至宋仁宗康定元年（1040年），擢为同知枢密院事，再迁枢密副使和枢密使。③ 王贻永死后，其子道卿官至西上阁门使，加团练使衔。④

刘美，与宋真宗的刘皇后有过特殊关系，后被刘皇后认作兄长，⑤遂具有外戚身份。同时，刘美还"初事真宗于藩邸，以谨力被亲信"。在宋真宗朝，历汉州及嘉州都监、同勾当皇城司、侍卫马军都虞候等，加武胜军节度观察留后。刘美死，其子从德"年十四，自殿直迁至供备库副使"。在宋仁宗朝，刘从德历恩州兵马都部署、知相州等，加团练使。史称："从

---

① 《宋史》卷四六三《外戚上·贺令图传》，第13540页。
② 《宋史》卷四六三《外戚上·刘文裕传》，第13545—13547页。
③ 《宋史》卷四六四《外戚中·王贻永传》，第13561—13562页。
④ 《宋史》卷四六四《外戚中·王贻永传》称道卿至西上阁门使。据王珪《华阳集》卷二八《故保平军节度使王贻永男西上阁门使道卿可贵州团练使制》，可知王道卿又加团练使衔。第359页。
⑤ 《涑水记闻》卷六，第109页。

德齿少无才能,特以外家故,恩宠无比。"刘美另一子从广,历群牧副使、同勾当三班院、知沧州及真定府路马步军副都部署等,授宣州观察使。刘从德之子永年,"生四岁,授内殿崇班,许出入两宫"。历陕州都监、永兴军路部署、知泾州等。在宋英宗朝以后,刘永年历知代州、定州路副都总管及侍卫步军、马军及殿前都虞候、侍卫步军副都指挥使等,加观察使衔,曾参加征讨安南的战役。①

郭崇仁,为宋真宗郭皇后之弟、宋初大将郭守文之子。初以父荫补左班殿直,后历捧日天武四厢都指挥使、高阳关路马步军副都部署等,授防御使。②

杨景宗,宋真宗杨淑妃从子,"少蒲博无赖,客京师","章惠(即杨淑妃)入宫为美人,奏补茶酒班殿侍",历郓州兵马都监、扬州兵马钤辖、天雄军副都部署、知潞州、领皇城司等,授节度观察留后。史称:"景宗起徒中,以外戚故至显官。"③

李用和,宋仁宗生母李氏(宋真宗宸妃)胞弟,"少穷困,居京师凿纸钱为业",后以外戚之故为三班奉职。终宋仁宗朝,历考城县兵马都监、同领皇城司、殿前都虞候、真定府及定州路马步军副都部署等,入为侍卫步军、马军及殿前副都指挥使,拜节钺。史称:"仁宗以太后不逮养,故外家褒宠特厚。"李用和之子璋,"以章懿皇后(即李宸妃)恩,补三班借职,积官为天平军节度观察留后"。后出任殿前都指挥使,授节钺。李用和另外二子玮、珣也为武官。其中李珣以荫补阁门祗候,其父病,宋仁宗特将其迁为西上阁门副使,又累迁均州防御使,知相州。宋仁宗朝,李珣曾出任侍卫步军都虞候。至宋哲宗时,终节度观察留后;李玮尚兖国公主,为驸马都尉,至建武军节度使。④

宋初枢密使李崇矩之孙遵勖,尚宋真宗公主,获武职,但实际所从事

---

① 《宋史》卷四六三《外戚上·刘美传附从德、从广、永年》,第 13550—13552 页。

② 《宋史》卷四六三《外戚上·郭崇仁传》,第 13553 页。

③ 《宋史》卷四六三《外戚上·杨景宗传》,第 13553—13554 页。

④ 《宋史》卷四六四《外戚中·李用和传附璋、玮、珣》,第 13565—13567 页;《续资治通鉴长编》卷一六八,皇祐二年七月丙申,第 4049 页。

的职事与军事无关。李遵勖子端懿,在宋仁宗朝曾任滑州兵马钤辖、京东西路安抚使,授节度观察留后。李端懿从子评,在宋神宗朝曾任西上阁门使、枢密都承旨及勾当三班院,授团练使。①

曹佾、傅兄弟,乃曹彬之孙(曹玘之子),宋仁宗曹皇后同胞兄弟。其中曹佾自右班殿直历殿前都虞候、知澶州、河阳等,授节钺,封济阳郡王,死于宋哲宗时期,可谓极武臣之荣;②曹傅则官至荣州刺史。③ 曹佾之子评至平海军节度使,在宋徽宗朝曾任侍卫马军副都指挥使;④另一子诱至安德军节度使,曾在宋徽宗时以枢密副都承旨的身份权勾当侍卫马步军司公事。⑤ 曹诱之孙湜,尚宋徽宗女崇德帝姬,继为武职。⑥ 曹璨、玮及琮的后裔,虽因与宋仁宗曹皇后为同宗,成为外戚之家,但依旧统军为将,其中曹诵在宋哲宗、徽宗时期,曾任侍卫马、步军司主官;⑦曹琮之孙诗,又娶鲁国大长公主,继为武职。⑧ 特别值得提到的是,到北宋灭亡之际,曹氏后人仍以外戚身份为禁军大将,即宋钦宗靖康(1126—1127年)年间的曹曚,如宋钦宗曾说:"曹曚戚里,岂识兵事。"⑨还有史料记载:靖康元年(1126年)正月,"李纲充亲征行营使,侍卫步军副都指挥使曹曚充亲征行营副使"。⑩ 其后,给事中王云出使金军营,侍卫马军都指挥使曹曚为副使同行。⑪ 据王明清《挥麈录·前录》卷二记载:"曹武惠诸子,名连玉字。玉字生人字,慈圣光献昆季也。人字生言字。言字生日字。日字生水字。

---

① 《宋史》卷四六四《外戚中·李遵勖附端懿、评》,第13569—13572页。

② 《宋史》卷四六四《外戚中·曹佾传》,第13572—13573页。

③ 《续资治通鉴长编》卷一五四,仁宗庆历五年正月乙酉,第3735页;《宋史》卷二五八《曹彬传附傅》,第8983页。

④ 《侍卫马军司题名记》,《景定建康志》卷二六《官守志·侍卫马军司》,《宋元方志丛刊》第2册,第1766页。

⑤ 《宋会要辑稿》职官三二之六一七,第3815—3816页。

⑥ 《东都事略》卷一一九《外戚传》,第1040页。

⑦ 《宋会要辑稿》职官三二之六一七,第3815—3816页。

⑧ 《东都事略》卷二七《曹彬传》,第219页。

⑨ 李纲:《梁溪先生文集》卷五〇《乞种师道听节制札子》,《宋集珍本丛刊》第108册,第639页。

⑩ 汪藻撰,王智勇笺注:《靖康要录笺注》卷一,四川大学出版社2008年版,第107页。

⑪ 《靖康要录笺注》卷三,第382页。

水字生丝字。"①可见曹曚当为曹曚之误。如作曹曚，便意味着曹彬一门在北宋为将五代。郭倪《侍卫马军司题名记》中又有曹濛，为侍卫马军司将官，则说明曹氏六世握兵。

高琼重孙女为宋英宗皇后（高遵甫之女），故从治平（1064—1067年）以后，高氏在继续为将的同时，也不可避免地披上了外戚的衣装。其中宋英宗高后从父高遵裕，"以父任累迁供备库副使、镇戎军驻泊都监"。② 历秦凤路沿边安抚副使、知通远军、镇洮军及熙州等，加团练使、龙神卫四厢都指挥使，长期在西陲前线领兵作战。高琼四世孙公纪至集庆军留后。高琼五世孙世则在北宋末为东上阁门使，曾随康王赵构出使河北，充参议官，官至华州观察使。③

第五节　其　　他

北宋时期，武将群体中除了以上四大类外，其余还有如文人从军、武举选拔、宦官及蕃将等出身者的情况。由于这些人在当时武将群体中所占比例很小，故在此仅略加论述。

一、文人从军

在北宋历史上，由于存在着强烈的崇文抑武风尚，故与前代相比，文人从军的数量和在武将群体中所占的比例都相当低。揆诸史籍，有一些文人（包括文官）因各种原因走上了右途，而成为武将群体的成员。现若仅以《宋史》有关传记提供的资料为依据的话，可以发现文人出身的将领

---

① 《挥麈录·前录》卷二，第 21 页。
② 《宋史》卷四六四《外戚中·高遵裕传》，第 13575 页。
③ 《宋史》卷四六四《外戚中·高遵裕传附公纪、世则》，第 13578 页；《东都事略》卷四二《高琼传》，第 330—333 页。

有:雷有终、雷孝先、柳开、张昭允、曹谏(曹利用之父)、上官正、张旦、张佶、靳怀德、张亢、种世衡、刘平、刘涣、景泰、蒋偕、史方、卢鉴、李渭、郭谘、刘几、王果、萧注、苏缄及李邈24人。根据前述对北宋武将各类的统计数据,可知文人出身的将领在北宋武将群体中的比例相当低。

有关这方面代表人物及例证如下:

雷有终,宋初文臣雷德骧之子,以父荫补汉州司户参军,历知密州、淮南转运副使、度支副使、少府少监、知广州、知大名府等。曾参加镇压李顺起义,迁给事中,知并州。在西川发生王均造反后,雷有终以工部侍郎、户部使换泸州观察使,出知益州兼川、峡两路招安捉贼事,以统帅身份负责指挥镇压行动。西川战事结束后,雷氏加保信军节度观察留后。历知永兴军、秦州、并代副都部署等。在景德元年(1004年)抗击辽军南攻时,雷有终率所部赴援,"威声甚振"。后判并州,拜宣徽北院使,①成为高级将领。

上官正,"少举《三传》,后为郿州摄官。雍熙(984—987年)中,召授殿前承旨"。宋太宗淳化(990—994年)中,转作坊副使、剑门都监。以镇压李顺起义有功,授团练使,与雷有终并为西川招安使。宋真宗朝,历庄宅使、东上阁门使、知沧州、高阳关副都部署等。王均造反,上官正为峡路都钤辖、知梓州,参加镇压行动。后历知沧、镇州、高阳关部署等,授防御使衔。②

张佶,"少有志节,始用荫补殿前承旨,以习儒业,献文求试,换国子监丞,迁著作佐郎、监三白渠、知泾阳县"。宋真宗咸平(998—1003年)时,历陕西转运副使、西川转运副使。"贼平,分川峡为四路,以佶为利州路转运使。有荐其武干者,召还,授如京使、泾原钤辖兼知镇戎军",在与夏军交战中有功。后历益州、鄜延及泾原钤辖,拜西上阁门使等。③

张亢,"进士及第,为广安军判官、应天府推官"。历签书西京判官、通判镇戎军。以论西北攻守计数十章,"遂起为如京使、知安肃军"。元

---

① 《宋史》卷二七八《雷德骧传附有终》,第9455—9463页。

② 《宋史》卷三〇八《上官正传》,第10137—10139页。

③ 《宋史》卷三〇八《张佶传》,第10150—10152页。

昊反宋后,张亢先后出任泾原路兵马钤辖、知渭州、并代都钤辖、管勾麟府军马事、泾原路经略安抚招讨使、并代副都部署及真定府路副都部署等,领眉州防御使、客省使。在对夏战争中,张亢作为军事将领有相当突出的事迹。①

刘平无疑是北宋有名的文臣出身大将。其家本将门,"平刚直任侠,善弓马",但以进士及第步入文官之路。历知鄢陵县、泸州、监察御史、三司盐铁判官、陕西转运使及侍御史等,"数上疏论事,为丁谓所忌"。宋仁宗朝初,因权相丁谓嫉恨的缘故,被转为武职,出知邠州。历鄜延、泾原路兵马钤辖、知渭州、雄州、成德军及环庆路副都部署等,同时历仕侍卫步军、殿前都虞候及侍卫步军副都指挥使,授静江军节度观察留后,一时成为禁军高级将领。后在与西夏发生的三川口之战中死难。②

宋仁宗时期的著名边臣种世衡,以从父种放的缘故恩荫,"补将作监主簿",历知泾阳县、通判凤州、鄜州判官等。对夏大规模战争爆发后,种氏积极投身沙场,主持修筑要塞青涧城,历知青涧城、东染院使、环庆路兵马钤辖等,后死于任内。③

景泰,"进士起家",历通判庆州、知成州,上《边臣要略》及《平戎策》等。以知兵换为武职,历知宁州、镇戎军兼兵马钤辖及秦凤路马步军部署等,有战功,加西上阁门使,领遥郡刺史。④

刘涣以其父恩荫为将作监主簿,至工部郎中知沧州。改任武官后,历秦凤、泾原、真定、定州路部署等,四迁至镇宁军节度观察留后,为陕西、河北前线重要防区将领。⑤

李渭,"进士起家,为临颍县主簿"。宋仁宗即位初,以上治河策被改换为武职,出任修河都监。后历郓州兵马都监、知原、环、庆三州及鄜延路兵马钤辖等,领遥郡刺史,迁四方馆使。⑥

---

① 《宋史》卷三二四《张亢传》,第 10482—10490 页。
② 《宋史》卷三二五《刘平传》,第 10499—10504 页。
③ 《宋史》卷三三五《种世衡传》,第 10741—10744 页。
④ 《宋史》卷三二六《景泰传》,第 10517—10518 页。
⑤ 《宋史》卷三二四《刘文质传附涣》,第 10493—10494 页。
⑥ 《宋史》卷三二六《李渭传》,第 10528—10529 页。

郭谘，"举进士，历通利军司理参军、中牟县主簿"，迁知馆陶县。庆历二年（1042 年），因献"拒马枪阵法"，转为崇仪副使，①开始武将生涯。历知利州、忻州、益州路及鄜延路兵马钤辖等，累迁英州刺史、西上阁门使等。②

王果，"举明法，历大理寺详断官，迁光禄寺丞"，后以殿中丞改官衣库副使、知永宁军。历高阳关路兵马钤辖、永兴军兵马钤辖、河北沿边安抚副使、知定州兼真定路兵马钤辖、权秦凤路兵马部署等将职。迁官至皇城使、西上阁门使。③

除《宋史》反映的上述情况外，当还有文人及文官为将的情况，如黄庭坚所记载的党氏，"应进士举不利，以小校从王韶在秦凤，入熙河，每战辄有功"，历河东第六、第二副将，崇宁时为左藏库使④等。

以上文人之所以从军为武，概括而言主要有如下几种情况及原因：

其一，主动从军、积极献兵策而获任，主要有柳开、景泰、蒋偕、张亢、郭谘、刘涣及萧注等人。柳开于开宝六年（973 年）进士中举。雍熙二年（985 年），他在知贝州任上，因与监军发生忿争而被贬为上蔡县令。柳开因在文官仕途上遇到挫折，加之当时边防形势紧张，本人又喜兵好武，于是主动向宋太宗要求改换武职，所谓："臣受非常恩，未有以报，年裁四十，胆力方壮。今契丹未灭，愿陛下赐臣步骑数千，任以河北用兵之地，必能出生入死，为陛下复幽蓟，虽身没战场，臣之愿也。"从此，柳开转为武官，成为边疆守将。⑤ 景泰、张亢、蒋偕及郭谘等人，都是在北宋边防形势危急的情况下，屡次上奏提出用兵方略，遂被委以武官之职。如前所述，景泰上《边臣要略》二十卷及《平戎策》；张亢"论西北攻守之计，章数十上"，并向宋仁宗表示："臣请擐甲为诸军先。"郭谘主动献《拒马枪阵法》《平燕议》等；蒋偕"数上书论边事"；刘涣则是在宋廷欲联合河西吐蕃力

① 《续资治通鉴长编》卷一三五，庆历二年五月乙巳，第 3247 页。
② 《宋史》卷三二六《郭谘传》，第 10530—10532 页。
③ 《宋史》卷三二六《王果传》，第 10529—10530 页。
④ 黄庭坚：《山谷集》卷二二《左藏库使、知宣州党君墓志铭》，《景印文渊阁四库全书》第 1113 册，第 224—225 页。
⑤ 《宋史》卷四四〇《文苑二·柳开传》，第 13023—13028 页。

量制西夏时,主动请命冒险出使。其在完成使命后,遂被改为武官。① 萧注虽以进士入仕,但"尤喜言兵,常言:'四方有事,吾将兵数万,鼓行其间,战必胜,攻必取,岂不快哉!'"后以参与平定侬智高之乱有功,被擢为礼宾副使、广南驻泊都监。②

其二,因有强干或武干之才而被宋廷改官,如雷有终、靳怀德、曹谏、张佶、种世衡、李渭、刘几及苏缄等人。如雷有终以强干名闻一时,益州发生王均兵变,"即日,拜有终泸州观察使、知益州兼川、峡两路招安捉贼事";靳怀德曾"固守城壁",抵御过辽军的进犯,便有朝臣"荐其武干",遂换如京使;曹谏"以武略改崇仪使";张佶曾屡次督送军粮赴前线,参与过用兵活动,"有荐其武干者",便被改任武官;种世衡以积极修筑青涧城要塞及组织军民守城而出名,遂因此被改换武官;李渭则以上治河策而受到大臣鲁宗道的赏识,奏改其武职。③ 刘几以进士入仕,曾追随范仲淹在邠州任职,有朝臣"荐其才堪将帅",于是换武职;④苏缄进士出身,在知英州时勇于参加平定侬智高之乱,因此被改为武官,所谓"时诸将皆罢。独缄有功,仁宗喜,换为供备库副使、广东都监,管押两路兵甲"。⑤

其三,因科举失败转而从军,主要有史方、卢鉴二人。如史方,"应《周易》学究不中,补西第二班殿侍",由此开始军旅生涯;卢鉴,"累举进士不中,授三班奉职"。⑥

其四,遭受排挤,被迫从军。如前所述,刘平在御史任内,"数上疏论事",最终遭到宰相丁谓的报复,被迫改换武职。李邈原为文官,"以忤蔡

---

① 《宋史》卷三二六《景泰传》,第 10517—10518 页;《续资治通鉴长编》卷一一五,景祐元年十二月丁卯,第 2708 页;《宋史》卷三二六《郭谘传》,第 10530—10532 页;《宋史》卷三二六《蒋偕传》,第 10519—10520 页;《宋史》卷三二四《刘涣传》,第 10493—10494 页。

② 《宋史》卷三三四《萧注传》,第 10732—10734 页。

③ 《宋史》卷二七八《雷有终传》,第 9455—9457 页;《宋史》卷三〇九《靳怀德》传,第 10168—10169 页;《宋史》卷二九〇《曹利用传》(曹谏为曹利用之父),第 9705 页;《宋史》卷三八〇《张佶传》,第 10150—10151 页;《宋史》卷三三五《种世衡传》,第 10741—10744 页;《宋史》卷三二六《李渭传》,第 10528—10529 页。

④ 《宋史》卷二六二《刘温叟传附几》,第 9075—9076 页。

⑤ 《宋史》卷四四六《忠义一·苏缄传》,第 13156 页。

⑥ 《宋史》卷三二六《史方传》《卢鉴传》,第 10526、10527 页。

京、童贯,换右列,由承议郎换庄宅副使"。①

其五,因与高级将门联姻的关系而从军,有张昭允一人。张昭允原为大理评事,"潘美妻以女",遂被奏换右职。②

最后,情况不详者,有上官正、王果、张旦及雷孝先四人。

二、武 举 出 身

武举在宋朝的设置情况,如南宋人所说:"唐设武举以选将帅,五代以来皆以军卒为将,此制久废。天圣七年(1029年),以西边用兵,将帅乏人,复置武举。至皇祐元年(1049年),边事浸息,遂废此科。治平元年(1064年)九月丁卯,复置,迄于今不废。"③可见在宋仁宗朝以前的近七十年间,并无武举制度存在。武举自宋仁宗天圣七年恢复至北宋末,不过存在了几十年。与此同时,武举实际上也没有受到各方面的重视,每届以此入仕者不过几人而已,其授官最多又仅至右班殿直,所谓:"策、武艺俱优者右班殿直,武艺次优为三班奉职,又次借职,末等三班差使。"④还不及高级将领子弟荫补的供奉官和左右侍禁之职,这都极大地制约了武举在武将群体中的影响力。事实上,就北宋历史而言,以武举选拔为将者,不仅人数极为有限,而且很难获得发展和重用,由此成长为大将者更为罕见。有关这方面最出名者,则仅为何灌一人。

何灌,"武选登第,为河东从事"。历府州、火山军巡检、河东将、熙河都监、知河州、提举熙河兰湟弓箭手等,长期任职于西北前线。到宋徽宗朝后期,任浙东、浙西都钤辖。从童贯北征,出任燕山路副都总管,加宁武军承宣使。不久,还出任管干侍卫步军司事、侍卫步军都虞候,成为高级将官。宋钦宗朝,拜武泰军节度使、河东河北制置副使,领兵守河津,但

---

① 《宋史》卷四四七《忠义二·李邈传》,第13177页。
② 《宋史》卷二七九《张昭允传》,第9474页。
③ 王栐撰,诚刚点校:《燕翼诒谋录》卷五,中华书局1981年版,第44页。
④ 《宋史》卷一五七《选举三·武举、武选》,第3680页。有关宋代武举的研究,赵冬梅的《宋代武举初探》(1995年北京大学硕士论文)已有专门论述,故本文不再赘述。

"亦望风迎溃"，后死于开封城下。①

另有徐徽言，大观二年(1108年)武举绝伦及第。北宋末年在西北统军作战，官至武经郎、知晋宁军兼岚石路沿边安抚使。②

三、宦 官 为 将

北宋历史上，宦官因长期受到有效的控制，故大致无干政之乱。如元人修《宋史》所云："祖宗之法严，宰相之权重，貂珰有怀奸匿，旋踵屏除。君臣相与防微杜渐之虑深矣。"③但宦官在北宋参与军事行动却是颇为明显的事实，特别是在宋神宗及徽宗朝影响较大。然而，北宋时期宦官直接担任将领的人数毕竟较少，他们更多是承担监军职责，又往往属于临时性差遣，不同于职业武将。因此，这里仅扼要介绍其代表性人物的情况。

宋初，宦官作为将领指挥及参加作战者，以王继恩、秦翰及张继能为突出。在宋太祖朝，王继恩曾参与征讨江南的行动。宋太宗朝第二次北伐期间，"命继恩率师屯易州，又为天雄军驻泊都监"。再为镇、定、高阳关三路排阵钤辖。李顺起义发生后，王继恩出任剑南两川招安使，"军事委其制置，不从中覆"，是为宋廷出征军主帅。王氏以此役战功获宣政使、领顺州防御使，班师后则解帅职；④秦翰，太平兴国四年(979年)，"崔彦进领众数万击契丹，翰为都监，以善战闻。太宗因加赏异，谓可属任"。历镇、定、高阳关三路排阵都监，李继隆西征军都监，灵、环、庆州、清远军四路都监。宋真宗朝，历镇、定、高阳关排阵都监、定州行营钤辖、川峡招安巡检使、镇、定、高阳关前阵钤辖、邠宁、泾原路钤辖兼安抚都监及邢洺路钤辖等，多次参加重要战役，亦长期守边。史称："翰倜傥有武力，以方

---

① 《宋史》卷三五七《何灌传》，第11225—11227页。
② 《宋史》卷四四七《忠义二·徐徽言传》，第13190—13191页。
③ 《宋史》卷四六六《宦者传·序》，第13599页。
④ 《宋史》卷四六六《宦者一·王继恩传》，第13602—13603页。

略自任。前后战斗，身被四十九创。"①张继能，在宋太宗时期，初为高阳、镇、定路先锋都监，李继隆任银、夏都部署，"以继能监军"。再历定州、灵环庆、清远军后阵都监及泾原仪渭都巡检使。宋真宗朝，先后出任灵环十州军兵马都监兼巡检安抚使、川峡两路招安巡检使、邠宁驻泊都监、广南西路安抚副使及鄜延都钤辖等。②

其余如窦神宝、李神佑、张崇贵、石知颙、邓守恩及卫绍钦等宦官，在宋太宗、真宗朝也有过监军的经历。刘承规，则在至道（995—997年）中曾与周莹同签书提点枢密院、宣徽院诸房公事。③

北宋神宗时期，宦官为将者以李宪和王中正最出名。李宪初为永兴军、太原府路走马承受。再参与王韶主持的收复河、湟的战争，历熙河经略安抚司干当公事等，直接指挥过军队作战。元丰（1078—1085年）中，五路出师征讨西夏，其中李宪领熙、秦两路军收复兰州，至天都而还。以后又出任泾原路经略安抚制置使，授武信军留后，不久复还熙河，仍兼管秦凤军马。宋哲宗即位，李宪受到压制，改任永兴军路副都总管等。史称："宪以中人为将，虽能拓地降敌。而罔上害民，终贻患中国云。"④王中正也是从熙宁（1068—1077年）时期开始了为将的经历，"神宗将复熙河，命之规度"。之后，王氏从主帅王韶开熙河，有战功，任签书泾原路经略司事。在五路征讨西夏过程中，王中正率领其中一路大军出征，后以失期而败退。⑤ 其余如石全彬、杨守珍、韩守英、甘昭吉、卢守懃、梁从吉及刘惟简⑥

---

① 《宋史》卷四六六《宦者一·秦翰传》，第13612—13614页。并参见何冠环：《宋初内臣名将秦翰事迹考》，《宫闱内外：宋代内臣研究》，台北花木兰文化事业有限公司2018年版，第55—98页。

② 《宋史》卷四六六《宦者一·张继能传》，第13620—13623页。

③ 《宋史》卷四六六《宦者一·窦神宝、李神佑、刘承规、张崇贵、卫绍钦、石知颙、邓守恩传》，第13600—13601、13606—13610、13617—13619、13624—13628页。

④ 《宋史》卷四六七《宦者二·李宪传》，第13638—13640页。

⑤ 《宋史》卷四六七《宦者二·王中正传》，第13642—13643页。

⑥ 《宋史》卷四六六《宦者一·石全彬传》，第13626—13627页；卷四六七《宦者二·杨守珍、韩守英传》，第13631—13633页；卷四六七《宦者二·甘昭吉传》，第13636—13637页；卷四六七《宦者二·卢守懃传》，第13637页；卷四六七《宦者二·李宪、王中正传》，第13638—13640、13642—13643页；卷四六七《宦者二·梁从吉、刘惟简传》，第13645—13647页。

等人,也有参与指挥军事行动的经历。

童贯无疑是北宋后期乃至于宋代历史上权势最大的宦官将帅。童贯早年追随李宪麾下,其后因得到宋徽宗的宠信和宰相蔡京的配合,长期主持西北战事,历熙河、兰湟、秦凤路经略安抚制置使,陕西、河东、河北宣抚使等,授节钺,又掌管枢密院。童贯还曾率军镇压过方腊起义,主持了对辽朝的北伐,从而成为北宋末年军权在握的宦官大帅。所谓:"贯握兵二十年,权倾一时。"①两宋之际的大臣李纲即指出:"然贯一将蒙上皇信任之专,武臣、将帅皆出其门。"②北宋末年,宦官谭稹、梁方平二人也先后统军作战,一时扮演了将帅的角色。③ 余如李祥、陈衍及任守忠诸人,都有任监军或领兵的经历。④

北宋时期,宦官作为专制皇帝的亲信,往往在军事活动中承担监军的角色。由于他们自恃身份特殊,多有任性行为,因此也造成诸如前后历史上的许多弊端。最典型的事例,莫过于内侍黄德和在三川口之役中的恶劣表现。当刘平、石元孙等将领与夏军激烈交战时,黄氏身为监军,不仅临阵"引麾下先遁",而且为了洗脱自己责任,竟诬告刘平等将官降敌。⑤真正作为将帅而有所作为者,不过秦翰、李宪等少数人而已。

四、蕃将及其他

蕃将在中国历史上长期存在,特别是在隋唐及五代时期,由于中原与北方、西北以及中亚等地游牧民族交往密切,诸多部族成员常被内地军队所吸纳,故先后出现了许多蕃将。这些蕃将在当时军队与征战中相当活

---

① 《宋史》卷四六八《宦者三·童贯传》,第 13662 页。
② 《梁溪先生文集》卷四八《论宣抚职事第三札子》,第 622 页。
③ 《三朝北盟会编》卷一八,宣和五年七月十日,第 128 页、卷二六,靖康元年正月二日,第 196 页;《宋史》卷二二《徽宗纪》,第 406、415 页。
④ 《宋史》卷四六八《宦者三·李祥、陈衍、任守忠传》,第 13649、13650、13657 页。
⑤ 《续资治通鉴长编》卷一二六,康定元年三月戊寅,第 2989—2990 页。

跃,其中还有不少人跻身为名将,他们就此成为武将群体中的一支力量。①

北宋王朝因与辽、西夏政权长期对峙,其北方及西北的疆域内缩,由此减弱了与游牧部族的交往关系,故任用蕃将的现象较以往明显减少,蕃将遂在北宋军队中的地位大为降低。虽然如此,边疆部族出身者在宋军中当兵、为将的现象仍然存在。如宋太祖开宝二年(969年),"契丹舍利、于鲁等十六族归附,以其大首领罗美四人为怀德将军,八人为怀德郎将……"②据大中祥符五年(1012年)的诏书反映:宋廷对当时军队中疲老者采取清理措施,"内契丹、渤海、女真本外国人,停之虑无所归,可如其旧"。③可见宋军中的蕃兵、蕃将还受到特殊照顾。

就北宋前后历史来看,宋初的蕃将主要来源于五代时所遗留,他们多存在于边防镇守军队之中,不过也有在禁军三衙中承担重要军职者。到北宋中叶以后,蕃将便主要保留于西北缘边地区,即北宋统治者为了笼络当地部族上层,往往采取授予世袭官爵的办法,将部族首领转化为效力宋廷的蕃将。这些蕃将虽统率所属部族军队协助宋军作战,但他们中的很多人与宋中央的关系并不稳固。另外,也有少数蕃将已完全汉化,并数代服务于宋军,甚至跻身禁军高级将领之列。他们中还产生了若干武将世家,其状况在本章第一节"武将世家"中已有涉及。以下对北宋蕃将问题予以概要论述。

宋初,统治集团一方面沿袭利用西北部族首领镇守边陲的办法,甚至默许其某种程度的割据,如张方平所说:"太祖不勤远略,如夏州李彝兴、灵武冯晖、河西折御卿,皆因其酋豪,许以世袭,故边圉无事。"④另有王承美,"丰州人,本河西藏才族都首领,其父事契丹,为左千牛卫将军"。开宝二年(969年),王承美率众归宋,授丰州牙内指挥使。其历仕天德军蕃

---

① 有关这方面的研究,学界已取得颇多成果。参阅章群:《唐代蕃将研究》,台北联经出版事业公司1986年版;马驰:《唐代蕃将》,三秦出版社1990年版。

② 《续资治通鉴长编》卷一〇,开宝二年十月己亥,第234—235页。

③ 《续资治通鉴长编》卷七七,大中祥符五年四月辛丑,第1761页。

④ 《苏轼文集》卷一四《张文定公墓志铭》,第454页。

汉都指挥使、知丰州、丰州团练使及防御使,镇守与辽、夏接壤的丰州一隅。淳化二年(991年),王承美入朝,"令归所部……自是诸蕃岁修贡礼,颇效忠顺"。"自承美内属,给奉同蕃官例,至是,特诏月增五万"。王承美死后,其子孙继续得到任用,以镇守丰州。① 另一方面,则继续使用蕃将背景的军队将领。如郭从义,"其先沙陀部人。父绍古,事后唐武皇忠谨,特见信任,赐姓李氏"。郭从义在后晋、后汉及后周时期长期从军,并成为内地藩镇。宋初,保留了郭氏的节镇,直到乾德六年(968年)才因其患病取消节钺;② 杨承信,"其先沙陀部人",薛怀让,"其先戎人,徙居太原",杨、薛二氏的经历及入宋后的结局与郭从义类似。③ 而党进、米信等人,就更得到了重用。党进,"朔州人,本出溪戎","本虏族"。④ 在宋太祖、太宗朝,党进长期在禁军中担任大将,曾任侍卫马军都指挥使,授节钺。⑤ 米信,"本奚族",也在宋太祖、太宗朝为禁军将领,官至侍卫马军都指挥使,授节钺。⑥ 党进、米信因成为三衙将帅,在本文第四章另有论述,故其事迹在此从略。

宋真宗朝以后,当政者为了弥补西北防御能力的不足,便长期联络缘边部族,通过授官加爵的办法笼络其首领,以借助其力量协助守边并打击对手。如西凉府六谷都首领潘罗支因助宋军讨伐李继迁,先后被授予盐州防御使兼灵州西面都巡检使、朔方军节度兼灵州西面都巡检使。又以河西军左厢副使、归德将军折逮龙钵领刺史,以六族首领三人为怀化将军,从而招揽他们的部下为宋廷所用。潘罗支被杀后,其弟厮铎督又被授予朔方军节度、押蕃落等使、西凉府六谷大首领,其部属多人也获得蕃将

---

① 《宋史》卷二五三《王承美传》,第8869—8870页;《宋会要辑稿》方域二一之九—二一之一三,第9700—9703页。

② 《宋史》卷二五二《郭从义传》,第8850—8851页。

③ 《宋史》卷二五二《杨承信传》,第8857—8858页;卷二五四《薛怀让传》,第8887—8889页。

④ 文莹撰,郑世刚、杨立扬点校:《玉壶清话》卷八、卷一,中华书局1984年版,第76、10页。

⑤ 《宋史》卷二六〇《党进传》,第9018—9019页。

⑥ 《宋史》卷二六〇《米信传》,第9022—9024页。

官爵。① 宋人对此评说道："咸平（998—1003年）中，张文定公齐贤建议，蕃部中族盛兵众，可以牵制继迁者惟西凉而已。真宗皇帝用其议，拜潘罗丐（即潘罗支）为西凉节度使，旁泥埋为鄯州防御使，俾掎角攻讨，卒致继迁之死。"②宋将曹玮镇守西陲时，善于使用西北缘边部族中的"熟户"（即有一定汉化程度的部族），奏请授予诸部首领刺史以下官职，实际上即为蕃将。以后，陕西体量安抚使王尧臣指出："泾原路熟户万四百七十余帐之首领，各有职名。曹玮帅本路。威令明著，尝用之以平西羌。"③如出身陕北缘边部族"熟户"的李士彬，长期任延州金明县都监，"世为属国胡酋，领金明都巡检使，所部十有八寨，胡兵近十万人，延州人谓之铁壁相公，夏虏素畏之"④。后在三川口之役中，李士彬父子俱被西夏所杀。李士彬死后，被授予宿州观察使，"仍以其从兄内殿承制士绍为西京作坊副使、金明县都监、兼新寨解家河芦关巡检"，其两子则被录为左侍禁。由此可见，宋廷继续利用李氏家族的影响，以镇守金明县。⑤

在宋仁宗朝对夏大规模开战后，宋廷加大了利用蕃将的政策力度，增加了优待条件。史称："西北边皆有蕃兵。蕃兵者，塞下内属诸部团结以为蕃篱之兵也。羌戎种落不相统一，保塞者谓之属户（即熟户），余谓之生户。""其大首领为都军主，百帐已上为军主、都虞候、指挥使、副指挥使、军使、副兵马使。以功次补者为刺史、诸卫将军、诸司使、副使、承制、崇班、供奉官至殿侍。其充本族巡检者，俸同正员，添支钱十五千，米面傔马有差。为刺史、诸卫将军，请给同蕃官例。首领补军职者，月俸钱自三千至三百，又岁给冬服绵袍凡七种，紫绫二种。十将而下皆给土田。"⑥于是，成批蕃将获得任用，其中又不乏升迁官职者。如：庆历二年（1042年），镇戎军就粮蕃落都指挥使、忠州刺史向进奉招讨使王沿之命，率领

① 《宋史》卷四九二《外国八·吐蕃》，第14155—14158页。
② 魏泰撰，李裕民点校：《东轩笔录》卷一五，中华书局1983年版，第172页。
③ 《宋史》卷一四四《兵四·乡兵二》，第4751页。
④ 《涑水记闻》卷一二，第241—242页。
⑤ 《续资治通鉴长编》卷一二七，康定元年五月乙卯，第3009页。
⑥ 《续资治通鉴长编》卷一三二，庆历元年六月己亥，第3144页。

一百三十多人赴京师朝觐。身为部族首领的向进能骑善射，"又其族多死王事者"。于是，"上思擢用诸蕃落将士"，遂将来京者悉迁补相关武职，其中向进改石州刺史、泾原路缘边都巡检使，"其子弟坚等五人并为左班殿直"。① 范仲淹、种世衡等人守边时，都有过使用蕃将的记载。如范仲淹为环庆路经略安抚、缘边招讨使，招抚环庆酋长数百人，"诸羌皆受命，至是始为汉用矣"。② "葛怀敏败，（种世衡）率羌兵数千人以援泾原，无敢后者。"③另如，明道（1032—1033 年）初，邈川大首领唃厮啰被授予宁远大将军、爱州团练使。后因其对西夏作战有功，宝元（1038—1040年）初，加保顺军节度使，仍兼邈川大首领。唃厮啰死后，其子董毡"嗣为保顺军节度使"，到宋神宗时期继续效忠宋廷，参加对夏战争。因此，董毡部下多人也被授予团练使、刺史等武官头衔。④ 宋英宗朝以后，在西北任用蕃将的传统继续延续，所谓："熙宁（1068—1077 年）以来则尤重蕃兵、保甲之法。"⑤

在南方少数民族地区，宋廷也采用类似以上的规则，任用蕃将配合驻军镇守地方。有关这方面的典型例证如："太祖既下荆、湖，思得通蛮情、习险厄、勇智可任者以镇抚之。有辰州猺人秦再雄者，长七尺，武健多谋，在（周）行逢时，屡以战斗立功，蛮党伏之。太祖召至阙下，察其可用，擢辰州刺史，官其子为殿直，赐予甚厚，仍使自辟吏属，予一州租赋。再雄感恩，誓死报效。至州日训练士兵，得三千人，皆能被甲渡水，历山飞堑，捷如猿猱。又选亲校二十人分使诸蛮。以传朝廷怀来之意，莫不从风而靡，各得降表以闻。"此后，宋太祖再度召见秦再雄，"面加奖激，改辰州团练使"。于是"五州连衾数千里，不增一兵，不费帑庾，终太祖世，边境无患"。⑥ 又如，广源州"侬氏又有宗旦者，知雷火洞，稍桀黠。嘉祐二年（1057 年），尝入寇，知桂州萧固招之内属，以为忠武将军"，"又补其子知

---

① 《续资治通鉴长编》卷一三七，庆历二年六月丙申，第 3280 页。
② 《宋史》卷三一四《范仲淹传》，第 10271 页。
③ 《宋史》卷三三五《种世衡传》，第 10742 页。
④ 《宋史》卷四九二《外国八·吐蕃》，第 14164 页。
⑤ 《宋史》卷一四三《兵四·乡兵一》，第 4708 页。
⑥ 《宋史》卷四九三《蛮夷一·西南溪峒诸蛮上》，第 14172 页。

温闷峒日新为三班奉职"。其后,宗旦父子主动归属内徙,"命为右千牛卫将军"。① 另如,北宋灭后蜀,"知西南夷南宁州蕃落使龙彦瑶等遂来贡,诏授彦瑶归德将军、南宁州刺史、蕃落使,又以顺化王武才为怀化将军,武才弟若启为归德司阶,武龙州部落王子若溢、东山部落王子若差、罗波源部落王子若台、训州部落王子若从、鸡平部落王子若冷、战洞部落王子若磨、罗母殊部落王子若母、石人部落王子若藏并为归德司戈"。以后,宋廷继续以当地部族上层为蕃将,统辖所属部落。② 北宋的这种安排,其实也属于传统的羁縻政策。

北宋时期,蕃将家族中最突出的代表,当属折德扆一门。可以说,折德扆家族既是北宋蕃将中的佼佼者,也是北宋世代将门中的典型代表之一。据记载:折氏"世为云中大族",自唐末已产生了重要人物折宗本。③其后嗣折从阮从后晋时便成为藩镇,开始割据府州地区。后周时迁静难军节度使。④ 周世宗建府州为永安军,"以德扆为节度使。时从阮镇邠宁,父子俱领节镇,时人荣之"。宋初,折德扆听命,遂继续留用。折德扆死,长子御勋"领汾州团练使、权知府州事",在宋太祖朝后期被授以泰宁军节度使,留京师。折德扆次子御卿在其兄徙镇后,被任命为闲厩副使、知府州。在宋太宗征河东期间,折御卿率军作战有功,后拜永安军节度使,屡败契丹和李继迁的进攻。折御卿死,其子惟正、惟昌先后知府州事。折惟昌镇守府州时,与西夏及周边部族长期作战,死于宋真宗大中祥符七年(1014 年)。宋廷以其弟惟忠为六宅使,"知府州兼麟府路都巡检使,领普州刺史"。终左藏库使、简州团练使。折惟忠卒,"录其弟侄子孙七人,以其子继宣嗣州事"。宝元(1038—1040 年)中,折继宣因故被罢官职,其弟继闵被擢为西京作坊使,"嗣州事"。庆历(1041—1048 年)中,折继闵打退了元昊对府州城的进攻。其最终阶官为宫苑使,领果州团练使。折继闵卒,其弟继祖"嗣州事"。折继祖"临政二十余年",累转皇城使、解州

---

① 《宋史》卷四九五《蛮夷三·广源州》,第 14218 页。
② 《宋史》卷四九六《蛮夷四·西南诸夷》,第 14224 页。
③ 《宋会要辑稿》方域二一之一,第 9695 页。
④ 薛居正:《旧五代史》卷一二五《折从阮传》,中华书局 1976 年版,第 1647—1648 页。

防御使。折继祖卒，以从子克柔镇守府州。

折继闵弟继世，少从军，为延州东路巡检。后在对夏战争中多有战功，以左骐骥使、果州团练使卒。折继闵子克行，从宋将种谔讨西夏，以功擢知府州，后官至秦州观察使。史称："克行在边三十年，善拊士卒，战功最多，羌人呼为'折家父'"。其子可大为荣州团练使、知府州。折克行从子可适，因鄜延帅郭逵所荐，补殿侍。在宋神宗和哲宗朝，折可适长期转战西北前线，历知岷、兰州及镇戎军、东上阁门使、泾原钤辖、副都总管及知渭州等，迁侍卫步军都虞候，拜节钺。折可适之子彦质，曾追随其父"参军事"，至南宋时官至签书枢密院事。①

北宋时期，蕃将中除直接服务于禁军者（如党进、米信及折可适等人）外，在任用、升迁、俸禄以及子弟荫补官职等方面，虽享有宋廷给予武将的待遇，但在其他方面则与宋朝自身的武将制度有所区别，通常都受到某种歧视，既很难获得实质性官职，也无法在内地统领军队。至于如潘罗支、唃厮啰等人及其部下，实际上与宋廷保持的是一种联盟关系。正如现代学者所指出："蕃兵在对西夏战争中，起着重大作用，但宋朝却对蕃兵实行某种民族歧视政策"，"这就形成了以汉制蕃的两套武官官制。"②像折氏因长期效忠宋中央，到北宋中叶已经完全汉化，如其成员折可适已与内地武将无异，故在北宋中后期才能够突破府州的区域任职限制，出任对夏前线的指挥官和侍卫步军都虞候的高级军职，并获得节钺的礼遇。诚如元人所说：折氏"虽不无世卿之嫌，自从阮而下，继生名将，世笃忠贞，足为西北之捍，可谓无负于宋者矣"。③　而北宋绝大多数的蕃将，则很难取得如折氏这样的殊荣。

依据北宋职官制度中的"出职"规则，吏人在达到规定的服役年限后，可以出职补官，其中枢密院、三司、三衙、内侍省、军头引见司及皇城司

---

① 《宋史》卷二五三《折德扆传附御勋、御卿、克行、可适》，第8865—8868页；《宋会要辑稿》方域二一之———二一之八，第9695—9700页。有关折氏家族的研究，可参见戴应新编著：《折氏家族史略》，三秦出版社1989年版；李裕民：《折氏家族研究》，《陕西师大学报》1998年第2期。

② 《宋朝兵制初探》，第82页。

③ 《宋史》卷二五三"论曰"，第8875页。

等机构的吏人,出职时补为武阶官。① 吏人出职所补武官,通常最初授三班奉职、借职及殿直等低级官。因此,吏人出身的武官若无军功和其他特殊原因,升迁往往相当缓慢,绝大多数人最终都无法踏入武将行列。正因为如此,由此途而成为将官者人数寥寥,突出者主要有王显、张煦、田敏等几人。其中王显"初为殿前司小吏",张煦在宋太祖朝后期补开封府"牙职"。但如前所述,王、张二人后来发达,则与转入宋太宗藩邸有关。田敏,"本易州牙吏"。在宋太宗第二次北伐期间,他应募给曹彬传送诏书,因此"补(田)敏易州静砦指挥使"。以后,田氏历御前忠佐马步军副都军头、邢州兵马钤辖、环庆路都部署及郑州防御使等,②成为武将群体的一员。

按照宋朝惯例,对在地方"捕盗"有功者,也可授予低级武职。一些人也由此成长为武将,如杨允恭、桑怿可作为其代表。在宋太宗朝,杨允恭因在乡里参加镇压群盗之事,"贼平,补殿前承旨"。后积官至荆湖、江、浙都巡检使。③ 桑怿,"开封雍丘人。勇力过人,善用剑及铁简,有谋略"。当本地出现"多盗"情况后,他以耆长(乡役的一种)的身份参加缉捕活动,因功"京西转运使奏其事,补郏城尉"。后转为武官,从军作战,历广西驻泊都监、泾源路兵马都监等,在与西夏军队发生的好水川之战中,"力战而死"。④

在北宋武将群体中,还有出身以赀补武职者。如张岊,"府州府谷人,以赀为牙将,有胆略,善骑射"。张岊长期在西北前线从军,曾任麟府路驻泊都监兼沿边都巡检使,累迁洛苑使。⑤ 此外,有出身盗贼被招安的,特别是在北宋末年为多,如南宋著名大将张俊,"起于诸盗,年十六,为三阳弓箭手"。北宋末,为大元帅府后军统制,累功转荣州刺史;⑥甚至

---

① 《宋史》卷一五九《选举五·流外补》,第 3735—3736 页。并参见《宋代官员选任和管理制度》,第 94 页。
② 《宋史》卷三二六《田敏传》,第 10533—10534 页。
③ 《宋史》卷三〇九《杨允恭传》,第 10159—10162 页。
④ 《宋史》卷三二五《桑怿传》,第 10510—10512 页。
⑤ 《宋史》卷三二六《张岊传》,第 10523—10525 页。
⑥ 《宋史》卷三六九《张俊传》,第 11469—11470 页。

还有僧人投军者,如咸平三年(1000 年),东京相国寺僧人法仙献自制特种兵器,"自言姓强,家洺州,亲族百口为戎人所掠,愿隶军伍以效死力",遂补外殿直。① 种世衡守边时,"有僧王光信者,骁勇善骑射,习知蕃部山川道路。世衡出兵,常使为乡导,数荡族帐,奏以为三班借职。改名篙"。② 以后,王光信"仕终左藏库副使"。③

---

① 《续资治通鉴长编》卷四七,咸平三年九月辛丑,第 1026 页。
② 《宋史》卷三三五《种世衡传》,第 10743 页。
③ 《东轩笔录》卷八,第 95 页。

第 二 章

北宋武将群体主要类别的作为

在北宋九朝历史上，武将群体出身与构成存在多样性，其中主要类别占据主导地位，且无疑发挥了关键的角色作用。本章将主要考察武将世家、军班行伍、潜邸亲随以及外戚四类出身的武将作为。考虑到北宋文人从军为将现象较前代明显减少，而这又与"崇文抑武"方略紧密关联，故其表现亦有必要加以探究。

第一节　武　将　世　家

北宋武将世家，特别是将帅之门，拥有荫补的资格特权，其子弟自幼又受到军旅氛围的熏染，熟悉弓马，加之拥有较好的读书条件，故这一类别的家族在军界具备更为有利的发展条件。同时，他们还在不同程度上获得与官场乃至宫廷交往的机会，藉此掌握诸多的人际资源，从而更容易成长为武将，并承担带兵作战任务。

从文献记载来看，北宋时期武将世家因人数众多、地位较高，故有关记录相当丰富。通过梳理相关记载，可以发现在当时武将群体的主要类别中，武将世家的作为无疑最为突出。诸如曹彬之后曹璨、曹玮及曹琮，李进卿之后李延渥,杨业之后杨延昭、杨文广,杨信之弟杨嗣,孙行友之后孙全照,韩重赟之后韩崇训,李汉超之后李守恩,马全义之后马知节,何继筠之后何承矩,王全斌之后王凯,侯益之后侯延广,王超之后王德用,赵振之后赵珣,种世衡之后种古、种谔、种谊、种朴、种师道及种师中,郭遵之后郭逵,刘贺之后刘昌祚,姚兕之后姚麟、姚雄、姚古,王珪之后王光祖及王禀等典型将门,皆有相当的事迹可述。在对这些武将世家的事迹与作为加以论述时,所依凭的资料因多与其史传有关,不免有溢美、夸大的成分,故未必完全精确,甚或可能存在某些偏颇,不过仍大致可以反映其基本状况。

李进卿为宋初大将,曾长期率军出征,积功至侍卫步军都指挥使。其子李延渥作为军事将领,先后驻守河北多处重镇,皆以善战称。其中在景德元年(1004年)守瀛州时,他以少胜多,打败了辽军的围攻。据《宋史》本传云:"景德初,契丹大举扰边,经胡卢河,踰关南,十月,抵城下。昼夜鼓噪,四面夹攻。旬日,其势益张,唯击鼓伐木之声相闻,驱奚人负板秉烛乘堙而上。延渥率州兵强壮,又集巡检史普所部乘城,发礌石巨木击之,皆累累而坠,杀伤甚众。翌日,契丹主与其母亲鼓众急击,发矢如雨。延渥分兵拒守益坚,契丹遁去,死者三万余,伤者倍之,获铠甲、兵矢、竿牌数百万,驿书以闻。赐延渥锦袍、金带,将士缗钱,迁延渥本州团练使。"① 《续资治通鉴长编》记载相类:"契丹主及其母又亲鼓众急击,矢集城上如雨,死者三万余人,伤者倍之,竟弗能克,乃遁去"。② 李焘的记载很可能与《宋史》一样,皆取自宋朝的国史。李延渥取得这场胜仗,不仅本人受到重赏,其下属多位文官、武将也获得嘉奖,可知战绩不俗。不过,辽军死伤人数之大,显然有夸张之嫌。

何继筠不仅是宋初的勇将,而且长期镇守北边前线的棣州,承担了抗击辽军进攻的重任。何继筠之子何承矩继承父业,继续在抗辽前线任职。在雍熙北伐失败后,何承矩首倡在河北缘边引水修河塘、开稻田,实行屯

---

① 《宋史》卷二七三《李进卿传附延渥》,第9324页。
② 《续资治通鉴长编》卷五八,景德元年十月己酉,第1279页。

田,以遏制契丹进攻。史称:"始,承矩建水田之议,沮之者颇众,又武臣亦耻于营葺佃作。既而种稻又不熟,群议益甚,几罢其事。及是,承矩载稻穗数车,遣吏部送阙下,议者乃息。自是苇蒲、蠃蛤之饶,民赖其利。"① "由是自顺安以东濒海,广袤数百里,悉为稻田,而有莞蒲、蜃蛤之饶,民赖其利。"②这一举措不仅获得丰硕的经济收益,而且具有颇大的军事意义,在一定程度上形成了阻滞辽军骑兵进攻的障碍。③ 在出守前线重镇雄州期间,他"推诚御众,同其甘苦",曾大败数千契丹精骑的进攻。后在任河北缘边安抚使时,又屡次提出加强河北边防的方略。故宋真宗也认为其守边有功,"上以承矩任边有功"。④

旧藩镇侯益在北宋初年赋闲后,其子侯仁矩成为武将,先后镇守祁、雄二州,被评价为"治军有方略,历数郡,咸有善政"。侯仁矩之子侯延广继世为将,先后两度出任西陲战略重镇——灵州守将,"善抚士卒,下乐为用,戎人畏服"。在任知灵州期间,"部下严整,戎人悦服,李继迁素避其锋"。被朝臣评价为:"延广将家子,习边事无出其右。"至道(995—997年)时,灵州遭到西夏大军的包围,他临危第二次受命,仅率数十骑赴任,最终病死于灵州任上。⑤ 对于侯延广为将,宋人评价颇高,如朝臣田锡曾在奏言中所评说:"往年杨业击契丹,侯延广守灵州,人多称许。若见今节度、防、团、刺史、诸司使副中,因赏罚激励,岂无杨业、侯延广辈为国家立功勋也。"⑥由此可见,在当时人眼里侯延广与名将杨业齐名。

宋太祖朝大将王全斌,有率军剿灭后蜀政权之功。其曾孙王凯在任麟州都监及麟府路缘边都巡检使期间,多次获得战功,特别是在兔毛川之战中,遭三万西夏军围攻,"凯以兵六千陷围,流矢中面,斗不解,至暮敌

---

① 《续资治通鉴长编》卷三四,淳化四年三月壬子,第747页。
② 《宋史》卷二七三《何继筠传附承矩》,第9327—9333页。
③ 参见高恩泽:《北宋时期河北"水长城"考略》,《河北学刊》1983年第4期。
④ 《宋史》卷二七三《何继筠传附承矩》,第9327—9333页;《续资治通鉴长编》卷六三,景德三年五月庚午,第1404页。
⑤ 《宋史》卷二五四《侯益传附延广》,第8883—8885页。
⑥ 《续资治通鉴长编》卷四六,咸平三年三月丁未,第1003页。

溃",表现了武将临危不惧、顽强奋战的本色。① 其后屡次迁官,也多因有军功的缘故。如在任并、代州钤辖、管勾麟府军马事时,又打败了西夏两万军队的进攻。史称:"凯治军有纪律,善抚循士卒","故士卒畏信,战无不力,前后与敌遇,未尝挫衄。"②可见王凯属于一名颇有作为的战将。

孙全照作为承担镇守地方的武将,也被评为:"知兵,以严毅整众。"③ 其中在景德元年(1004 年),他在驻守重镇——天雄军期间,面对辽朝大军的进犯,勇于承担重任,"天雄军闻寇将至,阖城惶遽。王钦若与诸将议探符分守诸门,孙全照曰:'全照将家子,请不探符。诸将自择便利处所,不肯当者,全照请当之。'既而莫肯守北门者,乃以命全照"。当辽军攻城时,他骁勇善战,"乃引麾下出南门力战,杀伤其伏兵略尽,天雄兵复得还"。④ 就此赢得威名,司马光即指出:在此次战役中"契丹素畏其名"。⑤

刘昌祚早年在西边任将时,就显示了敢打硬仗的特点,曾领两千骑增援,大败西夏万骑伏兵。战后,主帅李师中向朝廷表其功曰:"西事以来,以寡抗众,未有如昌祚者。"其后,在与党项势力的长期交战过程中,刘昌祚屡获战功。⑥ 史称其"最善骑射","所著《射法》行于世"。⑦

刘舜卿则不仅是一名称职的武将,而且善用谋略,"知书,晓吏事,谨文法,善料敌,著名北州"。⑧ 据记载,刘舜卿还老于运用间谍,在雄州任内曾巧妙地解决了辽朝的间谍。当时的知制诰王存便对宋神宗上言:"窃见辽人觇中朝事颇详,而边臣刺辽事殊疏,此边臣任闲(当为间)不精也。臣观知雄州刘舜卿议论方略,宜可任此,当少假以金帛,听用闲于绳

① 《续资治通鉴长编》卷一三三,庆历元年九月壬申,第 3179 页。
② 《东都事略》卷二〇《王全斌传》,第 163 页;《宋史》卷二五五《王全斌传附凯》,第 8926 页。
③ 《宋史》卷二五三《孙行友传附全照》,第 8874 页。
④ 《续资治通鉴长编》卷五八,景德元年十一月壬申,第 1284 页。
⑤ 《涑水记闻》卷七,第 130 页。
⑥ 《续资治通鉴长编》卷三一七,元丰四年十月乙丑,第 7677—7678 页;卷三二九,元丰五年八月辛亥,第 7914 页。
⑦ 《宋史》卷三四九《刘昌祚传》,第 11053—11055 页。
⑧ 《宋史》卷三四九《刘舜卿传》,第 11063 页。

墨之外。"①其余如李浩,"务学,通兵法",曾以《安边策》谒宰相王安石。②据此,可知李氏亦非庸将。

　　而马知节、曹璨和曹玮兄弟、杨延昭、杨文广、杨嗣、王德用、赵珣、郭逵、种氏诸将、姚氏诸将和王禀等人,其事迹更为著名,可称为北宋各个时期的良将。如马知节在早期任地方守将时,便颇为称职。当进入军事决策机构的枢密院后,又注意国家武备建设,反对因循苟安。对当时君臣因厌战而沉迷于天书、祥瑞活动的行为,他表示了强烈的不满,并因此与执政的王钦若等人发生了冲突。所谓:"当是时,契丹已盟,中国无事,大臣方言符瑞,而知节每不然之,尝言:'天下虽安,不可忘战去兵。'"故史称:"知节将家子,慷慨以武力智谋自许,又能好书,宾友儒者,所与善厚,必一时豪杰,论事謇謇未尝有所顾忌。"③

　　曹璨既有边将经历,立有战功,又出任禁军三衙大帅,"习知韬略,好读《左氏春秋》,善抚士卒,兼著威爱"。④ 曹玮较之乃兄更有作为,在长期担任御夏前线大将的过程中,不仅招抚羌部,巩固要塞,屡败敌犯,并多次极具预见性地提出遏制西夏的方略。史称:"将兵几四十年,未尝少失利。""沉勇有谋,喜读书,通《春秋三传》,于《左氏》尤深","多奇计,出入神速不可测"⑤。因为其事迹突出,故在当代已受到世人的关注及好评。宰臣李迪曾对宋真宗说:"臣前任陕西,观边将才略,无能出玮之右者。"⑥宋人有关曹玮善用兵的记载颇多。⑦ 以后,明人对其也有相当高的评价,⑧清初学者王船山则对曹玮给予很高的评价:"玮之为将,非徒言无

---

① 《续资治通鉴长编》卷三一一,元丰四年二月己巳,第 7544 页。
② 《宋史》卷三五〇《李浩传》,第 11078 页。
③ 《宋史》卷二七八《马全义传附知节》,第 9452 页;《马正惠公知节神道碑》,《名臣碑传琬琰之集》上卷一九,《景印文渊阁四库全书》第 450 册,第 162 页。
④ 《宋史》卷二五八《曹彬传附璨》,第 8984 页。
⑤ 《宋史》卷二五八《曹彬传附玮》,第 8987 页。
⑥ 《涑水记闻》卷八,第 145 页。
⑦ 如《涑水记闻》《梦溪笔谈》等都有记载。见《涑水记闻》卷六,第 118—119 页;沈括撰,金良年点校:《梦溪笔谈》卷一三《权智》,中华书局 2015 年版,第 132—133 页。
⑧ 李材:《将将纪》卷一五,四库全书存目丛书编纂委员会编:《四库全书存目丛书》(子部)第 31 册,齐鲁书社 1995 年版,第 456—457 页。

勇,徒勇无谋,稽其后效,概可睹矣。"①堪称北宋一代名将。②

杨业被公认为宋初名将,已是众所周知的事实。史家称赞道:"业不知书,忠烈武勇,有智谋,练习攻战,与士卒同甘苦。""为政简易,御下有恩,故士卒乐为之用。"其子杨延昭承袭了乃父遗风,在宋真宗朝以勇将著称,所谓:"智勇善战,所得奉赐悉犒军,未尝问家事。出入骑从如小校,号令严明,与士卒同甘苦,遇敌必身先,行阵克捷,推功于下,故人乐为用。在边防二十余年,契丹惮之,目为杨六郎。"杨门后裔杨文广也是一名有所作为的将领,宋英宗即承认:"文广,名将后,且有功。"③

历任宋太祖、太宗两朝殿前都指挥使杨信的胞弟杨嗣,长期驻守北方前线,为当时的良将。杨嗣在御辽战争中军功卓著,享誉一时,其业绩与杨延昭齐名。史称:"久居北边,俱以善战闻,时谓之'二杨'。"④"时嗣与延朗并为缘边巡检,勇于战斗,以名称相上下,边人谓之'二杨'。"⑤

王德用与庸懦的其父王超有别,其年轻时便表现出果敢和多谋的良好素质。及至为大将后,又颇善治军,还勇于倡议废止严重影响将帅行动的御制阵图。故史称:"德用将家子,习知军中情伪,善以恩抚下,故多得士心。虽屡临边境,未尝亲矢石、督攻战,而名闻四夷。""至于精神折冲,名闻四夷,矫矫虎臣,则德用具有焉。"⑥宋人笔记还记载:"王武恭公德用,宽厚善抚士,其貌魁伟,而面色正黑,虽匹夫下卒、闾巷小儿,外至远夷君长,皆知其名,识与不识,称之曰黑王相公。北虏常呼其名以惊小儿,其为戎狄畏服如此。"⑦其说虽不免夸张,但王德用在当时的影响之大,当毋庸置疑。

赵珣十六岁时便荫补为武官,尤为难得的是他不仅善武,而且很有见识。赵珣曾被宋仁宗召见,"阅武技,又试策略于中书,条对数千言"。据

---

① 王夫之:《宋论》卷三《真宗》,中华书局1964年版,第56页。

② 参见汪天顺:《曹玮与北宋西北边防整饬》,《西北民族研究》2001年第4期。

③ 《宋史》卷二七二《杨业传附延昭、文广》,第9308页。

④ 《宋史》卷二六〇《杨信传附嗣》,第9017页。

⑤ 《续资治通鉴长编》卷四八,咸平四年四月乙巳,第1056页。

⑥ 《宋史》卷二七八《王超传附德用》"论曰",第9469页。

⑦ 王辟之撰,吕友仁点校:《渑水燕谈录》卷二《名臣》,中华书局1981年版,第17页。

记载,赵珣随父在西北前线时,"访得五路徼外山川邑居道里,凡地之利害,究其实",上《聚米图经》《五阵图》及《兵事》等用兵之策。就连宰臣吕夷简也承认:"用兵以来,策士之言以万数,无如珣者。"①赵珣出任西陲边将后,骁勇善战,表现出良将的素质。以后在定川砦战役中,赵珣为泾原路都监,率军配合大将葛怀敏行动,在遭遇伏击时顽强反抗,最终战死。"既没,人多惜之。"②

郭逵,是北宋中叶的名将,颇有见地。史称:"慷慨喜兵学,神宗尝访八阵遗法,对曰:'兵无常形,是特奇正相生之一法尔。'因为帝论其详。"可见其对阵法有清醒的认识。他又善于治军、作战,"每战,先招怀,后战斗,爱惜士卒。不妄加诛戮。其杀贼妇女老弱者,皆不赏"。故后世史家评价道:"犹隐然为一时宿将云。"③其最为突出的战绩,在于统军南征入侵的交趾(安南)大军,不仅击败对手,并且追敌至富良江岸(今越南境内红河),斩其太子洪真,迫使交趾求和。④

种氏一门诸将皆为北宋后期著名的边将,其中种谔虽然有残暴的一面,但也有善用兵、多战功的另一面,所谓"善驭士卒,临敌出奇,战必胜,然诈诞残忍,左右有犯立斩,或先刳肺肝,坐者掩面,谔饮食自若,敌亦畏其敢战,故数有功"。种谊,"倜傥有气节,喜读书,莅军整严,令一下,死不敢避,遇敌,度不胜不出,故每战未尝负败"。种师道为北宋后期宿将,不仅在军队中享有很高的威望,而且敢于抵触权宦童贯的无能指挥。在靖康危难之际,他毅然率军抗击金军,直至病死军中。种师中长期镇守西陲,亦"老成持重,为时名将"。最终在与金军的交战中,"身被四创,力疾斗死"。故元人修史时评说道:种世衡"诸子俱有将材,至师道、师中已三世,号山西名将"。⑤

姚氏一门诸将皆以军功显达于世,其中姚兕"力学兵法,老不废书",

---

① 《续资治通鉴长编》卷一三二,庆历元年五月戊午,第3123页。
② 《宋史》卷三二三《赵振传附珣》,第10464页。
③ 《宋史》卷二九○《郭逵传》,第9726页。
④ 参见黄纯艳:《熙宁战争与宋越关系》,《厦门大学学报》2006年第6期。
⑤ 《宋史》卷三三五《种世衡传附谔、谊、师道、师中》"论曰",第10745—10755页;陈郁:《藏一话腴》内编卷下,《景印文渊阁四库全书》第865册,第549页。

可见是一名善于运用兵略的将领；姚麟不仅多立战功，而且以严明军纪著称，"为将沈毅。持军不少纵舍。宿卫士尝犯法，诏释之，麟杖之于庭而后请拒诏之罪，故所至肃然"。史称："姚氏世用武奋，兕与弟麟并有威名，关中号'二姚'。兕之子雄，亦以战功至节度使。"①

王禀是北宋末年著名的抗金将领。当金军大举南攻之际，他以侍卫马军副都指挥使、河东路马步军副都总管的身份率军守卫太原城。面对孤立无援的危急局面，他不顾文臣统帅主张求和的态度，毅然坚守太原城长达二百五十多天。在此期间，王禀英勇奋战，顽强地抗击了粘翰率领的金军西路军的围攻，从而为第一次开封城守卫战发挥了重大的支持作用。直到金军东路军再次南下时，始终被围的太原才最终陷落，王禀不屈自尽。②

由以上突出的例证可见，在北宋将门之家中，继世为将而有作为者不乏其人。不过，这并不能表明将家子弟大都属于良将，事实上在这一类别中还存在着许多平庸之辈，特别是在高级将领世家之中又更为突出。宋初石守信、王审琦等高门子弟，其依赖家门功勋、安享官爵富贵的情况自不用说，而不少将帅后裔无所作为的现象也同样存在，这从《宋史》诸将列传的记载就可以得到印证。有关这方面显著的例证如下：

北宋中叶的大将葛怀敏，因出身背景和交际广泛的缘故，颇受时人器重。然而，这位将门之子虽有纸上谈兵的功夫，但对于实际用兵其实并不擅长。康定（1040—1041 年）初，韩琦即上奏指出："夏竦节制泾原等路，复用葛怀敏副之。若取其谋智，则怀敏非夏竦之比；若藉其勇战，则怀敏平生未识偏伍，亦与一书生无异。"③根据韩琦的这一反映，可知葛怀敏并未有多少战场经历及经验。果不其然，时隔仅一年，葛氏便全军覆没于定川砦之役。此役之败，固然有多种原因，但盲目轻率的葛怀敏本人也难逃其咎。确如史家所评说："怀敏通时事，善候人情，故多以才荐之。及用

---

①　《宋史》卷三四九《姚兕传附麟、雄、古》"论曰"，第 11057—11061、11065 页。

②　参见李华瑞：《北宋抗金名将王禀事迹述评》，《中州学刊》1995 年第 2 期。

③　《周历边塞陈利害奏》，《安阳集编年笺注》之《附录一·韩琦诗文补编》卷二，第 1619—1620 页。

为将,而轻率昧于应变,遂至覆军。"①

宋仁宗朝后期的许怀德,依赖父荫成长为将,虽历仕殿前都虞候、侍卫马军、殿前副都指挥使和都指挥使三衙要职,授节钺,可谓达到一般武将难以企及的高位。但是,"自初擢守边,连以畏懦被谪",如庆历(1041—1048年)初在任鄜延路副都部署时,"坐出塞讨贼逗留不进,所部兵夫弃随军刍粮,法当夺官"。②此后,许氏还进入三衙任职,但"在宿卫十四年",也无所作为,所谓"时遭承平,保宠终禄"而已。③

张耆之子张得一,昏庸无能,庆历(1041—1048年)时以西上阁门使守贝州,因措置无方,激起王则兵变。他不仅不能平叛,反而畏惧退缩,甚至"每见贼,必呼'大王',先揖而后坐,坐必东向。又为贼将讲僭拟仪式",后终被诛杀;④张耆另一子张可一,亦属品行低劣之流,"坐与群婢贼杀其妻,弃市";⑤再一子张利一曾任定州总管,统领当地驻军,因治军无方而被改调他处。以后张利一试图进入禁军三衙机构,但遭到臣僚的反对;⑥又一子张诚一官至客省使、枢密都承旨。据苏轼等在宋哲宗朝初期的上奏可知,张诚一曾因"无故多年不葬亲母",以及有私开乃父棺木"掠取财物"等劣迹,遭到贬官处罚;⑦还有一子张希一,"以父耆任,累官引进使",历河北缘边安抚副使、真定府路总管等,加防御使衔,但也无任何值得称道的事迹可言。⑧可见,张氏一门虽忝位将职多人,却皆为能力低下的纨绔子弟。

北宋末期的刘延庆,号将家子,积官至侍卫马军副都指挥使,加节钺,地位不可谓不高。但刘延庆在战场上却怯懦无谋,是一名极不称职的将领。在童贯组织的荒诞北伐中,他以宣抚司都统制的身份督兵十万,但

①《宋史》卷二八九《葛霸传附怀敏》,第9703页。
②《续资治通鉴长编》卷一三四,庆历元年十二月甲申,第3205页。
③《宋史》卷三二四《许怀德传》,第10478页。
④《续资治通鉴长编》卷一六二,庆历八年闰正月丁卯,第3912—3913页。
⑤《宋史》卷二九〇《张耆传附可一》,第9711页。
⑥《苏辙集》之《栾城集》卷四五《乞定差管军臣僚札子》,第799—800页。
⑦《苏轼文集》卷二七《缴进张诚一词头状》、卷三八《张诚一责受左武卫将军分司南京制》,第776、1093页。
⑧《宋史》卷二九〇《张耆传附希一、利一》,第9712页。

"行军无纪律"，又临敌"烧营而奔"，结果"契丹知中国不能用兵，由是轻宋"。靖康之难中，刘延庆率军参加开封城保卫战，依旧只顾畏缩自保，终为金军骑兵所追杀。[①] 诸如此类的人物，不一而足。

其实，自北宋中期以来，将门子弟追逐享乐、无所作为的情况已相当严重。宋仁宗天圣（1023—1032 年）时，范仲淹即指出："将门出将，史有言焉。今将家子弟蔑闻韬钤，无所用心，骄奢而已。"[②]其后，大臣贾昌朝也反映："近岁恩倖子弟饰厨传，沽名誉，不由勋效，坐取武爵者多矣。其志不过利转迁之速、俸赐之厚尔，御侮平患，何望于兹？"[③]河东帅臣明镐巡边时还发现："时边任多纨绮子弟"，甚至行军时还携带倡妇同行。[④] 这些批评的言辞，都从侧面反映出众多将门之后在武将角色上的退化。事实上，当时许多纨绮子弟出身的将官一旦踏上战场，便暴露出一副可悲相，如韩琦在前线所反映："魏昭昞、王克基未尝出离京阙，便使领众御戎，昨来暂至延州，皆已破胆。"[⑤]按：魏昭昞为魏咸信之子，[⑥]王克基乃王承衍之孙。[⑦] 其临阵胆破的状态，早已背离了武将的本色。宋神宗熙宁（1068—1077 年）初，有人便指出："今之命帅，则唯用侍从、贵官，遣将则多以阀阅子弟，素不谙练兵术。"[⑧]这里所说的素不懂兵的"阀阅子弟"，当然是指高级将门之家的后代。

第二节　军　班　行　伍

北宋军班行伍出身者地位低下，若非有特殊机缘，军功及能力就成为

① 《宋史》卷三五七《刘延庆传》，第 11237—11238 页。
② 《范文正集》卷八《上执政书》，第 638 页。
③ 《续资治通鉴长编》卷一三八，庆历二年十月戊辰，第 3316 页。
④ 《续资治通鉴长编》卷一三七，庆历二年六月乙未，第 3279 页。
⑤ 《周历边塞陈利害奏》，《安阳集编年笺注》之《附录一·韩琦诗文补编》卷二，第 1620 页。
⑥ 《宋史》卷二四九《魏仁溥传附咸信》，第 8807 页。
⑦ 《宋史》卷二五〇《王审琦传附承衍》，第 8818 页。
⑧ 钱顗：《上神宗乞择将久任》，《宋朝诸臣奏议》卷六四《百官门》，第 715 页。

其跻身武将的主要因素。其实，这也是前后历史上的惯例。有关北宋这方面的情况，可以在大多数此类武将的记载中得到印证。如陈兴、周美、范恪、阎守恭、狄青、郝质、贾逵、燕达、和斌、曲珍及贾嵩等将领的表现，可为他们的代表。通过对这些将领事迹的爬梳与总结，大致可展示北宋军班行伍出身武将在角色上的作为。

陈兴是北宋中叶的将领，据《宋史》本传记载："起行伍，有武略，所至颇著声绩。真宗言军校之材，必以兴为能。"①李焘也记载："上（即宋真宗）谓吕蒙正等曰：'选众求材，诚非易事，朕常孜孜询访，冀有所得。向来于军校中超擢八九人，委以方面，其间王能、魏能颇甚宣力，陈兴、张禹珪亦称有闻。'"当时陈兴驻防河东，为石、隰州部署。② 陈兴能引起宋真宗的注意和好评，当与其出众的表现有关。到宋仁宗朝，陈兴在对夏战争中颇有战功，成为独当一面的领兵将领。

周美长期在河北、陕西前线为边将。据记载，周美在任将过程中，既勇于战斗，又能爱抚部下和士卒。曾屡次击溃西夏军队的进攻，并构筑营寨扼制对手，被范仲淹称为"有心力干事者营立城寨"之一。③ 故史称"每边书至，诸将各择便利，独美未尝辞难，然所向辄克，诸将以此服之"。"自陕西用兵，诸将多不利，美前后十余战，平族帐二百，焚二十一，招种落内附者十一族，复城堡甚多。在军中所得禄赐，多分其戏下，有余，悉犒劳之。"④

郝质，从如前所述"少从军，挽强为第一"的记载可知，其武功极为出众。在御夏战争中，郝质以作战勇敢崭露头角。据记载，郝质在任府州驻泊都监、主管麟府军马事期间，曾与另一位武将田朏率军护送军需物资到麟州，途中遭遇数千西夏骑兵进攻，他们"先驱力战，斩首数百级，获马数百匹，器甲以万计"。之后，又在与田朏一同领兵巡边时，"遇贼方堑道以阻官军，质急麾众击之，转战至寒岭下，日晡而贼北，斩首百余级"。还修

① 《宋史》卷二七九《陈兴传》，第9498页。
② 《续资治通鉴长编》卷四九，咸平四年十月己亥，第1074页。
③ 《续资治通鉴长编》卷一三四，庆历元年十一月乙亥，第3201页。
④ 《宋史》卷三二三《周美传》，第10459页。

复了宁远等城寨,"以抗贼冲"。河东宣抚使杜衍、知并州明镐遂同上奏建议:"忻、代为敌骑走集之地,且荐(田)朏、(郝)质等材勇可任,请分精锐土兵数千授此两人,使屯险要,万一有警,必能保其成功。若各处一郡,上为庸将所制,不复能施摧坚陷阵之力。"于是,郝质获得拔擢,出任忻、代都巡检使。① 郝质不仅作战无畏,立有战功,还善于驭军,故能升至禁军将帅。史家便对其有"御军有纪律,犯者不贷。而享犒丰渥,公钱不足,出己奉助之,平居自奉简俭,食不重肉,笃于信义"②的评价。

贾逵,早在随大帅狄青征侬智高的战役中就有突出的表现。据记载,在决战之前,宋军排出三军阵法,其中张玉为先锋,贾逵承担左翼,孙节负责右翼,主帅则居中指挥并掌握后备队伍。狄青下令诸将听从指挥:"不待令而举者斩。"孙节御敌战死山下,"逵私念所部忠敢、澄海皆土兵,数困而心慑易岖,苟待令必为贼所薄,且兵法先据高者胜,乃引兵疾趋山"。当宋军左翼才占据有利地形时,敌军便蜂拥而至,"逵拥众而下,挥剑大呼,断贼阵为二,玉以先锋突出阵前,而青麾蕃落骑兵出贼后,贼遂大溃"。战后,贾逵因擅自改变阵地而向狄青请罪,"青拊逵背曰:'违令而胜,权也,何罪之有!'"③揆诸这一史实不难发现,贾逵不仅勇于作战,而且善于用兵。此后,他在出任西北守将期间,又以善于治边而出名,其最终能迁官三衙管军要职,即在于"朝廷以逵为能"④的缘故。

其余如:阎守恭,善于带兵、治军,其行事风格多效仿宋初名将郭进之所为。被评为具有"性沉勇,御军严"⑤的特点;范恪,在陕西对夏前线作战多年,以军功逐渐被提拔为将领,曾受到宋仁宗的特别召见。《宋史》称其"骁勇善射,临难敢前,故数有战功"⑥,即说明范氏在将职上表现突出;燕达,"起行伍,喜读书,神宗以其忠实可任"。在御夏战争和征讨安

---

① 《续资治通鉴长编》卷一三七,庆历二年七月乙巳,第3281—3282页。
② 《宋史》卷三四九《郝质传》,第11050页。
③ 《续资治通鉴长编》卷一七四,皇祐五年正月丁巳,第4193页。
④ 《宋史》卷三四九《贾逵传》,第11051页。
⑤ 《宋史》卷三二三《阎守恭传》,第10459页。
⑥ 《宋史》卷三二三《范恪传》,第10466页。

南的行动中,燕达都有突出的战功,因此而成为高级将领;①贾嵓,"在兵间二十年,有智略,能抚御士卒,所向规胜。时以良将入对";②和斌,则"老于为将,以恩信得边人心";③曲珍勇敢能战,又"善抚士卒,得其死力";④魏能、孟元、王信、郭成、张整及王恩等人,在用兵过程中也皆有战功可述。

在军班行伍出身的武将之中,狄青无疑是其中最为优秀的军事将领。他以作战勇猛、善于用兵而享誉一时,为北宋中叶的名将。在早期对夏战争中,狄青已战功卓著,受到韩琦、范仲淹等文臣主帅的器重,并引起宋仁宗的关注。当侬智高之乱波及广南东西路后,宋军不断招致惨败,又是在他率军征讨下加以平定。这就难怪史家对其有极高的评价:"青为人慎密寡言,其计事必审中机会而后发。行师先正部伍,明赏罚,与士同饥寒劳苦,虽敌猝犯之,无一士敢后先者,故其出常有功。尤喜推功与将佐。"⑤从这些评语可以看出,狄青不仅是一名勇将,更善用谋略,加之治军赏罚分明,能与士卒同甘共苦,并主动推功部下,这些突出的作为都说明其堪与以往历史上的名将相媲美。北宋中叶时的文臣尹洙便评价狄青:"有古良将才。"⑥

但是必须承认,就北宋军班行伍出身武将的背景而言,由于绝大多数来自社会下层,因此普遍存在文化素质低下的缺陷,其最初被选拔时主要凭借的皆为弓马水平。故他们身上不免有缺乏谋略的弱点,其用兵主要凭借武勇之气,如狄青那样谋勇兼备者并不多见。如宋初行伍出身的大将党进,虽威猛异常,却"不识字",甚至连书写在木棒上的兵员人数也不

---

① 《宋史》卷三四九《燕达传》,第 11057 页。

② 《宋史》卷三五〇《贾嵓传》,第 11086 页。

③ 《宋史》卷三五〇《和斌传》,第 11080 页。

④ 《宋史》卷三五〇《曲珍传》,第 11084 页。

⑤ 《宋史》卷二九〇《狄青传》,第 9721 页;《隆平集校证》卷一一《狄青传》,第 326 页。《续资治通鉴长编》记载相类,卷一八五,嘉祐二年二月庚子,第 4474 页。

⑥ 《宋朝要录》:"青尝从尹洙谈兵,洙以为有古良将才。"《续资治通鉴长编》卷一八五,嘉祐二年二月庚子,第 4474 页。参见拙作:《从狄青的遭遇看北宋中叶武将的境况》(与张明合作),《中州学刊》2000 年第 3 期。

甚清楚。① 其余如北宋后期的大将曲珍之类，勇敢能战，但目不识丁，所谓："虽不知书，而忠朴好义。"②这一缺陷的存在，就不能不影响到军事将领作为上的更大发挥。如宋仁宗朝的任福，由军班而升迁至禁军将官，就其事迹来看，可谓忠勇有加，但未娴兵略。任福最终与部下战死于好水川，便与其指挥、应变不力有一定的关系。③ 正因为如此，还出现了某文官反映的如此情形发生："士大夫告命，间有错误，如文官，则犹能自言，书铺亦不敢大有邀索。独右列为可怜，而军伍中出身者尤甚。予检详密院诸房日，有泾原副都军头乞换授，而所持宣内添注'副'字，为房吏所沮，都头者不能自明。"④这虽然是来自南宋时的记载，但在北宋时期亦未必可以避免。没文化的武官、武将受到吏人的刻意刁难，竟到了令人可怜的地步，其指挥、用兵的智慧水平便可想而知。

第三节 潜 邸 亲 随

北宋时期，潜邸亲随出身的武将，虽然升迁颇为迅速，并往往执掌禁军或枢密院大权，但其作为武将的本职能力却大都不足，甚至表现拙劣，这在宋太宗一朝及宋真宗朝尤为突出。以下就此类出身高级将官的表现情况，简要加以论述。

宋太祖时代，潜邸出身而为将帅者主要有王仁赡、楚昭辅、李处耘、张琼及杨信等人。王仁赡曾任枢密副使、凤州路行营前军都监及判三司兼宣徽北院事等，还在宋太祖出巡时，判留守司、三司兼知开封府事等，颇受信任。但他在征讨西蜀的过程中，因参与抢掠蜀中子女金帛，一度遭贬。

---

① 《宋史》卷二六〇《党进传》，第 9019 页。
② 《宋史》卷三五〇《曲珍传》，第 11804 页。
③ 《宋史》卷三二五《任福传》，第 10507 页。
④ 洪迈撰，孔凡礼点校：《容斋随笔》之《三笔》卷四《宣告错误》，中华书局 2005 年版，第 471 页。

史称："仁赡掌计司殆十年,恣下吏为奸,怙恩宠无敢发者。"因此再次被贬;①楚昭辅在宋初两朝任权判三司、枢密副使和枢密使,与王仁赡有类似的经历。他虽长期在枢密院掌兵,但更擅长的却是财计。史家对其遂有如此评价:"昭辅性勤介,人不敢干以私,然颇吝啬,前后赐予万计,悉聚而畜之。"②李处耘的作为较之王仁赡、楚昭辅,则明显为优。所谓"临机决事,谋无不中"。如他在参加平定李重进之乱并出守扬州后,"大兵之后,境内凋弊,处耘勤于绥抚,奏减城中居民屋税,民皆悦服"。建隆三年(962年),奉诏回朝,"老幼遮道涕泣,累日不得去"。③ 慕容延钊率大军征讨荆湖,李处耘以宣徽南院使兼枢密副使的身份为都监,从史称"李处耘辞,上遂以成算授之"④一语可知,他肩负了监控军事行动的重任。除了直接参与战场行动外,还特别注意严明军纪,制止抢掠。也正因为如此,他与慕容延钊产生矛盾,最终遭到贬谪。史称其:"有度量,善谈当世之务,居常以功名为己任。荆湖之役,处耘以近臣护军,自以受太祖之遇,思有以报,故临事专制,不顾群议,遂至于贬。"⑤张琼性情刚烈,以武勇得到赵匡胤的任用,在后周时曾舍身保护过赵匡胤。宋太祖在任命其为殿前都虞候时便承认:"殿前卫士如狼虎者不啻万人,非琼不能统制。"此后,张琼因遭到诬陷、猜忌,被赐死。⑥ 有关张琼的记载非常有限,但从其经历和宋太祖的评语,可以看出其属于一员猛将;杨信是继张琼之后主掌殿前司的将帅,其行事风格与张琼迥然不同,以谨慎负责深得宋太祖乃至宋太宗的信赖,即使在患哑疾后,也继续受到重用。杨信虽有战场经历,但自被提拔为殿前都虞候以后,就主要承担统管禁军殿前司各项军务,所谓:"信虽喑疾而质实自将,善部分士卒,指顾申儆,动有纪律,故见信任,

---

① 《宋史》卷二五七《王仁赡传》,第 8958 页。
② 《宋史》卷二五七《楚昭辅传》,第 8959 页。
③ 《宋史》卷二五七《李处耘传》,第 8962—8963 页。
④ 《续资治通鉴长编》卷四,乾德元年正月壬戌,第 82 页。
⑤ 《宋史》卷二五七《李处耘传》,第 8962—8963 页。
⑥ 《宋史》卷二五九《张琼传》,第 9010 页;《续资治通鉴长编》卷四,乾德元年八月壬午,第 101 页。

而终始无疑焉。"①

　　从以上诸人的情况可以看出,由宋太祖潜邸出身的高级将帅,可谓参差不齐。王仁赡怙宠为奸自不用说,楚昭辅品性吝啬,张琼"性暴无机",杨信谨小慎微,皆属个人特性。但就其本职角色而言,都尚为称职。至于李处耘,则不能不说其近乎一名良将。

　　宋太宗一朝,藩邸亲随出入禁军将帅和枢密院长贰,其有为者寥寥无几,而无能低劣者竟居多数。

　　在此期间,出任枢密院长贰的柴禹锡、张逊、杨守一、赵镕、周莹、王显及弭德超(又有记载称弥德超)诸人,几乎都存在与武将角色不匹配的缺陷。他们名为武将,却大都无战场经历,或以恭谨见用,或以理财出名,或以告密得宠。如柴禹锡在宋太宗登基后,迎合皇帝猜忌心理需要,积极刺探外臣动向,所谓"每夜值,上以藩府旧僚,多召访外事"。终于以"告秦王廷美阴谋,擢枢密副使"。但在国家武备方面并无建树;②王显出身吏人,以"性谨介"得到宋太宗重用。在枢密院任内,"显或失误,护短终不肯改"。在出任河北大帅期间,又无可称道之业绩。故史家给予如此评语:"居中执政,矫情以厚胥吏,龊龊自固而已。在藩镇颇纵部曲扰下,论者非之。"③赵镕"以勤谨被眷",因与柴禹锡、杨守一等人制造秦王廷美狱案而获升迁。但在西府的突出事迹乃在于"遣吏卒变服,散之京城察事",甚至多次制造冤案;④杨守一,则"性质直勤谨,无他才术,徒以肇自王府,久事左右,适会时机,故历职通显";⑤张逊以潜邸随从出身为武官,但长期负责香药榷货事务,因货利而升迁。其在枢密院任内,"与同列寇准不协,每奏事,颇相矛盾",又罗织罪名诬陷寇准,⑥遂颇受非议;而声名

---

①　《宋史》卷二六〇《杨信传》,第 9016 页。
②　《宋史》卷二六八《柴禹锡传》,第 9221 页;《续资治通鉴长编》卷二二,太平兴国六年九月丙午,第 500 页。
③　《宋史》卷二六八《王显传》,第 9233 页。
④　《宋史》卷二六八《赵镕传》,第 9225 页。
⑤　《宋史》卷二六八《杨守一传》,第 9224 页。
⑥　《宋史》卷二六八《张逊传》,第 9223 页。

狼藉的弭德超，以诬告曹彬而获宋太宗赏识，①被提拔为枢密副使。不久，他竟利令智昏，再与同辈柴禹锡等争权夺利，最终失宠而被贬；②周莹历仕枢密院长贰和前线统军大将，但连宋太宗也不得不承认其"非将帅体""庸懦不智"。故史家评论道："在右府无他谋略，及莅军旅，畏懦自全，所历藩镇，率无善状。"③以上诸人品行拙劣，表现又实在乏善可陈，难怪元人修《宋史》时称："自柴禹锡而下，率因给事藩邸，以攀附致通显……故莫逃于龊龊之讥。"④

与此同时，出任禁军将帅者也大都存在许多不足及问题。如傅潜在宋太宗及真宗朝曾任当时三衙的最高军职——侍卫马步军都虞候（按：殿前正副都点检、侍卫马步军正副都指挥使均已闲置），又出为前线大帅，但其表现却令朝野大失所望。如早在雍熙北征中，他便因"师败于拒马河"，遭到贬官削爵的处分。咸平二年（999 年），傅潜为镇、定、高阳关三路行营都部署，是十万御辽大军的统帅。然而面对契丹大军的进攻，他不仅阻挠部下追击对手，⑤并且"畏懦无方略，闭门自守，将校请战者，则丑言骂之"。终因一味逗留惧战，被夺官流放；⑥王超是与傅潜同时期的禁军大将，虽"为将善部分，御下有恩"，却"临军寡谋，拙于战斗"。如咸平六年（1003 年），辽军围攻望都，王超与葛霸率兵救援，当王继忠与敌军激战时，"超、赞皆畏缩退师，竟不赴援"⑦，遂导致王继忠部全军覆没。⑧景德元年（1004 年），宋真宗准备亲征，"诏王超等率兵赴行在，逾月不至，

① 李焘记载此事由弥德超所为，《续资治通鉴长编》卷二四，太平兴国八年正月戊辰，第537 页。《宋史》则称弭德超，今从《宋史》。
② 《宋史》卷四七〇《佞幸传·弭德超》，第 13678 页；《续资治通鉴长编》卷二四，太平兴国八年四月壬寅，第 544 页。
③ 《宋史》卷二六八《周莹传》，第 9227 页。《东都事略》卷四三《周莹传》，第 339 页。
④ 《宋史》卷二六八"论曰"，第 9233—9234 页。
⑤ 《续资治通鉴长编》卷四五，咸平二年十月癸酉，第 967 页。
⑥ 《宋史》卷二七九《傅潜传》，第 9473 页；《续资治通鉴长编》卷四六，咸平三年正月乙酉，第 986—987 页。
⑦ 《宋史》卷二七九《王继忠传》，第 9471—9472 页。
⑧ 《宋史》卷二七八《王超传》，第 9465 页；《续资治通鉴长编》卷五四，咸平六年四月丙子，第 1190 页。

寇益南侵"。① 可见,其所为已经造成相当严重的后果。戴兴作为三衙高级将领,虽仪表堂堂,但在数次领兵出征的过程中,也皆无显著功绩可言;②葛霸身为统军将官,同样缺乏应有的勇气,常临阵退却,如上述与王超率军逃跑,致使王继忠一军被歼。当葛霸被解除军职,出守地方时,又有纵容麾下骚扰军民的行为;③更可笑的是王荣其人,不仅贪婪无德,而且素来胆怯,所谓:"无将才,但能走马驰射,性恇怯。"如咸平三年(1000年),南下的辽军北撤时,他身为贝、冀行营副部署,接到率五千骑兵追击的指令后,竟消极应对,甚至不惜劳损兵马。史称:"贝冀行营副部署王荣受诏以五千骑追敌。荣无将才,但能走马驰射,性恇怯,数日不敢行,伺敌渡河而后发,敌剽淄、齐者数千骑犹屯泥沽。荣不欲见敌,乃以其所部略界河南岸而还,昼夜急驰,马不秣而道毙者十有四五。上悯之,遣使收瘗,置荣不问。"④此后,王荣奉命率军向灵武护送军粮,结果"疏于智略,不严斥候,至积石,夜为蕃寇所劫,营部大乱,众亡殆尽"。⑤ 其余王汉忠、张凝、王能、李重贵、刘用及耿全斌等人,不过略算称职,如王汉忠所谓"有识略,军政甚肃";⑥张凝,"忠勇好功名,累任西北,善训士卒,缮完器仗"。⑦ 而桑赞、赵延溥及元达等人,则作为平平,实在无事迹可足称道。

在宋太宗潜邸出身者中,唯有高琼、石普及裴济诸将较有作为。高琼作为禁军将帅,虽无明显战绩,但在景德初应对辽军大举南犯的关键时刻,能代表军队支持宰相寇准的抗战主张,可谓功不可没。⑧ 此外,他还通晓军政,史家对其有"琼不识字,晓达军政,然颇自任,罕与副将参议"⑨的评语;石普颇为善战,"倜傥有胆略,凡预讨伐,闻敌所在即驰赴之。两

---

① 《续资治通鉴长编》卷五八,景德元年十一月壬申,第 1284 页。
② 《宋史》卷二七九《戴兴传》,第 9475—9476 页。
③ 《宋史》卷二八九《葛霸传》,第 9700 页。
④ 《续资治通鉴长编》卷四六,咸平三年正月庚寅,第 988 页。
⑤ 《宋史》卷二八〇《王荣传》,第 9500 页。
⑥ 《宋史》卷二七九《王汉忠传》,第 9477 页。
⑦ 《宋史》卷二七九《张凝传》,第 9481 页。
⑧ 《续资治通鉴长编》卷五八,景德元年十一月壬申,第 1285 页;《涑水记闻》卷六,第113—114 页。
⑨ 《宋史》卷二八九《高琼传》,第 9694 页。

平蜀盗,大小数十战,摧锋与贼角,众推其勇。颇通兵书、阴阳、六甲、星历、推步之术"。当宋真宗君臣痴迷于祥瑞、天书活动时,石普先上《军仪条目》和《用将机宜要诀》,"时方崇尚符瑞,而普请罢天下醮设,岁可省缗钱七十余万,以赡国用"。随后又上书以天象变化为由,请求加强西北边防守备,结果触怒当政者,遭到贬逐。① 可见其头脑清醒,为巩固边防建设不惜得罪权贵;裴济虽然出身宋太宗藩邸,但其为人却性格刚直,行事与前述柴禹锡、弭德超以及傅潜、王超等同僚不同。据记载:"济少事晋邸,同辈有忮悍者,济屡纠其过失,被谗,出补太康镇将"。咸平(998—1003 年)时,裴济出守西陲重镇灵州后,在外援几乎断绝的情况下,"谋辑八镇,兴屯田之利,民甚赖之",前后坚守两年之久。最终在矢尽粮绝的情况下战死,"夏人大集,断饷道,孤军绝援,济刺指血染奏,求救甚急,兵不至,城陷,死之"。②

宋真宗潜邸出身的将领,其事迹、表现与其父时代大致相近。王继忠因藩邸背景而迅速迁至领兵大将,但缺乏战场和用兵经验,遂在咸平六年(1003 年)的望都之战中,兵败被俘;③王继英长期居西府要职,但最突出的特点不过是"小心慎靖,以勤敏称";④张耆既无战功,又无谋略,在任侍卫马军都指挥使时,因选兵处置不当几乎引发兵变。⑤ 入主枢密院后,张耆只会坐享厚禄,行同木偶。其又品行低劣,贪财吝啬,故史书曰:"安佚富盛逾四十年";⑥杨崇勋以好攻讦而出名,"人以是畏之",然无他才能,又性贪鄙,曾役使军人打造"木偶戏人",在京师出售获利。⑦ 至于宋祁在为杨氏所书神道碑称"皆国家腹心柱石,天下所以安危者"云云,不过是

① 《宋史》卷三二四《石普传》,第 10474 页;《续资治通鉴长编》卷八八,大中祥符九年十一月戊申,第 2027 页。

② 《续资治通鉴长编》卷五一,咸平五年三月甲辰,第 1118 页;《宋史》卷三〇八《裴济传》,第 10144 页。

③ 《宋史》卷二七九《王继忠传》,第 9471—9472 页。

④ 《宋史》卷二六八《王继英传》,第 9229 页。

⑤ 王素撰,张其凡、张睿点校:《王文正公遗事》,中华书局 2017 年版,第 53 页。

⑥ 《宋史》卷二九〇《张耆传》,第 9711 页。

⑦ 《续资治通鉴长编》卷一五六,庆历五年闰五月庚戌,第 3779 页;《宋史》卷二九〇《杨崇勋传》,第 9714 页。

拿人钱财,替人隐讳而已,倒是"公既藩邸雅旧,故敢言无所回隐"之语,才道出了些许真相;①夏守恩和守赟兄弟,一个贪财不法,被除名编管,另一个出任对夏前线主将,却"性怯寡谋,士卒不附","既为天下笑"。② 对于张耆和杨崇勋两位军界权贵,宋代史家王称只能无奈地说道:"耆、崇勋材质庸下,致位将相,盖出幸会云。"③而元人修史时则鄙视道:"耆、崇勋、二夏奋闾茸,位将相,皆骄侈贪吝,恃私恩,违清议,君子所不取也。"④同为潜邸出身的刘谦,作为高级将领实在于官私史籍中难觅有为的事迹,于是仅留下这样的评语:"虽乏奇功,而亦克共乃职,能寡过者也。"⑤也仅就是所犯过失不算多而已。蔚昭敏略有边功,⑥高化不过"谨质少过,驭军有法";⑦阎日新,"起胥史,好云为以进取",唯以逢迎天子为能事。⑧

在宋仁宗朝及其以后,藩邸出身的禁军高级将领郭承祐、张孜(茂实)、安俊、夏随及高俅之流,其所作所为亦不足称道。如宋仁宗潜邸出身的郭承祐,"骄侈狡狯,所至多兴作为烦扰,又好言事,指切人过失,时谓之武谏官"⑨,又颇有贪污劣迹,⑩故被认为是"阘冗小人"。⑪ 更重要的是,郭承祐不是一名称职的军事将领,他在庆历中以殿前都虞候身份出任并代副部署、兼知代州时,受到朝臣的抨击,如监察御史包拯便指出:"今朝廷委任郭承祐,必恐败事。按承祐累任无状,朝野佥知,物议喧然以为不可。"⑫张孜曾出任三衙大将和地方长吏,安俊、夏随历仕边关守将,但

---

①　宋祁:《景文集》卷五七《杨太尉神道碑》,《景印文渊阁四库全书》第 1088 册,第 538 页。

②　《东都事略》卷六二《夏守赟传》,第 504 页;苏轼撰,孔凡礼点校:《苏轼文集》卷一八《富郑公神道碑》,中华书局 1986 年版,第 529 页。

③　《东都事略》卷五○《杨崇勋传》,第 398 页。

④　《宋史》卷二九○"论曰",第 9718 页。

⑤　《宋史》卷二七五"论曰",第 9384 页。

⑥　《宋史》卷三二三《蔚昭敏传》,第 10455 页。

⑦　《宋史》卷三二三《高化传》,第 10457 页。

⑧　《宋史》卷三○九《阎日新传》,第 10167 页。

⑨　《隆平集校证》卷一一,第 342 页。

⑩　《续资治通鉴长编》卷一五四,庆历五年二月癸巳,第 3746 页。

⑪　《宋史》卷三一七《钱惟演传附彦远》,第 10346 页。

⑫　《续资治通鉴长编》卷一五七,庆历五年十二月癸丑,第 3811 页。

皆无明显事迹可述。所谓"张孜虽称持重,迹其所长,无足取者";①安氏则"无多战功";②夏随,不过"在边陲无多战功,然慎重少过"而已。③ 至于高俅之无能与恃宠为非,更与高级将帅的角色背道而驰。④

第四节　外　戚　成　员

北宋武将群体中的外戚成员,其品行似乎无潜邸出身者那样多的不良记载,这显然与其国戚的地位有关,也就是说史家顾及帝王、帝后的尊严,不免有所回护。就整体而言,他们普遍存在着养尊处优、平庸忝位的特点,有所作为者不过数人而已。

在宋初两朝的外戚将领中,以杜审琼为代表的杜氏家人,皆因为能力实在低下,唯坐享禄位而已。史籍中留下的突出之处,不过"性醇质""勤谨""醇厚"之类而已;⑤王继勋则不仅无能,而且恃宠暴虐,"所为多不法",以至于宋太祖也难以容忍。⑥ 刘知信其人,被评价为"中外践历,最为旧故。虽无显赫称,亦以循谨闻于时";⑦贺怀浦随杨业北征而死,其余事迹不详。其子贺令图"握兵边郡十余年,持藩邸旧恩,每岁入奏事,多言边塞利害,及幽蓟可取之状"。但"轻而无谋",终于兵败被俘;⑧刘文裕本为平庸之辈,却在雍熙北伐过程中与另一位监军王侁一同逼迫杨业出战,结果导致名将杨业及其部下无辜葬送沙场。⑨

---

① 《宋史》卷三二四"论曰",第10497页。
② 《宋史》卷三二三"论曰",第10469页。
③ 《宋史》卷二九〇《夏随传》,第9717页。
④ 《忠愍集》卷一《驳不当为高俅举掛札子》,第662页。
⑤ 《宋史》卷四六三《外戚上·杜审琦传附审琼、彦圭》,第13536页。
⑥ 《宋史》卷四六三《外戚上·王继勋传》,第13542页;《续资治通鉴长编》卷七,乾德四年五月庚寅,第172页。
⑦ 《宋史》卷四六三《外戚上·刘知信传》,第13544页。
⑧ 《宋史》卷四六三《外戚上·贺令图传》,第13540页。
⑨ 《宋史》卷四六三《外戚上·刘文裕传》,第13547页;卷二七二《杨业传》,第9305页。

相比而言,宋初外戚中的李继隆尚算得上懂兵,先后多次领兵出征。其中在雍熙北伐期间,当主帅曹彬兵败后,他能沉着应对,"米信、傅潜等军败众扰,独李继隆以所部振旅成列而还,即命继隆知定州"。① 李继隆对宋太宗授阵图的做法也不以为然,曾以监军的身份不顾御授阵图的束缚,建议主将灵活应变,所谓"公独陈应变之略",宋军遂大破辽军于徐河。② 又曾在宦官林延寿等五人以诏书阻止的情况下,表示:"阃外之事,将帅得专焉。"领兵在唐河击败了契丹军队。③ 但从李继隆一生来看,突出的战绩并不算多,史称其:"善骑射,晓音律,感慨自树,深沉有城府,严于御下。好读《春秋左氏传》,喜名誉,宾礼儒士……然多智用,能谦谨保身。"由此可见,"然多智用,能谦谨保身"才是其最显著的特征。④ 其弟李继和作为将领便等而下之,所谓"习武艺,好谈方略,颇知书,所至干治。然性刚忍,御下少恩,部兵终日擐甲,常如寇至;及较阅之际,杖罚过当,人多怨焉"。⑤

李继隆之子李昭亮,长期身为大将,却没有多少建树可言,不过"为人和易,谙练近事,于吏治颇通敏,善委僚佐,故数更藩镇无他过"。⑥ 因此,李昭亮曾在任职时屡次引起了朝官的不满。如他以殿前都虞候身份出任秦凤路副都部署时,韩琦便指出"昭亮本贵家子,平生未识行阵",于是被改调无战事的永兴军任部署。⑦ 次年,他再被任命为真定府、定州路都部署时,谏官欧阳修又上言反对:"李昭亮不材,不堪为将帅,不可委兵柄。此一人,陛下圣心久自知之,执政大臣非不知之,天下之人亦共知之,

---

① 《续资治通鉴长编》卷二七,雍熙三年七月戊辰,第 620 页。
② 《武夷新集》卷一〇《宋故推诚翊戴同德功臣山南东道节度使管内观察处置桥道等使特进检校太尉同中书门下平章事使持节襄州诸军事行襄州刺史判许州军州事上柱国陇西郡开国公食邑一万四百户食实封三千二百户赠中书令谥曰忠武李公墓志铭》,第 289 页;曾公亮:《武经总要》后集卷三《故事三》,商务印书馆 2017 年版,第 402 页。
③ 《续资治通鉴长编》卷二九,端拱元年十一月,第 658 页。
④ 对于李继隆的评价,也有学者持充分肯定的观点,参见何冠怀:《攀龙附凤:北宋潞州上党李氏外戚将门研究》,香港中华书局 2013 年版。
⑤ 《宋史》卷二五七《李处耘传附继隆、继和》,第 8973 页。
⑥ 《续资治通鉴长编》卷一九八,嘉祐八年三月甲寅,第 4791 页。
⑦ 《续资治通鉴长编》卷一三五,庆历二年正月癸酉,第 3219 页。

不审因何遽有此命?"①至于李继隆之弟继悯、李昭亮从弟昭逊及其子惟贤等人,惟安于富贵,无所作为。如李惟贤作为武将,其最突出之处乃在于"善宣辞令,习朝仪"。②

至北宋中后期,外戚成员为将的表现仍无任何起色。其中王贻永虽有历仕地方、中央军政要职的经历,却缺乏有作为的记载。于是史家只能作如是评语:"贻永能远权势,在枢密十五年,迄无过失,人称其谦静。"③刘美原为银匠,于军事完全懵懂,徒以刘皇后的背景关系出任高级军职,除了支持刘后外,只会坐享富贵。其子从德及从广,亦与乃父相同。刘从德之子永年,虽然有出守边关的经历,但却无明显军功可言。④ 如刘永年出任高阳关部署时,便遭到反对,"台谏官言永年进缘戚里,未尝有军功。乃复为单州团练使、知泾州";⑤郭崇仁无值得一提的功业;杨景宗则性情残忍暴戾,"所至为人患";⑥李用和居禁军将帅之位,却从未亲临过战场,在史书上留下的唯有一连串显赫的官爵。史称其:"能小心静默,推远权势,阖门谢客,亦其所长也。"⑦即使这可算作优点,但实在与武将身份无关。其子李璋、李玮及李珣更是属于纨绔子弟,安于福禄而已。⑧

曹彬之后曹佾等人,以世家加外戚的身份平步青云,获得高级武官和将领的头衔,但实为坐享厚禄的贵胄,与军旅大致隔阂。如曹佾,"性和易,美仪度,通音律,善弈射,喜为诗"。⑨ 其余曹傅、曹评、曹诵、曹诱以及曹诗等人,也少有事迹可寻觅。即使在靖康(1126—1127年)危难之际,曹曚身为禁军大将,也无值得一提的表现,就连宋钦宗也承认:"曹懞(当

---

① 《续资治通鉴长编》卷一四四,庆历三年十月丁酉,第3476页。

② 《宋史》卷四六四《外戚中·李昭亮传》、卷二五七《李处耘传附继隆、继和》,第13564页。

③ 《宋史》卷四六四《外戚中·王贻永传》,第13562页;《续资治通鉴长编》卷一七六,至和元年三月戊辰,第4224—4225页。

④ 《宋史》卷四六三《外戚上·刘美传附从德、从广、永年》,第13551—13552页。

⑤ 《续资治通鉴长编》卷一八八,嘉祐三年九月辛卯,第4529页。

⑥ 《宋史》卷四六三《外戚上·郭崇仁传、杨景宗传》,第13553—13554页。

⑦ 《续资治通鉴长编》卷一六八,皇祐二年七月丙申,第4049页。

⑧ 《宋史》卷四六四《外戚中·李用和传附璋、玮、珣》,第13566—13567页。

⑨ 《宋史》卷四六四《外戚中·曹佾传》,第13572页。

为曹曚之误）戚里,岂识兵事。"①高琼之后高遵裕,虽颇经战阵,却过甚于功,又嫉贤妒能,因此导致宋军在灵州城下大败。② 以至于高太后也认为:"遵裕灵武之役,涂炭百万,先帝中夜得报,起环榻行,彻旦不能寐,圣情自是惊悸,驯至大故,祸由遵裕。"③其余高氏诸人更无足挂齿。因此,宋人便指出:"自英宗以来,不用外戚管军,盖以管军之臣止有三人,而外戚素非将领,又无勋劳,止缘恩泽,遂为统帅,岂得将士心服哉?"④

第五节　文官出身将领

除了以上北宋主要的四类武将外,还有必要对当时文官从军为将的表现略加考察。前述雷有终、柳开、上官正、张亢、刘平、种世衡及刘涣等人,虽出身文臣,但在改换武职后成为真正意义上的武将,又出任领兵作战的将职,活跃于战场之上,从而有别于如范仲淹、韩琦及沈括等文官身份的统帅。这些文人出身的武将,由于具有较高的文化素养,又长期经历战争磨炼,故其中一些人有突出的表现。以下举其代表性人物及事迹,略加论述如下。

雷有终虽无科举背景,但出身文臣家庭,"幼聪敏"。在历任地方长吏、监司及三司官员期间,以精明强干闻名于一时,宋太宗曾特派内侍"察其治迹"。其后,他又在镇压李顺起义的军事行动中,沉着应对,有使用奇兵之长。⑤ 可见雷氏并非纯粹的书生,更具有多方面才能。因此,在镇压西川王均造反的行动中,既能直接率军作战,又能以统帅身份指挥诸

---

① 李纲:《梁溪先生文集》卷五〇《乞种师道听节制札子》,《宋集珍本丛刊》第 36 册,线装书局 2004 年版,第 639 页。
② 《宋史》卷四六四《外戚中·高遵裕传》,第 13576—13577 页。
③ 《宋史》卷二四二《后妃上·高皇后传》,第 8626 页。
④ 范祖禹:《范太史集》卷二六《论曹诵札子》,《景印文渊阁四库全书》第 1100 册,第 305 页。
⑤ 《续资治通鉴长编》卷三六,淳化五年五月己巳,第 787 页。

将行动;①上官正转换武官后,作为军事将领在镇压李顺、王均起义的过程中,曾发挥了重要的作用,也以此战功不断获得提拔;②景泰在通判庆州时,便上《边臣要略》及《平戎策》等,提出御夏方略。以后转为武官,又曾亲自率军在潘原击败西夏骑兵的进攻;③刘涣,"有才略,尚气不羁,临事无所避,然锐于进取"。曾在其他人畏缩退却的情况下,主动承担赴河西联络边族唃厮啰的任务,可见其有勇有谋。刘涣还曾单骑入营,平定士卒兵变,"一军帖服";④郭谘虽以进士为文臣,但极为关注边防,康定时,便"上战略,献拒马抢阵法",后又建议修改河道以制契丹。郭谘从武后,积极从事军器改良,训练士兵使用新式武器,还倡导利用山川地形以御敌等。确如他向皇帝所表示:"臣自冠武弁,未尝一日不思御戎之计。"⑤

种世衡、张亢无疑是文人从军中的杰出代表。种世衡在修筑并驻守青涧城期间,善于组织和训练军民,动员各种力量筹集粮饷;又非常善于招抚周边部族,以增强防御能力;还对西夏上层展开反间活动,产生了一定的效果,从而在西陲赢得了很高的威望。种世衡所采取的许多措施,颇有战国、秦汉时名将治军的风范,当时武将中少有人能兼具这样多方面的军事才能。⑥ 宋仁宗庆历四年(1044 年)年底,种氏在身患重病的情况下,仍冒着严寒,带病亲自督修另一要塞——细腰城。在城寨竣工之际,他却病死于工地。⑦ 清初学者因此对种世衡有高度评价,认为在宋仁宗朝,"种氏以外,无一人之可矣"。⑧

张亢可谓谋勇兼备的将领,早在元昊反宋之前,便预见性地提出加强西北防务的主张。在对夏大规模开战后,张亢又多次提出改革用兵的建

① 《宋史》卷二七八《雷德骧传附有终》,第 9456 页。
② 《宋史》卷三〇八《上官正传》,第 10138—10139 页。
③ 《宋史》卷三二六《景泰传》,第 10517—10518 页。
④ 《宋史》卷三二四《刘文质传附涣》,第 10493 页;《梦溪笔谈》卷二五《杂志二》,第 249 页。
⑤ 《宋史》卷三二六《郭谘传》,第 10531 页。
⑥ 《宋史》卷三三五《种世衡传》,第 10741—10743 页;《涑水记闻》卷九,第 171—175 页;《续资治通鉴长编》卷一二八,康定元年九月庚午,第 3043 页。
⑦ 《续资治通鉴长编》卷一五三,庆历四年十二月乙卯,第 3727 页。
⑧ 《宋论》卷四《仁宗》,第 93 页。

议,并分析宋军在战场上失利的原因在于:其一,指挥权分散,如每路统兵官"权均势敌,不相统制";其二,兵力过度分散,常常以寡敌众;其三,主将与军队经常互相调换,上下不熟悉;其四,通讯不畅,各处将士难以及时了解战场情况的变化;其五,训练不精;最后,将校往往贸然出击、盲目作战等。因此,他提出了统一指挥权,集中优势兵力及其他相应的配套措施,其建议在以后得到了部分采纳。① 张亢还勇于和善于指挥作战,取得了相当突出的战绩。如庆历元年(1041年),西夏攻陷丰州,致使麟州与府州之间联系中断,彼此只能困守孤城。有官员遂建议放弃两地,以免受到拖累。就是在如此危险的形势下,张亢受命出任并代钤辖,单骑进入府州城,承担起经略麟、府地区防务的任务。他通过各种积极努力,不仅解除了府州受到的威胁,而且率军先后与西夏军交锋,特别是在兔毛川之战中,挫败了优势的敌军,打通了麟、府二州的通道。② 张亢还重视和善于使用间谍,及时掌握对手的动向,从而掌握了用兵的主动权,诸如此类等。史称其:"驭军严明,所至有风迹。""张亢起儒生,晓韬略,琉璃堡、兔毛川之捷,良快人意。区区书生,功名如此,何其壮丽哉!"③

　　当然,文人为将者中也存在很多平庸之辈,如张佶、靳怀德、蒋偕、史方、卢鉴、李渭、刘几、萧注及王果等人,皆无战绩可称道。故元代史家对他们评价道:"皆碌碌者矣。"④刘平虽居禁军高级将领之位,并被寄予厚望,如宋仁宗提拔其为四厢都指挥使时说:"平,所谓诗书之将也。"此后再任命其为环庆路副都部署时,宋仁宗又对刘平本人说:"知卿有将略,故委以边寄,卿其勉之。"⑤但刘平在史籍中并没有留下值得一提的战功,倒是以兵败而死出名。⑥

　　根据以上史实,可以清楚地看到,在北宋武将群体四个主要类别之中,将门世家、军班行伍出身者虽然存在着自身的诸多问题,但发挥的作

---

① 《续资治通鉴长编》卷一二八,康定元年七月癸亥,第3026—3028页。
② 《续资治通鉴长编》卷一三六,庆历二年五月甲辰,第3247页。
③ 《宋史》卷三二四"论曰",第10498页。
④ 《宋史》卷三二六诸将传"论曰",第10539页。
⑤ 《续资治通鉴长编》卷一一五,景祐元年八月庚申,第2692页。
⑥ 《宋史》卷三二五《刘平传》,第10503—10504页。

用最为突出。前者在北宋知名武将构成中所占比例最大,后者虽居其次,不过却产生了狄青等名将,其作为又超过大多数继世为将者。在潜邸亲随和外戚成员中,则不仅罕见名将,而且绝大多数能力低下,尸位其职,甚或品行低劣,并不乏居心险恶、以逢迎攻讦为能事者。始于宋太宗时代"所命将帅,率多攀附旧臣亲姻贵胄"①的情形,到宋英宗朝以后才有所改观。而在四大类别武将之外,文人为将者在军队中的总数虽然不多,但却产生了如种世衡、张亢等著名将领。值得注意的是,在此类将领中事迹平平者不少,表现过分拙劣者却有限,这大致当与其普遍素质较高有关。由此,不难对北宋时期武将群体的整体水平及表现做出判断。

---

① 《续资治通鉴长编》卷一三八,庆历二年十月戊辰,第3316页。

第 三 章

北宋武将在枢密院地位的变迁

北宋时期,枢密院属于最高统治者控制和调动军队的中枢机构,可谓最高军事机要与决策机关。在这一最高军事机构之中,武将在其中所处地位与发挥的作用,北宋枢密院长贰的文武出身比例及其变化,将是本章关注的重点。

目前有关宋代枢密院制度方面的研究,学术界已取得了一些成果,其中以香港学者梁天锡先生的《宋枢密院制度》①较为突出。但包括梁氏在内的著述,主要侧重于有关枢密院制度本身的论述,而较少分析其中武将与文臣构成的差别及其背景与根源所在。笔者曾对此有过的考察,②便成为本章的基础。

第一节　北宋的枢密院及长贰文武出身变化

在北宋,枢密院与中书(元丰以后改为三省)并列,为最高军事机要、

① 梁天锡:《宋枢密院制度》,台北黎明文化事业股份公司 1981 年版。
② 参见拙作:《北宋枢密院长贰出身变化与以文驭武方针的影响》,《历史研究》2001 年第 2 期。

决策机构,地位重要而显赫。在此任职的长贰属执政大臣,其出身包含文、武两途,两者前后在比例上又存在明显的变化。

一、北宋枢密院的地位及在军事决策中的作用

如所周知,枢密使制度源自唐朝代宗时,其主要职责是在皇帝身边负责军事机要,但长期由内侍把持,此职遂成为唐后期宦官专权的重要工具。如咸通时(860—874年),宰相杜悰便不得不对两位宦官枢密使承认道:"内外之臣,事犹一体,宰相、枢密共参国政。"①

五代时期,枢密使及枢密院机构得到沿袭,不过名称一度改变,即后梁开平元年(907年),"改枢密院为崇政院"。后唐同光元年(923年),"崇政院依旧为枢密院"。② 在五代战争频仍的形势下,枢密使及枢密院的地位日益膨胀。如后唐庄宗时,以郭崇韬、安重海为枢密使,"始分掌朝政,与中书抗衡"。③ 一度因宰相离京,还由郭氏"权行中书事",故被认为"事权太重"。④ 甚至宰相豆卢革还因所兼弘文馆学士与郭崇韬父名"弘正"有一字相同,而请将弘文馆改为昭文馆,"其畏之如此"。以后,安重海、范延光等武将为枢密使,亦"尤为跋扈"。⑤ 一时,枢密使权势炙手可热,枢密院也成为军权主导朝政的核心机构。如宋朝人所言:"五代自朱梁以用武得天下,政事皆归枢密院,至今谓之二府。当时宰相但行文书而已。"⑥可以说,无论是宦官利用枢密使之职干政,还是武夫或宠臣以枢府凌驾宰相,都在一定程度上打破了原来正常的朝政体制和秩序。即使如此,但在集权政治涣散、瓦解的动荡岁月,枢密院作为皇帝控制军权的机要组织,却日益受到重视。21世纪以来,有学者已关注到晚唐、五代至

① 《资治通鉴》卷二五〇《唐纪六十六》,第8093页。
② 《旧五代史》卷一四九《职官志·内职》,第1994页。
③ 王明清:《挥麈录·后录》卷一,中华书局1961年版,第66页;《梦溪笔谈》卷一《故事一》,第4页。
④ 《旧五代史》卷五七《郭崇韬传》,第772页。
⑤ 《挥麈录·后录》卷一,第66页。
⑥ 王铚:《默记》卷上,中华书局1981年版,第3页。

宋初的枢密院及其长官角色的变化,指出该机构在这一时期出现了逐渐由内廷向外朝转变的趋势,其长官人选也经历了从宦官到皇帝亲信的武臣、文吏的变化。① 而这种逐渐趋向正式的外朝机构,在北宋时期则进一步发生了深刻的内在变化,特别是在武将的地位和权威方面。

宋初统治者充分汲取了以往的教训,在沿用枢密院制度的同时,也对其进行了必要的整改。即:一方面运用枢密院作为制衡机制,以分割宰相权力;另一方面又限制枢密院对行政体制的干扰,从而达到增强君主对朝政控制的力度,史称:枢府与中书"号称二府,礼遇无间。每朝奏事,与中书先后上所言,两不相知,以故多成疑贰。祖宗亦赖此以闻异同,用分宰相之权"。② 这种军政分离、互相牵制的体制,基本上贯穿于宋代历史上,当宋仁宗朝出现废枢密院的提议时,也仅暂时由宰相兼任枢密院事权,"初富弼建议宰相兼枢密使,上曰:'军国之务,当悉归中书,枢密非古官。'然未欲遽废,故止令中书同议枢密院事。及张方平请废枢密院,上乃追用弼议,特降制命(吕)夷简判院事,而(章)得象兼使,(晏)殊加同平章事,为使如故"。③ 不久又撤销了这一做法,维持原制。熙宁五年(1072 年),当出现猜疑中书合并枢府的议论时,宰相王安石立即向宋神宗表白:"中书欲并密院,果何利?""姑以利害言之,臣何苦欲并密院。"④到元丰改制时,虽然号称要恢复三省体制并裁撤了不少重复性机构,枢密院却依旧得到保留。

在北宋,枢密院机构中的长贰之职为:正职通常有枢密使、知枢密院事,副职有枢密副使、同知枢密院事、签书枢密院事及同签书枢密院事⑤等。宋人即指出:"祖宗故事,枢府置使则除副使,置知院则除同知院。"⑥有关例证如:"柴禹锡知院,(向)敏中同知,及曹彬为使,则敏中改副使",

---

① 邓小南:《近臣与外官:试析北宋初期的枢密院及其长官人选》,漆侠主编:《宋史研究论文集》,河北大学出版社 2002 年版。
② 《挥麈录·后录》卷一,第 66 页。
③ 《续资治通鉴长编》卷一三七,庆历二年七月戊午,第 3283 页。
④ 《续资治通鉴长编》卷二四〇,熙宁五年十一月丁卯,第 5835 页。
⑤ 《宋史》卷一六二《职官二·枢密院》,第 3800 页。
⑥ 李心传:《建炎以来朝野杂记》甲集卷一〇《官制一》,中华书局 2000 年版,第 201 页。

"及（王）继英为使，（冯）拯、（陈）尧叟乃改签书院事，而恩例同副使"，"惟熙宁初，文彦博、吕公弼已为使，而陈升之过阙，留，王安石以升之曾再入枢府，遂除知院。知院与使并置，非故事也，安石之意以沮彦博耳。"①"本朝置枢密使、副，或置知枢密院、同知院，然使与知院不并置也。熙宁元年（1068 年），文潞公、吕宣徽为使，而润州陈丞相自越州召为知院，前一岁陈丞相为副使，位在吕公之上故也。"②另外，间或又有判枢密院事、领枢密院事的官职，但不常设。如宰相吕夷简在宋仁宗庆历（1041—1048 年）时一度判枢密院；③大臣官童贯在宋徽宗宣和（1119—1125 年）时则领枢密院事，所谓："宣和间，凡官品已高而下行职事者，皆称领。"④

不过，枢密院虽与中书号称二府，但实际上枢密使的地位及礼节仍稍逊于宰相。如有这样的事例可以说明："熙宁二年，潞公（文彦博）为枢密使，陈升之拜相，以公宗臣，诏升之位公下。公言：'国朝枢密使无位宰相上者，独曹利用尝在王曾、张知白上，卒取祸败。臣忝文臣，粗知义理，不敢紊乱朝著。'上从之。"⑤又据宋人吕希哲记载："参知政事与副枢虽为一等，然自副枢改参政，为迁转。虽自知院除参政，亦为任用。"⑥

关于北宋枢密院的职责，宋朝官方表述为："掌军国机务、兵防、边备、戎马之政令，出纳密命，以佐邦治。凡侍卫诸班直、内外禁兵招募、阅试、迁补、屯戍、赏罚之事，皆掌之。"⑦由此可见，举凡军务大政皆归枢密院管辖。枢密院在当时被称为"本兵"，或"本兵之府""本兵之司"，如许月卿《百官箴》卷三《枢密箴》云："肃肃枢庭，时惟本兵。"⑧又有曰："枢密

①　《容斋随笔》之《三笔》卷五《枢密名称更易》，第 482 页。
②　宋敏求：《春明退朝录》卷上，中华书局 1980 年版，第 2 页。
③　《续资治通鉴长编》卷一三七，庆历二年七月戊午，第 3283 页。
④　徐度：《却扫编》卷上，中华书局 1985 年版，第 8 页。
⑤　《涑水记闻》附录二《温公日记》，第 349 页。
⑥　吕希哲：《吕氏杂记》卷上，《景印文渊阁四库全书》第 863 册，第 217 页。
⑦　《宋史》卷一二六《职官二·枢密院》，第 3797 页。
⑧　许月卿撰，闫建飞等点校：《百官箴》卷三《枢密箴》，《宋代官箴书五种》，中华书局 2019 年版，第 245 页。

院为本兵之府",①"以经常武之事,是号本兵之司"②等。宋人还有如是表达:"祖宗制兵之法,天下之兵本于枢密,有发兵之权而无握兵之重;京师之兵总于三帅(即三衙),有握兵之重而无发兵之权,上下相维,不得专制,此所以百三十余年无兵变也。"③"政事归于中书,故外戚不得挠,宦官不得干;兵典以枢密,宰相可知之而不可总之;三帅可总之而不可发之;发兵之权归枢密,而枢密置使必置副,欲彼此相制也。"④有关枢密院掌握发兵之权的情况,可以宋仁宗康定元年(1040年)的规则为例:"凡发兵,枢密院下符一至五,周而复始。指挥三百人至五千人用一虎一豹符,五千人以上用双虎双豹符。枢密院下符,右符第一为始,内匣中缄印之,命使者赍宣同下,宣云下第一符发兵若干,所在取左符勘毕,即发兵与使者,复缄右符以还,仍疾置闻。"⑤

由上可见,枢密院在北宋承担着最高军事机要与决策职责,掌握着调发军队的关键权力。同时,军队中各级将校的军职迁补以及中高级武官的选任及升退,也例由枢密院直接负责,而低级武官则由枢密院指导三班院进行管理。如宋真宗曾对知枢密院事周莹等人说:"国朝之制,军职有阙,但权领,俟三岁乃一迁补。未及期,以功而授,止奉朝请而已。今阙员处多乏人部辖,须当亟与迁补。"随即令周莹等"按籍递迁";⑥宋真宗大中祥符五年(1012年)的一道诏书也反映:"殿前、马步军司有所升退,即时具名籍申枢密院,有未当者悉改正之。"⑦即使是最高统军机构三衙中将帅的任命,也往往由枢密院提供人选,如宋哲宗元符三年(1100年),"诏枢密院具曾任管军及堪充管军人姓名以闻"。⑧

————————

①　汪藻撰,王智勇笺注:《靖康要录笺注》卷一,第1册,四川大学出版社2008年版,第150页。

②　胡宿:《文恭集》卷二三《除王德用特授依前检校太师同中书门下平章事、兼群牧制置使充枢密使、河阳三城节度使加食邑实封仍改赐功臣制》,中华书局1985年版,第289页。

③　《范太史集》卷二六《论曹诵札子》,第305页。

④　罗璧:《识遗》卷一《有国二权》,《景印文渊阁四库全书》第854册,第519页。

⑤　《续资治通鉴长编》卷一二九,康定元年十月乙未,第3052页。

⑥　《续资治通鉴长编》卷五一,咸平五年五月庚午,第1123页。

⑦　《续资治通鉴长编》卷七七,大中祥符五年四月辛丑,第1761页。

⑧　《宋会要辑稿》职官三二之六,第3816页。

另外,枢密院还掌握全国的兵马数量及机密资料等。如宋人记载:"艺祖尝令传宣于密院,取天下兵马数,及本院供到,即后批曰:'我自别为公事,谁要你天下兵马数?'却令还密院。"①此即为宋太祖向枢府了解全国军队数量的例证之一。韩琦任枢密使时曾说:"恭惟我宋受命几百年矣,凡机密图书,尽在密院。"②于是,宋神宗诏书遂称:"国家以西枢内辅,赞翊本兵,任为重矣。"③宋祁在《庆历兵录序》中也说:"惟是本兵柄,按军志无不在焉。"④北宋中叶,富弼在上言中进一步总结道:"夫枢密之任,秉国大权,起于有唐,始用宦者,降及后世,更以武臣。国家恩礼益隆,委任尤重,本天下之兵柄,代天子之武威,势均中书,号称两府。"⑤

如此看来,唐朝用宦官掌枢密而为患,降及五代,则"更以武臣"。那么,在赵宋天下,枢密院的长贰之职理应也由懂军事的武将承担或参与,如韩琦所承认:"故事,西府当用一武臣。"⑥唯其如此,才能避免用兵决策中的失误。然而就北宋时期的情况而言,实际却并非如此。

二、北宋枢密院长贰文武出身及比例统计

梁天锡在所著《宋枢密院制度》中制作了《两宋枢密表》,对两宋时期枢密院官员的任免进行了罗列,可谓相当详细。但此表也存在某些问题,如表中熙宁二年(1069年)十月一栏称朱守约"自步军副都指挥使除(签书枢密院事),即日罢",考诸北宋史籍并无此记载,或当为宋守约之误。据《宋史》记载:宋守约为侍卫步军副都指挥使,"帝(即宋神宗)善之,欲擢寘枢府,宰相难之,乃止"。⑦ 特别是梁氏表格对文臣与武将没有专门

① 龚鼎臣:《东原录》,中华书局1985年版,第16页。
② 《安阳集编年笺注》之《附录一·韩琦诗文补编》卷五《乞差官编录机密图书奏》,第1654页。
③ 《宋会要辑稿》职官一一之四,第3307页。
④ 《景文集》卷四五《庆历兵录序》,第407页。
⑤ 《续资治通鉴长编》卷一二四,宝元二年九月丁巳,第2932页。
⑥ 《续资治通鉴长编》卷二〇八,治平三年四月戊申,第5051页。
⑦ 《宋史》卷三四九《宋守约传》,第11064页。

加以区分,因此无法从中统计并比较枢密院文武出身长贰的情况。《宋史·宰辅年表》和徐自明《宋宰辅编年录》两书,无疑是系统了解北宋枢密院长贰情况的主要史料。笔者现主要根据这两部史籍,并参以《续资治通鉴长编》和《宋史》有关人物传,对北宋时期枢密院长贰之文、武出身依照时间顺序列出下表,以便进行数量对比。在此需要说明的是,本表中凡人名有下画线者,均属武官出身者,如"吴廷祚";表中其余人名则均为文官出身,如"赵普";本表限于篇幅,在有些地方对官职加以缩写,如将"枢密副使"缩写为"副使",将"知枢密院事"缩写为"知院事",将"签书枢密院事"缩为"签院事"等。

北宋枢密院长贰文武出身及任职时间表

时间	正职	副职
建隆元年(960 年)	枢密使吴廷祚,魏仁浦	
同上	枢密使吴廷祚,魏仁浦	枢密副使赵普
建隆三年(962 年)	枢密使赵普、魏仁浦	枢密副使李处耘
乾德二年(964 年)	枢密使李崇矩	枢密副使王仁瞻
乾德五年(967 年)	枢密使李崇矩	枢密副使沈义伦
开宝六年(973 年)	无	枢密副使沈义伦、楚昭辅
开宝九年(976 年)	枢密使曹彬	枢密副使楚昭辅
太平兴国元年(976 年)	枢密使曹彬、楚昭辅	枢密副使楚昭辅
太平兴国四年(979 年)	枢密使曹彬、楚昭辅	签书枢密院事、枢密副使石熙载
太平兴国六年(981 年)	枢密使曹彬、楚昭辅、石熙载	无
太平兴国七年(982 年)	枢密使曹彬、石熙载	枢密副使柴禹锡
太平兴国八年(983 年)	枢密使石熙载	枢密副使柴禹锡、王显、弭德超
同上	枢密使石熙载、王显	枢密副使柴禹锡
同上	枢密使王显	副使柴禹锡,签书院事张齐贤、王沔
雍熙三年(986 年)	枢密使王显	签书院事张齐贤、王沔
同上	枢密使王显	枢密副使王沔、张宏
雍熙四年(987 年)	枢密使王显	枢密副使王沔、赵昌言

时间	正职	副职
端拱元年（988年）	枢密使王显	枢密副使赵昌言、张宏，签书院事杨守一
同上	枢密使王显	枢密副使张宏
端拱二年（989年）	枢密使王显	枢密副使张宏、张齐贤，签院事张逊
淳化二年（991年）	枢密使王显	枢密副使张宏、温仲舒、寇准、张逊
同上	知枢密院事张逊	同知院事兼副使温仲舒、寇准
淳化四年（993年）	枢密使张逊	同知院事兼副使温仲舒、寇准
同上	知枢密院事柴禹锡	同知院事温仲舒、刘昌言
同上	知枢密院事柴禹锡	同知院事刘昌言、赵镕、向敏中
至道元年（995年）	知枢密院事柴禹锡	同知院事赵镕、向敏中、钱若水
同上	知枢密院事赵镕	同知院事向敏中、钱若水
至道三年（997年）	知枢密院事赵镕	同知院事向敏中、钱若水、李惟清
同上	枢密使曹彬	枢密副使向敏中、夏侯峤
咸平元年（998年）	枢密使曹彬	枢密副使向敏中、杨砺、宋湜
咸平二年（999年）	枢密使王显	枢密副使杨砺、宋湜
咸平三年（1000年）	知院事周莹、王继英	同知院事王旦
咸平四年（1001年）	知院事周莹、王继英	同知院事王旦
同上	知院事周莹、王继英	同知院事冯拯、陈尧叟
咸平五年（1002年）	知院事王继英	同知院事冯拯、陈尧叟
景德元年（1004年）	枢密使王继英	签书院事冯拯、陈尧叟
景德二年（1005年）	枢密使王继英	签书院事陈尧叟
景德三年（1006年）	知院事王钦若、陈尧叟	签书院事韩崇训、马知节
景德四年（1007年）	知院事王钦若、陈尧叟	签书院事马知节
大中祥符五年（1012年）	枢密使王钦若、陈尧叟	枢密副使马知节
大中祥符七年（1014年）	枢密使寇准，宰相向敏中一度兼任院事	枢密副使王嗣宗、曹利用
大中祥符八年（1015年）	枢密使王钦若、陈尧叟	枢密副使王嗣宗、曹利用

续表

时间	正职	副职
同上	枢密使王钦若、陈尧叟	枢密副使曹利用
大中祥符九年（1016 年）	枢密使王钦若、陈尧叟	枢密副使曹利用、张耆
同上	枢密使王钦若	枢密副使曹利用、张耆、任中正
天禧元年（1017 年）	枢密使王钦若	枢密副使曹利用、张耆、任中正
同上	知院事马知节	同知院事曹利用、任中正、周起
天禧二年（1018 年）	知院事曹利用	同知院事任中正、周起
天禧三年（1019 年）	枢密使曹利用、丁谓	枢密副使任中正、周起
天禧四年（1020 年）	枢密使曹利用、丁谓	枢密副使任中正、周起，签院事曹玮
同上	枢密使曹利用、冯拯	枢密副使周起、钱惟演，签院事曹玮
天禧五年（1021 年）	枢密使曹利用	枢密副使钱惟演、张士逊
乾兴元年（1022 年）	枢密使曹利用、钱惟演	枢密副使张士逊
同上	枢密使曹利用	枢密副使张士逊、张知白
天圣三年（1025 年）	枢密使曹利用	枢密副使张士逊、张知白、晏殊
同上	枢密使曹利用、张耆	枢密副使张士逊、晏殊
天圣五年（1027 年）	枢密使曹利用、张耆	枢密副使张士逊、夏竦
天圣六年（1028 年）	枢密使曹利用、张耆	枢密副使夏竦、姜遵、范雍
天圣七年（1029 年）	枢密使张耆	枢密副使夏竦、姜遵、范雍
同上	枢密使张耆	枢密副使姜遵、范雍、陈尧佐
同上	枢密使张耆	枢密副使姜遵、范雍、夏竦
天圣八年（1030 年）	枢密使张耆	枢密副使姜遵、范雍、夏竦
同上	枢密使张耆	枢密副使范雍、夏竦、赵稹
明道元年（1032 年）	枢密使张耆	枢密副使范雍、夏竦、赵稹、晏殊

时间	正职	副职
同上	枢密使张耆	枢密副使范雍、夏竦、赵稹、杨崇勋
同上	枢密使张耆、杨崇勋	枢密副使范雍、夏竦、赵稹
明道二年（1033 年）	枢密使杨崇勋	枢密副使范雍、李咨、赵稹
同上	枢密使王曙	枢密副使李咨、王德用、蔡齐
景祐元年（1034 年）	枢密使王曙、王曾	枢密副使李咨、王德用、蔡齐
景祐二年（1035 年）	知院事王随、李咨	同知院事王德用、韩亿
同上	知院事王随	同知院事王德用、韩亿，副使李咨
景祐三年（1036 年）	知院事王随、王德用	同知院事章得象、韩亿
景祐四年（1037 年）	知院事王德用、盛度	同知院事章得象、王鬷
宝元元年（1038 年）	知院事王德用、盛度	同知院事王博文、陈执中
同上	知院事王德用、盛度	同知院事陈执中、张观
宝元二年（1039 年）	知院事盛度、夏守赟	同知院事陈执中、张观
同上	知院事王鬷、夏守赟	同知院事陈执中、张观
康定元年（1040 年）	知院事王鬷	同知院事陈执中、张观
同上	知院事晏殊、宋绶	同知院事王贻永、夏守赟
同上	知院事晏殊	同知院、副使王贻永、杜衍、郑戬
康定二年（1041 年）	枢密使晏殊	副使王贻永、杜衍、任中师、任布
庆历二年（1042 年）	判院事吕夷简，枢密使晏殊、章得象兼	枢密副使王贻永、杜衍、任中师
庆历三年（1043 年）	枢密使吕夷简、晏殊、章得象兼	枢密副使王贻永、杜衍、任中师
同上	枢密使晏殊、夏竦、章得象兼	副使王贻永、杜衍、任中师、富弼
同上	枢密使晏殊、章得象兼	枢密副使王贻永、杜衍、任中师、韩琦、范仲淹
同上	枢密使杜衍、晏殊、章得象兼	枢密副使王贻永、韩琦、富弼

续表

时间	正职	副职
庆历四年（1044年）	枢密使杜衍兼、贾昌朝	枢密副使王贻永、韩琦、富弼
庆历五年（1045年）	枢密使王贻永、章得象、贾昌朝兼	枢密副使韩琦、吴育、庞籍
同上	枢密使王贻永、贾昌朝兼、陈执中兼	枢密副使吴育、庞籍
同上	枢密使王贻永	枢密副使庞籍、丁度
庆历六年（1046年）	枢密使王贻永	枢密副使庞籍、丁度
同上	枢密使王贻永	枢密副使庞籍、吴育
庆历七年（1047年）	枢密使王贻永、夏竦	枢密副使庞籍、文彦博
同上	枢密使王贻永、夏竦	枢密副使庞籍、高若讷
庆历八年（1048年）	枢密使王贻永、宋庠	枢密副使高若讷
皇祐元年（1049年）	枢密使王贻永、庞籍	枢密副使梁适
皇祐三年（1051年）	枢密使王贻永、庞籍	枢密副使梁适
同上	枢密使王贻永、高若讷	枢密副使王尧臣
皇祐四年（1052年）	枢密使王贻永、高若讷	枢密副使王尧臣、狄青
皇祐五年（1053年）	枢密使王贻永、高若讷	枢密副使王尧臣、狄青
同上	枢密使王贻永、狄青	枢密副使王尧臣、孙沔
至和元年（1054年）	枢密使王贻永、狄青	枢密副使王尧臣、田况
同上	枢密使王德用、狄青	枢密副使王尧臣、田况
嘉祐元年（1056年）	枢密使王德用、狄青	枢密副使田况、程戡
同上	枢密使韩琦、贾昌朝	枢密副使田况、程戡
嘉祐三年（1058年）	枢密使宋庠、田况	枢密副使程戡、张升
嘉祐四年（1059年）	枢密使宋庠	枢密副使程戡、张升
嘉祐五年（1060年）	枢密使宋庠	枢密副使张升、孙抃
同上	枢密使曾公亮	枢密副使欧阳修、赵槩、陈升之
嘉祐六年（1061年）	枢密使曾公亮、张升	枢密副使欧阳修、赵槩、包拯
同上	枢密使张升	枢密副使赵槩、包拯、胡宿
嘉祐七年（1062年）	枢密使张升	枢密副使包拯、胡宿、吴奎
同上	枢密使张升	枢密副使胡宿、吴奎

时间	正职	副职
嘉祐八年(1063 年)	枢密使张升、富弼	枢密副使胡宿、吴奎
治平元年(1064 年)	枢密使张升、富弼	枢密副使胡宿、王畴
治平二年(1065 年)	枢密使张升、富弼,韩琦、曾公亮并兼院事	枢密副使胡宿、陈升之
同上	枢密使张升、韩琦、文彦博	枢密副使胡宿、陈升之、吕公弼
治平三年(1066 年)	枢密使文彦博	枢密副使陈升之、吕公弼,同签书院事郭逵
治平四年(1067 年)	枢密使文彦博	枢密副使陈升之、吕公弼、吴奎,同签书院事郭逵
同上	枢密使文彦博、吕公弼	副使韩绛、邵亢,同签书院事郭逵
熙宁元年(1068 年)	枢密使文彦博、吕公弼,知枢密院事陈升之	枢密副使韩绛、邵亢
熙宁二年(1069 年)	枢密使文彦博、吕公弼	枢密副使韩绛
熙宁三年(1070 年)	枢密使文彦博、吕公弼	枢密副使韩绛、司马光、冯京
同上	枢密使文彦博	枢密副使吴充
熙宁五年(1072 年)	枢密使文彦博、陈升之	枢密副使吴充、蔡挺
熙宁六年(1073 年)	枢密使陈升之	枢密副使吴充、蔡挺
熙宁七年(1074 年)	枢密使陈升之	枢密副使吴充、蔡挺、王韶
熙宁八年(1075 年)	枢密使陈升之	枢密副使吴充、王韶
同上	枢密使吴充	枢密副使王韶,签书院事曾孝宽
熙宁九年(1076 年)	知院事冯京	枢密副使王韶,签书院事曾孝宽
元丰元年(1078 年)	知院事冯京	签书院事曾孝宽
同上	知院事冯京	同知院孙固、吕公著、薛向,签书院事曾孝宽
元丰三年(1080 年)	知院事冯京	同知院事孙固、吕公著、薛向
同上	枢密使冯京	枢密副使孙固、吕公著
元丰四年(1081 年)	知院事孙固	同知院事吕公著、韩缜
元丰五年(1082 年)	知院事孙固	同知院事韩缜

时间	正职	副职
元丰六年（1083 年）	知院事孙固	同知院事韩缜
同上	知院事韩缜	同知院事安焘
元丰八年（1085 年）	知院事章惇	同知院事安焘
元祐元年（1086 年）	知院事安焘	同知院事范纯仁
元祐二年（1087 年）	知院事安焘	同知院事范纯仁
元祐三年（1088 年）	知院事安焘	签书院事、同知院事赵瞻
元祐四年（1089 年）	知院事孙固	同知院事赵瞻
元祐五年（1090 年）	知院事孙固	同知院事赵瞻
同上	无	同知院事韩忠彦
元祐六年（1091 年）	无	同知院事韩忠彦，签书院事王岩叟
元祐七年（1092 年）	知院事韩忠彦	签书院事刘奉世
绍圣元年（1094 年）	知院事韩忠彦	同知院事曾布
绍圣三年（1096 年）	无	同知院事曾布
绍圣四年（1097 年）	知院事曾布	同知院事林希
元符元年（1098 年）	知院事曾布	无
元符三年（1100 年）	知院事曾布	同知院事蒋之奇
同上	知院事安焘	同知院事蒋之奇
建中靖国元年（1101 年）	知院事蒋之奇	同知院事章楶
崇宁元年（1102 年）	知院事蒋之奇、蔡卞	同知院事章楶
崇宁二年（1103 年）	知院事蔡卞	同知院事安惇
崇宁四年（1105 年）	知院事张康国	同知院事刘逵
大观元年（1107 年）	知院事张康国	同知院事林摅、郑居中
大观二年（1108 年）	知院事张康国	同知院事郑居中
大观三年（1109 年）	知院事郑居中	同知院事管师仁
大观四年（1110 年）	知院事郑居中	同知院事侯蒙
同上	知院事吴居厚	无
政和元年（1111 年）	知院事吴居厚	同知院事王襄
政和三年（1113 年）	知院事郑居中	无
政和六年（1116 年）	知院事邓洵武	同签书院事童贯
政和七年（1117 年）	知院事邓洵武	同签书院事童贯
同上	领院事童贯，知院事邓洵武	无

续表

时间	正职	副职
宣和二年(1120年)	领院事童贯、郑居中	无
宣和五年(1123年)	领院事童贯、蔡攸	无
宣和六年(1124年)	领院事童贯、蔡攸	同知院事蔡懋
宣和七年(1125年)	领院事童贯、蔡攸	同知院事蔡懋,签书院事耿南仲
靖康元年(1126年)	领院事童贯、蔡攸,知院事吴敏	同知院事蔡懋、李梲,签书院事耿南仲
同上	知院事吴敏	同知院事李梲、耿南仲
同上	知院事吴敏、李纲	同知院事李梲、唐恪、耿南仲、种师道,签书院事路允迪、宇文虚中
同上	知院事李纲	同知院事许翰,签书院事路允迪、宇文虚中
同上	知院事李纲	同知院事许翰、种师道、聂昌,签书院事李回
同上	无	同知院事种师道、聂昌,签院事李回
同上	知院事冯澥	同知院事聂昌,签书院事李回
同上	无	同知院聂昌、孙傅,签书院事李回、曹辅、张叔夜
北宋亡国		

　　还要加以说明的是,上列执政大臣绝大多数是枢密院的专职长贰,另外也有少数人在枢府则或为兼任性质,或属于加带虚衔性质及暂时安慰性质者。兼职性质者如:庆历二年(1042年),为了加强中书与枢密院在军事上的协调,以应付激烈的对夏战争,吕夷简受命以首相身份判枢密院,次年再改为兼任枢密使。加带虚衔性质者如:靖康元年(1126年),率领西北勤王军队奔赴开封的大将种师道,被授予同知枢密院事之职,但种氏在担任此职的九个月间,一直在外带兵,不可能居中掌握机要,因此其所获枢府官职实为挂名虚位。至于含有安慰性质者如:熙宁元年(1068年),观文殿学士、尚书左丞、知越州陈升之改任知大名府,途经京师时,宋神宗考虑到陈氏曾是仁、英两朝旧臣,两任枢密副使,遂又将其留于西

府内。照顾到其以往的资历,乃授予陈升之知枢密院事之职,"故事,枢密使与知院事不并置。时文彦博、吕公弼既为使,帝以升之三辅政,欲稍异其礼,故特命之"。时隔半年,陈升之便转为宰相。① 还有如:司马光虽被诏为枢密副使,但却坚辞不就。② 虽然存在以上某些特殊情况,但因枢密院地位非同寻常,所以其长贰官员设置仍然相当稳定。

在北宋历史上,枢密院作为最重要的中央机构而始终存在。在其存在的 167 年中,除了童贯一人属于宦官,暂不考虑外,其余文、武出身的长贰官员先后共有 203 人。为了能够在宏观上把握北宋文臣、武将在枢密院中的地位及影响,在此首先根据上表所列情况,对枢密院文、武出身者的人数和任职时间进行如下统计和对比:

其一,除童贯之外,枢密院内正职(包括枢密使、知枢密院事、领枢密院事及判枢密院事等)共 71 人,其中文职出身者 53 人,武职出身者 18 人。文职出身者人数占总人数的比例为 74.6% 多,而武职出身者仅占总人数比例的 25.3% 多。其中在宋太祖、太宗和真宗三朝,武职出身者为 12 人,占北宋九朝中的大多数;在宋仁宗朝,武职出身者有 6 人;宋英宗朝及其之后则无一人。

其二,枢密院副职(包括枢密副使、同知枢密院事及签书枢密院事等)共 129 人,其中文职出身者 108 人,武职出身者 21 人。文职出身者人数占总人数的比例为 83.7% 多,武职出身者仅占总人数比例的 16.2% 多。其中在宋太祖、太宗和真宗三朝,武职出身者为 14 人,同样占北宋九朝中的大多数;在宋仁宗朝,武职出身者有 5 人;宋英宗和钦宗朝各有 1 人;宋神宗、哲宗及徽宗三朝则无一人。

其三,北宋文官在枢密院独自任正职的时间约为 91 年,即单纯从时间上看,文臣主掌枢密院期间大约占北宋枢密院存在时间的 54.4%。其中从宋仁宗至和三年(1056 年)到北宋灭亡(1127 年)为止,枢密院正职一直由文官独自连续担任,前后达 71 年之久。另外,北宋文官与武臣并

---

① 《宋史》卷三一二《陈升之传》,第 10238 页。
② 《宋史》卷三三六《司马光传》,第 10765—10766 页。

任枢密院正职 16 年，与前者相加，合计 107 年，约占北宋枢密院存在时间的 64% 多。北宋武官在枢密院独自任正职约 59 年，从单纯时间上看，其主掌枢密院期间约占北宋枢密院存在时间的 35.3%，并且主要集中在宋太祖、太宗和真宗三朝；北宋武官另与文臣共同任正职 16 年，与前者相加，合计为 75 年，约占北宋枢密院存在时间的 44.9%。

其四，北宋文官在枢密院独自任副职约 121 年多，其独立任副职期间大约占北宋枢密院存在时间的 72.4%；北宋文官另与武臣共同任副职 27 年，与前者相加，合计 148 年左右，约占北宋枢密院存在时间的 88.6%。其中从宋英宗治平四年（1067 年）到北宋灭亡（1127 年）为止，文官一直独自连续担任枢密院副职达 60 年之久。而北宋武官在枢密院独自任副职仅仅只有约 18 年多，其独立任副职期间大约占北宋枢密院存在时间的 10.7%，也同样主要集中在宋太祖、太宗和真宗三朝；北宋武官另与文臣共同任副职 27 年，与前者相加，合计 45 年左右，约占北宋枢密院存在时间的 26.9%。

其五，从上列有关数据可知，从北宋中叶的宋英宗治平四年（1067 年）到北宋灭亡为止，文官完全掌握枢密院长贰官职，将武官排挤出西府，其持续时间达 60 年之久。另外，在宋英宗治平三年至四年期间，郭逵任同签书枢密院事约一年零五个月左右，但郭氏长期镇守地方，实际在枢密院的时间非常有限。事实上，当时重臣文彦博担任枢密使，陈升之和吕公弼任枢密副使，郭逵以一介武夫任排位最后的同签书枢密院事，厕身于三位文官大臣之间，而实际上大多数时间又在渭州前线，故很难发挥多大作用。① 靖康元年（1126 年），大将种师道被任命为同知枢密院事，但一方面种氏担任此职仅九个月，另一方面又一直在外带兵，其枢府官职实为虚名。所以，如果将郭逵任职枢密院的一年多和种师道任职的九个月时间排除在外的话，那么从宋仁宗至和三年（1056 年）到北宋灭亡（1127 年）为止，文官在枢密院已将武官排挤殆尽，其完全独掌西府的时间竟达 71 年之久，占到北宋全部时间的 42.5% 之多。

---

① 郭逵在枢密院中的无所作为，主要在于其仅具有点缀武将的意义，即使如此也遭到文臣的激烈反对，史称："逵虽立军功，而骤跻政地，议者不厌，谏官、御史交论之。"《宋史》卷二九○《郭逵传》，第 9724 页。有关这方面的情况，详见后面所论。

对于上述状况，南宋史家曾总结道："自建炎以来，枢密使、副参用文武。仁宗亲政以后，但除夏守赟、王贻永、王德用、狄青数人。英宗朝，郭逵一人而已。元丰改官制，武臣不为二府。政和末，始命童贯签书河西、北面两房事，后遂领院事焉。靖康用兵，乃除种忠宪。"[①]

第二节　北宋枢密院武将长贰的
地位及权限

从综合统计前列人数和分析对比数据的情况来看，在北宋存在的167年期间，枢密院内武将人员不仅有人数逐渐下降的趋势，而且武职出身者的实际地位和影响也在明显下滑。大致而言，宋初枢密院武将出身长贰尚有较高的地位和权力，到宋真宗以后，其地位和权威便日益降低。特别是在宋仁宗时期，武将出身的西府长贰或为庸碌之辈，受到轻视；或小有军功，便遭受猜忌、打击，遂几近为摆设之物。到嘉祐以后，枢密院实际上成为文臣一统天下，武将则几乎被清除殆尽。以下就宋真宗与仁宗朝之际为界将北宋分为前后两个时期，就枢府武职出身者地位的变迁状况，再进行分析和论述。

一、北宋前期枢密院武将长贰地位及权限之分析

在北宋前三朝，枢密院内存在并用文、武长贰的情况，其中在宋太祖、太宗时代，武职出身的官员拥有较高的地位和权威。到宋真宗时期，文、武并用的现象虽然得到延续，但实际上武职出身者已开始受到文臣的压制，其地位和权威明显下降。

北宋建立初，枢密院长贰并用文臣、武将，而武职出身者无论是在人

---

① 《建炎以来朝野杂记》甲集卷一〇《官制一·枢密参用文武》，第203页。

数上还是任职时间上都略占优势。如最初沿袭后周旧制，以武臣吴廷祚与文官魏仁溥并为枢密使。此后，文臣赵普和魏仁溥主宰枢府二年。随之，武将出身的李崇矩连续独任枢密使八年多时间，为宋太祖朝枢密院中任职时间最长者。在此期间，还曾有三年时间由李崇矩与武官出身的副使王仁赡完全掌管西府。开宝五年（972年），李氏因与宰相赵普联姻，触犯了政治禁忌，引起宋太祖不满，"赵普为相，与崇矩分秉国政，以女妻普子承宗。太祖颇不悦"，才被罢官出镇地方。① 李崇矩遭黜后，文臣沈义伦和武官楚昭辅以副使身份掌枢府，正使则虚位近三年半之久，才由大将曹彬接任。不久，宋太祖即死去。由此看来，宋太祖时代充分考虑了武将熟悉军情的特长，在枢密院中给其足够的重视，使其作用得到应有的发挥。如赵匡胤即位后，凡用兵皆与枢密使吴廷祚商议；在亲征叛臣李筠和李重进的两次行动中，又以吴廷祚为京师留守的要职。② 而李崇矩和曹彬，皆历经沙场，以军功获誉，因深得开国皇帝信任而主掌枢密院。这正与宋太祖朝处理文武关系的基本原则相吻合。也可以说，当时虽不遗余力收兵权、削藩镇，也竭力恢复文臣的地位，以消除武夫跋扈的积习，但却并未忽视武将的作用和地位。

宋太宗一朝，无疑加剧了对武人的猜忌和防范，并采取了更多的压制武将群体的措施。③ 但宋太宗毕竟也出身行伍，还不至于在观念中完全蔑视军人这支力量，所以在枢密院机构中仍然延续了旧制，并用文臣、武将。其中曹彬任枢密使有七年时间，武官出身者楚昭辅任枢密使五年，赵镕任知枢密院事一年多，王显则出任枢密使达八年之久。另外，王显、楚昭辅、柴禹锡、赵镕、张逊、杨守一及弭德超等武官出身者在此期间还先后担任枢府副职，时间各有长短。而与此同时，文官担任枢密院正职者人数很少，时间上也较武将为短。史称：石熙载于太平兴国六年（981年）出任

---

① 《东都事略》卷二五《李崇矩传》，第200页。
② 《宋史》卷二五七《吴廷祚传》，第8948页。
③ 参见本师漆侠：《宋太宗雍熙北伐》，《河北学刊》1992年第1期；漆侠：《宋太宗与守内虚外》，《宋史研究论丛》第三辑，河北大学出版社1999年版。

枢密使，"用文资正官充枢密使，自熙载始也"。① 另外，宋太宗在军事上也能听取枢府武职长贰的意见。如宋太宗筹划征讨北汉时，因考虑到周世宗、宋太祖几度亲征失败的先例而犹豫不决，遂召问枢密使曹彬。当曹彬提出可行的主张后，"太宗意遂决"。② 平定北汉后伐辽，史称：宋太宗力排众议，"即命枢密使曹彬议调发屯兵"。③ 足见曹彬在军事全局部署中之重要作用。至于雍熙三年（986年）北伐，宋太宗更是"独与枢密院计议，一日至六召，中书不预闻"。④ 而当时枢密院的正职则为武臣王显。

　　然而，以上不过是表面现象而已。正是从宋太宗朝开始，在刻意推行抑制武将政策的形势之下，枢密院虽在形式上保留了昔日以武人居多的旧制，但在实质上却逐渐弱化了武将长贰的角色作用，将大量具有武职身份却无武将本色的亲信安插在枢府要职之上，为自己掌管军权。如王显、柴禹锡、赵镕、张逊、杨守一及弭德超等人，已如第一章所述，皆出身宋太宗藩邸亲随，名为武官，却几乎全无战场经历。他们或以恭谨见用，或以理财出名，或以告密得宠，一旦领兵作战，往往暴露出胆怯无能、懵懂军事的本色。不仅如此，他们还大都缺乏学识素养，如王显入主西府后，"太宗以其寡学问也，取《军戒》三篇赐之，曰：读此可以免于面墙矣。"⑤确如元朝人修《宋史》时称："率因给事藩邸，以攀附致通显……故莫逃于黩黩之讥。"⑥

　　在宋太宗费尽心机打压武将、营造"崇文抑武"风尚的政治背景之下，原本就以谨慎见长的宿将曹彬，便愈加谨小慎微，⑦甚至于在街市上与士大夫相遇，也不得不作出退避让路的姿态。所谓："仁敬和厚，在朝廷未尝忤旨，亦未尝言人过失。""位兼将相，不以等威自异待。"尽管如

---

① 《续资治通鉴长编》卷二二，太平兴国六年九月丙午，第502页。
② 《东都事略》卷二七《曹彬传》，第214页；《宋史》卷二五八《曹彬传》，第8981页。
③ 《续资治通鉴长编》卷二〇，太平兴国二年五月丁未，第454页。
④ 《续资治通鉴长编》卷二七，雍熙三年六月戊戌，第618页。
⑤ 《东都事略》卷四三《王显传》，第338页。
⑥ 《宋史》卷二六八"论曰"，第9233—9234页。
⑦ 有关曹彬谨慎行事的记载颇多，如祖无择：《龙学文集》卷一四《紫微撰西斋话记共三十五事》就有这方面的故事，《景印文渊阁四库全书》第1098册，第855页。

此，曹氏以后仍不免因受到猜忌而遭罢黜，即使当时德超诬陷之事败露，也未能复职。① 在宋太宗朝，枢密院内武官长贰的上述畸形状况，其实也是专制统治者处心积虑锻造的结果。

宋真宗即位后，在各项方针政策上大都继承了以往的传统，其实也主要是宋太宗后期制定的统治原则。其中在枢密院用人规则上，又在继承乃父既定方针的基础上向进一步抑制武将的方向发展。于是，枢密院中武将长贰的影响不断缩小。如在景德初与辽交战过程中，宋真宗在决策上已更多地依赖中书和宰臣，史称："景德初，北道用兵，每边奏至，凡军旅之事，多先送中书。上谓毕士安、寇准曰：'此皆欲卿等先知，中书总文武大政，枢密院虽专军机，然大事须本中书。'"②如前所述，在宋真宗一朝，枢密院中文官逐渐在人数上和任职时间上与武臣大致对等，从形式上已改变了以往武人居多的局面。而实际上，自"澶渊之盟"之后，统治集团安于现状，羞谈用武，文臣遂开始掌握了西府的支配权。如从景德三年（1006 年）至大中祥符七年（1014 年）的八年多时间里，文臣王钦若和陈尧叟连续并任枢密使，参与导演了东封西祀活动，深得宋真宗的宠信。此后，王、陈二人又再度主宰枢府数年。另外，寇准、丁谓及冯拯等文官大臣也先后掌管西府。因而在此期间，马知节、曹利用及张耆等武臣出身的长贰自然成为文官大臣的附庸。

宋真宗朝武官出身的枢密院长贰，除了前朝旧臣曹彬、王显前后任职两年多外，主要任用了周莹、王继英、马知节、曹玮及曹利用等人。这些武官在浓烈的"崇文抑武"氛围之下，在一定程度上不过扮演着陪位的角色而已。如曹彬在咸平（998—1003 年）初任枢密使，却受到文臣出身的副使向敏中的牵制，所谓"每军书至，上必急召枢臣计议。彬则曰：'狂寇，当速发兵诛讨斩决而已。止用强弩若干，步骑若干足矣。'敏中徐曰：'某所储廪未备，或途迂远，或出兵非其时，当施方略制之。'纤悉措置，多从

① 《东都事略》卷二七《曹彬传》、卷二六《赵普传》，第 215、208 页。
② 曹彦约：《经幄管见》卷三，《景印文渊阁四库全书》第 686 册，第 49 页。此记载原出《续资治通鉴长编》卷五七，景德元年八月丁酉，第 1257 页。

敏中所议"。① 这一出自宋真宗、仁宗朝之际大臣王曾的记载,清楚地反映了宋真宗对枢密院中文臣的倚重,故"纤悉措置,多从敏中所议"。藩邸出身的周莹之"庸懦不智",王继英之"小心慎靖,以勤敏称",也已见第二章所述。周、王二人在枢密院,其职权自然受到担任副职的文臣王旦、冯拯及陈尧叟的制约。马知节作为一位有见地的良将,在出任签书枢密院事后,十分关注国防建设,面对议和后粉饰太平、轻视武备的局面,多次在各种场合呼吁:"天下虽安,不可忘战去兵。"但却长期遭到主政集团的冷遇,无法作为。据王旦之子王素追忆:马知节与王钦若、陈尧叟同在枢府,"一日,上前因事相忿。上召公,至则见冀公(即王钦若)喧哗不已,马则涕泣"。② 当着皇帝的面,马知节竟被王钦若欺压到"涕泣"的地步,此事即可折射出武将在西府处境之一斑。马氏终因与王钦若、陈尧叟不和而被驱逐出枢府。其后,马知节虽再度返回枢密院,但任知枢密院事不足一年又被排挤出朝。③ 曹玮"为将几四十年,未尝败衄,威镇西鄙",被后世公认为一时名将。然而,曹玮因遭到宰相丁谓猜忌,长期受到打击,最终还被罢免了签书枢密院事一职,其结局与马知节几乎相似。④ 在宋真宗朝后期,唯有曹利用在西府的地位相对稳定,先后任长贰之职长达八年之久,官加同平章事,封国公爵位。以后,他又在宋仁宗前期继续任职近七年。曹氏之所以能够如此,则完全是因为其附会丁谓及刘后集团的结果。如宰相李迪就曾抨击其为丁谓奸党。⑤

二、北宋后期枢密院武职长贰地位及权限之分析

从宋仁宗时代开始,武将出身者在枢密院已完全处于被压倒的局面。其人数和任职时间既远远低于文臣,其职权更是不值一提,不过碌碌无为

---

① 王曾:《王文正公笔录》,中华书局 2017 年版,第 19 页。
② 《王文正公遗事》,第 48 页。
③ 《宋史》卷二七八《马全义传附知节传》,第 9452 页。
④ 《东都事略》卷二七《曹彬传附玮传》,第 218 页。
⑤ 《宋史》卷二九○《曹利用传》,第 9706—9707 页。

而已。

在刘太后当政期间,曹利用连续任枢密使近七年时间。曹氏本人的情况自不用说,其余如张耆、杨崇勋、夏守赟、王贻永和王德用、狄青等两类人,他们在枢密院中的表现也都无不令人失望。张耆、杨崇勋及夏守赟三人,皆因出身宋真宗藩邸卫士而受到重用,但品行、素质之低劣已如第二章所言。据王素《文正王公遗事》记载,宋真宗朝后期,张耆任马军都帅,在选兵时因处置不当,几乎引起兵变。宰相王旦调和矛盾,提出"累奉德音欲任张耆在枢府,臣以未曾历事。今若擢用使,解兵柄,谋者自安矣"。正是在这样的情况下,"乃进耆为枢密副使"。① 宋仁宗即位初,刘太后再将张耆安插到枢密使的要职之上。然而,张耆既无战功,又无谋略,只会在中枢充当木偶。杨崇勋以密告寇准谋立太子称帝之事,得到丁谓及刘皇后的赏识。明道元年(1032年),因刘太后的推荐,杨氏出任枢密副使。② 至于夏守赟,因为"性庸怯,寡方略,不为士卒所附",于康定元年(1040年)五月被罢免陕西都部署、经略安抚使等职。但时隔仅一个月,夏氏却转任同知枢密院事。于是,"侍御史赵及、右正言梁适皆言守赟经略西事无功,不可复处枢府,逾七旬乃罢"。③ 如张耆、夏守赟之流进入枢密院这一最高军事机要和决策机构的过程,便颇能说明枢密院中武将所受到的轻视。

王贻永的情况与前者稍异,王氏以高门之后被选为驸马,以如此途径获得武职,自然无军旅经历及经验可言。正是这样一位贵胄子弟,竟先后任同知枢密院事、枢密副使和枢密使达十四年,为北宋历史上所少见。不过,按照宋朝"徒尊以高爵,宠以厚禄,使之贵而无位,高而无民"④的待外戚之法,王贻永不可能真正掌握实权,所以其虽长期置身枢密院中,但更大程度上还是近乎一种摆设。故史称:"当时无外姻辅政者,贻永能远权

---

① 《王文正公遗事》,第53页。

② 《续资治通鉴长编》卷一一一,明道元年八月甲寅,第2586页;《景文集》卷六一《杨太尉行状》,第593页。

③ 《续资治通鉴长编》卷一二七,康定元年五月戊寅、六月丁亥,第3013、3017页。

④ 《东都事略》卷一一九《外戚传》序,第1033页。

势,在枢密十五年,迄无过失,人称其谦静。"①

在宋仁宗朝,竟然出现以上庸懦武臣忝位枢府的现象,不能不令时人感到失望,如当时的朝臣富弼曾激烈地指出:枢密使"代天子之武威",像夏守赟这样既无清名又乏才术者入居西府,势必遭天下人耻笑。② 其实这不过是当时"以文驭武"之策的极端化体现,特别是刘太后垂帘听政时期保守政治的产物。唯其如此,才能将武将的地位压到极点。值得关注的是,即使是王德用和狄青这样有为的将领,其在枢密院的遭遇亦与以往马知节、曹玮如出一辙。

王德用虽为宋太宗、真宗两朝庸将王超之子,但如第二章所述,其性情和能力却不同于其父,显示出良将的基本素质。根据有关记载来看,王德用是一位颇为称职的将领,他不仅善于统领和管理军队,还针对国防中存在的一些积弊提出改革方案。如他曾坦率地批评过天子授阵图的做法,所谓:"咸平、景德中,赐诸将阵图,人皆死守战法,缓急不相救,以至于屡败。"③因此建议停用阵图,使带兵者能够随机应变,以获战效。宋仁宗亲政后,王德用先后出任签书枢密院事、知枢密院事达六年左右时间。在对夏开战前夕,他曾主动请求领兵征讨。但就在此时,王德用却意外地被排挤出朝。其缘由竟是"状貌雄毅,面黑,颈以下白皙,人皆异之"。另外,王氏住宅位于皇宫北角外的泰宁坊内。于是,开封府推官苏绅上疏称:王德用宅第正枕在都城乾纲线上,其相貌又"类艺祖(即宋太祖)"。其用意不外是暗示王德用心存异志。宝元二年(1039 年),御史中丞孔道辅再上类似的奏章,"且谓德用得士心,不宜久典机密"。④ 王德用遂被贬出朝,并受到监视。⑤ 据说,王德用曾这样无奈地谢罪:"宅枕乾纲,乃朝廷所赐。貌类艺祖,盖父母所生。"⑥直到庆历二年(1042 年),契丹陈兵

---

① 《宋史》卷四六四《外戚中·王贻永传》,第 13562 页。
② 《续资治通鉴长编》卷一二四,宝元二年九月丁巳,第 2932 页。
③ 《宋史》卷二七八《王德用传》,第 9468—9469 页。
④ 《宋史》卷二七八《王德用传》,第 9467 页;《续资治通鉴长编》卷一二三,宝元二年五月己酉、壬子,第 2907 页。
⑤ 《续资治通鉴长编》卷一二三,宝元二年五月壬子,第 2907 页。
⑥ 彭乘:《墨客挥犀》卷一〇,中华书局 1991 年版,第 54 页。

北境后，王德用才重新得到起用，镇守河北重镇。至和元年（1054 年），王德用又以 75 岁高龄重返枢府，任枢密使二年多，但实为陪设。如文官大臣考虑皇储问题时，便无视他与狄青两位武臣枢密使的存在。王德用发了几句牢骚，欧阳修闻听后便不屑地说道："老衙官何所知？"随即上疏称武将掌握国家机密，非朝廷之福。① 不久，王德用因遭到御史的弹劾，被迫致仕。② 像王德用这样的武将经常处于被怀疑的境地，在枢密院中根本无法有所作为。

名将狄青在枢密院的境况就更为可悲。行伍出身的狄青，因在对夏战争中屡获军功而升为大将。宋仁宗曾想召见狄青入宫，以征询用兵方略，"仁宗以青数有战功，欲召见问方略，会贼寇渭州，急命图形以进"。③ 皇祐四年（1052 年），狄青被提升为枢密副使时，御史中丞王举正、左司谏贾黯及御史韩贽等人便纷纷上奏反对。甚至还列出了狄青出身兵伍、四夷因此轻蔑朝廷、大臣耻于为伍及破坏祖宗成规等"五不可"的理由。④ 当狄青最终进入西府后，还是遭到了朝臣们的蔑视，被呼为"赤枢"。⑤

以后，狄青率军平定侬智高之乱，取得了自统一以来在边疆上的重大胜利。宋仁宗得知捷报后，打算将功臣狄青擢为枢密使，但遭到宰相庞籍等人的坚决反对。宋仁宗遂采纳了庞籍的建议，同时表示："卿前日商量除青官，深合事宜，可为深远矣。"不过，当时的参知政事梁适却支持提拔狄青为枢密使，并积极为此活动。据记载，梁氏之所以如此，并非看重狄青的能力和出身，而是意在通过推举武人出身的狄青，以挤去文臣出身的枢密使高若讷，从而排除高氏在相位上对自己构成的潜在威胁。⑥ 于是，宋仁宗终于不顾众多朝臣的激烈反对，将狄青提拔为枢密使。然而，与以

---

① 《续资治通鉴长编》卷一八三，嘉祐元年七月丙戌，第 4424 页。

② 《续资治通鉴长编》卷一八四，嘉祐元年十月辛巳，第 4452 页。

③ 《续资治通鉴长编》卷一三五，庆历二年四月丙申，第 3240 页；余靖：《武溪集》卷一九《宋故狄令公墓铭》，《宋集珍本丛刊》第 3 册，线装书局 2004 年版，第 308—311 页。

④ 《续资治通鉴长编》卷一七二，皇祐四年六月丁亥，第 4153 页。

⑤ 据江休复《江邻几杂志》记载："都下鄙俗，目军人为赤老，莫原其意。缘尺籍得此名耶？狄青自延安入枢府，西府逵者，累日不至，问一路人不知，乃狄子也。既云未至，因谩骂曰：'迎一赤老。累日不来。'士人因呼为赤枢。"中华书局 1991 年版，第 1 页。

⑥ 《续资治通鉴长编》卷一七四，皇祐五年五月乙巳，第 4208—4209 页。

往丰富的表现记录相比,狄青在担任枢密使的四年间,其活动几乎在史书中绝迹。倒是有关不利于他的流言偶尔见诸文字之间。如有人称看见狄家的狗长出角来;① 有人则发现狄青宅院在夜晚常发出奇光,而这种光亮恰与当年后梁太祖朱温称帝前的情景惊人的相似。② 又有人称狄青曾在相国寺内身穿意义非凡的黄祆,云云。③ 于是,文臣刘敞、吕景初等不断上奏,称天象恶变,坚决要求将其逐出京城。④ 可以想见,在朝中浓烈的"崇文抑武"及"以文驭武"环境之下,狄青只能碌碌度日,谨慎自保。其当时的处境,就连以后的宋神宗也表示了同情,所谓"神宗考次近世将帅,以青起行伍而名动夷夏,深沈有智略,能以畏慎保全终始,慨然思之",⑤透过宋神宗对狄青"能以畏慎保全终始"的评语,反映出的其实是狄青在枢密院中不敢作为的事实。嘉祐元年(1056 年),狄青终于在流言蜚语缠身的情况下被打发到陈州地方衙门。狄青到任所不过半年左右,便郁闷而死。⑥

在宋仁宗统治期间,"以文驭武"之策的影响可以说达到了前所未有的高度。当时文臣不仅主宰了朝廷军事的最高决策权,而且在战场上也成为方面军的统帅。如夏竦、范仲淹、韩琦及庞籍等文臣都是西北前线主战场的指挥官,而武将只能扮演副手和部将的角色。在此局面下,枢密院自然也成为文臣的天地,其权力也受到中书的很大制约。如史籍记载:"国朝旧制,以中书制民,枢密主兵。故元昊反,边奏皆不关中书。"康定初,翰林学士丁度、知谏院富弼等建议二府共同议论"军旅重务"。遂"诏枢密院自今边事并与宰相张士逊、章得象参议之"。⑦ 到庆历二年(1042年),宰相吕夷简还一度"判"枢府。章得象、晏殊及贾昌朝等人也曾以宰

① 《宋史》卷二九〇《狄青传》,第 9721 页。
② 《东轩笔录》卷一〇,第 117 页。
③ 《宋史》卷二九〇《狄青传》,第 9721 页。
④ 《续资治通鉴长编》卷一八三,嘉祐元年七月丙戌,第 4428—4429 页;《宋史》卷三〇二《吕景初传》,第 10021 页。
⑤ 《宋史》卷二九〇《狄青传》,第 9721 页。
⑥ 《武溪集》卷一九《宋故狄令公墓铭》所称:"愿去权冠,以辞盛满"云云,乃避讳真相之说,第 309 页。
⑦ 《续资治通鉴长编》卷一二六,康定元年二月丁酉,第 2975 页。

臣身份兼任枢密使。不久,贾昌朝等请免兼枢密使,但最高当局规定"凡军国机要,依旧同议"。① 庆历五年(1045 年),"枢密院请自今进退管军臣僚、极边长吏、路分兵马钤辖以上,并与宰臣同议,从之"。② 这就标志着枢密院的地位在庆历时有所下降,某种程度上成为中书的附庸。诚如韩琦就任枢密副使后所言:"夫枢密院本兵之地,今所立多苛碎纤末之务。"③南宋人王明清就此总结道:仁宗朝令枢密院与中书共议军国机要,"自是,常事则密院专行,至涉边事而后聚议,谓之'开南厅'。然二府行遣,终不相照。"到神宗朝,"竟使枢密院事之大者,与中书同奏,禀讫先下,俟中书退后,进呈本院。常程公事,凡称三省、密院同奉圣旨者是也。"④直到靖康(1126—1127 年)年间,统治者才开始强调西府的重要性,如北宋末代皇帝为此下圣旨:"三省、枢密院号令所出,体统之严,靡容僭差。昔在神祖,厘正官制,事不以大小,并中书省取旨,门下省审覆,尚书省施行;枢密为本兵之府。朕嗣承大统,惟怀永图,嘉与辅臣,共遵成宪。自今除中书省画旨,门下省审覆,尚书省奉行,枢密专兵政外,一遵元丰官制,毋或侵紊。"⑤所以,在北宋中后期枢密院武臣长贰进一步受到压制、排挤,便不足为奇。

从宋仁宗嘉祐元年罢去狄青、王德用的枢密使职务后,一直到北宋覆灭,枢密院几乎成为清一色的文臣衙门,即使在宋神宗元丰改革官制的重大过程中也没有变化。如据史籍反映:禁军大将宋守约任侍卫步军副都指挥使,"神宗以禁旅骄惰,为简练之法,屯营可并者并之。守约率先推行,约束严峻,士始怨终服。或言其持军太急,帝密戒之,对曰:'臣为陛下明纪律,不忍使恩出于臣,而怨归陛下。'帝善之,欲擢真枢府,宰相难

---

① 《挥麈录·后录》卷一,第 67 页;张方平:《乐全集》卷二〇《请不罢两府聚厅商量公事》,《宋集珍本丛刊》第 5 册,线装书局 2004 年版,第 480 页;《续资治通鉴长编》卷一三七,庆历二年七月戊午,第 3283 页。
② 《续资治通鉴长编》卷一五七,庆历五年十一月癸未,第 3805 页。
③ 《安阳集编年笺注》之《附录三·韩魏公家传》卷三,第 1781 页。
④ 《挥麈录·后录》卷一,第 67 页。
⑤ 《靖康要录笺注》卷一,第 150 页。

之,乃止"。① 大将宋守约善于治军,也得到皇帝的赏识,但却难以步入枢密院之内。宋人李心传便指出:"元丰改官制,武臣不为二府。"②在这七十余年的时间里,枢府内仅有郭逵和种师道两位武将。

郭逵在宋英宗治平(1064—1067 年)时任职同签书枢密院事只有一年多,并且大部分时间还以陕西四路宣抚使的身份兼权判渭州,出外统军。所谓:"自吕余庆以参知政事权知成都府,其后见任执政无守藩者,至逵始以同签书枢密院事出镇。"③而郭逵任职枢密院的背景,也颇耐人寻味。据记载:"知制诰邵必当制,草词以进,而言逵武力之士,不可置庙堂,望留诰敕与执政熟议。弗听。逵既入西府,众多不服,或以咎韩琦,琦曰:'吾非不知逵望轻也,故事,西府当用一武臣,上欲命李端愿,吾知端愿倾邪,故以逵当之。'或曰上本意欲用张方平,琦知方平不附己,猥曰西府久不用武臣矣,宜稍复故事。"④

另又有记载:"始英宗欲用郝质在西府,公(即韩琦)谓质固得,但二府论道经邦地,使一黥卒处之,恐反使不安。如狄青才业为中外所伏,一旦居此,议论卒纷然而去。爱之适所以害之。英宗沉吟久之,曰:'如此则用郭逵。'某之亦以郭逵粗胜质,遂然之。既阻其一,又阻其次,不可。"⑤无论是由于韩琦为防止李端愿、张方平的原因,还是韩琦蔑视郝质的缘故,武将郭逵最终进入枢密院,都是当政者无奈的选择。

至于种师道进入枢密院的情况,也属异常现象。在金军大举进攻之际,北宋统治已岌岌可危,种师道奉命率当时的主力——西北边军解围。直到此时,北宋最高统治当局才意识到武将的作用,于是宋钦宗下旨:"枢密院在祖宗时参用勋旧武臣,朝廷修整兵备,宜择得军心武人为签书、同知,庶几缓急可倚仗,三衙军政之本,祖宗规模宏远,今悉废弛,宜择

---

① 《宋史》卷三四九《宋守约传》,第 11064 页。

② 《建炎以来朝野杂记》甲集卷一〇《官制一》,第 203 页。

③ 《续资治通鉴长编》卷二〇八,治平三年十月丁亥,第 5064 页。

④ 《续资治通鉴长编》卷二〇八,治平三年四月戊申,第 5051 页;苏辙:《龙川别志》卷下,中华书局 1982 年版,第 92 页。

⑤ 强至:《韩忠献公遗事》,中华书局 1985 年版,第 5 页。

有威望边将用之,以扬厉军旅。"种师道遂被授予同知枢密院事等官职。但依据当时的实际情况来看,种氏所获西府之职,很大程度上仍属于挂名虚衔,其职责主要为领兵投身战场,而非运筹于枢府。事实上,当时西府乃由知枢密院事、文臣李纲执掌,如李纲上言所称:"且祖宗旧法,兵符出于密院而不得统其众,兵众隶于三衙而不得专其制。今臣既统行营之兵,又制枢廷之令,考于旧法,未见其可。"①从获得同知枢密院事之衔到几个月后病死,种师道在京师的时间屈指可数,实在与枢密院职权无涉。

根据上述对比分析可知,北宋历史上枢密院中文臣、武官之间的比重和地位经历了显著的变化,而这种变迁是逐渐向着不利于武将的方向所发展。概括而言,可以得出这样的结论:其一,武将在枢密院中的比例和地位都呈不断下降的趋势;其二,在宋太宗朝以降,枢府武官长贰中又有相当数量的无能之辈;其三,在北宋中后期,个别良将即使进入枢密院,也往往忝位其职,无所作为。

第三节　北宋枢密院武臣与文官
长贰作用之评价

北宋时期,枢密院中武将长贰的比例和地位呈逐渐下降趋势,已毋庸置疑。那么武将与文臣在枢密院中的作用究竟如何评价,以下试予探讨。

应当注意到,宋初武将在枢密院中还是发挥了重要的作用。其中在宋太祖即位后,凡用兵皆与枢密使吴廷祚商议。如"会李筠叛,廷祚白太祖曰:'潞城岩险,且阻太行。贼据之,未易破也。筠素勇而轻,若速击之,必离上党来邀我战,犹兽亡其薮,鱼脱于渊,因可擒矣。'太祖遂亲征"。在亲征李筠和李重进的两次行动中,又以吴廷祚为京师留守的要

_____

① 《靖康要录笺注》卷二,第 319 页。

职。① 李处耘和王仁赡就任枢密副使后,不仅执掌军事机密,而且直接参与大规模军事行动,分别出任征伐荆湖、西川两路大军的都监,承担监护之责。而楚昭辅也颇受器重。② 在宋太祖朝,枢密院文臣长贰有魏仁浦、赵普及沈义伦三人,其中魏氏乃后周遗臣,不过陪位而已;沈义伦则"祗畏谨守"③;唯有赵普精明强干,又深受重用,前后任枢密副使和枢密使三年多,故在西府有很大权威。

在宋太宗时代,枢府之中文臣出任正职者唯有石熙载一人,故武职长贰在军事决策上有较大的发言权。如宋太宗征讨北汉的行动,便是在征得枢密使曹彬的支持后所决定,所谓"太宗意遂决",虽宰相薛居正等反对也无济于事。④ 再如宋太宗收复幽云的决策确立后,"即命枢密使曹彬议调发屯兵"。⑤ 由此足见西府武将出身者在当时军事全局部署中之重要作用。在第二次大举北伐时,宋太宗更是"独与枢密院计议,一日至六召,中书不预闻"。⑥ 而当时枢密院中的正职则为武官王显,签书枢密院事、文臣张齐贤"言事颇忤上意,于是上问近臣以御戎计策,齐贤因请自出守边"。⑦ 因此,王显在这次北伐行动过程中,是配合宋太宗决策的重要角色。至道二年(996年),灵州处于党项军围攻的危急之时,宋太宗下达手诏:"居庙堂侍帷幄者,正合运奇兵而伸婉画,宜令宰相吕端、知枢密院赵镕等各述所见利害。"并要求两府提出护送军粮人数、征讨发兵数量、领兵将领及监军人选等具体方案。史称:吕端请求与枢密院共同议论,"望共为一状,述其利害"。⑧ 这一记载反映出,当时文臣宰执因为对

---

① 《宋史》卷二五七《吴廷祚传》,第8948页;《续资治通鉴长编》卷一,建隆元年三月丙戌、十月乙酉,第13、27页。

② 《宋史》卷二五七《李处耘传》《王仁赡传》《楚昭辅传》,第8961—8962、8957、8959页。

③ 《宋史》卷二六四《沈伦传》,第9114页。

④ 《东都事略》卷二七《曹彬传》,第214页;《续资治通鉴长编》卷二〇,太平兴国四年正月丁亥,第442—443页。

⑤ 《续资治通鉴长编》卷二〇,太平兴国四年五月丁未,第454页。

⑥ 《续资治通鉴长编》卷二七,雍熙三年六月戊戌,第618页。

⑦ 《续资治通鉴长编》卷二七,雍熙三年七月壬午,第620页。

⑧ 钱若水撰,范学辉校注:《太宗皇帝实录校注》卷七八,中华书局2012年版,第701页;《续资治通鉴长编》卷三九,至道二年五月辛亥,第834页。

军事决策参与的程度有限,故难于独立筹划,只得要求与枢府首脑、武官赵镕共议。

　　然而到宋真宗朝以后,特别是随着议和苟安以及"崇文抑武"局面的加剧,武将在枢密院内的地位和影响开始下降。如宋真宗即位两年后,枢密使曹彬死,王显再任枢密使。"真宗幸大名,内枢惟显与副使宋湜从,言者多谓显专司兵要,谋略非长,会湜卒,乃以参知政事向敏中权同知枢密院事"。① 随之,武官周莹、王继英先任西府正职,接着文臣王钦若、冯拯、陈尧叟和故相寇准主宰枢密院,宰相向敏中也一度兼任知枢密院事。如此一来,枢密院内武将的作用受到严重的削弱。如颇有见地的武将马知节进入枢密院后,便受到王钦若、陈尧叟的压制,很难发挥作用。

　　有关宋真宗朝枢密院文、武长贰的作为,明清之际的思想家王船山有这样的评说:"周莹、王继英之尸位中枢,不足责也","唯钦若、尧叟、冯拯之流,闻边情而不惊于耳,阅奏报而不留于目;挟彫虫之技,傲将吏而不使尽言;修鹄立之容,迨退食而安于醉梦……"②素质不高的武官周莹、王继英,其陪位及无能自不用说。而素昧兵机的文官,更于武备难有建树。如大中祥符三年(1010年),宋真宗与西府长贰讨论选将问题时,感叹将帅难得。签书枢密院事马知节曰:"将帅之才,非可坐而知之,顾临事机变何如耳。"主张从实战中发现将才,并指出以往这方面的失误。宋真宗对此解释道:"自倾契丹入寇,备御之策,无日不讲求,而将帅不能决胜,陈尧叟尽知此事。"知枢密院事陈尧叟遂马上辩解说道:"咸平中,契丹侵轶亭障,国家岁岁防秋。六年,举国而来,群议咸请大为之防,陛下亲降手札,询于中外,虽继上谋画,皆未尽善,乃特出圣断,控守险要,排布行阵,又择锐卒散为奇兵……皆以方略示之,而将帅非其人,故殊勋不集。"③陈氏推卸责任的言辞,其实并无道理。景德(1004—1007年)初选将不当,自然与皇帝有关,但当时其本人和冯拯两位文臣便在枢府任职,直接负有

---

① 《宋史》卷二六八《王显传》,第9231页。此记载略有误,据《宋史》卷二一〇《宰辅表一》可知:宋湜卒,中书舍人、翰林学士王旦擢同知枢密院事,第5435页。
② 《宋论》卷三《真宗》,第61页。
③ 《续资治通鉴长编》卷七三,大中祥符三年三月甲辰,第1661页。

军事决策之责,故更难逃失职之咎。

至宋仁宗朝及以后,在枢密院地位逐渐降低的同时,武将在其中的位置和作用也日益沦丧。如王贻永、张耆及夏守赟无能之流忝位其职,暂且不论,即使是良将若王德用、狄青,在枢府内也缺乏有为的记录。宋仁宗晚年,大臣决定嗣君问题时,也根本不与枢密院内的武将首脑商议,所谓"文彦博、富弼等之共议建储,未尝与西府谋也"。① 郭逵纵然挂名同签书枢密院事,实际承担守边职责,仍不免遭到非议,大致在枢密院内无业绩可言。如《宋史》卷二九〇《郭逵传》云:"治平二年,以检校太保同签书枢密院,旋出领陕西宣抚使,判渭州。逵虽立军功,而骤跻政地,议者不厌,谏官、御史交论之,不听。神宗即位,迁静难军留后,召还。言者复力争,乃改宣徽南院使、判郓州。"② 最终还出现文官独掌枢府,武将被清扫出门的结局。于是,西府的军事决策完全依赖文臣,武将的作用丧失殆尽。直到靖康之际,国难当头,宋钦宗不得不承认:"枢密院在祖宗时,参用勋旧武臣,朝廷修整兵备,宜择得军心武人为签书同知,庶几缓急可倚仗。"③ 才起用宿将种师道进入枢密院,但仍不过是徒有虚名而已。

宋仁宗朝以降,武将在枢密院中发挥的作用和影响与日俱减,以至于基本消失。而文臣主宰枢府后,由于其大都不熟悉军事,注意力遂更多地集中在日常管理方面,于国防建设、全局防务则贡献有限。如知枢密院事李谘在景祐(1034—1038 年)中死时,得到颇高的评价,但不过是"在枢府专务革滥赏,以遏侥幸。其戎马功簿之目,能悉数上前,号为称职"。④ 称职者尚且如此,能力及作为低下者就更可想而知。如懵懂军事而又胆怯的夏竦,竟被任命为枢密使,一时"皆言竦奸邪,在陕西怯于用兵,今用之则边将之志惰矣"。夏氏才被罢免。⑤ 据沈括记载:"宝元中,忠穆王吏部(王曙)为枢密使,河西首领赵元昊叛,上问边备,辅臣皆不能对。明日,

---

① 《续资治通鉴长编》卷一八三,嘉祐元年七月丙戌,第4424页。
② 《宋史》卷二九〇《郭逵传》,第9724页。
③ 《靖康要录笺注》卷二,第303页。
④ 《续资治通鉴长编》卷一一九,景祐三年十二月丙寅,第2812页。
⑤ 《东都事略》卷五四《夏竦传》,第426页。

枢密四人皆罢。"所谓枢密四人,当为王鬷、夏守赟、陈执中及张观,其中唯有夏守赟一人属于武将,其余三人皆属文臣。王鬷事后对友人坦言:曹玮十年前曾告诫自己,不十年当总枢密院,但西方必有警。"宜预讲边备,蒐阅人材,不然,无以应卒"。当时曹氏还指出西夏首领李德明之子极有野心,曾派人画其像,"观之真英物也",以后必当为患。后果然如曹玮所预料,云云。① 对此,李焘则记载:王鬷、陈执中及张观三位文官出身的西府长贰,面对元昊反宋不知所措,"帝数问边计,不能对",宰臣张士逊也说:"军旅之事,枢密院当任其咎。"于是,王、陈及张三人同日被罢官。② 通过这一事例,反映了将领曹玮熟悉军事及边防形势,但在枢密院内却无法作为,只能劝诫文臣关注。而结果是文官大臣身居枢府,却对突发危机不知所措。

需要指出的是,在宋神宗时代,因为急于用兵雪耻,故重视武备建设。因此,在维持文臣独掌枢密院格局的同时,一度也有经历战场者活动于其间,如蔡挺、王韶等人。其中蔡挺既有用兵经验,又善于训练士卒,故其出任枢密副使时,"帝问挺泾原训兵之法,召部将按于崇政殿,善之,下以为诸郡法"。在宋军开辟熙河的军事行动中,蔡挺也在枢密院内予以配合。③ 王韶更以多谋略、善用兵,享誉一时。不过,遗憾的是王韶在西府任职期间,因与宰相王安石及宋神宗意见相左,实际上也无所作为。④

至于北宋后期的其他枢府文官,则很少有知兵者。所谓君子者如吕公著,在枢密院任内所留下的事迹,不外乎反对恢复肉刑、批评朝廷主动征讨西夏而已;⑤所谓"小人"者如林摅、郑居中,则奔走于权相蔡京门下,罔顾边防安危。⑥ 更可悲又可笑的是,文臣孙傅在开封城被围时出任同

---

① 《梦溪笔谈》卷九《人事一》,第97—98页。据《宋史》卷二一一《宰辅表二》记载,武将夏守赟在一个月前已先被调任陕西前线,早于王鬷、陈执中及张观三人离开枢密院,沈氏关于四人同时被免职的记载并不准确。但沈括对当时枢密院文臣长贰与武将曹玮相关事迹的记载,早于《续资治通鉴长编》,还是颇有价值,第5464页。

② 《续资治通鉴长编》卷一二六,康定元年三月戊寅,第2988页。

③ 《宋史》卷三二八《蔡挺传》,第10577页。

④ 《宋史》卷三二八《王韶传》,第10580页。

⑤ 《宋史》卷三三六《吕公著传》,第10774页。

⑥ 《宋史》卷三五一《郑居中传》《林摅传》,第11103—11105、11110—11112页。

知枢密院事,面对女真军队的猛烈进攻,他拿不出任何有效的应对之策,最终只能求助于"神灵"的帮助。据记载,孙傅"读丘浚《感事诗》,有'郭京、杨适、刘无忌'之语。于市人中访得无忌,龙卫兵中得京。好事者言京能施六甲法,可以生擒二将而扫荡无余,其法用七千七百七十七人。朝廷深信不疑,命以官,赐金帛数万,使自募兵,无问技艺能否,但择其年命合六甲者"。饱读诗书的孙傅与当时的宰臣竟不顾他人劝阻,对郭京"尤尊信,倾心待之",将重要的城防职责交给了一介装神弄鬼的兵丁,遂终于演出了开门迎敌的荒唐闹剧。①

---

① 《宋史》卷三五三《孙傅传》,第 11137 页;杨时撰,林海泉整理:《杨时集》卷三七《枢密曹公墓志铭》,中华书局 2018 年版,第 913 页。

第 四 章

北宋的禁军三衙及其将帅

北宋一代,三衙为禁军最高统军机构,其将帅一方面统领京师驻军,肩负拱卫内廷和卫戍京畿的职责;另一方面也出外带兵,承担征伐、镇守的重任,可谓是当时军队中最重要的代表。因此,对三衙将帅进行全面考察,不仅有助于对宋朝军制及军职制度的研究,更能够加深对北宋武将群体状况的认识。王曾瑜先生在《宋朝兵制初探》一书中,对宋朝的三衙职官已有所论述。① 但目前在对北宋三衙将帅的角色、出身、地位及其影响等方面,尚略显不足。本章即对这些问题展开探究。②

---

① 王曾瑜:《宋朝兵制初探》,中华书局 1983 年版,第 5—7 页。

② 按:本次修订仍保留旧版原注:"本章中大部分内容已于 2000 年 11 月完成,并随之以《论宋初三朝的禁军三衙将帅》为题投往《河北学刊》(现已在此刊 2002 年第 2 期发表)。其余内容也于 2001 年 7 月完成。同年 11 月中,王曾瑜先生将山东大学范学辉的博士论文《北宋募兵与三衙制度研究》惠寄给我。本章论述的内容,自然与范学辉的博士论文不免有某些重合之处。笔者原打算删除本章部分内容,包括耗费时间所搜集的名录,但考虑到各自论述的重点和方向不同,故仍保留原貌。"但需要说明的是,在本书旧版出版数年之后,我与范学辉有了交往并成为好友,也见证了他在宋代三衙制度上持续而卓有成效的研究,其大作《宋代三衙管军制度研究》(中华书局 2015 年版)无疑已成为这方面的总结性成果。在此谨对英年早逝的故友范学辉的精湛工作表示服膺,并借去年十一月发表的挽联再次深表缅怀:"天妒英才,史林竟又失学辉;世不掩玉,文章豪情传千古。"(见《宋史研究资讯》微信公众号,2019.11—43,总第 1128 期)

第一节　北宋禁军三衙体制及将帅之职

三衙因为是北宋禁军的最高统军机构,在管辖正规军队方面发挥重要的作用,因此其体制问题以及将帅官职的设置情况,便有必要加以厘清。

一、北宋禁军三衙体制及将帅之职的定型

北宋时期,所谓禁军三衙,即是殿前司、侍卫亲军马军司和侍卫亲军步军司的合称,又别称三司,其渊源乃在于五代时期的侍卫亲军马步军司和殿前司。其中侍卫亲军马步军司的出现,马端临认为始于后梁,所谓:"梁太祖始置侍卫马步军。"①但更确切地说,应大致在后唐时代。欧阳修在修五代史时指出:"当唐之末,方镇之兵多矣,凡一军有指挥使一人,而合一州之诸军,又有马步军都指挥使一人,盖其卒伍之长也。自梁以宣武军建国,因其旧制,有在京马步军都指挥使,后唐因之,至明宗时,始更为侍卫亲军马步军都指挥使。"②侍卫亲军马步军司及其下辖禁军的产生,显然形成了一枝独大的结果。至后周时,便又设置了殿前司,意在进一步扩张中央兵力并制衡侍卫亲军马步军司。北宋修《国史》时,便记载殿前司始于周世宗朝。③

在五代先后出现的侍卫亲军和殿前二司军队,是当时君主直接掌握的中央禁军。其产生的原因便在于五代几朝加强中央兵力的结果,而这

---

① 马端临:《文献通考》卷一五五《兵考七》,中华书局 2011 年版,第 4634 页;章如愚:《群书考索》后集卷一二《官制门》,书目文献出版社 1992 年版,第 528 页。

② 欧阳修:《新五代史》卷二七《康义诚传》,第 297—298 页;叶梦得:《石林燕语》卷六记载类同,中华书局 1984 年版,第 80—81 页。

③ 《国史》有关此事记载,见于《石林燕语》卷六,第 81 页。

两司的将帅也成为握有重兵的要职,地位极为重要,往往由皇帝特别信任的将领承担。如石敬瑭出任侍卫亲军马步军都指挥使兼六军诸卫副使,为后唐明宗特别亲信之大将;①景延广任侍卫亲军都指挥使,与宰相冯道并为辅佐后晋少帝之重臣;②刘知远作为后晋开国皇帝的亲信,先后出任侍卫马步都指挥使、侍卫亲军马步军都虞候及都指挥使,成为当时主管禁军的主帅;③李重进为后周太祖的外甥和亲信将领,"及周祖寝疾,召重进受顾命"。柴荣即位后,先后任命其为侍卫亲军马步军都虞候及都指挥使。④ 张永德之任殿前都点检一职,也因为有后周太祖驸马的特殊身份,因此成为深受重用的禁军将帅。⑤

北宋建国初,沿袭后周禁军统军体制。但为了加强中央直属军队力量,遂陆续实施了整顿禁军和削弱藩镇兵力的举措,即:一方面"诏殿前、侍卫二司各阅所掌兵,拣其骁勇升为上军,老弱怯懦置剩员以处之";另一方面逐渐实行了将全国"兵骁勇者,籍其名送都下,以补禁旅之阙"的措施,甚至于"选强壮卒定为兵样,分送诸道。其后代木梃,为高下之等,散给诸州军,委长吏、都监等召募教习,俟其精练,即送阙下"。⑥ 于是,各地精兵皆收编到禁军之中,剩余兵员则转化为承担劳役的厢军。因此,禁军成为北宋全国正规作战军队的总称,而殿前司和侍卫马步军司仍为其最高统军机构。如《宋史》卷一八七《兵一》所谓:"禁兵者,天子之卫兵也,殿前、侍卫司二司总之。"

北宋殿前和侍卫马步军二司的主要官职包括:殿前都点检、副都点检、殿前正副都指挥使及殿前都虞候,侍卫亲军马步军正副都指挥使、马步军都虞候、马军正副都指挥使、步军正副都指挥使以及马军都虞候和步

---

① 《旧五代史》卷七五《晋书一·高祖纪一》,第 978 页。
② 《旧五代史》卷八八《景延广传》,第 1144 页。
③ 《旧五代史》卷九九《汉书一·高祖纪上》,第 1323 页。
④ 《宋史》卷四八四《周三臣·李重进传》,第 13975 页。
⑤ 《宋史》卷二五五《张永德传》,第 8914 页。
⑥ 《宋史》卷一八七《兵一》,第 4571 页;《续资治通鉴长编》卷六,乾德三年八月戊戌,第156 页。

军都虞候。① 就北宋一朝而言，这些军职都属禁军将帅。但到宋真宗朝及其之后，不仅三衙中的最高职务很少授予武将，而且都指挥使也常常阙如。于是，以后出现了以较低级的军职参与管理三衙的情况，他们与原来的三衙将帅也一并被宋人称为"管军"。即如南宋人郭倪所称："端拱元年（988 年）冬十月甲子，特置马步军龙卫神卫四厢都指挥使，捧日天武于焉并建，与殿前、侍卫马步军都副指挥使及都虞候凡八员，通号管军。"② 南宋人又云："三衙军制名称不正。以旧制论之，军职大者凡八等，除都指挥使或不常置外，曰殿前副都指挥使、马军副都指挥使、步军副都指挥使，次各有都虞候，次有捧日天武四厢都指挥使，龙神卫四厢都指挥使，秩秩有序，若登第然。"③ 遂有所谓"管军八位"之称，如秦兴宗在《官制旧典》中所说："管军八位，自比政府八公，而武并军门乃号八披梯。"④

　　宋太祖朝，三衙的正式名称虽尚未出现，但在建隆二年（961 年）以后却事实上开始形成。当年，宋太祖先罢免了慕容延钊和韩令坤的两司最高军职，"自是，殿前都点检遂不复除授"。不久，又通过著名的"杯酒释兵权"之举，剥夺了殿前副都点检高怀德、侍卫马步军都虞候张令铎和殿前都指挥使王审琦等人的帅职。"殿前副都点检自是亦不复除授"。石守信虽在出守本节镇之后仍兼任马步军都指挥使一年左右，实际上只是虚名，"其实兵权不在也"。⑤ 如宋人评说道："凡诸将职典禁卫者，例罢，悉除节度使，独石守信兼侍卫都指挥使如故，实亦带以为职，元不典兵也。"⑥而马步军

---

　　①　《宋史》卷一六六《职官六》、卷一八七《兵一》，第 3927、4588 页。
　　②　郭倪：《侍卫马军司题名记》，载于周应合：《景定建康志》卷二六《官守志三·侍卫马军司》，《宋元方志丛刊》第 2 册，1990 年，第 1762 页；又《续资治通鉴长编》卷二九，端拱元年十月甲子条有特置此两军职的记载，第 657 页。
　　③　《容斋随笔》五笔卷三《三衙军制》，第 864 页。另见《宋史》卷一六六《职官六》也可佐证，第 3929 页。
　　④　秦兴宗的《官制旧典》，收入《续资治通鉴长编》卷一二九，康定元年十二月癸卯，第 3061 页。
　　⑤　《续资治通鉴长编》卷二，建隆二年七月庚午，第 50 页。
　　⑥　程大昌：《演繁露》续集卷一《殿前三司军职》，《景印文渊阁四库全书》第 852 册，第 210 页。

都虞候一职,在张令铎罢任后"凡二十五年不以除授"。①

由于侍卫马步军司正、副都指挥使及都虞候等官职被闲置起来,于是便形成了侍卫马军和步军由各自都指挥使及都虞候管辖的局面,就此由殿前、侍卫马军及侍卫步军构成的禁军三衙体制便在实际上出现。直到宋太宗朝后期和真宗即位初,才一度又任命田重进、傅潜及王超三人为马步军都虞候。但自景德二年(1005年)王超被罢黜后,马步军都虞候从此不再授人,"而侍卫司马军、步军遂分为二,并殿前号三衙"。② 对此,《宋史》卷一八七《兵一》总结道:"侍卫亲军马步军都指挥使、副都指挥使、都虞候各一人。马军都指挥使、副都指挥使、都虞候各一人,步军亦如之。自马步军都虞候已上,其员全阙,即马、步军都指挥使等各领其务,与殿前号为三司。"三衙体制正式出现后,其将帅之职便为:殿前正、副都指挥使,侍卫马军正、副都指挥使,步军正、副都指挥使,殿前、马军及步军都虞候等九个军职。此后,因三衙都指挥使常常阙如,遂有捧日天武四厢都指挥使和龙神卫四厢都指挥使参与管军,于是就有"管军八位"之说。

二、北宋三衙将帅的职责、地位及与枢密院的关系

在北宋时期,三衙将帅扮演着禁军最重要和最高的统兵官角色,按照《宋史》的说法,其职责包括:"凡统制、训练、番卫、戍守、迁补、赏罚,皆总其政令。"③

就北宋三衙将帅的职责概括而言,首先是主掌京师驻军,以拱卫宫廷、戍守京畿。如《哲宗正史·职官志》云:殿前司"入则侍卫殿陛,出则扈从乘舆。大礼则提点编排,整肃禁卫、卤簿仪仗,掌宿卫之事。"侍卫马、步军司的职责与殿前司大致相同。④ 宋人胡宿也说:"臣窃以为殿前、

---

① 《续资治通鉴长编》卷二七,雍熙三年七月甲戌,第620页。
② 《群书考索》后集卷一二《官制门》,第528页。
③ 《宋史》卷一百八十七《兵一》、卷一六六《职官六》,第4569、3927页。
④ 《宋会要辑稿》职官三二之四收录了这一记载,第3814页。

马步军等帅臣,统陛下爪牙之兵,为陛下心腹之佐,宿卫宫省,拱扈宸极。"①如开宝二年(969年),有宫廷卫兵图谋不轨,殿前都虞候杨信连夜应召入宫平叛。当宋太祖某次在禁中后池监督卫兵水战时,"有鼓噪声",杨信闻听立即赶入宫中。当得知无事后,杨信才退出殿廷。②从宋太宗朝开始,三衙将帅的禁卫职责与皇城司出现了一定的分工,皇城司下辖的亲从官也参与了内廷的侍卫,所谓:"禁卫凡五重:以亲从官为一重,宽衣天武为一重,御龙弓箭直、弩直为一重,御龙骨朵子直为一重,御龙直为一重。"③但三衙仍在全局上负担着京师和宫廷的拱卫之责。如在宋真宗晚年多病之际,"上不豫,中宫预政",刘皇后与宰相丁谓为了防止他人染指朝政与皇嗣继承之事,遂安排与刘后有特殊关系的刘美出任侍卫马军都虞候,并"权领马军司事";又以关系密切的夏守恩为殿前都虞候,"仍权领殿前、步军司",④以便控制宫廷宿卫力量。另据记载:夏守恩在宋真宗朝历迁龙神卫、捧日天武四厢都指挥使等军职,"帝不豫,中宫预政,以守恩领亲兵,倚用之。擢殿前都虞候,以安远军节度使观察留后管勾殿前马步军都指挥使事"。⑤此即为例证之一。宋徽宗宣和(1119—1125年)末,侍卫步军都虞候何灌拜武泰军节度使、河东河北制置副使后,"未及行而帝内禅,灌领兵入卫。郓王楷至门欲入,灌曰:'大事已定,王何所受命而来?'导者惧而退"。⑥甚至于宋钦宗在乃父禅位后登基,也要将表兄王宗濋安置在殿前司管军的职务上才安心。⑦而在宋仁宗嘉祐元年(1056年)初,知开封府王素深夜叩见执政,反映有禁卒告都虞候谋变。宰臣文彦博则急召殿前都指挥使许怀德询问情况。当许怀德担保此

①　《文恭集》卷八《论除授宿卫帅臣》,第93页。
②　《宋史》卷二六〇《杨信传》,第9016页。
③　范镇:《东斋记事》卷二,中华书局1980年版,第20页。
④　《续资治通鉴长编》卷九三,天禧三年五月己未,第2145页。
⑤　《宋史》卷二九〇《夏守恩传》,第9715页。
⑥　《宋史》卷三五七《何灌传》,第11227页。
⑦　陈均:《九朝编年备要》卷三〇,靖康元年正月辛未,《景印文渊阁四库全书》第328册,第821页。

人"在军职中最为良谨"后,文彦博才敢于下令将诬告者斩首示众。①

　　其次,扈从皇帝出行。如在宋太祖的几次出征行动中,都少不了石守信、高怀德、王审琦等三衙大帅的身影;开宝九年(976 年),赵匡胤巡幸西京洛阳,侍卫步军都虞候刘遇奉命"率禁卫以从"。② 宋太宗在亲征河东和幽州的过程中,大批禁军三衙将帅也随同护驾。此后,宋真宗的亲征行动,也离不开王超、高琼等三衙主将的扈从。据记载:在宋真宗东封泰山期间,签书枢密院事马知节以行宫都部署的身份"于山门驻泊",而殿前副都指挥使刘谦则以都大勾管山下公事的身份、马军都虞候张耆和步军都虞候郑诚以都大提举山下军马的身份,"扈从升山,提举宿卫兵"。③ 这便突出地反映了禁军三衙将帅执掌天子禁卫扈从的重要职责。

　　第三,掌管京畿禁军军籍、军职迁补、训练以及赏罚等方面的日常管理。其中军事训练方面的例证如:太平兴国二年(977 年)九月间,宋太宗举行了北宋有史以来记载详细的大阅礼。大阅之日,宋太宗率百官亲临杨村校场,"上与文武大臣从官等登台而观"。总指挥原本应由殿前都指挥使杨信担任,但因杨信患哑疾,而改由禁军天武左厢都指挥使崔翰代替。史称:"(崔)翰分布士伍,南北绵亘二十里,建五色旗以号令,将卒望其所举为进退之节,每按旗指踪,则千乘万骑,周旋如一,甲兵之盛,近代无比。"④咸平二年(999 年)八月中,宋真宗也亲自举行了盛大的阅兵仪式。在这次检阅活动中,殿前都指挥使王超负责了殿前、侍卫马军及步军司的二十余万禁军的训练和列阵事务。当阅兵仪式结束后,宋真宗便对王超表示:"士众严整,戎行练习,卿之力也。"⑤在执行军法管辖方面,按照宋初以来的制度规则,凡在京禁军犯法,通常归三衙审理。宋真宗景德二年(1005 年),殿前司、侍卫司上言:"开封府追取禁兵证事,皆直诣营

---

① 《续资治通鉴长编》卷一八二,嘉祐元年正月壬申,第 4396 页。

② 《宋史》卷二六〇《刘遇传》,第 9021 页。

③ 《续资治通鉴长编》卷七〇,大中祥符元年十月丙午,第 1570 页;《宋史》卷二七五《刘谦传》,第 9383 页。

④ 《续资治通鉴长编》卷一八,太平兴国二年九月丁未,第 413 页。

⑤ 《续资治通鉴长编》卷四五,咸平二年八月丙寅,第 961 页。

所,事颇非便。"宋真宗遂下诏:"自今除逮捕证佐悉如旧制,军人自犯杖罪以下,本司决遣;至徒者,奏裁。"①据此可知,禁军杖刑以下罪行由三衙审决,徒刑以上罪须上奏朝廷裁断。有关具体例证如:庆历五年(1045年),"上祀南郊,有骑卒亡所挟弓",步军副都指挥使李昭亮以为"宿卫不谨,不可贷",遂将其配隶下军;②嘉祐四年(1059年),"有禁卒妻男皆为人所杀",殿前副都指挥使许怀德"以其夫为不能防闲,谪配下军";③《续资治通鉴长编》卷一九〇嘉祐四年七月甲辰条记载:河北都转运使李参淘汰万余老弱兵,骁骑军军校张玉怀疑是因为三司使包拯"爱惜赏给"所致,遂闯入三司辱骂包拯。包拯采取的措施是将其"第送殿前司";④宋守约为殿前都虞候,"入宿卫,迁洋州观察使。卫兵以给粟陈哗噪,执政将付有司治,守约曰:'御军安用文法!'遣一牙校语之曰:'天子太仓粟,不请何为?我不贷汝。'众惧而听命"。⑤ 此后,三衙的司法管辖权又有所扩大,如宋哲宗朝殿中侍御史孙升在奏疏中即表示:"恭惟祖宗深得治军之法,设三卫(即三衙)管军之官,付以流配之权,自非死刑,不付有司按覆。"由此可知,三衙有流配之权,唯军人死罪案须有司覆核。⑥

第四,承担统军出征以及镇守的重任,特别是在北宋前三朝最为突出。所谓:"自祖宗以来,以管军八人总领中外师旅,内以弹压貔虎,外以威服夷夏,职任至重。"⑦如宋太祖朝,马步军都指挥使韩令坤、殿前都点检慕容延钊、侍卫马步军副都指挥使石守信等人分别率军,随赵匡胤征讨李筠之叛;宋太祖亲征李筠期间,还以皇弟、殿前都虞候赵光义为大内都点检,马步军都虞候张令铎为"东京旧城内都巡检"。⑧ 开宝九年(976

① 《续资治通鉴长编》卷六〇,景德二年六月壬寅,第1348页。
② 《续资治通鉴长编》卷一五六,庆历五年闰五月丙戌,第3777页。
③ 《续资治通鉴长编》卷一九〇,嘉祐四年七月己酉,第4579—4580页。
④ 《续资治通鉴长编》卷一九〇,嘉祐四年七月甲辰,第4578页。
⑤ 《宋史》卷三四九《宋守约传》,第11064页。
⑥ 《续资治通鉴长编》卷四三〇,元祐四年七月丁酉,第10405页。
⑦ 《苏辙集》之《栾城集》卷四五《乞定差管军臣僚札子》,第800页。
⑧ 《续资治通鉴长编》卷一,建隆元年五月丁巳,第16页;《宋史》卷二五〇《张令铎传》,第8826页。

年），马军都指挥使党进率"河东行营兵征太原"①等。宋太宗朝，在第一次北伐时，殿前都虞候崔翰、马军都虞候米信以及步军都虞候田重进皆随宋太宗亲征；马军都指挥使田重进又参与雍熙北伐的军事行动；刘廷翰以殿前都指挥使的身份，出为镇州都部署；马步军都虞候田重进镇守定州等（均见《宋史》各本传）。宋真宗即位初，先后由马步军都虞候傅潜、王超出任河北主帅。大中祥符三年（1010 年），王能拜侍卫步军副都指挥使，"复为镇定副都部署兼知定州"。② 在宋真宗朝，三衙将帅还往往出任主战场的河北及西北前线主帅。在宋仁宗朝以及其后几朝，三衙管军在前线统军作战及驻守陕西、河北的情况，同样普遍，如刘平、石元孙、葛怀敏、许怀德、郝质、燕达、姚麟等（均见《宋史》各本传）。

　　从以上职责可以看出，北宋时期三衙将帅的地位不可谓不重要，司马光有"总领禁卫，为王虎臣"③之语。由此，他们还可进而跻身枢密院长贰之列，如北宋中叶文臣富弼所言："至于求武臣，自三班及诸军叙补，崇者为步、骑都督（'都督'当为'都帅'之误，即侍卫步军都指挥使与侍卫马军都指挥使）、殿帅，以至登枢府，亦自有次第。"④而最高统治者对三衙将帅也予以重视和优待，甚至三衙之下的京畿禁军之军都指挥使，也能受到厚待。如宋神宗所说："祖宗以来制军自有意，凡隶在京殿前、马步司所统诸指挥，置军都指挥使、都虞候分领之，凡军中之事，止责分领节制之人，责之既严，则遇之不得不优。至若诸路，则军校不过各领一营尔，不可比也。"⑤南宋人陈傅良在陈述本朝军制时，也特别引用过宋神宗这段话，⑥足见三衙在卫戍京师职责上地位之重要。

　　但是，按照宋初确立的治军原则，三衙虽为禁军最高统帅机构，却受到枢密院的制约，本身并无调兵之权。所谓："三司天下之兵柄皆在，其

---

① 《宋史》卷二六〇《党进传》，第 9018 页。
② 《宋史》卷二七九《王能传》，第 9479 页。
③ 司马光撰，李之亮笺注：《司马温公集编年笺注》卷五六《赐殿前都指挥使郝质辞恩命不允批答》，巴蜀书社 2009 年版，第 423 页。
④ 富弼：《上仁宗论武举武学》，《宋朝诸臣奏议》卷八二《武举》，第 892 页。
⑤ 《续资治通鉴长编》卷二七三，熙宁九年二月庚寅，第 6678 页。
⑥ 陈傅良：《历代兵制》卷八《本朝》，《景印文渊阁四库全书》第 663 册，第 479 页。

权虽重,而军政号令则在枢密院。"①"政事归于中书,故外戚不得挠,宦官不得干;兵典以枢密,宰相可知之而不可总之;三帅可总之而不可发之;发兵之权归枢密,而枢密置使必置副,欲彼此相制也。"②范祖禹则进一步指出:

> 祖宗制兵之法,天下之兵本于枢密,有发兵之权而无握兵之重;京师之兵总于三帅,有握兵之重而无发兵之权,上下相维,不得专制,此所以百三十余年无兵变也。③

为了防止军权旁落,特别是发兵权与统军权并归于臣下,北宋统治者虽然在禁军三衙之内实行"备则通治,阙则互摄"④的兼任制度,但通常却不允许枢密院和三衙的任职者互相兼职。如宋哲宗元祐(1086—1094年)时,三衙阙帅,一度以枢密副都承旨曹诵权马军司事。对此,朝臣范祖禹便上奏道:"臣伏见枢密副都承旨曹诵权马军司事,候姚麟回日依旧,虽非正授,止是暂权,然于事理有二不可……自唐室衰季以及五代,枢密之权偏重,动为国患,由手握禁旅又得兴发也。今副都承旨为枢密属官,权任管军,是本兵之地又得握兵,合而为一,非祖宗制兵之意。"⑤这一奏言,可谓一语切中要害。

就三衙与枢密院的关系而言,后者无疑是前者的上级机构。如苏辙明确指出:"方今京师之将,所任者谁乎? 匹夫小人以次当迁,而为之什百之长。此其为名,尚未离乎卒伍也。而其上之所统,独有三太尉。推而上之,则至于枢密使。"⑥事实上,除了宋初三衙将帅由君主钦点外,在以后更长的时间内,任命管军的名单便通常由枢密院向皇帝提供,如宋哲宗元祐七年(1092年),步军副都指挥使刘舜卿卒,枢密院要求按照惯例以殿前都虞候姚麟接替,垂帘听政的高太后认为不妥,枢府遂提出以步军都

---

① 《群书考索》后集卷一二《官制门》,第528页;《石林燕语》卷六记载类同,第80—81页。
② 《识遗》卷一《国有二权》,第519页。
③ 《范太史集》卷二六《论曹诵札子》,第305页。
④ 《宋会要辑稿》职官三二之三所引《神宗正史·职官志》,第3814页。
⑤ 《范太史集》卷二六《论曹诵札子》,第305页。
⑥ 《苏辙集》之《栾城应诏集》卷七《进策五道·第五道》,第1302页。

虞候刘斌代管的建议。不久，还是以姚氏出任步军副都指挥使之职，所谓："殿前都虞候、威州团练使姚麟为定州观察使、充步军副都指挥使，从枢密院所进拟也。"①再如元符三年（1100年），"诏枢密院具曾任管军及堪充管军人姓名以闻"。② 由此可见，在北宋君主集权体制下，三衙将帅受到严格的控制，其地位虽在军队中极为显赫，但却不足以祸乱朝政。

三、北宋三衙将帅的身份资格与军职升迁

北宋三衙将帅之职的任职资格，据《宋会要辑稿》所引《神宗正史·职官志》可知："殿前司、侍卫马军司、侍卫步军司都指挥使、副都指挥使、都虞候各一人，以节度使为都指挥使，而副都指挥使、都虞候无定员，以刺史以上充。"③《宋史》卷一六六《职官六》记载略同。这其实仅大体符合北宋时期的情况，但其前后也并非完全如此。

宋初两朝，出任三衙将帅的武将往往兼领节镇头衔。如北宋开国初三衙的首脑韩令坤、慕容延钊、石守信、高怀德以及张令铎等人，早在建国前已为节度使。王审琦、张光翰和赵彦徽在迁任殿前、侍卫马军及步军都指挥使之际，也分别从防御使升格为节度使。④ 而宋太祖对所重用的三衙都虞候也破格授衔，如杨信在出任殿前都虞候期间已迁授静江军节度使；⑤张廷翰在迁马军都虞候之际，也获迁彰国军节度使。⑥ 不过，像比杨信资历更深的张琼在任殿前都虞候期间，仅获得嘉州防御使的官衔。⑦需要说明的是，在宋太祖朝，殿前、侍卫马军及步军三司并不设副都指挥使。宋太宗时期，对新设的三衙副都指挥使通常给予节钺的身份。如在

---

① 《续资治通鉴长编》卷四七〇，元祐七年二月辛未，第11226页。
② 《宋会要辑稿》职官三二之六，第3816页。
③ 《宋会要辑稿》职官三二之三，第3814页。
④ 《续资治通鉴长编》卷一，建隆元年正月辛亥，第7—8页。
⑤ 《宋史》卷二六〇《杨信传》，第9016页。
⑥ 《宋史》卷二五九《张廷翰传》，第9008页。
⑦ 《宋史》卷二五九《张琼传》，第9009页。

其即位初,"以振武节度使、殿前都虞候白进超为殿前副都指挥使";①端拱(988—989 年)初,傅潜在任殿前副都指挥使时,也同时"领昭化军节度"。② 宋太宗对出任都虞候的某些亲信,往往也给予超迁,如在登基初,将李怀忠"稍迁侍卫步军都虞候、领大同军节度"。③

到宋真宗朝之后,特别是宋仁宗朝以降,三衙将帅的身份资格才大致与上述《神宗正史·职官志》相符。其中三衙都指挥使的情况与宋初两朝相同,而三衙副帅中殿前副都指挥使也享有了独尊的地位,通常可获得节镇的礼遇。如宋真宗朝,王汉忠以马军都指挥使、威塞军节度使的身份改任殿前副都指挥使,"改领保静军节度",④却并非属于贬官。康定初,马军副都指挥使高化改任殿前副都指挥使时,便从威武留后升为建武节度,但步军副都指挥使李用和同时改马军副都指挥使,却仍维持其永清留后的身份不变。⑤ 宋仁宗庆历五年(1045 年),步军副帅李昭亮接任殿前副都指挥使后,也同时从节度观察留迁为节镇。⑥ 可见,殿前副都指挥使的地位明显高于其他二司的副都指挥使。对此,宋人也指出:"五季,武夫悍卒,以军功进秩为节度使者,不可数计,而班在卿、监之下。太祖皇帝以节度使受禅,遂重其选,升其班于六曹侍郎之上","故恩数同执政官,而除拜锁院宣麻尤异焉",除宗室近亲、外戚、驸马"年劳久次"者外,即"殿帅而已,前宰执亦时有除拜者"。⑦ 而与此同时,侍卫马军和步军副帅的资格则逐渐降低,通常不再具有节钺身份。至于都虞候,则较之于宋初有了更为明显的下降。如宋仁宗时期,葛怀敏迁殿前都虞候、任福迁马军都虞候时,资格均为防御使;⑧宋神宗朝,林广任步军都虞候,为英州刺

---

① 《续资治通鉴长编》卷一九,太平兴国三年七月乙酉,第 432 页。
② 《宋史》卷二七九《傅潜传》,第 9473 页。
③ 《宋史》卷二六〇《李怀忠传》,第 9022 页。
④ 《宋史》卷二七九《王汉忠传》,第 9477 页。
⑤ 《续资治通鉴长编》卷一二九,康定元年十二月癸卯,第 3061 页。
⑥ 《续资治通鉴长编》卷一五六,庆历五年闰五月丙戌,第 3777—3778 页。
⑦ 《燕翼诒谋录》卷一,第 5 页。
⑧ 《续资治通鉴长编》卷一二九,康定元年十二月癸卯,第 3061 页。

史,改任马军都虞候时,升为卫州防御使;①宋哲宗即位后,李浩迁马军都虞候,拜忠州防御使;②等等。

通过以上变化,不难发现北宋时期出现了三衙将帅资格逐渐降低的趋势,而以三衙将帅为代表的这一变化,其实也是当时武将群体地位下降的一种体现。

北宋三衙将帅的高低次序,王曾瑜先生在《宋朝兵制初探》中已有论述,即北宋初为:侍卫马步军司正、副都指挥使,殿前司正、副都点检,侍卫马步军都虞候,殿前都指挥使,侍卫马军都指挥使,侍卫步军都指挥使,殿前副都指挥使,侍卫马军副都指挥使,侍卫步军副都指挥使,殿前都虞候,侍卫马军都虞候,侍卫步军都虞候等十四级。按照北宋时期的规矩,大致上步军副帅升迁马军副帅,马军副帅迁殿前副帅,殿前副帅再迁步军都帅,步军都帅迁马军都帅,马军都帅迁殿前都帅,殿前都指挥使再逐渐迁殿前正、副都点检,而殿前正、副都点检则转迁侍卫马步军司正、副都指挥使等。但事实上在宋初安排各军职升迁之时,也并非完全按照高低次序迁转,而是要由皇帝的信任程度来定。如宋太祖称帝之初,为了犒赏支持者,发布了如下任命状:石守信自义成节度使、殿前都指挥使迁为归德节度使、侍卫马步军副都指挥使,高怀德自江宁节度使、侍卫马军都指挥使升为义成节度使、殿前副都点检,张令铎自武信节度使、侍卫步军都指挥使迁为镇安节度使、侍卫马步军都虞候,王审琦自殿前都虞候、睦州防御使升为泰宁节度使、殿前都指挥使。另有张光翰和赵彦徽也都分别由禁军厢都指挥使升任侍卫马军、步军都指挥使。③

到宋太宗、真宗朝,殿前正副都点检、侍卫马步军正副都指挥使及马步军都虞候等官职被闲置起来后,三衙都指挥使便成为最高军职。其升

---

① 范纯仁:《范忠宣集》卷一三《侍卫亲军马军都虞候林侯墓志铭》,《景印文渊阁四库全书》第 1104 册,第 681 页。

② 《宋史》卷三五〇《李浩传》,第 11079 页。

③ 《续资治通鉴长编》卷一,建隆元年正月辛亥,但此条史料记载高怀德原官职为侍卫亲军马步军都指挥使,乃有误,第 6—7 页。据《宋史》卷二五〇《高怀德传》记载:高怀德本为侍卫亲军马军都指挥使,而非侍卫亲军马步军都指挥使。故据此改正,第 8822 页。

迁过程,是自步军都虞候逐渐至殿前都指挥使。在这一过程中,资历往往成为考虑的重要因素。如苏辙在宋哲宗朝所反映:"臣窃以祖宗故事,凡有管军,皆以资任先后相压,未尝轻有移易。自非战守功效尤异,岂可超授?"①宋真宗时,禁军大将高琼的上奏也指出:"臣事先朝时,侍卫都虞候以上,常至十员,职位相亚,易于迁改……"②

随着时间的推移,到宋真宗朝以后,三衙都指挥使也常常阙而不补。于是,三衙副都指挥使、都虞候以及捧日天武四厢都指挥使、龙神卫四厢都指挥使等所谓的"八披梯",成为三衙的各级管军。而这八个军职之间的升迁,大致仍保持了依次递补的规则。如宋仁宗康定元年(1040年),殿前副都指挥使郑守忠出知徐州,马军副都指挥使高化接替殿前副都指挥使;步军副都指挥使李用和迁马军副都指挥使;马军都虞候方荣接替步军副都指挥使;殿前都虞候孙廉出为天雄军副都部署,捧日天武四厢都指挥使葛怀敏迁殿前都虞候;龙神卫四厢都指挥使任福迁马军都虞候。而步军都虞候刘兴迁官昭武留后,"龙神卫四厢都指挥使孙廉、刘兴并落管军,仍诏步军都虞候、捧日天武四厢都指挥使皆未补人,俟边将有功者除之"。③ 庆历五年(1045年),殿前副帅李用和以老解职,其军职遂由步军副帅李昭亮接替。④ 再以宋神宗朝林广的军职升迁为例:林氏"以材勇隶捧日军,擢补殿前指挥使"。后因在西北作战有功,于元丰元年(1078年)擢龙神卫四厢都指挥使。次年,改捧日天武四厢都指挥使。元丰四年(1081年),再擢步军都虞候。同年底,以战功迁马军都虞候。⑤

由上可见,北宋中叶以来,禁军三衙各军职之间已层次分明,其迁转也有一定成规。《宋史》卷一六六《职官六》便记载:宋哲宗朝,签书枢密院事王岩叟上言:"祖宗以来,三帅不曾阙两人,若殿帅阙,难于从下超补,姚麟系殿前都虞候,合升作步军副都指挥使。"⑥御史中丞苏辙的奏言

---

① 《苏辙集》之《栾城集》卷四五《乞定差管军臣僚札子》,第799—800页。

② 《续资治通鉴长编》卷六一,景德二年十二月癸未,第1377页。

③ 《续资治通鉴长编》卷一二九,康定元年十二月癸卯,第3061页。

④ 《续资治通鉴长编》卷一五六,庆历五年闰五月丙戌,第3777页。

⑤ 《范忠宣集》卷一三《侍卫亲军马军都虞候林侯墓志铭》,第681页。

⑥ 《宋史》卷一六六《职官六·殿前司》,第3928页。

也反映："臣伏见管军臣僚见阙三人，顷者窃闻大臣议除张利一、张守约。陛下以谓二人皆资任浅下，用之则为躐等……特出圣意，欲用王文郁、姚兕。"①当然，因帝王的干预、臣僚的好恶等因素，打破成规迁补三衙将帅的现象也仍然存在。如宋英宗时，张方平提出的异议即从反面说明了这一状况："臣窃观国朝故事，所除军职或以边功，或以劳旧，或以肺附（即肺腑），据其资任，视其理历，有即直除马步军副都指挥使、都虞候者，不必自四厢稍迁，其例甚多。近日所补军职，人材器略多无素望，至于累劳，亦无显效，短中取长，苟备员而已。又递迁迅速，曾微事功，如郭逵自诸司使除龙神卫四厢都指挥使，不五年已迁殿前都虞候。旧事，倘未有人，且虚其员，俾之兼权，以待劳能，未为妨阙。"②

至于北宋三衙管军"八披梯"的候补人员，则通常依照禁军迁转之制拔擢。《宋史》卷一九六《兵十》对迁补之制有这样的表述："自殿前、侍卫马步军校，每遇大礼后，各以次迁，谓之'转员'。转员至军都指挥使，又迁则遥领刺史，又迁为厢都指挥使，遥领团练使。员溢，即从上罢军职，为正团练使、刺史之本任，或有他州总管、钤辖……殿前左右班都虞候遥领刺史，即与捧日军都指挥使通，以次迁捧日、龙卫厢都指挥使，仍遥领团练使。若员溢，即为正刺史补外，他如诸军例递迁。"③《东斋记事》卷二也有如下类似记载：

> 殿前司捧日、天武军司，龙卫步军司，神卫马军司，谓之上四军。合左右厢，厢各三军，每军五指挥，各有都指挥使一员，都虞候副之。又有第四军，以处所退年高者，无都指挥使，止有都虞候。殿前司又有神勇、宣武、骁骑各上下军二十指挥，又有宁朔、骁胜各十指挥，虎翼左右各三军，军各十指挥。并有都指挥使、都虞候。马军司有云骑、武骑各十指挥。步军司有虎翼左右各三军，军十指挥，每军各有都指挥使一员，都虞候副之。遇转员，各以次迁补。凡迁至军指挥

----

① 《苏辙集》之《栾城集》卷四五《乞定差管军臣僚札子》，第 799 页。
② 《乐全集》卷二四《论除兵官事》，第 523 页。
③ 《宋史》卷一九六《兵十·迁补之制》，第 4877 页。

使,遥领团练,员溢,即上落军职为正、副使之本任。①

从以上记载可以看出,禁军军校转迁至军都指挥使、厢都指挥使,分别可获授遥郡刺史、团练使,随之即可出任地方部署、钤辖等统兵官。事实上,在这一迁转过程中,往往同时又可获得武阶诸使级别上的升迁。在出守地方一定期限后,或凭借军功,或依赖资历,便能够跻身三衙管军之列。如以宋神宗朝的刘昌祚为例:刘氏在西北从军,以战功先后迁作坊使、熙河路都监、皇城使、荣州刺史、秦凤路钤辖、西上阁门使、果州团练使、知河州,元丰四年(1081年)为泾原副都总管。其后,"加龙神卫四厢都指挥使,知延州"。宋哲宗即位,"进步军都虞候、雄州团练使、知渭州"。②

四、北宋三衙将帅职务的阙如与权摄

北宋时期,三衙长贰之职的实际设置,其实从未做到完整划一。大致而言,宋初三衙各职的阙如情况通常较少,而从宋真宗朝开始,逐渐出现了或军职空缺不补,或长时间以低职摄管本司事,甚至出现以一职而管辖两司事的情况。

《神宗正史·职官志》云:"殿前司、侍卫马军司、侍卫步军司都指挥使、副都指挥使、都虞候各一人,以节度使为都指挥使,而副都指挥使、都虞候无定员,以刺史以上充。备则通治,阙则互摄。掌禁卫军之政令,随其官名所隶而分领之。"③据此可见,"备则通治,阙则互摄"成为三衙内一条重要的任职原则。如景德二年(1005年),侍卫步军司一度无主官,遂由马军都指挥使葛霸代管。当葛霸患病后,再由殿前都指挥使高琼兼领。高琼因此上奏说:"臣衰老,倘又有犬马之疾,则是一将总此三职。臣事先朝时,侍卫都虞候以上,常至十员,职位相亚,易于迁改……"云云。④

---

① 《东斋记事》卷二,第19页。
② 《宋史》卷三四九《刘昌祚传》,第11054—11055页。
③ 《宋会要辑稿》职官三二之三,第3814页。
④ 《续资治通鉴长编》卷六一,景德二年十二月癸未,第1377页。

现据《续资治通鉴长编》与《宋史》有关传等资料,以北宋前三朝三衙为代表,按照其长贰任职时间顺序列举出下表,以说明当时三衙将帅阙如的变化情况。

北宋前三朝三衙将帅任职时间表

时间	殿前司	侍卫马军司、侍卫步军司	
建隆元年（960 年）	都点检慕容延钊,副都点检高怀德,都指挥使王审琦,都虞候赵光义	马步军都指挥使李重进、韩令坤,马步军副都指挥使石守信,马步军都虞候张令铎,马军都指挥使张光翰、韩重赟,步军都指挥使赵彦徽、罗彦瓌	
建隆二年（961 年）	都指挥使韩重赟,都虞候张琼	马军都指挥使刘廷让	步军都指挥使崔彦进
乾德元年（963 年）	都指挥使韩重赟,都虞候杨信	同上	同上
乾德二年（964 年）	同上	同上	步军都指挥使崔彦进,权步军司王继勋
乾德四年（966 年）	同上	同上	步军都指挥使崔彦进,权步军司杜审琼、党进
乾德五年（967 年）	都虞候杨信	马军都指挥使刘廷让,都虞候张廷翰	步军都指挥使党进,都虞候李进卿
开宝二年（969 年）	同上	马军都指挥使刘廷让,都虞候李进卿	步军都指挥使党进
开宝六年（973 年）	都指挥使杨信,都虞候李重勋	马军都指挥使党进,都虞候李汉琼	步军都指挥使李进卿,都虞候刘遇
太平兴国二年（977 年）	都指挥使杨信,都虞候李重勋	马军都指挥使党进,都虞候李汉琼,马军都指挥使白进超	步军都虞候刘遇、李怀忠
太平兴国三年（978 年）	都虞候、副都指挥使白进超	马军都指挥使白进超,马军都虞候米信	步军都指挥使李怀忠,步军都虞候田重进
太平兴国四年（979 年）	副都指挥使白进超,都虞候崔翰	马军都虞候米信	步军都虞候田重进
太平兴国五年（980 年）	都指挥使白进超,权都虞候赵延溥,都虞候刘廷翰	马军都虞候米信	同上
太平兴国六年（981 年）	都虞候刘廷翰	马军都指挥使米信	步军都指挥使田重进

时间	殿前司	侍卫马军司、侍卫步军司	
雍熙三年 （986年）	都虞候刘廷翰	马军都指挥使米信，马军都虞候李继隆，步军都指挥使田重进，步军都虞候戴兴，马步军都虞候田重进	
端拱元年 （988年）	都虞候刘廷翰、王昭远	马军都指挥使李继隆，马军都虞候王荣	步军都指挥使戴兴，步军都虞候元达
端拱二年 （989年）	都指挥使刘廷翰，都虞候孔守正、范廷召	马军都指挥使李继隆，马军都虞候王汉忠	步军都指挥使戴兴、高琼，步军都虞候元达
淳化元年 （990年）	副都指挥使、都指挥使戴兴，都虞候范廷召、葛霸	马军都指挥使李继隆，马军都虞候王汉忠	步军都指挥使高琼
淳化二年 （991年）	都指挥使戴兴，都虞候王超	同上	同上
淳化三年 （992年）	都指挥使戴兴，都虞候王超	马步军都虞候傅潜，马军都指挥使李继隆，马军都虞候王汉忠，步军都指挥使高琼	
至道二年 （996年）	都指挥使王超，都虞候范廷召	马步军都虞候傅潜，马军都指挥使李继隆，步军都指挥使高琼，步军都虞候丁罕	
至道三年 （997年）	都指挥使王超，都虞候葛霸	马步军都虞候傅潜，马军都指挥使范廷召，步军都虞候丁罕	
至道末	都指挥使王超，都虞候葛霸	马步军都虞候傅潜，马军都指挥使范廷召，马军都虞候康保裔，步军都虞候丁罕	
咸平二年 （999年）	都指挥使王超，权都虞候张进	同上	
咸平三年 （1000年）	都虞候葛霸，都指挥使范廷召，副都指挥使葛霸	马步军都虞候王超，马军副都指挥使王汉忠，马军都虞候康保裔，步军都指挥使高琼，步军都虞候张进	
咸平四年 （1001年）	都指挥使高琼，副都指挥使王汉忠，都虞候王继忠，权都虞候刘谦	马步军都虞候王超，马军都指挥使葛霸，步军副都指挥使桑赞	
咸平五年 （1002年）	都指挥使高琼，都虞候王继忠	同上	
咸平六年 （1003年）	都指挥使高琼，权都虞候刘谦	同上	
景德元年 （1004年）	都指挥使高琼	马步军都虞候王超，马军都指挥使葛霸，马军都虞候刘谦，步军都虞候王隐，权步军都指挥使刘谦，步军副都指挥使桑赞	

时间	殿前司	侍卫马军司、侍卫步军司	
景德二年 （1005 年）	都指挥使高琼，副都指挥使刘谦，都虞候曹璨、张凝	马军都指挥使葛霸，马军副都指挥使曹璨，马军都虞候张耆（旻）	步军副都指挥使桑赞、王隐
景德四年 （1007 年）	副都指挥使刘谦，都虞候张凝	马军都副指挥使王隐，马军都虞候张耆	步军副都指挥使王隐
大中祥符元年（1008 年）	都指挥使曹璨、刘谦，都虞候李继和	马军都虞候张耆	步军都虞候郑诚、袁贵
大中祥符三年（1010 年）	都指挥使曹璨，副都指挥使刘谦，都虞候张耆	马军副都指挥使张耆	步军副都指挥使王能
大中祥符七年（1014 年）	同上	马军副都指挥使张耆，马军都虞候高翰	同上
大中祥符八年（1015 年）	都指挥使曹璨	马军都指挥使张耆	步军副都指挥使王能
大中祥符九年（1016 年）	都指挥使曹璨，都虞候蔚昭敏	马军都指挥使张耆，副都指挥使蔚昭敏，马军都虞候靳忠	步军都指挥使王能
天禧二年 （1018 年）	都指挥使曹璨	马军副都指挥使蔚昭敏	步军都指挥使王能
天禧三年 （1019 年）	都指挥使曹璨，都虞候、权殿前司公事夏守恩	马军副都指挥使蔚昭敏、王守赟，马军都虞候、权马军司公事刘美	步军都虞候冯守信
天禧四年 （1020 年）	副都指挥使蔚昭敏，都虞候夏守恩	马军都指挥使王守赟，马军都虞候刘美、杨崇勋	步军副都指挥使冯守信
天禧五年 （1021 年）	副都指挥使蔚昭敏，都虞候夏守恩	马军都虞候刘美、杨崇勋	步军副都指挥使冯守信

根据上表，可以清楚地看到即使在北宋前三朝，三衙将帅之职也存在空缺的情形，如宋太祖乾德五年（967 年）至开宝六年（973 年）期间，殿前司唯有都虞候杨信一人，实际主管殿前司达六年之久。在宋太宗太平兴国四年（979 年）到太平兴国五年（980 年），侍卫马军司也只有都虞候米信负责。但此时三衙将帅配备大致上还算完整。及至澶渊之盟后，三衙将帅阙如的现象已不少见，于是便有高琼的上述反映。这种现象到宋仁宗朝以后，便更加突出。于是宋初偶尔使用的"权"三衙某司公事之职，

遂常常出现,此外又有"权管勾""勾当"三衙某司公事等代理性职务。所谓:"资序浅则主管本司公事。"①如张方平所反映:"昨差出许怀德后,马步军皆阙都帅,遂自环庆路抽回殿前都虞候王元,令权勾当步军司公事。其王元又已年老衰病,至于总司军政,亦恐精力不逮。"②再如宋哲宗朝范祖禹所说的情况:"臣伏见枢密副都承旨曹诵权马军司事,候姚麟回日依旧,虽非正授,止是暂权。"云云。③ 至于宋徽宗、钦宗二朝,三衙各机构中,管军职务残缺不全的情况就更为严重,如殿前司长期由高俅独自控制;④步军司则在相当长的时间内唯有管勾步军司何灌一个角色。⑤ 此为末世之相,更不足为怪。

第二节　北宋三衙将帅的任职、出身及角色地位的下降

一、北宋时期三衙将帅的任职名录

三衙将帅作为北宋武将群体的核心人物和军队的重要代表,其角色、地位及作用都显而易见,因此统计和整理北宋各朝的三衙将帅名录,对进一步分析有关当时武将的诸多问题很有意义。但遗憾的是,由于三衙在北宋的地位远不如东西二府重要,其任职人员、时间等情况遂缺乏完整系统的记载,没有如《宋史·宰辅年表》和《宋宰辅编年录》等记录宰执大臣任职情况的资料。现存南宋人郭倪所撰《侍卫马军司题名记》(保存于周应合《景定建康志》卷二六《官守志·侍卫马军司》中),是有关侍卫马军

---

① 《群书考索》后集卷一二《官制门》,第 528 页。
② 《乐全集》卷二四《论补军职》,第 523 页。
③ 《范太史集》卷二六《论曹诵札子》,第 305 页。
④ 《宋会要辑稿》职官三二之九,第 3817 页。
⑤ 《宋史》卷三五七《何灌传》,第 11226 页。

司长贰的较为完整的资料,但殿前司和侍卫步军司将帅的情况,便无系统、全面的记录。笔者现除了依据《侍卫马军司题名记》的史料外,更全面梳理了《续资治通鉴长编》和《宋史》本纪及武将传的文献,并借助河北大学宋史研究中心整理的《续资治通鉴长编》电子文本检索系统加以核查,此外,还尽可能地搜集了《宋会要辑稿》以及宋人文集中的有关资料,将北宋时期三衙将帅依照任职前后顺序排列出来。

需要说明两点的是:其一,以下名录中出自《续资治通鉴长编》和《侍卫马军司题名记》中的资料占多数,为节省篇幅,故通常不再一一注明出处,而引自其他文献的资料,则加以注明;其二,依照《侍卫马军司题名记》的惯例,名录收取的范围限于三衙都虞候及以上将帅,对于权摄三衙管军职责的捧日天武四厢都指挥使及龙神卫四厢都指挥使,则不予收录。

北宋时期三衙长贰任职名录

殿前司

宋太祖朝

殿前都点检慕容延钊,副都点检高怀德;

殿前都指挥使王审琦、韩重赟、杨信;

殿前都虞候赵光义、张琼、杨信、李重勋。

宋太宗朝

殿前都指挥使杨信、刘廷翰、戴兴、王超;

殿前副都指挥使白进超、傅潜、戴兴;

殿前都虞候李重勋、白进超、崔翰,权都虞候赵延溥、都虞候刘廷翰、王昭远、傅潜、孔守正、范廷召、葛霸、王超、王汉忠。

宋真宗朝

殿前都指挥使王超、范廷召、高琼、曹璨、王守赟,[①]权殿前司公事夏守恩

————

① 《续资治通鉴长编》卷九五,天禧四年六月丙申条、《侍卫马军题名记》均称王守赟,第2199页。《宋大诏令集》则称王守斌,当为王守赟之误,故在此以前者为准。

殿前副都指挥使葛霸、王汉忠、刘谦、蔚昭敏；

权殿前都虞候张进，都虞候葛霸、王继忠，权都虞候刘谦，都虞候曹璨、张凝、李继和、张耆、蔚昭敏、夏守恩。

宋仁宗朝

殿前都指挥使蔚昭敏、王守赟、①夏守赟、李用和、李昭亮、许怀德；

殿前副都指挥使蔚昭敏、杨崇勋、夏守赟、郑守忠、高化②、李用和、李昭亮、郭承祐、许怀德、李璋；

殿前都虞候夏守恩、郭承祐、王德用、③高继勋、④李用和、⑤刘平、石元孙、孙廉、葛怀敏、李昭亮、郭承祐、许怀德、⑥李继和、⑦狄青、⑧张茂实、王凯、⑨王元、⑩李璋、⑪马怀德、曹佾、贾逵。⑫

宋英宗朝

殿前都指挥使李璋；

殿前副都指挥使李璋、⑬郝质；

殿前都虞候郭逵、郝质、宋守约、窦舜卿。

宋神宗朝

殿前都指挥使郝质、贾逵；⑭

① 《宋大诏令集》卷九九《殿帅王守斌罢军职移镇加恩制》，第363页。
② 《宋史》卷三二三《高化传》，第10456页。
③ 《宋史》卷二七八《王超传附德用》，第9467页。
④ 《宋史》卷二八九《高琼传附继勋》，第9695页。
⑤ 《宋史》卷四六四《外戚中·李用和传》，第13565页。
⑥ 《宋史》卷三二四《许怀德传》，第10477页。
⑦ 《宋史》卷二五七《李处耘传附继和》，第8974页。
⑧ 《武溪集》卷一九《宋故狄令公墓铭》，第308页。
⑨ 蔡襄：《端明集》卷一〇《马军都虞候王凯可殿前都虞候，步军都虞候王达马军都虞候制》，《景印文渊阁四库全书》第1090册，第423页。
⑩ 《乐全集》卷二四《论补军职》，第523页。
⑪ 沈遘：《西溪集》卷四《殿前都虞候、太平军节度观察留后李璋奏百姓医生王逢辰可试国子四门助教》，《景印文渊阁四库全书》第1097册，第35页。
⑫ 《宋史》卷三四九《贾逵传》，第11051页。
⑬ 王珪：《华阳集》卷二六《赐殿前副都指挥使、武康军节度使李璋免恩命第一表不允批答》，中华书局1985年版，第271页。
⑭ 《宋史》卷三四九《贾逵传》，第11051页。

殿前副都指挥使贾逵,权副都指挥使杨遂,副都指挥使杨遂、卢政、燕达;

殿前都虞候窦舜卿、苗授、卢政、刘昌祚、刘舜卿。

宋哲宗朝

殿前都指挥使燕达,权殿前司事、步军都虞候姚麟,都指挥使姚麟;

殿前副都指挥使苗授、①刘昌祚、姚麟;

殿前都虞候刘昌祚、刘舜卿、姚麟、王文郁。

宋徽宗朝

殿前都指挥使姚麟、②王恩、③高俅④;

殿前副都指挥使曹评、⑤刘延庆;⑥

殿前都虞候曹曚。⑦

宋钦宗朝

主管殿前司王宗濋;⑧

殿前副都指挥使王宗濋、⑨姚古。⑩

侍卫马军司

宋太祖朝

马步军都指挥使李重进、韩令坤、石守信,马步军副都指挥使石守信,马步军都虞候张令铎;

---

① 《苏轼文集》卷四二《赐新除殿前副都指挥使、武泰军节度使苗授辞免恩命第二表不允批答口宣》,第 1221 页。

② 《宋史》卷三四九《姚兕传附麟》,第 11059 页。

③ 《宋史》卷三五〇《王恩传》,第 11089 页。

④ 《宋会要辑稿》职官三二之八,第 3816 页。

⑤ 《宋史》卷四六四《外戚中·曹佾传附评》,第 13574 页。

⑥ 杨仲良:《续资治通鉴长编纪事本末》卷一四一《徽宗皇帝·讨方贼》第 8 册,北京图书馆出版社 2003 年版,第 4424 页。

⑦ 《侍卫马军题名记》作曹濛,当为曹曚之误,考证见前述,第 1766 页。

⑧ 徐梦莘:《三朝北盟会编甲集》卷三四,靖康元年二月五日,上海古籍出版社 1987 年版,第 255 页。

⑨ 《宋史》卷二三《钦宗纪》,第 424 页。

⑩ 《宋史》卷二三《钦宗纪》,第 425 页。

马军都指挥使张光翰、韩重赟、刘廷让、①党进；

马军都虞候张廷翰、李进卿、李汉琼。

　　宋太宗朝

马步军都虞候田重进、傅潜；

马军都指挥使白进超、李怀忠、②米信，权马军都指挥使刘延翰，③马军都指挥使李继隆、范廷召；

马军都虞候李汉琼、米信、李继隆、王荣、王汉忠、王汉忠、康保裔。

　　宋真宗朝

马步军都虞候傅潜、王超；

马军都指挥使范廷召、葛霸、张耆，权马军司公事刘美；

马军副都指挥使王汉忠、曹璨、王隐、张耆、蔚昭敏、王守赟；

马军都虞候康保裔、刘谦、张耆、高翰、④王守赟、靳忠、刘美、杨崇勋。

　　宋仁宗朝

马军都指挥使王守赟、杨崇勋、夏守赟、高继勋、范恪、周美⑤、郝质；

马军副都指挥使彭睿、郑守忠、高化、高继勋、李用和、曹琮、许怀德、郭承祐、狄青、周美、张茂实、范恪、李璋；

马军都虞候杨崇勋、夏守赟、郝荣、康继英、张遵、高继勋、石斌、王德用、郑守忠、张昭远、张守遵、张潜、许怀信、刘平、石元孙、孙廉、方荣、任福、王元、王信、周美、张茂实、范全、王凯、王达、⑥纪质、王从政、⑦王兴、孟

---

　　①　《侍卫马军司题名记》则作刘匡义。按：宋太祖朝，刘匡义因避讳当改名光义。《宋史》卷二五九《刘廷让传》云："刘廷让字光义，其先涿州范阳人。""兴师伐蜀，为西川行营前军兵马副都部署。"（第9002页）；《续资治通鉴长编》卷五，乾德二年十一月甲戌条云："宁江节度使、侍卫马军都指挥使刘光义为归州路副都部署。"（第134页）故刘廷让与刘匡义为同一人。

　　②　《宋会要辑稿》礼四一之五〇，第1665页。

　　③　《宋史》卷二六〇《刘廷翰传》则作刘廷翰，实为同一人，第9025页。

　　④　《侍卫马军题名记》对高翰无具体军职记载，故在此暂列入都虞候中，第1763页。

　　⑤　《宋会要辑稿》礼四一之五一，第1665页。

　　⑥　《端明集》卷一〇《马军都虞候王凯可殿前都虞候，步军都虞候王达马军都虞候制》，第423页。

　　⑦　见王珪：《华阳集》卷二二《步军都虞候王从政可马军都虞候，捧日天武四厢都指挥使王兴可步军都虞候制》，第271页。

元、郝质、马怀德、贾逵、宋守约。

宋英宗朝

马军都指挥使郝质；

马军副都指挥使贾逵；

马军都虞候郭逵、窦舜卿、杨遂。

宋神宗朝

权马军司事刘永年；①

马军副都指挥使贾逵、杨遂、卢政、燕达；

马军都虞候杨遂、卢政、张玉、刘永年、燕达、苗授、林广。

宋哲宗朝

权管勾马军司公事姚麟，②管勾马军司张整；③

马军副都指挥使姚麟；

马军都虞候刘昌祚、刘舜卿、李浩、吕真、王崇拯、王恩、张整。

宋徽宗朝

权马军司事曹诵，④权勾当马步军司公事曹诱，⑤马军都指挥使曹诵、王恩，权管勾马军司公事贾崇，⑥管勾马军司公事曹曚，马军都指挥使郭仲荀；

马军副都指挥使徐和、曹评、高俅、郭仲、种师道、⑦王元、种师中，⑧马军都虞候徐和、刘德、刘法、杜大忠、何灌。

宋钦宗朝

管勾马军司公事李邈，马军都指挥使郭仲荀、曹曚，权侍卫马军司公

---

① 《宋会要辑稿》礼四一之五一，第1665年。

② 《苏轼文集》卷四二《赐权管勾马军司公事姚麟已下罢散兴龙节道场酒果口宣》，第1223页。

③ 《宋史》卷三五〇《张整传》，第11087页。

④ 《范太史集》卷二六《论曹诵札子》，第305页。

⑤ 《宋会要辑稿》职官三二之六、七，第3816页。

⑥ 邹浩：《道乡先生邹忠公文集》卷三四《神龙卫四厢都指挥使、宁州刺史贾公墓志铭》，《宋集珍本丛刊》第31册，线装书局2004年版，第258页；《宋会要辑稿》礼二九之六九，第1360页。

⑦ 《宋大诏令集》卷一〇二《种师道保静军节度使制》，第379页。

⑧ 《宋史》卷三三五《种世衡传附师中》，第10754页。

事薛安；

　　马军副都指挥使曹曚、种师道、①王稟、②郭仲荀；③

　　马军都虞候刘光世。④

　　　　侍卫步军司

　　　　宋太祖朝

　　马步军都指挥使李重进、韩令坤、石守信，马步军副都指挥使石守信，马步军都虞候张令铎；

　　步军都指挥使赵彦徽、罗彦瓌、崔彦进，权步军司王继勋、杜审琼、党进，步军都指挥使党进、李进卿；

　　步军都虞候李进卿、刘遇。

　　　　宋太宗朝

　　马步军都虞候田重进、傅潜；

　　步军都指挥使李怀忠、田重进、戴兴、高琼；

　　步军都虞候刘遇、李怀忠、田重进、戴兴、元达、丁罕。

　　　　宋真宗朝

　　马步军都虞候傅潜、王超；

　　步军都指挥使高琼，权步军都指挥使刘谦、王能；

　　步军副都指挥使桑赞、王隐、⑤王能、冯守信；

　　步军都虞候丁罕、张进、王隐、郑诚、袁贵、冯守信。

　　　　宋仁宗朝

　　步军都指挥使张潜，⑥权管勾步军司事王凯，摄步军都指挥使王凯，权勾当步军司公事王元；⑦

---

　　①　《宋史》卷三三五《种世衡传附师道》，第 10751 页。

　　②　《宋史》卷二三《钦宗纪》，第 429 页。

　　③　《续资治通鉴长编纪事本末》卷一四九《钦宗皇帝·二圣北狩》，第 4647 页；《宋史》卷二四三《后妃下·哲宗昭慈孟皇后》，第 8635 页。

　　④　《宋史》卷三六九《刘光世传》，第 11479 页。

　　⑤　《宋大诏令集》卷九七《王隐加恩制》，第 356 页。

　　⑥　《宋会要辑稿》礼四一之五一，第 665 页。

　　⑦　《乐全集》卷二四《论补军职》，第 523 页。

步军副都指挥使夏守恩、彭睿、王德用、李用和、高继勋、方荣、曹琮、李昭亮、夏守赟、①刘平、张潜、②狄青、③周美、④王信、郝质、马怀德、⑤范恪、⑥王凯、张茂实（即张孜）、⑦贾逵、宋守约；

步军都虞候王德用、⑧夏守赟、⑨高继勋、曹仪、张昭远、刘平、石元孙、孙继邺、刘兴、王信、狄青、孟元、马怀德、李珣、赵滋、纪质、王从政、⑩王达、安俊、⑪贾逵、宋守约、郭逵、⑫王兴。⑬

宋英宗朝

步军副都指挥使贾逵、⑭宋守约；

步军都虞候郭逵⑮、杨文广、杨遂。

宋神宗朝

管勾步军都指挥使兼管勾马军司刘永年，步军都指挥使刘永年，⑯权

---

①　《宋史》卷二九〇《夏守恩传附守赟》，第9716页。

②　宋庠：《元宪集》卷三〇《赐步军副都指挥使张潜已下启圣院罢乾元节道场香合酒果》，《景印文渊阁四库全书》第1087册，第634页。

③　《武溪集》卷一九《宋故狄令公墓铭》，第308页。

④　《文恭集》卷一七《狄青可安远军节度亲察留后加食邑五百户周美可检校兵部尚书、耀州刺史、充侍卫亲军步军副都指挥使、耀州观察使、加食邑五百户实封二百户制》，第204—205页。

⑤　《宋会要辑稿》职官三二之三，第3814页。

⑥　《端明集》卷一二《起复云麾将军、宣州管内观察使、侍卫亲军步军副都指挥使范恪可银青光禄大夫，余并依旧制》，第441页。

⑦　《端明集》卷一〇《步军副都指挥使、观察使张茂实可马军副都指挥使、节度观察留后制》，第423页。

⑧　《宋史》卷二七八《王超传附德用》，第9467页。

⑨　《宋史》卷二九〇《夏守恩传附守赟》，第9716页。

⑩　《文恭集》卷二六《赐侍卫亲军步军都虞候王从政敕书》，第320页。

⑪　《宋史》卷三二三《安俊传》，第10468页。

⑫　杜大珪：《名臣碑传琬琰集》中卷一三《郭将军墓志铭》，《景印文渊阁四库全书》第450册，第306页。

⑬　《华阳集》卷三八《捧日天武四厢都指挥使王兴可步军都虞候制》，第386页。

⑭　《宋史》卷三四九《贾逵传》，第11051页。

⑮　《名臣碑传琬琰集》中卷一三《郭将军墓志铭》，第306页。

⑯　王安礼：《王魏公集》卷二《马军都虞候、金州观察使燕达可依前官充马军副都指挥使，殿前都虞候、深州防御使刘永年可邕州观察使充步军都指挥使制》，《景印文渊阁四库全书》第1100册，第12页。

管勾步军司燕达；

步军副都指挥使宋守约、杨遂、刘永年①；

步军都虞候张玉、卢政、燕达、刘永年、苗授、林广、刘昌祚。

　　　宋哲宗朝

步军副都指挥使苗授、刘昌祚、刘舜卿、姚麟、曹诵②；

步军都虞候姚麟、和斌、刘斌、曹诵、贾嵓。

　　　宋徽宗朝

步军都指挥使王恩，管勾步军司何灌③；

步军副都指挥使曹诵(同上)、曹评、刘仲武、姚雄、刘延庆、种师中；

步军都虞候折可适、王禀④、何灌。

　　　宋钦宗朝

管勾步军司何灌(同上)；

步军都虞候何灌(同上)。

　　因资料所限，上述名录中很可能存在遗漏的情况，另外，其中个别人的任职情况也可能不够准确。如《宋史》卷四六四《外戚中·李用和传附璋》云：李璋在宋仁宗朝累迁武胜军节度使、殿前都指挥使。"仁宗书'忠孝李璋'字并秘书赐之。"⑤但《续资治通鉴长编》则记载宋英宗即位，有殿前副都指挥使李璋云云，⑥则李璋为殿前都指挥使的时间，应在宋英宗朝。不过，以上名录基本上还是能够反映北宋的三衙将帅及总体任职情况，并为进一步探讨三衙将帅的出身及其变化提供了依据。

---

① 《宋会要辑稿》礼四一之五一，第 665 页。
② 《宋会要辑稿》礼二九之七一，第 1361 页。
③ 《宋史》卷三五七《何灌传》，第 11226 页。
④ 《续资治通鉴长编纪事本末》卷一一四一《徽宗皇帝·讨方贼》，第 4425 页。
⑤ 《宋史》卷四六四《外戚中·李璋传》，第 13566 页。
⑥ 《续资治通鉴长编》卷一九八，嘉祐八年四月癸酉，第 4793 页。

二、北宋三衙将帅的出身背景

北宋时期,出任三衙将帅者人数众多,其出身背景不同,前后也有一定变化,这都或多或少影响到其角色和职责的履行。以下就北宋各个时期三衙长贰的出身背景作进一步的分析。

宋太祖一朝,最初的侍卫马步军都指挥使、后周旧臣李重进因反叛很快被镇压。韩令坤和慕容延钊虽同属后周宿将,但因认同新生的赵宋王朝并与赵匡胤素来交好,遂在宋开国不久出任侍卫马步军和殿前二司的最高军职;石守信、高怀德、王审琦、张令铎、张光翰及赵彦徽等人,则是赵匡胤发动兵变的主要支持者,自然都得到重用,在宋太祖登基数日后便分任禁军重要将帅之职,史称:"官爵阶勋并从超等,酬其翊戴之勋也。"①至于赵光义出任殿前都虞候一职,乃在于其为宋太祖胞弟的缘故。

如所周知,宋太祖赵匡胤汲取以往武人跋扈、兵变篡权的深刻教训,厉行收兵权方针。于是,在巩固政权的同时,逐渐撤换了以上握有兵权的将帅,继任者由宋太祖的亲近下属和外戚成员组成。其中韩重赟和罗彦瓌在后周末年分任控鹤军都指挥使、散指挥都虞候,都是当时殿前都点检赵匡胤的直属部下,所以,韩氏也有"翊戴之功",罗氏在关键时刻还仗剑胁迫后周宰相范质等人归顺。因此,宋太祖罢免功臣将领张光翰及赵彦徽军职后,将韩、罗二人分别提拔为侍卫马、步军都指挥使。② 刘廷让、崔彦进、张琼、杨信、李进卿、党进、张廷翰、李重勋、刘遇及李汉琼也是赵匡胤的早年旧部(俱见《宋史》本传)。而张琼和杨信更是当年赵匡胤身边的亲信军校。史称:张琼"少有勇力,善射,隶太祖帐下。"在周世宗征淮南时,他曾舍身保护过赵匡胤。故宋太祖"及即位,擢典禁军"。③ 杨信,

---

① 《续资治通鉴长编》卷一,建隆元年正月辛亥,第7页;并见《宋史》本传。

② 《宋史》卷二五〇《韩重赟传》《罗彦瓌传》,第8823、8828页。但《韩重赟传》记载韩重赟被提拔为马步军都指挥使,当为马军都指挥使之误。

③ 《宋史》卷二五九《张琼传》,第9009页。

"显德中,隶太祖麾下为裨校",①张琼因遭到猜忌被赐死后,杨信遂接替其职。在韩重赟罢任后,杨氏以殿前都虞候的身份独掌殿前司六年之久。开宝六年(973年),其再升为殿前都指挥使。② 宋太祖朝,外戚出身的三衙将帅有王继勋和杜审琼二人,其有关情况已见前述。乾德二年(964年),侍卫步军都指挥使崔彦进出征后蜀,王继勋权侍卫步军司公事。乾德四年,王氏因暴虐被"夺其军职","削夺官爵",于是"诏审琼兼点检侍卫步军司事",但杜氏不久病死。③

宋太宗赵光义即位伊始,沿用了以往禁军三衙将帅。但宋太宗在帝位稳固后,便很快罢免了党进、李汉琼和刘遇的典军将帅之职。次年,当李重勋、杨信病死④后,三衙长贰已经完全更换。对此后宋太宗任用的二十一位三衙将帅的出身进行分析,可以发现有半数属于宋太宗藩邸亲随出身者,藩邸之外的武将也有半数,另有外戚一人。考诸有关史料记载可知,非藩邸出身者有白进超、李怀忠、崔翰、米信、田重进、刘廷翰、范廷召、康保裔、孔守正及丁罕等十人,其任职时间大多在宋太宗朝前期。据《续资治通鉴长编》卷一九记载,太平兴国三年(978年)七月,白氏出任殿前副都指挥使时已具有殿前都虞候、节度使的身份,而此时距宋太宗称帝不足两年,可见白氏原本地位较高。除白进超外,其余九人在宋太宗登基时,大都不过是中级武将,在禁军中的地位不算太高,所以才得到宋太宗的提拔,先后成为三衙将帅(俱见《宋史》本传)。

宋太宗藩邸亲随出身的三衙将帅有戴兴、王超、傅潜、赵延溥、王昭远、高琼、王汉忠、葛霸、元达及王荣等十人,其有关出身情况已见第一章所述。戴兴等人之所以升迁迅速,先后分居三衙将帅要职,皆因有潜邸出身的特殊背景。至于外戚出身的李继隆,是宋初枢密副使李处耘之子,又是宋太宗皇后李氏的兄弟。故宋太宗即位后,任命其长期掌管侍卫马军

---

①　《宋史》卷二六〇《杨信传》,第9016页。

②　《续资治通鉴长编》卷一四,开宝六年九月辛未,第308页。

③　《续资治通鉴长编》卷七,乾德四年五月庚寅、六月己亥,第172页;《宋史》卷四六三《外戚传上·王继勋传》《外戚传上·杜审琼传》,第13542、13536页。

④　《续资治通鉴长编》卷一九,太平兴国三年三月癸卯、五月壬寅,第424、429页。

司,史称:"在太宗朝,特被亲信。"①

宋真宗时期,已知三衙二十八位将帅中,有八人属于留用的前朝旧将。其中丁罕、范廷召分别在宋真宗咸平二年(999年)和四年(1001年)病死于任上,康保裔在咸平三年(1000年)战死,傅潜因有罪于同年流放,王汉忠和王超因失职分别于咸平五年(1002年)、景德二年(1005年)被贬官,高琼、葛霸则在景德二年以"老疾"罢军职。② 也就是说,在景德二年以后,三衙将帅完成了新旧更替,而此后的阶段占宋真宗朝大多数时间。

在宋真宗朝提拔的二十位三衙将帅中,其中王继忠、刘谦、张耆、夏守恩、蔚昭敏、杨崇勋及靳忠七人明确有宋真宗潜邸的背景,有关出身情况也已见第一章所述。无此藩邸背景者十三人,其中桑赞、张凝和王能三人为宋太宗藩邸旧人;冯守信出身军伍,在宋太宗即位初,以"才武给宿卫",历天武军都指挥使、知瀛州兼高阳关都部署等;③张进在宋太宗朝官至天武四厢都指挥使、领贺州团练使;④高翰在咸平(998—1003年)时为"天武左厢都校"。⑤ 曹璨则是宋初大将曹彬之子,在宋太宗朝为西北统兵官;王隐、郑诚、袁贵及王守赟等四人,因缺乏资料记载,其出身情况不详。李继和、刘美为外戚。其中李氏为李处耘之子、李继隆胞弟;刘美被宋真宗皇后刘氏认作兄长,但同时又有宋真宗藩邸背景,其事迹见第一章所述。

在宋仁宗朝,现已查寻到五十六位三衙将帅。在这些管军者中,属于留用前朝的旧将仅有蔚昭敏、王守赟、夏守恩及杨崇勋四人。其中王守赟

---

① 《宋史》卷二五七《李处耘传附继隆》,第8969页。
② 俱见《宋史》本传及《续资治通鉴长编》卷五九,景德二年正月丁卯;卷六一,景德二年十二月癸未,第1312、1376页。
③ 王安石:《王文公文集》卷八四《侍卫亲军步军副都指挥使勤威冯鲁公神道碑》,第899页。
④ 《宋史》卷二七九《张进传》,第9486页。
⑤ 《宋史》二七五《刘谦传》,第9382页。

在宋仁宗天圣二年(1024年)被解职,①蔚昭敏于同年病死,②夏守恩在天圣(1023—1032年)中卸任。③ 唯有杨崇勋任职时间较长,到明道元年(1032年)改任他职。④

宋仁宗时期的其余五十二位三衙将帅中,宋真宗潜邸亲随出身者四人,即:夏守赟、彭睿、高化及郑守忠。有宋仁宗潜邸背景者三人,即:郭承祐、安俊和张茂实。外戚出身者六人:李昭亮、李用和及李璋、李珣父子、曹佾与曹仪同宗兄弟。其余三十九位三衙将帅的出身情况如下:

王德用系宋太宗、真宗朝三衙大将王超之子,高继勋为宋太宗、真宗朝另一位三衙大将高琼之子,李继和系宋初枢密使李处耘之子、大将李继隆之弟,曹琮乃宋初大将曹彬之子,石元孙为宋初功臣石守信之孙,葛怀敏系宋真宗朝马军都指挥使葛霸之子,张昭远为宋真宗朝殿前都虞候张凝之子,他们皆因以高级将门之后而荫补武职,历任多个将官之位;狄青、任福、周美、孟元、郝质、王信、贾逵及范恪等八人,皆出身军班行伍,以战功获用;孙继邺、马怀德、许怀德、郭逵、赵滋及宋守约六人,皆以父兄任补武职;王凯因寇准推荐为武官;刘平则是北宋时期唯一的文官出身的三衙将帅。

孙廉、郝荣、康继英、许怀信、王从政、张遵、张守遵、石斌、王达、王兴、范全、方荣、刘兴、纪质、张潜及王元等十六人,虽有三衙军职记载,但因资料所限,其出身事迹亦不详。

宋英宗在位时间较短,已知三衙将帅共八人,即:李璋、郝质、郭逵、贾逵、宋守约、杨文广、杨遂和窦舜卿。其中仅杨文广、杨遂及窦舜卿三人为宋英宗朝新用的三衙管军,其余则皆为前朝旧将。杨文广乃宋太宗朝抗辽名将杨业后裔,早年从军;杨遂出身兵伍,二人事迹已见前述。窦舜卿"以荫为三班奉职,监平乡县酒税",历龙神卫、捧日天武四厢指挥使、侍

---

①　《宋大诏令集》卷九九《殿帅王守斌罢军职移镇加恩制》,第363页。
②　《续资治通鉴长编》卷一〇二,天圣二年三月戊子,第2352页。
③　《宋史》二九〇《夏守恩传》,第9715页。
④　《续资治通鉴长编》卷一一一,明道元年八月甲寅,第2586页。

卫马军和殿前都虞候及邠宁环庆路副都总管等,授观察使衔。①

宋神宗朝,有史料记录的三衙长贰有郝质、贾逵、宋守约、窦舜卿、杨遂、卢政、燕达、苗授、刘昌祚、刘舜卿、张玉、刘永年及林广等十三人,其中沿用前朝旧将有郝质、贾逵、宋守约、窦舜卿及杨遂五人,其余为宋神宗朝所提拔的新人。在宋神宗所拔擢的八位三衙将帅中,七人出自军伍,其中燕达、刘昌祚和刘舜卿三人出身情况,已见前述;其余四人情况为:卢政,"太原文水人,以神卫都头从刘平与夏人战延州",历秦凤都钤辖、捧日天武四厢都指挥使、泾原、定州、并代、真定四路副都总管等,拜武泰军节度使;②苗授,以父战死于对夏前线,"补国子生,以荫至供备库副使"。历知德顺军、秦凤副总管、龙神卫四厢都指挥使、知雄州、熙州等,授节钺;③张玉,"以六班散直隶狄青麾下",在平定侬智高之乱中立有军功,历广西钤辖、龙神卫四厢都指挥使、泾原及熙河副都总管等,授宣州观察使;④林广,"以捧日军卒为行门,授内殿崇班",历环庆副都总管、擢龙神卫四厢都指挥使等。⑤ 一人为外戚,即刘永年,其出身事迹已见前述。

宋哲宗朝,三衙管军有燕达、苗授、刘昌祚、刘舜卿、姚麟、王文郁、李浩、吕真、王崇拯、王恩、张整、和斌、刘斌、曹诵及贾嵓等十五人,其中燕达、苗授、刘昌祚和刘舜卿四人系前朝旧将。在其余十一位新用将帅中,姚麟、王恩、张整、和斌、贾嵓等人及外戚曹诵的情况,已见前述;另外,王文郁"以供奉官为府州巡检",历知镇戎、德顺军、熙河路钤辖及副都总管等,授冀州观察使;⑥李浩,"务学,通兵法",以父荫"从军破侬智高"。历广西都监、熙河副总管、知河州、兰州兼熙河泾原安抚副使、捧日天武都指挥使及环庆路副都总管等。⑦ 而吕真、王崇拯及刘斌三人,因资料缺乏,出身事迹不详。

---

① 《宋史》卷三四九《窦舜卿传》,第 11052 页。
② 《宋史》卷三四九《卢政传》,第 11055 页。
③ 《宋史》卷三五〇《苗授传》,第 11067 页。
④ 《宋史》卷二九〇《狄青传附张玉》,第 9721 页。
⑤ 《宋史》卷三三四《林广传》,第 10736 页。
⑥ 《宋史》卷三五〇《王文郁传》,第 11074 页。
⑦ 《宋史》卷三五〇《李浩传》,第 11078 页。

宋徽宗朝，已知三衙将帅二十二人，其中旧将姚麟、曹诵、王恩及贾嵩四人，其余十八人为宋徽宗朝所起用。在这些新任的三衙管军中，有外戚成员三名，即曹评、曹诱及曹曚；潜邸亲随一人，即高俅；武举出身一人，即何灌；将门出身者姚雄、刘延庆、折可适、王禀、种师道及种师中兄弟等，他们的出身事迹已见前述。其余人情况为：刘仲武，"秦州成纪人，熙宁中，试射殿庭异等，补官。数从军"，历知河州、西宁州、渭州、龙神卫都指挥使及熙河帅等，拜泸川军节度使；[①]郭仲荀，《宋史》中无传，但据宋人熊克记载："仲荀，逵孙"，[②]可知其为郭逵之孙，当以父荫补武职。至于徐和、王元、刘德、刘法及杜大忠等人出身情况，因资料所限，亦不详。

宋钦宗在位短暂，已知出入三衙的将帅共有十人。其中前朝旧将有种师道、王禀、何灌及郭仲荀四人；外戚有曹曚、王宗濋二人；将门出身者姚古、刘光世二人，其有关情况均见前述。李邈和薛安二人的出身情况，因无资料可查而不详。

根据以上统计和对比，可以对北宋时期三衙将帅的出身有较全面的了解。就他们出身构成的类别而言，宋人已有评说，如秦兴宗在《官制旧典》中认为："祖宗选用立格至严，每分武举、世族及军伍出身人，无其人则阙，故武举、世族四员常足，而军伍四员常缺，盖难其人而不敢废祖宗法也。"[③]秦氏提出了武举、世族及军伍三大类出身，其中世族当为高级武将世家。又有南宋人总结为边功、戚里及班行三类。所谓："祖宗时，三衙用边功、戚里、班行各一人，盖有指意。"[④]这里所说的戚里，亦即指外戚，如李心传曰："祖宗盛时，率用外戚典兵马。"[⑤]综合宋人的说法，北宋三衙将帅的出身包含有：武将世族、军伍、戚里、边功、班行及武举六类。但从以上各朝的实际情况来看，这些说法既不全面，也不够准确。首先，秦氏所说的武举，其实进入三衙者非常少见，有据可查者唯何灌一人，故难以

　　① 《宋史》卷三五〇《刘仲武传》，第 11082 页。
　　② 熊克：《中兴小纪》卷一，商务印书馆 1985 年版，第 14 页；另见《建炎以来系年要录》卷一，建炎元年正月辛丑，第 26 页。
　　③ 《续资治通鉴长编》卷一二九，康定元年十二月癸卯条下所引，第 3061 页。
　　④ 《宋会要辑稿》职官三二之九，第 3817 页。
　　⑤ 《建炎以来朝野杂记》甲集卷一〇《官制一》，第 204 页。

构成一类。其次,还遗漏了宿将、功臣及潜邸亲信三类。宿将、功臣主要存在于宋初,如韩令坤、慕容延钊等宿将;石守信、高怀德、张令铎、王审琦、赵彦徽、张光翰、罗彦瓖以及韩重赟等开国功臣。宋太祖还曾考虑起用资历更深的旧藩镇符彦卿到三衙任职,因大臣赵普的劝说才作罢。[①]至于潜邸亲信,如前所述在三衙中长期占据重要的地位,被当时人称为帝王的肺腑。[②]

三、北宋中后期三衙及其将帅地位的下降

三衙作为北宋最高统军机构,虽然长期受到统治集团的重视,其将帅之职也被武将视为莫大尊荣,但就三衙在北宋前后存在的实际过程来看,其地位却呈现出逐渐下降的特点。概要而言,在北宋前三朝,三衙及其将帅的地位为高,从宋仁宗朝以后,其权威则有明显的下降趋势。

如前所述,宋初两朝的三衙将帅通常兼领节镇头衔,特别是北宋开国初的三衙首脑,多是地位显赫的宿将、功臣和深受重用的高级将领。宋真宗登基初,依然保留了三衙机构及其将帅的权威。当时三衙长贰较高的权威和地位,突出地体现在这样两方面:其一,任职者大致由具有节度使级的高级武将担任,从而在武将群体中拥有极高的身份;其二,他们入则掌京师禁卫,出则为方面军大帅,在重大军事行动中独当一面,较少受到朝臣的干预。[③]

到宋仁宗朝以后,随着"崇文抑武"方略,特别是"以文驭武"举措的深入推行,文臣不仅主宰了最高军事机要和决策性的枢密院,而且以帅臣的身份逐渐控制了各地的统军体系(有关内容详见本书第五章),三衙更主要的职责便在于统领京师的禁军,以卫戍京畿。于是,一方面,三衙将帅的身份资格明显降低,如前所述除了殿前都指挥使和副都指挥使常被

---

① 《续资治通鉴长编》卷四,乾德元年二月丙戌,第83—84页。

② 《乐全集》卷二四《论除兵官事》,第523页。

③ 参见拙作《论宋初三朝的禁军三衙将帅》,《河北学刊》2002年第2期;拙作《都部署与北宋武将地位的变迁》,《安徽师范大学学报》2001年第3期。

授予节镇头衔外,其他军职往往用观察使以下,甚至刺史级武将充任,同时原本三衙之下的军职——捧日天武四厢都指挥使、龙卫神卫四厢都指挥使,也逐渐参与三衙管军,都使得三衙的权威和地位不能不大受影响;另一方面,也更重要的是三衙将帅奔赴前线时,失去了独立指挥军队的权力,按例只能充当文臣主帅的副职。如庆历(1041—1048年)初,在西部对夏前线设置四路防区,以郎中级文臣韩琦、王沿、范仲淹和庞籍分别为各方面主帅,而任命殿前都虞候、感德军留后李昭亮,殿前都虞候、眉州防御使葛怀敏等四位将领分别担任文官主帅的副职。① 可见殿前都虞候、加节度留后衔的三衙大将,也只能出任中级文臣的副将,其行动完全受到文官统帅的支配。另外,较之于以往,三衙的军职有时还重复设置,如上述庆历初殿前都虞候便同时授予李昭亮和葛怀敏二人,使得其职在某种程度上具有加衔的用意,这都说明三衙地位在北宋中后期出现了下降的趋势。

值得注意的是,北宋建国以来,由于逐渐并不断加大推行"崇文抑武"方略,三衙将帅不仅在权限上受到枢密院以及宰执的很大制约,而且在礼节上也完全屈从于文官大臣,史称:"祖宗时,武臣莫尊三衙,见大臣必执梃趋庭,肃揖而退。"②特别是到宋仁宗朝以后,三衙将帅的权威日渐下降,甚至于受到中级朝官的支配。这种情形在战区中的表现,已无须多言,令人匪夷所思的是,在其他场合也同样存在。如据《宋会要辑稿》记载:宋神宗熙宁九年(1076年),"殿前都指挥使郝质等言,往军器监与权判监刘奉世等会议军器。上批:'殿前、马、步军三帅,朝廷待遇,礼继二府,事礼至重,寺监小官岂可呼召,使赴期会。尊卑倒植,理势不顺,自今止令移文定议。'"③由此可见,当时的殿前司大帅为了兵器制造的事,竟然被"寺监小官"召去会商,这就难怪宋神宗都为之感到不平。

---

① 《续资治通鉴长编》卷一三四,庆历元年十月甲午、十一月壬子,第3190、3195页。

② 汪藻:《浮溪文粹》卷五《行在越州条具时政》,《宋集珍本丛刊》第34册,线装书局2004年版,第404页。

③ 《宋会要辑稿》职官三二之五,第3815页。

第 五 章

北宋各地统军及指挥体系中
武将地位的变迁

—— 以都部署到经略安抚使的变化为中心

北宋时期,武将群体中除了少部分高级将领在枢密院、三衙内供职外,其余大部分则要出外带兵,承担出征和驻守地方的职责。概括而言,都部署、都钤辖、部署、钤辖、都监、监押、巡检、将及其副职等统军官职,一般由各级武将出任,其中都部署又为北宋前期武将担任的最重要的统帅职务。但在北宋中叶以后,随着文臣出任经略、安抚使等帅职制度的定型,地方文官长吏往往兼管本地驻军,武将遂退出各地统军及指挥体系中的主导地位,沦为文臣主帅的副职或部将。

有关北宋各级地方统兵官等制度性的内容,学术界已有所研究,但对于武将群体在出征与驻防统兵、指挥体系中地位的变迁问题,除了王曾瑜先生有过专文论述外,①目前尚探讨不够,有必要进一步研究。本章着重考察都部署到经略、安抚使的前后变化过程,同时兼比较地方帅臣中文武官的比例,以探究武将在北宋时期各地统兵与指挥体系中地位、作用的演变。

---

① 王曾瑜:《宋朝的文武区分和文臣统兵》,《中州学刊》1984 年第 2 期。

第一节　北宋武将与都部署地位的变迁

都部署一职,原为五代时期重要的统率军职,最早见于后唐时期。清泰元年(934年),后唐末帝即位,以成德军节度使、"大同、彰国、振武、威塞等军蕃汉马步都部署"石敬瑭为北京留守、河东节度使,"都部署如故"。此当为都部署出现的最早记载。① 北宋建国后,沿袭旧制设立此职,为方面军主帅。《宋史》卷一六七《职官七》称:都部署"掌总治军旅屯戍、营防守御之政令。"②都部署又有"行营"和"驻泊"之分。所谓"行营"者,为出征时所设;"驻泊"者,则为驻防时设置。同时,还有部署之职,其职权低于都部署。北宋初,行营都部署通常为临时性军职,在军事活动结束后便撤销。但驻泊都部署相对稳定,成为某一防区的军队统帅。至景德(1004—1007年)初,都部署前"行营"称号撤销,而保留"驻泊"名号。如马端临所云:"景德诏镇、定两路并为一路,诸路并去行营之名,止为驻泊总管。"③宋人又说:都部署"有止一州者,有数州为一路者,有带两路、三路者"。④ 到宋英宗朝,因避宋英宗名讳,而将"都部署""部署"改名为"都总管""总管"。

一、北宋前三朝的都部署及其权威

北宋初,都部署是武将承担的高级军职,权位颇为显赫。如宋人说:

---

① 《旧五代史》卷四六《唐书·末帝纪上》,第634页。李上交《近事会元》卷二《都部署》曰:后唐清泰三年,张景达"充西北番马步都部署,始此也。"这一记载显然不准确,《丛书集成初编》,中华书局1991年版,第27页。

② 《宋史》卷一六七《职官七》,第3979页。

③ 马端临:《文献通考》卷五九《职官十三·都总管》,中华书局2011年版,第1781页。

④ 孙逢吉:《职官分纪》卷三五《兵马总管、副总管》,《景印文渊阁四库全书》第923册,第666页。

"驻泊、行营都部管（都部管为都部署之误），即古之大将军、大总管之任也。"①李心传也说："马步军都总管，祖宗时大帅职也。旧名都部署，避英宗讳改之。"②当时出任都部署者，都是高级将领，所谓："宋初，马步军都总管，以节度使充，副总管以观察使以下充，有止一州都总管，有一路都总管，有带两路三路都总管，或文臣知州则管勾军马事。旧相重臣亦为都总管。有禁兵驻泊其地者，则冠以驻泊之名，掌总治军旅屯戍营房守御之政令。"③这既是宋初武将在外统兵的重要制度规则，也反映当时武将具有较大的独立用兵权。

宋太祖建国伊始，以禁军大将出任都部署，负责军事征讨行动。如建隆元年（960 年），宋太祖亲征李筠之乱时，以禁军大帅石守信、高怀德为前军都部署和副都部署，负责指挥军队；④不久，在征讨李重进反叛时，再命石守信为扬州行营都部署兼知扬州行府事，王审琦为副都部署，"帅禁兵讨之"。⑤ 此后，在对各割据政权的征服过程中无不如此。如征伐荆湖南路地区时，"以山南东道节度使、兼侍中慕容延钊为湖南道行营都部署"；⑥在对西川地区用兵时，以资深大将王全斌为西川行营凤州路都部署，侍卫步军都指挥使崔彦进等为副将，⑦诸如此类等。在当时重大军事行动中，唯有一次不用节钺级大将的例外，即：开宝三年（970 年），宋军征讨南汉，潘美以潭州防御使身份出任"贺州道行营兵马都部署"，为出师主将，全权负责指挥行动，副将为朗州团练使尹崇珂。⑧ 以上事例，都清

---

① 杨士奇等编：《历代名臣奏议》卷三二二引孙何奏言，上海古籍出版社 1989 年版，第 4177 页。

② 《建炎以来朝野杂记》甲集卷一一《官制二·马步军都总管》，第 228 页。

③ 《元丰官制不分卷·都总管、副都总管》，赵铁寒主编：《宋史研究资料萃编》第四辑，台湾文海出版社 1981 年版。

④ 《续资治通鉴长编》卷一，建隆元年五月丁卯，第 16 页；《宋史》卷二五〇《石守信传》，第 8809 页。

⑤ 《续资治通鉴长编》卷一，建隆元年九月己酉，第 25 页。

⑥ 《续资治通鉴长编》卷四，乾德元年正月庚申，第 81 页。

⑦ 《续资治通鉴长编》卷五，乾德二年十一月甲戌，第 134 页。

⑧ 《宋史》卷二五八《潘美传》，第 8991 页；《续资治通鉴长编》卷一一，开宝三年九月己亥，第 249 页。

楚地表明都部署是宋太祖一朝用兵的主帅,并且基本都由高级将领出任。

宋太宗时代,仍主要以高级将领出任都部署,负责重大出征战事。如雍熙三年(986年)北伐幽州,以宿将曹彬"充幽州道行营前军马步水陆都部署";①淳化四年(993年),侍卫马军都指挥使李继隆出任河西行营都部署,率大军征讨夏州党项势力②等,此皆为当时高级将领以都部署身份统军用兵之例。其余类似情况颇多,不再赘述。

宋太祖在北部和西部组建军事性的防区时,在相对较小的地区往往以观察使及其以下武将驻防,所授官职不过某地巡检之类。如郭进和李汉超以观察使长期为西山巡检、关南巡检,王彦升为正任原州防御使,李谦缚以团练使身份为晋隰缘边巡检,姚内斌为正任庆州刺史,董遵海加刺史为通远军使兼灵州路巡检等(俱见《宋史》诸将本传)。故宋人钱若水称:太祖时,郭进、李汉超等将守边,"但得缘边巡检之名,不授行营部署之号……其位或不过观察使"。③ 但与此同时,在范围较大的防区,仍设置都部署作为最高指挥官。如建隆二年(961年),宿将韩令坤"改成德军节度,充北面缘边兵马都部署";④另一宿将慕容延钊"徙为山南东道节度、西南面兵马都部署"。⑤ 同年,又以王景"为凤翔节度使,充西面沿边都部署"。⑥ 开宝二年(969年),任命前殿前都指挥使韩重赟为北面都部署,以防守河北镇、定地区。⑦

宋太宗登基后,随着全面防御战略的确立,遂更加频繁地任命都部署主持重要防区的军务,而逐渐改变了宋太祖不多用节度使级将官守边的惯例。如宋太宗在兵败幽州退师时,"命潘美为河东三交口都部署,以捍契丹";⑧随后,又以河阳节度使崔彦进为关南都部署,以侍卫马军都指挥

---

① 《太宗皇帝实录校注》卷三五,第421页。
② 《宋史》卷二五七《李处耘传附继隆》,第8967页。
③ 《续资治通鉴长编》卷四五,咸平二年十一月丙子,第974页。
④ 《宋史》卷二五一《韩令坤传》,第8833页。
⑤ 《宋史》卷二五一《慕容延钊传》,第8834页。
⑥ 《续资治通鉴长编》卷二,建隆二年三月辛亥,第41页。
⑦ 《宋史》卷二五〇《韩重赟传》,第8824页。
⑧ 《续资治通鉴长编》卷二〇,太平兴国四年八月癸亥,第460页。

使米信为定州都部署,①以防守河北前线重镇。端拱二年(989 年),镇州都部署郭守文卒,宋太宗立即任命刘廷翰为殿前都指挥使、武成节度使,"出为镇州都部署"。② 诸如此类等。另外,宋初还在特殊情况下设都部署,作为负有非常使命的临时性指挥官,如大内都部署、仪仗都部署等,因其与军事行动无太大关系,故略而不论。根据以上史实,可以看出在宋太祖、太宗两朝,都部署通常由高级武将承担,其权位非同寻常。

宋真宗即位之初,在出征用兵及对辽、夏前线防务体制上沿袭了旧制,仍以大将出任都部署,负责军事指挥。如咸平二年(999 年),以马步军都虞候傅潜为镇、定、高阳关行营都部署,负责河北前线防务,其麾下有马步军八万,握兵之重为一时所罕见。③ 不久,宋真宗赴河北亲征,又命宣徽北院使周莹为随驾前军都部署,保平节度使石保吉为北面行营先锋都部署,率军扈从。④

咸平三年(1000 年),宋中央在撤销傅潜等人的帅职后,调整了河北防区和统兵将帅,以王显为定州行营都部署,王超为镇州行营都部署。⑤ 不久,王显和王超又出任镇定高阳关三路正副都部署。当景德元年(1004 年)辽军大举南攻之际,大将王超再以镇定高阳关都部署之职,成为河北的主帅。⑥ "澶渊之盟"订立后,为了表示休战和好之意,宋廷对北部防务进行调整,"以河北诸州禁军分隶镇、定、高阳都部署,合镇、定两路为一","行营之号悉罢"。"罢北面部署、钤辖、都监、使臣二百九十余员"。⑦ 此后,再"合镇州、定州路部署为一","钤辖、都监路分如故。镇、定旧各置部署,既罢兵,亟省其一"。⑧

宋真宗朝前期,在陕西和河东地区也以都部署统辖和指挥军队。如

---

① 《续资治通鉴长编》卷二二,太平兴国六年十月甲申,第 503 页。
② 《续资治通鉴长编》卷三〇,端拱二年十一月辛丑,第 691 页。
③ 《宋史》卷二七九《傅潜传》,第 9473 页。
④ 《续资治通鉴长编》卷四五,咸平二年十一月乙未,第 969 页。
⑤ 《续资治通鉴长编》卷四六,咸平三年二月乙丑,第 994 页。
⑥ 《续资治通鉴长编》卷五六,景德元年四月丁卯,第 1234 页。
⑦ 《续资治通鉴长编》卷五九,景德二年正月癸丑、甲寅,第 1307。
⑧ 《续资治通鉴长编》卷七二,大中祥符二年九月壬戌,第 1633 页。

咸平三年,徙天雄军都部署、殿前副都指挥葛霸为邠宁环庆都部署。① 大将高琼则出任并代都部署。其后,又调王汉忠为邠宁环庆、仪渭州镇戎军两路都部署,以增强防御西夏的力量。这都说明武将出任的都部署之权威依然显赫。

在宋太祖、太宗时期,文官在军事行动中只能扮演辅助性的角色,处于从属的位置,如承担供应粮饷、随征参谋以及安抚百姓等事务。但值得注意的是,在初步考虑"以文驭武"之策的意图下,宋太宗开始尝试用文臣参与治军。如在镇压王小波、李顺起义时,宋太宗曾一度下令由参知政事赵昌言为川峡招安行营马步军都部署,节制派出的大宦官王继恩及各级武将。不过,很快又撤销了这一任命。② 雍熙三年(986 年),签书枢密院事张齐贤知代州,"与都部署潘美同领缘边兵马"。③ 这可算以后文官大臣出知首州要府兼管驻军的滥觞。不过需要指出的是,在宋初两朝,文臣一般对驻军和军事行动无干预权。如开宝四年(971 年),"给事中刘载权知镇州,与建武节度使何继筠不协,继筠诉于上",于是刘载被贬为山南东道行军司马。④ 而柳开以知贝州的身份,"坐与监军忿争",也遭到贬谪。⑤ 甚至于还出现这样的情况:至道二年(996 年),大将李继隆为灵、环十州都部署,"是秋,五路讨(李)继迁,以继隆出环州"。因为此次行动最终未取得成效,"继隆素刚,因惭愤,肆杀戮,乃奏转运使陈绛、梁鼎军储不继,并坐削秩"。⑥ 转运使、文臣陈绛和梁鼎能被将领作为替罪羊抛出,可以被轻易贬官,说明当时武将拥有独立的带兵权,文臣不仅无法左右出征的将帅,甚至于受到他们的漠视。

正是在宋真宗朝,才开始出现文官大臣实际参与指挥方面军的端倪。咸平二年(999 年),一些文官对高级武将以都部署之职统领大军的旧制

---

① 《续资治通鉴长编》卷四七,咸平三年四月丁巳,第 1011 页。
② 《宋史》卷二六七《赵昌言传》,第 9196—9197 页。
③ 《续资治通鉴长编》卷二七,雍熙三年七月戊子,第 620 页。
④ 《续资治通鉴长编》卷一二,开宝四年五月癸丑,第 269 页。
⑤ 《宋史》卷四四〇《柳开传》,第 13024 页。
⑥ 《宋史》卷二五七《李处耘传附继隆》,第 8967 页。

提出异议。其中钱若水上奏反映：太祖时，郭进、李汉超等将领守边，"但得缘边巡检之名，不授行营部署之号……其位或不过观察使"。因此，他建议废去部署之名，所谓"位不高则朝廷易制"。李宗谔也认为："又岂须置三路部署之名，制六军生死之命。"①孙何更提出用文臣统军的建议："陛下何惜上将之旗鼓，通侯之印绶，不于文资大臣择访？……勿俾武人擅其权……俟其员阙，互以儒将代之统兵。"②这些类似的建议，表明武将独立统军、指挥的旧制受到执掌国政的文臣集团的抵制。就此，由文臣担任的经略使遂应运而生。咸平五年（1002 年）初，宋廷"以右仆射张齐贤为邠宁环庆泾原仪渭镇戎军经略使，判邠州。令环庆、泾原两路及永兴军驻泊兵并受齐贤节度"，"专为经略使，自此始"。不过，文官大臣张齐贤受命后，有其幕僚认为："西兵十万，王超既已都部署矣。公徒领一二朝士往临之，超肯从吾指麾乎？吾能以谋付与超，而有不能自将乎？"于是，宋廷只得另外下诏，调整了此前的命令内容，"诏经略使得自发诸州驻泊兵而已"。③ 显而易见，张氏出任之职，声名显赫，对西面行营都部署王超有某种制约作用。然而，时隔数日，宋中央又改命张齐贤判永兴军府兼马步军部署，"罢经略使之职"。④ 推究这一朝令夕改的原因，即在于新设的文臣经略使与传统的武将都部署在权限上存在矛盾，一时难以解决，只得既设又废。但张齐贤改任的新职，却标志着文臣以地方长吏身份兼任本辖区都部署制度的正式形成。不久，灵州陷落，宋廷再以王超为永兴军驻泊都部署，⑤如此一来，张齐贤的统军权又被王超取代。

　　继张齐贤之后，钱若水成为文臣经略使统军的又一例。咸平五年（1002 年）中，知开封府钱若水改知天雄军兼兵马部署。不久，钱氏改官武职性的邓州观察使，出任"并代经略使、知并州事"。⑥《续资治通鉴长编》则记载："以邓州观察使钱若水为并代经略使、判并州。上新用儒将，

① 《续资治通鉴长编》卷四五，咸平二年十一月丙子，第 974—975 页。
② 孙何：《上真宗乞参用儒将》，《宋朝诸臣奏议》卷六四《百官门》，第 711 页。
③ 《续资治通鉴长编》卷五一，咸平五年正月甲辰、丁未，第 1107—1108 页。
④ 《续资治通鉴长编》卷五一，咸平五年正月癸亥，第 1112 页。
⑤ 《续资治通鉴长编》卷五一，咸平五年三月己酉，第 1118 页。
⑥ 《宋史》卷二六六《钱若水传》，第 9170 页。

未欲使兼都部署之名,而其任实同也。"①经略使虽与都部署之名有别,"而其任实同也"的事实,就清楚地表明:宋统治者开始落实"以文驭武"的规则,也就是用文臣经略使掌握方面军的指挥权,以削弱武将都部署的权威。在景德元年(1004 年)的澶渊之役中,宋中央还任命王钦若出判天雄军兼都部署、提举河北转运司,与既有的天雄军都部署、知天雄军、武官周莹共同承担防务之责。②《宋史》卷二八三《王钦若传》对王钦若在天雄军任内的作为没有什么记载,以后司马光则将王钦若视作当时的主帅来看待。③ 考诸《宋史》卷二五三《孙行友传附全照》④可知,司马光的记载不免有些夸张,但也能反映王钦若作为两都部署之一的某些角色作用。

　　"澶渊之盟"后,随着北边罢兵局面的出现,出征性的行营都部署消失,所谓"行营之号悉罢"。⑤ 而防御性的驻泊都部署则固定下来,成为常设的地方统兵官职,并拥有相对固定防区。当时主要设置有:河北地区的镇州、定州、大名府及高阳关四路,陕西地区的鄜延、环庆及泾原三路,河东地区的并代、麟府及石隰三路。⑥ 然而,此时都部署的权威已开始下降,与此同时,文臣以地方长吏身份兼任都部署而管辖本地驻军的现象也有所增加。如景德二年(1005 年),"命向敏中自知永兴军府改为鄜延都部署、兼知延州"。⑦ 不久,宋真宗欲用大臣张齐贤或温仲舒出镇太原,所谓"太原地控北门,今边境虽安,亦要大臣镇抚"。当张、温二人不愿前往后,遂任命户部员外郎刘琼知并州,"同管勾并代兵马事",将原并代都部署葛霸调往内地,另以鄜延副部署石普为"并代副部署"。⑧ 由此可见,统治者的这一任命,是有意撤去节度使级大将葛霸,而以资历较浅的武将石普出任副部署。由此,石普便不能不成为文臣刘琼的下属。到宋真宗朝

---

① 《续资治通鉴长编》卷五二,咸平五年七月丙申,第 1140 页。
② 《续资治通鉴长编》卷五七,景德元年闰九月乙亥,第 1267 页,。
③ 《涑水记闻》卷七,第 130 页。
④ 《宋史》卷二五三《孙行友传附全照》,第 8873—8875 页。
⑤ 《续资治通鉴长编》卷五九,景德二年正月癸丑,第 1307 页。
⑥ 参阅李昌宪:《宋代安抚使考》,齐鲁书社 1997 年版,第 108—252 页。
⑦ 《续资治通鉴长编》卷六一,景德二年九月辛未,第 1360 页。
⑧ 《续资治通鉴长编》卷六五,景德四年六月癸丑,第 1464 页。

后期,故相寇准曾出任知天雄军兼驻泊都部署;①御史中丞王嗣宗先改知永兴军府兼兵马部署,后又徙知邠州兼邠宁环庆路都部署。② 对于这种重要防区统军及指挥体制的变化,传世的宋代文献《元丰官制》亦有说明:"或文臣知州则管勾军马事,旧相重臣亦为都总管。"③如此一来,文官获得一些辖区驻军的最高指挥权后,当地将领遂成为附庸。

不过,虽然出现了以上文臣握兵的现象,但毕竟并不普遍。终宋真宗一朝,高级将领仍然占据各地统军、指挥系统中的主导地位,特别是在河北、河东和陕西缘边地区,仍常以都部署身份领军。大中祥符二年(1009年),宋真宗颁布"文武敕七条","赐文臣任转运使以下至知县者,武臣任部署以下至巡检者"。④ 由此可见,都部署、部署依旧被视为地方武将之首,与文职转运使并列。事实上,宋太祖朝常以大将兼都部署和战略要地的长吏,如平李重进之乱时,石守信为扬州行营都部署兼知扬州行府事;⑤平南汉时,以都部署潘美、副都部署尹崇珂同知广州;⑥杨业以"老于边事",出任知代州兼三交驻泊兵马都部署,⑦等。即使是宋真宗时代,在军事意义重要的地区,武将也可以身兼都部署(或部署)和州郡长吏二职。如咸平五年(1002 年),以武将安赟知贝州、朱能知洺州、元澄知莫州、郑诚知赵州、候耿斌知深州及周绪知冀州,"悉兼本州部署";⑧武将马知节知延州兼鄜延驻泊部署;⑨大将王显和周莹先后知天雄军府兼驻泊都部署;⑩武将李允则加团练使衔,"依前知雄州兼本州部署",⑪诸如此

---

① 《续资治通鉴长编》卷七〇,大中祥符元年十二月辛亥,第 1582 页。
② 《宋史》卷二八七《王嗣宗传》,第 9650 页。
③ 《元丰官制不分卷·都总管、副都总管》。
④ 《续资治通鉴长编》卷七二,大中祥符二年十一月丙辰,第 1641 页。
⑤ 《宋史》卷二五〇《石守信传》,第 8809—8810 页。
⑥ 《宋史》卷二五八《潘美传》,第 8991 页。
⑦ 《宋史》卷二七二《杨业传》,第 9303 页。
⑧ 《续资治通鉴长编》卷五一,咸平五年四月己巳,第 1123 页。
⑨ 《续资治通鉴长编》卷五四,咸平六年四月庚午,第 1188 页。
⑩ 《续资治通鉴长编》卷五六,景德元年二月辛酉,第 1229 页;《宋史》卷二六八《周莹传》,第 9227 页。
⑪ 《续资治通鉴长编》卷八六,大中祥符九年三月乙卯,第 1977 页。

类等,不一而足。

还需要特别指出的是,在宋太祖、太宗两朝,以都部署为代表的军事将领在外领兵,监督职责也主要由武将承担,即有所谓的都监(或称护军)之职,而出任此类官职者通常为皇帝亲信的各级武将。如王全斌率军讨伐后蜀时,枢密副使王仁赡为都监,另一路统帅为大将刘廷让,都监则是内客省使兼枢密承旨曹彬;①李处耘更在征讨李重进和荆湖地区的两次重大军事行动中,先后以宣徽北院使和宣徽南院使兼枢密副使的身份出任都监;②宋太宗征北汉,郭进为石岭关都部署,以防御契丹进攻,武将田钦祚便出任郭进所部都监;③宋太宗朝第二次北伐时,西上阁门使、蔚州刺史王侁和军器库使、顺州团练使刘文裕为西路军都监,"护其军",④诸如此类等。从《宋史》有关武臣传可以清楚地看到,王仁赡、曹彬、李处耘、田钦祚、王侁及刘文裕等人,都属于宋太祖、太宗的亲信,即使王仁赡、田钦祚、王侁和刘文裕身上存在许多品行问题,但依旧受到信任,以至于还演出田钦祚逼死郭进,王侁、刘文裕逼死杨业的悲剧,这自然属于另外一个问题。此外,钤辖也具有监军的意义。如宋初,旧藩镇杨廷璋得到继续留用,"在晋州日,太祖命荆罕儒为钤辖。罕儒以廷璋周朝近亲,疑有异志,每入府中,从者皆持刀剑,欲图廷璋。廷璋推诚待之,殊不设备,罕儒亦不敢发,终亦无患"。⑤

宋真宗朝,都监在军事行动中的监督意义已明显降低。翻检《续资治通鉴长编》,可以发现以往出师时大将之外必设都监的情况已有变化,即在重要军事行动中,往往以都钤辖、钤辖承担牵制职责,或与都监共同负责监军。如咸平二年(999年),为了应对辽军的进攻,以傅潜为镇、定、高阳关行营都部署,"西上阁门使、富州刺史张昭允为都钤辖,洛苑使、入内副都知秦翰为排阵都监";⑥次年,以王显为定州行营都部署,"莱州防

①　《续资治通鉴长编》卷五,乾德二年十一月甲戌,第134页。
②　《宋史》卷二五七《李处耘传》,第8961页。
③　《宋史》卷二七三《郭进传》,第9335页。
④　《宋史》卷二七二《杨业传》,第9304页;卷二七四《王侁传》,第9364页。
⑤　《宋史》卷二五五《杨廷璋传》,第8905页。
⑥　《续资治通鉴长编》卷四五,咸平二年七月甲申,第955页。

御使王荣副之,入内都知韩守英为钤辖";王超为镇州行营都部署,"单州防御使杨琼副之,南作坊使李继宣为钤辖";①再次年,王显出任镇、定、高阳关三路都部署,王超为副都部署,殿前副都指挥使王汉忠为都排阵使,殿前都虞候王继忠为都钤辖,西上閤门使韩崇训为钤辖;②咸平五年,大将王汉忠为邠宁环庆、仪渭州镇戎军两路都部署,东上閤门使李允正为钤辖,如京副使宋沆为都监,领兵以控西陲。③ 只有在较小规模的军事行动或防区内,才仅设都监,如与辽议和后,"废石、隰州部署,置石、隰缘边都巡检使,仍命汝州防御使高文岯领之,西上閤门使张守恩为都监,领驻泊兵"。④ 但不管怎么说,宋真宗朝除了个别宦官出任都监外,一般仍由武将任都钤辖、钤辖或都监,至于文臣还不直接监督或制约军事将领。

二、经略安抚使的定型与武将角色的变化

到宋仁宗朝,特别是在对西夏大规模开战后,才从根本上改变了武将出任都部署统军与指挥的体制,从而将"以文驭武"之策贯彻于各地统军系统之中。具体地说,就是逐渐排除武将担任都部署的机会,最终确定了武将以副都部署身份从属文臣经略安抚使、兼都部署的基本原则。如嘉祐(1056—1063 年)时知谏院司马光所说:"又顷以西鄙用兵,权置经略安抚使,一路之兵,得以便宜从事。及西事已平,因而不废……"⑤《宋史》卷一六七《职官七》又有如下记载:

　　诸府置知府事一人,州、军、监亦如之……兵民之政皆总焉……太原府、延安府、庆州、渭州、熙州、秦州则兼经略安抚使、马步军都总

---

① 《续资治通鉴长编》卷四六,咸平三年二月乙丑,第 994 页。
② 《续资治通鉴长编》卷四九,咸平四年七月己卯,第 1066 页。
③ 《续资治通鉴长编》卷五一,咸平五年二月己丑,第 1116—1117 页。
④ 《续资治通鉴长编》卷五八,景德元年十二月丁未,第 1301 页。
⑤ 《续资治通鉴长编》卷一九六,嘉祐七年五月丁未,第 4749 页。徐度《却扫编》卷下称:先有张齐贤为经略使,"庆历中西边用兵,始用夏英公以宣徽南院使为陕西经略招讨使,而韩魏公、范文正公皆以杂学士为副使,又别置判官,皆唐之上佐类也。其后,逐路设经略安抚使,亦置判官一员,兵罢皆省。"此段记载前半部分属实,而所云"兵罢皆省"乃误,《全宋笔记》第三编第 10 册,大象出版社 2008 年版,第 159 页。

管。定州、真定府、瀛州、大名府、京兆府则兼安抚使、马步军都总管。泸州、潭州、广州、桂州、雄州则兼安抚使、兵马钤辖。颍昌府、青州、郓州、许州、邓州则兼安抚使、兵马巡检。其余大藩府或沿边州郡，或当一路冲要者，并兼兵马钤辖、巡检，或带沿边安抚、提辖兵甲、沿边溪洞都巡检。[①]

这自然反映的是宋仁宗朝及其之后的制度规定。宋哲宗时，刘挚也指出："臣窃闻祖宗之法，不以武人为大帅专制一道，必以文臣为经略以总制之。武人为总管，领兵马，号将官，受节制，出入战守，唯所指麾。"[②]刘氏提到的祖宗，实际就是宋仁宗，因为此前经略使尚未遍设。而刘挚"武人为总管"的说法，并不准确，因为对夏开战后，武将通常只能担任副都部署（副都总管）之职。《元丰官制》即云："渡江以前，陕西、河东三路皆以武臣为马步军副都总管，遇出师征讨，诸将不相统一。"[③]《建炎以来朝野杂记》甲集卷一〇《官制一》则曰："马步军都总管，祖宗时大帅职也。旧名都部署，避英宗讳改之。三路帅臣得兼，事权甚重，以武臣为之副。"[④]倒是符合事实。而这一变化，首先是出现于战事紧张的陕西地区。

天圣三年（1025 年），环州和泾州地区发生了诸部族反抗北宋贪官污吏的造反，宋廷命工部郎中、龙图阁待制范雍为陕西缘边体量安抚使，以客省副使、武将曹仪为副使，前往处置。[⑤] 不久，即将泾原路都钤辖、宦官周文质贬官，代之以侍卫马军都虞候康继英为"泾原路副都部署，兼知渭州"，负责泾原地区的防务。[⑥] 当时不设都部署的正职，很可能是考虑到范雍的陕西缘边体量安抚使的地位。明道元年（1032 年），曹仪为"环庆路副都部署，兼知邠州"，其情形与康氏类同。[⑦] 到与西夏交战后，文官以

---

① 《宋史》卷一六七《职官七》，第 3972 页。
② 刘挚：《上哲宗论祖宗不任武人为大帅用意深远》，《宋朝诸臣奏议》卷六五《百官门》，第 724 页。
③ 《元丰官制不分卷·诸军都统制》。
④ 《建炎以来朝野杂记》甲集卷一一《官制二》，第 228 页。
⑤ 《续资治通鉴长编》卷一〇三，天圣三年六月癸酉，第 2383 页。
⑥ 《续资治通鉴长编》卷一〇三，天圣三年八月乙亥，第 2387 页；九月庚辰，第 2388 页。
⑦ 《续资治通鉴长编》卷一一一，明道元年八月丁巳，第 2586 页。

帅臣身份兼任都部署,以武将充副职便几乎成为惯例,有关例证可谓不胜枚举。如宝元元年(1038年),"诏知永兴军夏竦兼本路都部署、提举乾、耀等州军马;泾原秦凤路安抚使、知延州范雍兼鄜延路都部署、鄜延环庆路安抚使"。① 随之,武将刘平任环庆路副都部署、兼鄜延环庆路安抚副使;石元孙为鄜延路副都部署。② 可见,刘平、石元孙成为文官统帅范雍的副手。不久,夏竦改知泾州,兼泾原、秦凤路缘边经略安抚使、泾原路都部署;知延州范雍则兼鄜延环庆路缘边经略安抚使、鄜延路都部署。随后,宋军大败于三川口,范雍内调,武将赵振出任鄜延副都部署兼知延州,另一将官刘兴则出任环庆副部署兼知环州,③以维持局面,但仍只能以副职统军。

宋仁宗康定元年(1040年),宠将夏守赟一度出任陕西都部署兼经略安抚等使。但不久,夏守赟便被免职,由文臣夏竦接替其职,并知永兴军。同时,以文官韩琦、范仲淹并为陕西经略安抚副使,"同管勾都部署司事";④以武臣夏元亨为陕西副都部署;武将葛怀敏出任泾原副都部署、兼泾原秦凤两路经略安抚副使兼知泾州,"兼管勾秦凤路军马事";⑤秦凤路副都部署、知秦州、武将曹琮"兼管勾泾原路军马事"。⑥ 其后,文臣王沿知渭州,兼泾原部署司事;⑦庞籍知延州,兼鄜延路部署司事;⑧范仲淹知庆州,兼管勾环庆路部署司事。⑨ 庆历元年(1041年),宋军再败于好水川,遂以文臣陈执中出任"同陕西都部署、兼经略安抚缘边招讨等使,知永兴军",同时,以武将曹琮为陕西副都部署、兼经略安抚缘边招讨副使。⑩ 显而易见,这一系列的人事安排,都是紧密围绕文臣控制前线军队

① 《续资治通鉴长编》卷一二二,宝元元年十二月己卯,第2888页。
② 《续资治通鉴长编》卷一二三,宝元二年正月丙午,2892页;六月辛未,第2909页。
③ 《续资治通鉴长编》卷一二六,康定元年二月癸丑,第2981页。
④ 《续资治通鉴长编》卷一二七,康定元年五月乙卯,第3014页。
⑤ 《续资治通鉴长编》卷一二七,康定元年五月戊寅,第3013页。
⑥ 《续资治通鉴长编》卷一二七,康定元年五月戊寅,第3014页。
⑦ 《续资治通鉴长编》卷一二九,康定元年十二月癸巳,第3059页。
⑧ 《续资治通鉴长编》卷一三一,庆历元年四月壬午,第3114页。
⑨ 《续资治通鉴长编》卷一三二,庆历元年五月壬申,第3129页。
⑩ 《续资治通鉴长编》卷一三一,庆历元年四月甲申,第3115页。

指挥权而进行的。这就难怪以后武将郭承祐出任真定都部署时,欧阳修便激烈反对,要求将郭氏打发到闲慢官职上。①

当夏竦、陈执中因无能被先后罢免陕西统帅之职后,当政者在西部开始设置四路防区,以管勾秦凤路部署司事兼知秦州韩琦为礼部郎中,管勾泾原路部署司事兼知渭州王沿为右司郎中,管勾环庆路部署司事兼知庆州范仲淹为左司郎中,管勾鄜延路部署司事兼知延州庞籍为吏部郎中,"并兼本路马步军都部署、经略安抚缘边招讨使"。与此同时,任命殿前都虞候、感德军留后李昭亮,殿前都虞候、眉州防御使葛怀敏,滁州团练使王仲宝及西京作坊使王信四位武将分别为以上文官主帅的副手,"并兼本路招讨经略安抚副使"。② 由此,可以清楚地发现,即使是殿前都虞候、加留后衔的禁军大将,也只能出任郎中级文臣的副将。将领的行动自然必须服从文官主帅的支配,一旦发现其有不服管束的行为,便立即遭到贬黜。如"贬知邠州、东上阁门使马崇政为衡州司马,坐违经略使范仲淹约束也";③再如"秦州叛羌断古渭路,帅张昇发兵讨贼,而副总管刘涣不受命,皆罢之"。张方平对此表示反对:"涣与昇有阶级,今互言而两罢,帅不可为也。"即按照宋朝军队阶级法定制,刘涣作为下属不得违抗上司张昇。于是,朝廷仅惩处了武将刘涣,"昇以故得不罢"。④ 这些现象恰与前述给事中、权知镇州刘载因与大将何继筠不和而遭黜,知贝州柳开"坐与监军忿争"而被贬,大将李继隆奏贬转运使陈绛、梁鼎等情况,形成了鲜明的反差。

庆历二年(1042 年)初,宋中央又颁布了如下诏书:

> 近分陕西缘边为四路,各置经略安抚、招讨等使,自今路分部署、钤辖以上,许与都部署司同议军事,路分都监以下,并听都部署等节

---

① 欧阳修:《上仁宗论郭承祐不可帅真定》,《宋朝诸臣奏议》卷六五《百官门》,第 719 页。
② 《续资治通鉴长编》卷一三四,庆历元年十月甲午,第 3191 页;十一月壬子,第 3196 页。
③ 《续资治通鉴长编》卷一三八,庆历二年十一月乙未,第 3326 页。
④ 《苏轼文集》卷一四《张文定公墓志铭》,第 450 页。

制,违者以军法论。①

这项规定明确树立了文臣在战场上的绝对指挥权。于是,武官扮演文臣手下的部将角色,遂成为定制。庆历二年冬,"复置陕西四路都部署、经略安抚兼缘边招讨使,命韩琦、范仲淹、庞籍分领之,仲淹与琦开府泾州,而徙(文)彦博帅秦,(滕)宗谅帅庆"。唯有范仲淹认为最次要的渭州,才使用武将,所谓"渭州,一武臣足矣"。② 次年初,王尧臣的上言又反映:"四路置帅,逐路遂各带都部署及经略安抚、招讨等使,因而武臣副部署亦为副使。"③庆历四年(1044年),又罢陕西四路都部署、经略安抚、招讨使,"复置逐路都部署、经略安抚招讨使",④武将仍为各路副都部署。韩琦对上述变化过程有如此评说:"西贼僭叛之初,朝廷委夏竦、范雍以经画之任。竦居永兴军,专制泾原、秦凤路;雍居延州,专制鄜延、环庆路。朝廷寻以永兴去边地远,乃移竦于泾州。暨贼犯延安,范雍被责,即以夏竦为陕西都部署,复居永兴军,差臣与范仲淹佐之。仲淹继乞知延州,臣则常在泾原,盖以耳目所接,易于裁制。时夏竦在永兴,但阅簿书、行文移而已。"以后,陈执中又同为陕西都部署,兼知永兴军,不久,夏竦移鄜州,陈执中主泾州。"朝廷终以事不专一,遂分四路。"⑤

庆历(1041—1048年)时期,西线防区虽然出现了上述多次调整,但文臣统军体制却没有丝毫变化。如当文官统帅滕宗谅等因擅用公使钱事遭攻击时,参知政事范仲淹便上奏警告道:"且遣儒臣,以经略、部署之名重之,又借以生杀之权,使弹压诸军,御捍大寇,不使知其乏人也。若一旦以小过动摇,则诸军皆知帅臣非朝廷腹心之人,不足可畏。"⑥至于此时武将担任的路分部署,大多为刺史级甚至以下的武将,一路多至十几名,完全听命于本路文臣统帅。如文官王素知渭州兼本路经略安抚使时,武官

---

① 《续资治通鉴长编》卷一三五,庆历二年正月庚戌,第3213页。
② 《续资治通鉴长编》卷一三八,庆历二年十一月辛巳,第3322页。
③ 《续资治通鉴长编》卷一三九,庆历三年正月丙申,第3345页。
④ 《续资治通鉴长编》卷一四六,庆历四年二月甲寅,第3542页。
⑤ 《安阳集编年笺注》之《附录一·韩琦诗文补编》卷二《乞陕西仍分四路各依旧职责》,第1631页。
⑥ 《续资治通鉴长编》卷一四六,庆历四年正月辛未,第3528页。

蒋偕因遭夏军攻击前来请罪,王素"责偕使毕力自效"。部署狄青认为不妥,王素则说:"偕败则总管(部署)行。总管败,素即行矣。"狄青遂"不敢复言"。① 其后,当宋廷有意任命狄青知渭州时,谏官余靖起来反对,理由即是:"朝廷自来以武人粗暴,恐其临事不至精详,故令文臣镇抚,专其进止。"②

在对夏大规模开战之初,河北所受到的边防压力已然舒缓,故统军指挥体系沿用以往旧制,仍以高级将领为都部署负责,如夏守赟便出任真定府、定州路都部署。庆历二年,当辽借机要挟时,宋廷先将庸将夏守赟改为高阳关都部署,以杨崇勋判定州、兼真定府定州路都部署。不久,又以大将王德用出任真定府定州路都部署。③ 随之,北宋最高当局将大名改为北京,作为河北防务的核心,当时主持修筑北京城池者为知大名府、文臣程琳。程琳何时兼任大名府路都部署,尚不清楚,但在庆历四年已有其作为大名府路都部署"尝调发兵马"的记载。④ 到庆历五年(1045 年),设河北安抚使,"知大名府程琳兼河北安抚使",⑤成为事实上河北主帅,武官遂只能出任副职。如庆历七年(1047 年),大臣贾昌朝出判大名府,奏举侍卫步军都虞候孟元为大名府路副都部署。⑥ 由此,文臣作为主帅、武臣出任副手的规则,在河北也开始得到落实。

庆历八年(1048 年),夏竦建议在河北分大名府、真定府、定州及高阳关四路,各置都部署一员,钤辖二员,都监四员,"平时只以河北安抚使总制诸路,有警即北京置四路行营都部署,择尝任两府重臣为之"。宋廷遂分河北四路,"凡兵屯将领,悉如其议,惟四路各置安抚使焉"。⑦ 这样一来,河北地区的统军体系便与西北相同,武将也成为文臣担任的安抚使或

---

① 《宋史》卷三二〇《王素传》,第 10403 页。

② 《续资治通鉴长编》卷一五〇,庆历四年六月癸卯,第 3627 页。

③ 《续资治通鉴长编》卷一三五,庆历二年二月丙申,第 3226 页;三月丙辰,第 3227 页;四月甲午,第 3239 页。

④ 《续资治通鉴长编》卷一五二,庆历四年九月壬戌,第 3696 页。

⑤ 《续资治通鉴长编》卷一五六,庆历五年七月戊子,第 3787 页;《宋史》卷二八八《程琳传》,第 9676 页。

⑥ 《宋史》卷三二三《孟元传》,第 10460 页。

⑦ 《续资治通鉴长编》卷一六四,庆历八年四月辛卯,第 3948 页。

四路行营都部署的下属。如韩琦出知定州时,同时兼本路安抚使、都部署,副都部署狄青以下皆受其节制。宋人在称颂韩琦功业的言辞中说:"定州久用武将,治兵不知法度,至于骄不可使。"韩琦遂训练军兵,严明军纪,"一府裨佐如狄青辈,熟闻公平日语,见其施为,后亦皆为名将",①云云,即反映了当时河北统军体制中文武关系的情形。

在河东地区,宋仁宗朝对夏开战之后,也同样任命文官主持防务。庆历二年,以明镐为龙图阁直学士、知并州兼河东经略安抚缘边招讨使,"镐大巡边以备贼"。② 据记载,武将张亢出任并代副都部署、知代州兼河东沿边安抚事,主张增修堡寨,"诏既下,而明镐持不可,屡牒止亢。亢曰:'受诏置堡寨,岂可得经略牒而止耶! 坐违节度所甘心。堡寨必为也。'每得牒置案上,督役愈急……"。③ 由此可见,经略安抚使、文臣明镐为河东地区最高军事指挥者,武将张亢成为其副手。张亢修筑堡寨的计划即使得到朝廷的支持,因为明镐的反对,也只能采取特殊手段进行。以后,郑戬又以资政殿大学士身份出任河东经略使,兼知并州④等。

宋仁宗时期,宋中央在内地一些地区也开始设置安抚使,以文臣主持军务。如以富弼为京东路安抚使、知青州,以韩琦为京西路安抚使、知郓州,以叶清臣为永兴军路都部署兼本路安抚使、知永兴军,⑤等。据贾昌朝在宋仁宗至和(1054—1056 年)时反映:"自来军主都虞候并厢军都指挥使,近年退斥者多差为河北路部署、钤辖",因此"请自今止差闲慢路分"。⑥ 换言之,宋仁宗朝后期乃至宋英宗朝,武将所任部署之职不仅地位进一步下降,而且常常属于闲散之职。

---

① 《安阳集编年笺注》之《附录二》李清臣《韩忠献公琦行状》,第 1736 页。
② 《续资治通鉴长编》卷一三七,庆历二年六月乙未,第 3279 页。
③ 《续资治通鉴长编》卷一五二,庆历四年十月壬子,第 3710 页;《宋史》卷三二四《张亢传》,第 10489 页。
④ 《宋史》卷二九二《郑戬传》,第 9768 页;《续资治通鉴长编》卷一五八,庆历六年六月辛酉,第 3831 页。
⑤ 《续资治通鉴长编》卷一六〇,庆历七年五月壬午,第 3874 页。
⑥ 《续资治通鉴长编》卷一七六,至和元年三月乙亥,第 4255—4256 页。

三、宋神宗朝及以后的武将副总管及其地位

宋神宗时期,既有的地方统军体制基本上得到延续,武将仍大致只能担任副都总管,往往又简称副总管。即使出任都总管,充当的也是文臣经略使的下属。在宋神宗朝曾任鄜延经略使的沈括,有一段反映都总管、副总管与经略使之间关系的文字叙述:

> 予为鄜延经略使日,新一厅谓之五司厅,延州正厅乃都督厅,治延州事,五司厅治鄜延路军事,如唐之使院也。五司者,经略、安抚、总管、节度、观察也。唐制方镇皆带节度、观察、处置三使,今节度之职多归总管司,观察归安抚司,处置归经略司,其节度、观察两案并支掌推官、判官,今皆治州事而已。经略安抚司不置佐官,以帅权不可更,不专也。都总管、副总管、钤辖、都监同签书而皆受经略使节制。①

熙宁六年(1073年),因河湟地区用兵指挥权问题引发的朝堂议论,可以进一步说明当时武将副总管的从属地位。当年,熙河路经略安抚使、都总管兼知熙州、文臣王韶率军队出击河州后,负责供应军饷的秦凤等路都转运使、文官蔡延庆下令武将张守约增援,而蔡氏做出这项决定时,竟完全不与熙河路副都总管、将领高遵裕商议。事后,宋神宗与大臣对“如经略总管不在本州,合令何人权节制”的问题,进行了讨论。宋神宗说:“自是蔡延庆不合干预节制,高遵裕当节制分明。”曾有任经略使背景的枢密副使蔡挺也认为:“经略使出,副总管一面指挥兵马,从来有此例。”宰相王安石则表示:“只为近年无经略使出外,副总管在内事,然不妨副总管节制得兵官。”蔡挺又言:“臣巡边时,副总管亦不敢行文书。”王安石最后说:“从来副总管不敢干帅府权柄,又经略使虽出,实无事可施行,故不敢行文书耳。若经略使围闭隔绝,即副总管指挥偏裨会合,孰敢不从?且孰以为越职?”于是,最终由朝廷向高遵裕下达了强调副总管职责的命

---

① 《梦溪笔谈》卷一《故事一》,第5页。

令，蔡延庆也上言自劾。① 然而，另据记载，不久"（王）韶入朝，延庆摄熙帅"。② 由此不难发现，自宋仁宗朝以来，文臣在军事指挥中的主导作用已形成广泛影响，武将甘于服从、陪衬，以至于管辖军需的文官也敢于忽略武职副总管的存在，擅自指派将领行动。如王安石所指出："延庆终以为都总管不在，故无人可指挥军事，高遵裕亦习见目前事，不谓可以节制诸将。"③

此后，王安石向宋神宗建议，应赋予西陲文臣统帅王韶更大用兵权。宋神宗认为："武臣自来安敢与帅臣抗？"参知政事冯京也附和道："孟德基止因经朝廷言利便，不由王素，王素移令监教阅，几欲自杀。"④按：冯氏所说孟德基，乃以往文臣王素属下武将。这些记载，都说明当时武将副总管完全从属文臣主帅的规矩没有改变。如当熙宁八年（1075年）安南势力侵扰南疆时，宋中央首先任命吏部员外郎、知延州赵禼为安南道行营马步军都总管、经略招讨使兼广南西路安抚使，以内侍李宪为副使，领兵出征，龙神卫四厢都指挥使燕达只能充当副都总管。⑤ 据记载，赵禼后因与李宪不和，宋神宗考虑用武将郭逵替代李宪，遂对赵禼曰："卿统帅，令（郭逵）副之，奈何？"在赵禼的主动退让下，才改以郭氏为主帅，赵禼为副手。⑥ 由此可见，即使像郭逵这样身为宣徽南院使、曾任同签书枢密院事高位的宿将，也一度有被安排做员外郎级文官手下副职的可能。

宋神宗实行"将兵法"后，各地驻军虽基本由新设之将训练、管辖，但其地位低于武将副总管，武将副总管依旧充当文臣经略安抚使的配角，各地之将自然更听命于本路帅臣。⑦ 故史称："凡将兵隶属官训练、教阅、赏

---

① 《续资治通鉴长编》卷二四三，熙宁六年三月丁未，第5915—5916页。

② 《宋史》卷二八六《蔡齐传附延庆》，第9638页。

③ 《续资治通鉴长编》卷二四三，熙宁六年三月丁未，第5916页。

④ 《续资治通鉴长编》卷二四七，熙宁六年九月辛丑，第6007页。

⑤ 《续资治通鉴长编》卷二七一，熙宁八年十二月辛亥，第6649页。

⑥ 《续资治通鉴长编》卷二七三，熙宁九年二月戊子，第6674—6675页。

⑦ 谢维新：《古今合璧事类备要后集》卷七五《将帅门·诸路将官》，《景印文渊阁四库全书》第940册，第337页。

罚之事,(总管司)皆掌之。"①"而经略安抚都总管、钤辖司所以统摄之职犹在也。"②宋哲宗元祐(1086—1094 年)时期,将兵法又发生较大的变化,"稍省诸路钤辖及都监员,仍以将官兼州都监职事"。可见将已与以往地方的都监相差无几。③

到宋徽宗朝,在外统军体制大致继续维持原状,武将仍以副职及部将身份听命于文臣主帅。如崇宁(1102—1106 年)中,文官钱即出知庆州,"兼环庆路经略安抚使、马步军都总管。再入谢,上宣谕曰:'屡诏环庆进筑,久而无功,今当属卿'"。次年,钱氏再知延安府,兼鄜延路经略安抚使、马步军都总管。以后又任河东路经略安抚使、马步军都总管,兼知太原府。④ 科举出身的钱即,虽无特殊军事才能,竟然能连任西北几路帅臣,长期节制前线诸将。

崇宁四年(1105 年),宋廷下令实行"京畿四辅置辅郡屏卫京师,以颍昌府为南辅,襄邑县升为拱州为东辅,郑州为西辅,澶州为北辅。以太中大夫以上知州,置副总管、钤辖各一员,知州为都总管,余依三路帅臣法。"大观三年(1109 年),又在东南"依三路都总管法"。⑤ 即:将北方实施的都总管制度推行于东南地区。宣和(1119—1125 年)时期,江南东路安抚钤辖司上言:"被旨于沿江置帅府要郡,本路帅府文臣一员,充都总管,武臣一员充副总管。今来新制江宁府知府见带一路安抚使,合与不合便以马步军都总管系衔。"⑥如《元丰官制》云:"渡江以前,陕西、河东三路皆以武臣为马步军副都总管,遇出师征讨,诸将不相统一。"⑦可见到北宋末年,文臣主导各地统军的制度依然存在。

宋钦宗靖康(1126—1127 年)时,侍卫马军副都指挥使王禀出任河东

　　① 《宋史》卷一六七《职官七》,第 3979 页。
　　② 汪应辰:《文定集》卷三《论总管钤辖与帅守不相统临》,《丛书集成初编》,中华书局 1985 年版,第 26 页。
　　③ 《宋史》卷一八八《兵二·禁军下》,第 4629—4630 页。
　　④ 《杨时集》卷三三《钱忠定公墓志铭》,第 837—839 页。
　　⑤ 《宋史》卷一六七《职官七》,第 3979 页。
　　⑥ 《景定建康志》卷二五《官守志二》,第 1742 页。
　　⑦ 《元丰官制不分卷·诸军都统制》。

路马步军副都总管,仍以副将的身份配合安抚使、文臣张孝纯守太原城。① 即使在北宋后期有武将出任经略使的现象,也既不多见,又往往受到限制。如宣和初,宋中央便以诏书的形式,下令"西边武臣为经略使者改用文臣"。②

宋徽宗朝人任伯雨指出:"本朝太祖、太宗时,四方未平,西北未服,乃用武臣分主要地,时势所系,不得不然。及至太宗以后,迤逦悉用儒将,至于并边小郡,始用武人。此祖宗深思远虑,鉴唐室藩镇之弊,以为子孙万世之计也。"③这段话虽未必符合宋太宗朝的实情,不过却道出了北宋武将从早期位高权重的都部署,到中后期职卑权轻之副总管的过程及原因。

四、有关北宋武将在地方其他统军官职中地位的问题

北宋历史上,在地方统军官职中,除了上述从都部署到经略安抚使这一关键统帅职官及其机构外,同时还存在都部署之下的都钤辖、钤辖、都监、监押及巡检等统兵官职及机构。有关这方面制度的内容,《宋朝兵制初探》中已有较细论述,故在此对其制度内容从略,而仅简要考察武将在其中的作用及其地位变迁。

北宋时期,都钤辖、钤辖、都监、监押及巡检都属于带兵官职,一般由武将出任。其高者可统管数路,最低者仅管辖至县、城寨一级驻军。如刘文质在宋太宗朝曾以西京左藏库副使身份,出任麟府浊轮砦兵马钤辖。④宋真宗朝,韩崇训曾任并、代钤辖,"从部署张进领兵由土门会大将王超",后迁为"镇、定、高阳马步军行营钤辖"。⑤ 在宋仁宗朝对夏开战之

---

① 《宋史》卷二三《钦宗纪》,第 430 页。
② 《宋史》卷二二《徽宗纪》,第 404 页。
③ 任伯雨:《上徽宗论西北帅不可用武人》,《宋朝诸臣奏议》卷六五《百官门》,第 727 页。
④ 《宋史》卷三二四《刘文质传》,第 10492 页。
⑤ 《宋史》卷二五〇《韩重赟传附崇训》,第 8825 页。

初,还沿用旧制,"诏分边兵:总管领万人,钤辖领五千人,都监领三千人。寇至御之,则官卑者先出"。① 巡检在宋初地位较高,如前述郭进、李汉超等观察使级将领,"但得缘边巡检之名,不授行营部署之号"。② 但到北宋中叶以后,巡检已沦为维持地方治安的官职,如现代学者所说:"故还不够'将帅之官'的资格。"③

至北宋中期,都钤辖、钤辖、都监及监押这些由武将承担的统军官,也逐渐开始发生变化。如司马光所指出:"国朝以来,置总管、钤辖、都监、监押,为将帅之官,凡州县有兵马者,其长吏未尝不兼同管辖。盖知州即一州之将,知县即一县之将故也。"④由此可以获得两点认识,其一,都钤辖、钤辖、都监及监押都属于可独立带兵的将职;其二,一般由文臣出任的地方知州和知县可以兼管当地驻军,甚至兼任统军之职。

在《宋史》卷一六七《职官七》中,总管(部署)司与钤辖司并列,"掌总治军旅屯戍、营防守御之政令"。⑤ 可见钤辖从职掌上与部署无本质区别,事实上在北宋前期,钤辖(包括都钤辖)是部署(包括都部署)之下的地方重要统兵官。两者的差别仅在于两点:其一,钤辖、都钤辖的领兵规模低于部署和都部署,如前述出征和防务,凡规模大者皆由部署,特别是都部署承担,而钤辖(包括都钤辖)只能随同参与。其二,钤辖、都钤辖的级别规格低于部署和都部署。如景德二年(1005 年),邠宁环庆都部署周莹因庸懦、固执被调知澶州,"命西上阁门使曹玮代莹为邠宁环庆都钤辖,兼知邠州"。⑥ 按:周莹乃前枢密院之长,又有节度使身份,足见邠宁环庆都部署地位之高。曹玮接任邠宁环庆地区防务,因其官职仅为西上阁门使,故无法出任都部署,而只能获得都钤辖之任。再如宋仁宗时,

---

① 《宋史》卷三一四《范仲淹传》,第 10270 页。
② 《续资治通鉴长编》卷四五,咸平二年十二月丙子,第 973 页。
③ 《宋朝兵制初探》,第 61 页。
④ 司马光撰:《传家集》卷四八《乞罢将官状》,《景印文渊阁四库全书》第 1094 册,第 450 页。
⑤ 《宋史》卷一六七《职官七》,第 3979 页。
⑥ 《续资治通鉴长编》卷六五,景德四年六月辛亥,第 1463 页;《宋史》卷二六八《周莹传》,第 9227 页。

"罢河北、河东、陕西三路知州兼路分钤辖、都监,其正任团练使以上只为本州部署,诸司使以上为本州钤辖,余管勾本州驻泊兵马公事"。①

更为重要的是,在北宋前期,钤辖、都钤辖通常是武将出任的官职,甚至还兼任某些要冲的地方官,其行营、驻泊之分及变化,与前述都部署相同。如武将马令琮,"泽、潞平,为昭义兵马钤辖";②武将蔡审廷,在宋太祖朝曾出任镇州兵马都钤辖;③武将赵延进在宋军伐后蜀时,"以襄州当川路津要,命为钤辖、同知州务。蜀平,专领郡事";④武将石保兴,"真拜蕲州团练使,为永兴军钤辖,改夏、绥、麟、府州钤辖";⑤武将杨琼,至道二年(996年)"徙知霸州兼钤辖";⑥武将王承衍,咸平(998—1003年)中"连知延、代、并三州,皆兼兵马钤辖";⑦武将孙全照,景德初"上幸澶渊,命为驾前西面邢洺路马步军钤辖兼天雄军驻泊,兼管勾东南贝、冀等州钤辖",⑧等等。还需要指出的是,北宋前期,文臣地方官对武将钤辖并无直接的指挥权。如司马光《涑水记闻》卷七有如下记载:

> 枢密直学士张詠知益州,有巡检所领龙猛军人溃为群盗……詠一日召钤辖以州牌印付之,钤辖愕然,请其故,詠曰:"今盗势如此,而钤辖晏然安坐,无讨贼心,是必欲令詠自行也。钤辖宜摄州事,詠将出讨之。"钤辖惊曰:"某今行矣。"詠曰:"何时?"曰:"即今。"詠顾左右张酒具于城西门之上,曰:"钤辖将出,吾今饯之。"钤辖不得已,勒兵出城,与饮于楼上。酒数行,钤辖曰:"某愿有谒于公。"詠云:"何也?"曰:"某所求兵粮,愿皆应副之。"詠曰:"诺。老夫亦有谒于钤辖。"曰:"何也?"詠曰:"钤辖今往,必灭贼;若无功而返,必断头于此楼之下矣。"钤辖震慄而去。⑨

---

① 《续资治通鉴长编》卷一七九,至和二年五月甲申,第4341页。
② 《宋史》卷二七一《马令琮传》,第9284页。
③ 《宋史》卷二七一《蔡审廷传》,第9287页。
④ 《宋史》卷二七一《赵延进传》,第9299页。
⑤ 《宋史》卷二五〇《石守信传附保兴》,第8811页。
⑥ 《宋史》卷二八〇《杨琼传》,第9501页。
⑦ 《宋史》卷二五〇《王审琦传附承衍》,第8818页。
⑧ 《宋史》卷二五三《孙行友传附全照》,第8874页。
⑨ 《涑水记闻》卷七,第126页。

通过此条史料可知,宋太宗时期,张咏虽为益州长吏,但却无调动本地钤辖军队之权,唯有采取劝、逼的办法,促使统军的武官钤辖出兵征讨。

　　宋仁宗朝以后,武将继续出任钤辖,如贾昌朝于庆历二年(1042 年)所反映的:"旧例三年转员,谓之落权正授者,虽未能易此制,即不须一例使为部署、钤辖,且于其间择实有材勇可任将者授之。"①副都部署尚且听命于文臣主帅,钤辖就更不用说。如泾原钤辖高继元便因"本路安抚使王素言其议边事不协",而被调入内地。② 与此同时,文臣也逐渐兼任钤辖,以管辖本地区驻军。《宋史》卷一六七《职官七》即称:泸州、潭州、广州、桂州及雄州地方官"则兼安抚使、兵马钤辖"。一些大藩要府长官,"或沿边州郡,或当一路冲要者,并兼兵马钤辖、巡检"。③ 如文官燕度,皇祐(1049—1054 年)时知福州,"闽故多盗,度请假事权制摄一道,遂加兵马钤辖";④宋神宗朝文臣蔡延庆,"徙知成都府兼兵马都钤辖。本道旧不置都钤辖。至是特命之"。⑤ 不过,有的地区文臣兼任这些职务的时间还要更晚,如:宣和三年(1121 年)五月,"诏江宁府守臣兼安抚使兼江南东路兵马钤辖,"以对付农民起义。⑥

　　至于《宋史》卷一六七《职官七》所说的都监,实际上主要是指驻泊地方和宋真宗朝以后一般意义上的都监,而非宋初两朝出师时如李处耘承担监军职责的都监,其地位较钤辖为低,又有路分、州府及其以下之别,"路分都监,掌本路禁旅屯戍、边防、训练之政令,以肃清所部。州府以下都监,皆掌其本城屯驻、兵甲、训练、差使之事,资浅者为监押"。⑦ 在北宋中叶以后,文官虽有兼任都部署、钤辖者,但却通常无兼都监之职者。故都监以及监押仍为武将带兵之职,听命于各地文官帅臣。在此,可以通过宋人《燕翼诒谋录》的一段记载加以总结:

---

① 《续资治通鉴长编》卷一三八,庆历二年十月戊辰,第 3318 页。
② 《续资治通鉴长编》卷一五四,庆历五年二月壬辰,第 3745 页。
③ 《宋史》卷一六七《职官七》,第 3972 页。
④ 《宋史》卷二九八《燕肃传附度》,第 9911 页。
⑤ 《宋史》卷二八六《蔡齐传附延庆》,第 9638 页。
⑥ 《景定建康志》卷二五《官守志二》,第 1741 页。
⑦ 《宋史》卷一六七《职官七》,第 3980 页。

自江南既平，两浙、福建纳土之后，诸州直隶京师，无复藩府。惟河北、河东、陕西以捍御西北二虏，帅臣之权特重，其他诸路，责任监司按察而已。嘉祐四年五月丁巳，始诏扬、庐、江宁、洪、潭、越、福七路兼本路军马钤辖，各置禁军驻泊三指挥，越、福二指挥，以威果为额，每指挥四百人，各路兵马都监二员，越、福一员。其后二广经略、京东西路安抚、江东西路安抚，皆因事令守臣兼领，而加以钤辖之名，以至两浙、四川皆以调发之故，后又改钤辖为总管，而四川至今仍旧名。开端于嘉祐之时，而定制于中兴之后。然帅臣大抵权轻，当缓急之时，罕能成功，承平无事，惟事教阅而已。①

北宋时期，缘边地区的地方官负有守边职责，故往往也有一定的统军和指挥作战之权，而武将在这方面则长期占有重要地位，文臣则较少参与其间。

宋初，缘边地区（特别是河北、河东和陕西缘边地区）的地方长吏，主要职责便是统军守边，故通常以武将充任。如：宋太祖朝的姚内斌，"西夏数犯西鄙，以内斌为庆州刺史兼青、白两池榷盐制置使。在郡十数年，西夏畏伏，不敢犯塞，号内斌为'姚大虫'，言其武猛也"。② 按：庆州当时尚未设知州，而以刺史为当地长官。随之，开宝七年（974 年），田仁朗"以西北边内侵，选知庆州。仁朗至，率麾下往击之。短兵将接，前锋稍却，仁朗斩指挥使二人，军中震恐，争乞效命，遂大破之。其酋长相率请和，仁朗烹牛置酒与之约誓、边境乃宁"。③ 再如董遵海，"乾德六年，以西夏近边，授通远军使。遵海既至，召诸族酋长，谕以朝廷威德，刲羊酾酒，宴犒甚至，众皆悦服，后数月，复来扰边，遵海率兵深入其境，击走之，俘斩甚众，获羊马数万，夷落以定。太祖嘉其功，就拜罗州刺史，使如故"。④ 按：通远军在当时也以使为本地长吏。可见，在宋太祖朝，姚氏、田氏及董氏均以地方官的身份领兵镇守西陲的庆州和通远军。而宿将张永德，"雍熙

---

① 王栐撰，诚刚点校：《燕翼诒谋录》卷一，中华书局 1981 年版，第 51 页。
② 《宋史》卷二七三《姚内斌传》，第 9341 页。
③ 《宋史》卷二七五《田仁朗传》，第 9379—9380 页。
④ 《宋史》卷二七三《董遵海传》，第 9343 页。

中,连知沧、雄、定三州","淳化初,又代田重进知镇州"。① 淳化时
(990—994年),猛将呼延赞也出为实任性的辽州刺史。② 张永德连任河
北前线重镇地方官和呼延赞就任辽州刺史,当考虑其熟悉军事和具有镇
守的能力。史籍还称:"时河北用兵,大藩多用节将,朝议以通判权位不
伦,选诸司使有吏干者佐之。"③也就是说,当时内地州府长官之外,照例
设置通判一职,但在节度使级的大将出任河北重镇长吏后,遂以诸司使级
的武官担任副手。

从北宋中叶以降,地方官虽然已主要使用文臣,但缘边地区许多州军
的长吏仍由武将出任,以配合帅臣守边。如武将高化、孟元等知沧州,赵
振历知顺安、保安及广信军等,王果知保州,王光祖知泸州等。武将在缘
边地方官任内的用兵活动,也多见诸史籍,如:"端拱初,契丹内扰,命(张
昭允)为雄州监军。敌骑乘秋掠境上,昭允与知州田仁朗选锐卒袭其帐,
败走之";④史方,"知沣州,天禧中,下溪州蛮彭仕汉寇辰州,杀巡检王文
庆。方勒兵入溪洞讨捕,降其党李顺同等八百余人,诛其尤恶者社忽等十
九人"⑤;周永清,"知德顺军,夏众入寇,击擒其酋吕效忠。又募勇士夜驰
百里,捣贼巢穴,斩首三百级,俘数千人"⑥;刘舜卿,"转西上阁门使、知雄
州。始视事,或告契丹游骑大集,请甲以俟,舜卿不为动,乃妄也"⑦;和斌
长期任广南西路钤辖,参加平安南之役后,"遂以荣州团练使知宜州,迁
西上阁门使、知邕州"。史称其"老于为将,以恩信得边人心,岭南珍货,
一无所畜。边吏欲希功造事,皆惮不敢发"⑧,诸如此类等。有关北宋武
将就任缘边地方官的情况,可以河北、河东前线的雄州和代州两地为典型
而加以集中分析。

　①　《宋史》卷二五五《张永德传》,第8917页。
　②　《宋史》卷二七九《呼延赞传》,第9488页。
　③　《宋史》卷二七五《田仁朗传》,第9381页。
　④　《宋史》卷二七九《张昭允传》,第9474页。
　⑤　《宋史》卷三二六《史方传》,第10526页。
　⑥　《宋史》卷三五〇《周永清传》,第11076页。
　⑦　《宋史》卷三四九《刘舜卿传》,第11063页。
　⑧　《宋史》卷三五〇《和斌传》,第11080页。

据现代学者整理的资料可知，①北宋时期，出任雄州地方官者先后有：石曦、侯仁矩、李翰、孙全兴、韦进韬、贺令图、刘廷让、张永德、田仁朗、刘福、安守忠、何承矩、张雍、李允则、刘承宗、高继勋、张昭远、刘平、孙继邺、葛怀敏、高继宣、杜惟序、王德基、王仁旭、刘兼济、李纬、马怀德、曹偕、宋守约、赵滋、李中佑、张利一、冯行己、王道恭、苗授、刘舜卿、王崇拯、曹诵、王祐、张赴、刘方、王荐、杨应询及和诜等四十四人。其中刘廷让、安守忠、李允则、张昭远及王德基等人两任雄州，何承矩则三任雄州。以上诸人出身，除了原文所引史料足以说明者外，尚有张雍、刘承宗、王仁旭、李中佑、曹诵、王祐及王荐等人未标明。据《宋史》卷四六三《刘承宗传》可知，刘承宗为外戚出身武将；②曹诵为武官，已见前述；又据《宋史》卷二七六《孔承恭传》记载：端拱三年（当为淳化元年，990年）诏曰："工部郎中张雍为太府少卿……"③云云，可知张雍为文臣。而王仁旭、李中佑、王祐及王荐四人，因缺乏资料，无法确定其出身。综合以上考证可知，北宋时期雄州长吏四十四人中，武将有三十八人，文臣有二人（李翰、张雍），身份无法确定者为四人，也就是说武臣占据了雄州长吏的绝大多数。事实上，自宋真宗景德三年（1006年）于雄州设置河北缘边安抚司后，④知雄州还常常兼任河北缘边安抚使，负责对辽缘边诸州军的防务及协调。正如《宋史》所称："旧制，安抚总一路兵政，以知州兼充。"⑤据现人研究，河北缘边安抚使任职者皆为武官，在宋仁宗庆历时期（1041—1048年）成立河北安抚使及河北四路安抚使后，河北缘边安抚使便受到他们的节制。⑥而这样一来，武将出任的河北缘边安抚使，也成为文官帅臣的下属。

①　李之亮：《宋河北河东大郡守臣易替考》，巴蜀书社2001年版，第101—118页。

②　《宋史》卷四六三《刘承宗传》，第13544—13545页。

③　《宋史》卷二七六《孔承恭传》，第9390页。

④　《续资治通鉴长编》卷六二，景德三年四月乙酉："置河北缘边安抚使、副使、都监于雄州，命雄州团练使何承矩、西上阁门使李允则、榷易副使杨保用为之，并兼提点诸州军榷场"，第1394页。

⑤　《宋史》卷一六七《职官七·经略安抚司》，第3961页。

⑥　参见李立：《北宋河北缘边安抚使研究》，漆侠主编：《宋史研究论文集》，河北大学出版社2002年版，第105—106页。

同样据以上学者整理的资料可知,北宋时期,出任代州地方官者先后有:杨业、张齐贤、陈恕、谭延美、曹璨(原文误作曹灿)、魏震、李允正、柳开、王承衍、许均、米瑞、张禹珪、刘文质、李昭亮、张昭远、赵日新、王仲宝、康德舆、张亢、郭承祐、安俊、冯行己、刘永年、李绶、吕大忠、周永清、刘舜卿、刘昌祚、高遵裕、高遵一、张利一、王崇拯、郭仲荀(原文误作郭仲恂)、李嗣本及王忠植等三十五人。其中除据原文所引史料反映其出身者外,尚有米瑞、赵日新和王忠植三人因缺乏资料,无法确定其出身。由此可知,北宋时期代州长吏三十五人中,武将有二十九人,文臣有三人(张齐贤、陈恕、吕大忠),身份无法确定者为三人,可见武臣占据了代州长吏的绝大多数。

五、北宋中后期战时文臣与宦官共同统军指挥体制

在北宋中后期,包括宋神宗、哲宗、徽宗及钦宗几朝,文官通常已掌管了各地的统军之权。但在实际用兵之时,宦官又往往受皇帝之命,直接参与指挥和统军,遂形成战时文臣与宦官共同的统军、指挥体制。在北宋末年,这一现象表现得又更为突出。

早在宋太宗朝镇压四川李顺起义时,大宦官王继恩就曾出任剑南两川招安使,[①]成为当时军事行动的主帅。到宋神宗时期,用宦官配合文臣统军和指挥作战的情形便逐渐突出。宋神宗在开边熙河期间,主要用文臣王韶指挥及统军的情况已见前述。但宦官李宪作为宋神宗派到前线的亲信,也以熙河经略安抚司勾当公事的身份,直接参与了军事指挥。当时,宰相王安石即认为李宪权力过大,对此提出过异议:"则李宪又同三军之政,如此任将,恐难责成功。"[②]不过宋神宗仍坚持以亲信内侍牵制主帅的做法。故《宋史·李宪传》称:"王韶上书请复河湟,命宪往视师,与韶进收河州。"在熙宁七年(1074年)解河州之围的战役中,李宪便张天子

---

① 《宋史》卷四六六《宦者一·王继恩传》,第13603页。
② 《续资治通鉴长编》卷二五○,熙宁七年二月辛卯,第6101页。

黄旗以示将士,曰:"此旗,天子所赐也,视此以战,帝实临之。"于是,"士争呼用命以进"。① 此事便反映出宦官在战场上的角色及影响。

宋廷准备反击交阯(安南)时,宋神宗曾任命文臣为主帅,以李宪为副帅。在遭到各方面反对后,又命李氏"乘驿计议秦凤、熙河边事,诸将皆听节度"。御史中丞邓润甫等极论其不可,"章再上,弗听"。此前,西师主帅王韶已内迁枢密副使,李宪遂事实上接替了其职。② 元丰(1078—1085年)中,北宋五路出师讨伐西夏,李宪又是领熙河、秦凤路军马的统帅。当李宪出军后,宋神宗再下诏:"泾原路总管刘昌祚、副总管姚麟见统兵出界,如前路相去不远,即与李宪兵会合,结为一大阵,听李宪节制。"③终元丰时期,李宪长期主持熙河及秦凤边事。如宋人所云:"元丰时有李宪者,则已节制陕右诸将,议臣如邓中司润甫力止其渐,不可,宪遂用事矣。"④

宋神宗朝,与李宪同时得到重用的宦官王中正,也长期在西北参与统军。特别是在元丰四年(1081年)对西夏用兵时,鄜延路军马行动由经略安抚使沈括与经略安抚副使、武将种谔措置,王中正虽为同签书泾原路经略总管司公事,但事实上却掌管了泾原路统军大权。⑤ 当年八月,又"诏麟府路并鄜延、环庆、泾原兵马出界后,并听王忠正(当为王中正之误)节制"⑥。

宋哲宗时期,宦官在统兵方面受到较大的压制,而维持了文臣指挥和统军的体制。如绍圣时对西夏用兵,主要由鄜延路经略安抚使吕惠卿、泾原路经略安抚使章楶等主持等。⑦

到宋徽宗及钦宗时代,在用兵之际,宦官参与统军的情况更为显著,遂形成文臣与内侍共同驾驭武将的局面。其中宦官最突出者莫过于童

---

① 《宋史》卷四六七《宦者二·李宪传》,第 13638 页。
② 《宋史》卷四六七《宦者二·李宪传》,第 13639 页。
③ 《宋会要辑稿》兵八之二三—二五,第 8769 页。
④ 蔡绦撰,冯惠民、沈锡麟点校:《铁围山丛谈》卷六,中华书局 1983 年版,第 109 页。
⑤ 《宋会要辑稿》兵八之二二,第 8767 页。
⑥ 《宋会要辑稿》兵八之二三,第 8768 页。
⑦ 《宋会要辑稿》兵八之三二—三四,第 8773—8775 页。

贯,"自崇宁既踵元丰任李宪故事,命童贯监王厚军下青唐,后贯因尽攘取陕右兵权"①。童贯不仅长期主掌西北用兵大权,以后更入主枢密院,并以统帅的身份南下镇压方腊起义,还主持了收复燕云地区的所谓北伐,一时成为宋徽宗最宠信的军事统帅。就连当时的权相蔡京之子也承认:"本朝宦者之盛,莫盛于宣和间……政和末,遂浸领枢筦,擅武柄,主庙算,而梁师成者则坐筹帷幄,其事任类古辅政者。"②

在北宋末年乱政的背景下,宦官染指统军及指挥军队者不乏其人,除童贯外,显著者还有谭稹、梁方平等人。其中谭稹在镇压方腊起义的过程中,与童贯共同带兵,史称:"亟遣童贯、谭稹为宣抚制置使,率禁旅及秦、晋蕃汉兵十五万以东。"③"朝廷遣领枢密院事童贯、常德军节度使谭稹二中贵率禁旅及京畿、关右、河东蕃汉兵制置江、浙。"④在此次军事行动过程中,诸将刘延庆、王禀、杨惟忠及辛兴宗等皆为宦官统帅所驱使。宣和五年(1123 年)七月,在童贯致仕后,"起复谭稹为河北、河东、燕山府路宣抚使",谭氏遂成为主持北部前线防务的主帅。⑤

在宋徽宗末年及钦宗朝,宦官梁方平也成为用兵的统军大将。宣和六年,"河北、山东盗起,命内侍梁方平讨之"⑥。当金军第一次大举南下之际,宋廷"遣步军指挥使何灌将兵二万扼河津,内侍、节度梁方平将兵七千骑守浚州,断绝桥梁,据守要害"⑦。还有记载称:"金师南下,悉出禁旅付梁方平守黎阳。"⑧可见梁氏当时兵权之重。

而在靖康时期(1126—1127 年)的开封城保卫战中,仍存在宦官统兵

① 《铁围山丛谈》卷六,第 109 页;并见《宋史》卷四六八《宦者三·童贯传》,第 13658—13661 页。

② 《铁围山丛谈》卷六,第 109—110 页。

③ 《宋史》卷四六八《宦者三·童贯传》,第 13660 页。

④ 方勺撰,许沛藻、杨立扬点校:《泊宅编》卷五,中华书局 1983 年版,第 29 页。

⑤ 《宋史》卷二二《徽宗纪》,第 412 页;《宋史》卷四六八《宦者三·梁师成传》,第 13663 页。另《三朝北盟会编》卷一八,宣和五年七月十日辛酉条的记载则略有不同:童贯罢,"起复太尉、武江军节度使谭稹为河北、燕山府路宣抚使",第 128 页。

⑥ 《宋史》卷二二《徽宗纪》,第 415 页。

⑦ 《三朝北盟会编》卷二六,靖康元年正月二日,第 196 页。

⑧ 《宋史》卷三五七《何灌传》,第 11227 页。

的现象,如当时朝臣杨时所反映:"国家童贯握兵,为国生事,一十余年,覆军败将,朝廷不闻……比闻防城所仍用奄人提举,授以兵柄。"①

北宋徽、钦两朝,宦官在军事行动中出任统军将帅的情况固然极为突出,特别是如童贯等个别权阉在兵权上更是气势熏天。但从总体上而言,当时宦官的活动并不可能危及"以文驭武"的传统举措,而只能是一种与文臣握兵权的结合。文官不仅在平时,并且在战时状态下也仍然掌控着主要的统军之权。因此,在这一时期,文臣指挥、统军的现象依旧更为普遍地存在。

在宋徽宗朝,文臣在各地统军体系中的主导地位已如前所述,而在几次重大的用兵活动中,他们同样承担着重要的角色。如在宣和时期的"燕云之役"中,宰相蔡京之子蔡攸以河北、河东宣抚副使的身份,配合童贯指挥统军。当时,诸军将领种师道、辛兴宗、王禀、种师中、王渊及刘延庆等并听节制。② 当获得辽燕京城后,又以文官王安中为庆远军节度使,出任河北、河东、燕山府路宣抚使、知燕山府,以镇守新收复的失地。其后,无能的王安中再任建雄军节度使、大名府尹兼北京留守司公事,继续出任河北重镇帅臣。③

宋钦宗即位后,面对金军第一次南下的形势,设置了亲征行营司,任命文臣、尚书右丞李纲为亲征行营使,以武将、侍卫马军都指挥使曹曚为副使,以指挥所有力量防守开封城。④ 此后,李纲一度遭到罢免,但在守城军民和太学生的要求下,李纲再任京城四壁守御使,继续主持防务。⑤

靖康元年(1126 年)九月,金军攻陷太原。中书舍人胡安国向宋钦宗建议设置四道都总管府,从原各路安抚使中选择四道帅臣,以拱卫京师,所谓:"自太祖鉴观前弊,削夺藩镇之权,行至于今,州郡太轻,理宜变通。""欲乞只据见今二十三路所置帅司,选择重臣,付以都总管之权,专

---

① 《杨时集》卷一《上钦宗皇帝书·其一》,第 17 页。

② 《宋史》卷二二《徽宗纪》,第 410 页;《宋会要辑稿》兵八之一四、一五,第 8762—8763 页。

③ 《宋史》卷三五二《王安中传》,第 11126 页。

④ 《宋史》卷二三《钦宗纪》,第 423 页。

⑤ 《宋史》卷二三《钦宗纪》,第 424 页;卷三五八《李纲传上》,第 11245 页。

治军旅之事,每岁终按察其部内;或有警急,京城戒严,即各帅所属守将,逐急应援。"①宋廷采纳了这一建议,"建三京及邓州为都总管府,分总四道兵。庚寅,以知大名府赵野为北道都总管,知河南府王襄为西道都总管,知邓州张叔夜为南道都总管,知应天府胡直孺为东道都总管"。② 按照以往的习惯做法,宋统治集团仍以文官出任这四方面的统帅,负责抵御女真军队的进攻。

到金军第二次围攻开封前夕,面对即将爆发的激烈守卫战,宋廷对京师兵力进行了组织和分配,委任文臣为城垣四壁提举官,以分别负责一面的城防军务。其中东壁提举官为孙觌,西壁提举官为安扶,南壁提举官为李擢,北壁提举官为邵溥,"每壁三万人,差部将、小使臣等七百员"。再以大臣孙傅为都提举,殿帅王宗濋为都统制。③ 可见北宋至灭亡之际,在极其危急的战时状态下,也没有放弃以文臣统军、指挥的体制。

北宋中后期战时的文臣与宦官共同统军、指挥体制,可以说是宋代军事上的一大弊政,其消极影响在北宋末年又表现得最为充分。宦官在这方面的破坏性不必细说,仅举两人为代表:如童贯所作所为,大至燕云之役中损失惨重,小到随意指挥乃至葬送部将性命。据记载:"(童贯)遣大将刘法取朔方,法不可,贯逼之曰:'君在京师时,亲授命于王所,自言必成功,今难之,何也?'法不得已出塞,遇伏而死。法,西州名将,既死,诸军汹惧。贯隐其败,以捷闻,百官入贺,皆切齿,然莫敢言。"④宋钦宗时朝臣即指出:"国家童贯握兵,为国生事,一十余年,覆军败将,朝廷不闻。"⑤再如斡离不率领金军南下渡河,负有河防重任的内侍梁方平,"惧不敢拒战,单骑遁归,麾下兵皆溃散",⑥遂引发临近地区何灌所部防线崩溃。而梁氏在前线,"日与其徒纵饮,探报不明,御敌无备。洎及贼至,乃始奔

①　胡安国:《上钦宗论四道置帅》,《宋朝诸臣奏议》卷六五《百官门·帅臣》,第 728 页。
②　《宋史》卷二三《钦宗纪》,第 430—431 页。
③　《三朝北盟会编》卷六四,靖康元年十一月二十二日,第 482 页。
④　《宋史》卷四六八《宦者三·童贯传》,第 13659 页。
⑤　《杨时集》卷一《上钦宗皇帝书·其一》,第 17 页。
⑥　《三朝北盟会编》卷二六,靖康元年正月二日,第 196 页。

骇……"①

北宋末年，文臣在统兵作战方面或表现无能，或导致失败的例证，可谓不胜枚举。投机分子蔡攸之流的情况，可以舍而不论，而大多数文官的所为也同样令人失望。如前述宋钦宗在京师周围设四总管府，以文官分别负责防务。但当金军南下之际，西道总管、西京留守王襄竟"弃城遁"；北道总管赵野则回避与金军交锋。宋高宗即位后，将王、赵二氏贬官，就在于追究其失职之罪，所谓："（王）襄初与赵野分总西北道诸军，金人围京师，征兵入援，二人故迁道宿留。"②同知枢密院事李回与文臣折彦质率大军守河，结果临阵逃跑，"众溃而归"。③

金军两路大军最终围攻开封时，在先攻东面城垣不能得逞的情况下，又改攻南壁。面对金军日夜搬运薪土填埋护城河的情况，守御南壁提举李擢竟置若罔闻。宋代史籍对其失职行为有较详细的记载："初，护龙河自贼迫近，即决汴水以增其深。其后，雪寒冰合，贼于冰上布板置草，覆之以土，将以攻城，而擢不介意。""初，城上以松脂为束，悬以铁盆，燃火照城外，更备守，视贼渡河，箭砲俱发，故贼不能至。及擢守南壁，防备废弛，或夜不燃火疏阔，故贼得乘闲塞河，遂附城札寨，攻城愈急"。"擢于城楼上修饬，坐卧处如晏阁宾馆，日与僚佐饮酒烹茶，或弹琴谑笑，或日醒醉"。而宰臣及守御使孙傅、王宗濋等人，竟"皆知而不问，将士莫不扼腕者"。本壁统制官、武将何庆源提醒李擢严加防范，"擢不从"，"故壕不数日而填成"。当宋钦宗登城发现险情后，虽将李擢贬官，但为时已晚。不久，金军便首先攻下南壁的宣化门，又出现郭京开门使用"神兵"的闹剧，开封城遂终于陷落。④

---

① 《三朝北盟会编》卷二六，靖康元年正月二日，第196页。

② 《宋史》卷二三《钦宗纪》，第431页；卷三五二《王襄传》，第11127页。

③ 《三朝北盟会编》卷六三，靖康元年十一月十二日，第473页；《宋史》卷二三《钦宗纪》，第432页。

④ 《三朝北盟会编》卷六六，靖康元年闰十一月十四日，第500—501页；卷六七，靖康元年闰十一月十五日，第509页；卷六九，靖康元年闰十一月二十五日，第519页。

第二节　北宋帅臣之文武对比

北宋时期,在各地的统军帅职官前后发生了重大变化,承担者也经历了由武将转化为文臣的过程。唯其如此,宋人对统军、指挥者的理解与称呼,也出现了相应的变化,其中最突出者莫过于"帅臣"一词。

在宋人文献及语汇中,"帅臣"通常被视作安抚使的别称。但从北宋历史的实际过程来看,帅臣显然经历了前后的变化。北宋前期,由于武将承担的都部署一般为出师和驻防军队的统帅,故有"帅臣"之称。如李继隆任定州都部署时,曾对宋太宗表示:"陛下不以臣治兵乏谋,任以疆事,臣敢不讲求军志,震耀戎容……绝漠微妖,责在帅臣。"①咸平(998—1003年)后期,邠宁环庆两路都部署、殿前副都指挥使王汉忠死,宋真宗便对左右说:"汉忠好学知书,帅臣中亦不易得。"②这两段史料都清晰地指明都部署为帅臣。另据记载:咸平时,"缘边禁旅,多分守城寨,而帅臣以部队鲜少为言。上令六宅使刘承珪驰往环、庆等州,选厢军之材勇者得四千五百人,付诸寨城,易禁旅归部署司,使悉充行阵。"③可见当时在提及帅臣时,即与部署司直接相联系,自然也说的是都部署,而部署司当可称为帅司。

至宋仁宗朝,随着文臣经略安抚使的陆续设置,以及文臣兼任都部署及以下统兵官规则的形成,原本武职将帅所拥有的"帅臣"称号,遂转移到文臣经略安抚使或安抚使身上,经略安抚司遂被称为"帅司"。如庆历时,滕宗谅言:"朝廷命韩琦等都统四路,则逐路帅臣当禀节制。"④这里所

---

① 《续资治通鉴长编》卷三一,淳化元年十月丙寅,第707页。
② 《续资治通鉴长编》卷五二,咸平五年七月己亥,第1141页;《宋史》卷二七九《王汉忠传》,第9477页。
③ 《续资治通鉴长编》卷五二,咸平五年七月丙辰,第1144页。
④ 《续资治通鉴长编》卷一三八,庆历二年十二月壬戌,第3329页。

说的逐路帅臣,即指文臣担任的秦凤、环庆、泾原及鄜延四路经略安抚使。其后,有御史上言:"自今诸路帅臣及缘边部署、知州军,未赴任,不许奏辟武臣。"①便将帅臣与单独设置的缘边部署区分开来。宋哲宗时,遂有人上言指出:"仁宗时每帅臣阙,或自禁近除授,试之藩阃,然后大用外任。""将帅之选,多出于监司。""夫自初为监司,至三路及三司副使者,其人年劳已深,资历已多,沿边山川道路,甲兵钱谷皆所谙知,故帅臣有阙,可备任使。"②于是,南宋史家便说:"安抚使,旧号帅臣。祖宗时,惟陕西、河东、北三路及益、广、桂有之。"③

对于北宋帅臣的理解,近人也通常以经略安抚使或安抚使称之,并有专门的考述。吴廷燮著有《北宋经抚年表》,现人李昌宪又在吴氏基础上作《宋代安抚使考》,④为进一步研究北宋地方统军体系,提供了经略安抚使、安抚使的任职资料。在此暂不考虑帅臣概念变化过程中,武将在北宋前期主导在外统军体制被湮没的事实,即以宋仁宗朝以来一般意义上的经略安抚使、安抚使为线索,便能从另一侧面探寻究武将在北宋中后期地位的变化。现依据李昌宪《宋代安抚使考》整理的帅臣资料,经过对其出身的鉴别及考证,列出北宋帅臣文官与武将的名录,以考察对比两者在人数上的差别及其前后变化。

北宋各路帅臣文武官对比名录

(注:凡人名有下划线者为武将,其余为文官)

1. 京东东路

宋太祖朝:刘熙古、郭崇、张全操、赵延进;

宋太宗朝:赵延进、赵昌言、徐休复、寇准、曹彬、阎象;

宋真宗朝:王延德、李继昌、张齐贤、凌策、王超、张知白、戚伦、李仕

---

① 《续资治通鉴长编》卷一七八,至和二年二月乙未,第4308页。

② 范祖禹:《上哲宗请于监司中养才以备将帅》,《宋朝诸臣奏议》卷六五《百官门》,第727页。

③ 《建炎以来朝野杂记》甲集卷一一《官制二》,第228页。

④ 吴廷燮:《北宋经抚年表南宋制抚年表》,中华书局1984年版;李昌宪:《宋代安抚使考》,齐鲁书社1997年版。

衡、周起；

宋仁宗朝：周起、韩亿、曹玮、滕涉、李迪、王曾、孔道辅、范讽、燕肃、夏竦、张傅、赵概、陈执中、程琳、李迪、陈执中、张存、张奎、叶清臣、富弼、范仲淹、钱明逸、文彦博、田瑜、曹佾、孙沔、庞籍、余靖、唐询、刘元瑜；

宋英宗朝：刘元瑜、卢士宗、吴奎；

宋神宗朝：吴奎、欧阳修、郑獬、赵抃、李肃之、滕甫、向经、陈荐、罗拯、龚鼎臣、程师孟、冯京、刘庠、邓绾、李定；

宋哲宗朝：李定、李承之、王安礼、曾布、钱勰、黄履、刘挚、邢恕、韩宗道、吕嘉问、杜常、虞策、宇文昌龄、范镗；

宋徽宗朝：韩川、王说、胡宗回、宇文昌龄、黄裳、吕惠卿、陶节夫、姚祐、王汉之、余深、梁子野、郭照、王勇、梁子美、崔直躬、赵霆、张叔夜；

宋钦宗朝：钱盖、宇文虚中、曾孝序。

2. 京东西路

宋太祖朝：韩令坤、石守信；

宋太宗朝：石守信、袁廓、曹彬、吴元扆、赵承宗、陈省华；

宋真宗朝：王延德、马襄、姚铉、丁谓、段晔、马元方、李迪、雷孝先、戚纶、李迪；

宋仁宗朝：李迪、任中正、侍其曙、杜尧臣、孔道辅、陈尧咨、崔立、王贻永、王曾、张傅、张观、郑戬、宋庠、富弼、郭劝、孙祖德、刘夔、张奎、钱明逸、庞籍、李端懿、刘湜、刘敞、赵概、吴奎、曹佾；

宋英宗朝：曹佾、张方平、李璋、郭逵；

宋神宗朝：向传范、滕甫、邵亢、吕公孺、王克臣、贾昌衡、李肃之、许将、曾孝宽、钱暄、吕公孺；

宋哲宗朝：吕公孺、滕元发、蒲宗孟、谢景温、蔡京、李承之、刘挚、梁焘、乔执中、杜纮、吕嘉问、王宗望、胡宗师、宇文昌龄；

宋徽宗朝：杜常、吕嘉问、刘安世、刘奉世、毕仲游、岑象求、邵齑厂虎、钟传、徐彦孚、许几、孙謩、黄裳、王襄、白时中、曾孝广、王汉之、贾炎、孙謩、蔡居厚、林摅、薛昂、徐处仁；

宋钦宗朝：陆藻、叶梦得、胡直孺。

3. 京西北路

宋太祖朝：张永德、张勋、薛居正、武行德、王全斌、宋偓、王审琦；

宋太宗朝：曹彬、党进、臧丙、杨徽之、雷有终、张去华；

宋真宗朝：索湘、毋宾古、李继隆、孙全照、王嗣宗、石普、李维；

宋仁宗朝：林特、钱惟演、张士逊、孔道辅、张耆、张士逊、李遵勖、吕夷简、任布、梅询、李淑、夏竦、王举正、李昭直、吴育、韩琚、宋祁、张观、晏殊、文彦博、贾昌朝、宋庠、何中立、贾黯、曹佾、贾昌朝、王素；

宋英宗朝：王素、张昇、钱象先；

宋神宗朝：王陶、马仲甫、韩绛、王陶、张焘、韩绛、韩维、孙永；

宋哲宗朝：曾孝宽、韩缜、曾孝宽、范纯仁、蔡京、韩维、安焘、范纯仁、梁焘、黄履、范纯仁、韩缜、盛陶、高遵惠、吴安持、陈轩；

宋徽宗朝：陈轩、王钦臣、唐义问、胡宗炎、范纯礼、黄裳、陈次升、文及甫、司宗炎、邓棐、许将、林邵、邢恕、朱彦、汪獬、洪中孚、徐处仁、崔直躬、蔡安时、李偊、蔡居厚、蔡庄、王复、赵遹；

宋钦宗朝：叶梦得、曾开、何志同。

4. 京西南路

宋太祖朝：宋偓、张永德、祁廷训、张永德、祁廷训、张永德；

宋太宗朝：张永德、高怀德、赵普、钱俶、赵延进、苏易简、寇准；

宋真宗朝：寇准、姚坦、张雍、张知白、刘筠、陈尧咨、夏竦、黄昭益；

宋仁宗朝：王世昌、寇瑊、张师德、赵贺、焦守节、燕肃、谢绛、柳植、张昇、孙甫、范仲淹、张友直、刘元瑜、马寻、施昌言、王琪、李兑；

宋英宗朝：李兑、郭申锡、钱公辅；

宋神宗朝：孙思恭、吕海、谢景温、韩绛、李璋、陈绎、张焘、滕甫、刘忱、张蒭、李复圭、钱藻、贾昌衡、邓绾；

宋哲宗朝：邓绾、曾孝宽、陈安石、韩维、蔡确、李常、曾肇、杜纮、陆佃、黄履、谢景温、范纯粹、宇文昌龄、邵颙；

宋徽宗朝：邵颙、盛次中、贾易、郭知章、林颜、吕仲甫、吴安宪、石豫、向宗贤、张茂直、李虁、许光凝、贾炎、许份、范致虚、崔彧、王师伏、范致虚、葛胜仲、赵鼎臣；

宋钦宗朝：张叔夜。

5. 大名府路

宋太祖朝：符彦卿、王祐、李继勋；

宋太宗朝：李继勋、杨克让、孙承祐、赵昌言、陈恕、王承衍、翟守素、石保吉、王承衍、郭载、周莹、刘廷翰、赵昌言、雷有终、刘知信、郭贽、裴济；

宋真宗朝：王昭远、刘知信、张永德、钱若水、孙全照、温仲舒、王显、周莹、王钦若、孙全照、赵昌言、王承衍、边肃、寇准、周起、魏咸信、马知节、李仕衡、张知白、王曾、李应机；

宋仁宗朝：薛田、曹玮、陈尧咨、王曾、陈尧咨、杜衍、狄棐、王博文、王贻永、任布、吕夷简、李迪、程琳、夏竦、贾昌朝、程琳、陈执中、贾昌朝、李昭亮、文彦博、贾昌朝；

宋英宗朝：贾昌朝、王拱辰；

宋神宗朝：王拱辰、韩琦、韩绛、文彦博、王拱辰、韩绛；

宋哲宗朝：韩绛、冯京、张璪、蒲宗孟、许将、吕惠卿、郑雍、安焘、韩忠彦；

宋徽宗朝：韩忠彦、林希、刘奉世、李清臣、蔡卞、韩忠彦、吕惠卿、许将、吕惠卿、梁子美、邓洵武、蔡卞、姚祐、梁子美、邓洵仁、王革、徐处仁、王安中；

宋钦宗朝：王安中、蔡懋、张悫。

6. 高阳关路

宋太祖朝：张藏英、李汉超、马仁瑀；

宋太宗朝：马仁瑀、李汉超、马仁瑀、陆万友、尹宪、安守忠、杨赞；

宋真宗朝：杨赞、张禹珪、刘用、上官正、慕容德丰、李延渥、李允则、李继宣、高继勋、冯守信、张禹珪、张昭远；

宋仁宗朝：高继勋、张昭远、高继勋、魏正、张纶、李昭亮、张亢、张茂实、杜惟序、王拱辰、程戡、包拯、吕公弼、陈升之、韩贽、王贽、彭思永、介；

宋英宗朝：唐介、李参、吴中复、马仲甫、李肃之；

宋神宗朝：李肃之、张焘、孙永、韩缜、李师中、刘瑾、张景宪、王克臣、蔡延庆、韩忠彦、蔡延庆、谢景温；

宋哲宗朝：谢景温、吕公孺、李之纯、蔡京、张颉、钱勰、蒋之奇、曾布、曾肇、李南公、韩宗道、路昌衡、虞策、盛陶、陆师闵、孙路、孙览；

宋徽宗朝：范镗、李琮、吕希纯、叶祖洽、邵鳛、黄寔、胡宗师、王汉之、钟传、张近、吴玠、沈积中、侯益、蔡靖、詹度、陈遘；

宋钦宗朝：陈遘、黄潜善。

7. 定州路

宋太祖朝：<u>孙行友</u>、<u>昝居润</u>、<u>祁廷训</u>；

宋太宗朝：<u>祁廷训</u>、<u>孟玄喆</u>、<u>杜彦圭</u>、<u>赵安易</u>、<u>曹璨</u>、<u>李继隆</u>、<u>刘知信</u>、<u>张永德</u>、<u>裴济</u>、<u>王汉忠</u>、<u>张训</u>、<u>符昭寿</u>、<u>尹宪</u>、<u>裴济</u>、<u>魏震</u>；

宋真宗朝：<u>魏震</u>、<u>吴元扆</u>、<u>王显</u>、<u>吴元扆</u>、<u>刘知信</u>、<u>马知节</u>、<u>李允正</u>、<u>周莹</u>、<u>王能</u>、<u>高继勋</u>、<u>刘承宗</u>；

宋仁宗朝：<u>张昭远</u>、<u>杨崇勋</u>、<u>王贻永</u>、<u>曹玮</u>、<u>钱惟济</u>、<u>马洵美</u>、<u>刘平</u>、<u>李昭亮</u>、<u>王贻永</u>、<u>杨崇勋</u>、<u>王德用</u>、<u>王克基</u>、<u>杜惟序</u>、<u>王果</u>、<u>李昭亮</u>、<u>王德基</u>、韩琦、宋祁、王素、庞籍、<u>李昭亮</u>、王拱辰、陈升之、傅求；

宋英宗朝：傅求、蔡抗、孙长卿；

宋神宗朝：孙长卿、李肃之、滕甫、薛向、韩绛、章惇、吕公著、王克臣、蔡延庆；

宋哲宗朝：蔡延庆、韩忠彦、张璪、许将、苏轼、胡宗愈、顾临、刘奉世、韩忠彦、路昌衡；

宋徽宗朝：刘奉世、张舜民、蔡京、曾肇、黄寔、路昌衡、管师仁、梁子美、王汉之、梁子野、韩粹彦、张杲、韩粹彦、王涣之、沈纯、詹度、陈遘、赵遹、詹度；

宋钦宗朝：詹度、陈遘。

8. 成德军路

宋太祖朝：<u>郭崇</u>、<u>昝居润</u>、<u>韩令坤</u>、卢多逊、刘载、<u>刘审琼</u>；

宋太宗朝：<u>刘审琼</u>、钱惟治、潘美、王明、<u>张永德</u>、田重进、周莹、裴济；

宋真宗朝：<u>李允正</u>、<u>王显</u>、慕容德丰、<u>王超</u>、<u>程德玄</u>、马知节、孙全照、<u>上官正</u>、赵昌言、边肃、王嗣宗、<u>李允则</u>、钱惟济；

宋仁宗朝:钱惟济、王贻永、张昭远、刘平、张若谷、任布、王沿、韩亿、王贻永、任布、张存、杨崇勋、张存、王沿、田况、鱼周询、明镐、郭劝、韩琦、李昭述、宋祁、李昭亮、陈升之、吕溱、钱明逸、张掞;

宋英宗朝:张掞、周沆、王素、陆诜;

宋神宗朝:陆诜、吴中复、刘庠、孙固、楚建中、章衡、曾布、冯京、刘瑾;

宋哲宗朝:刘瑾、蔡京、滕元发、曾孝宽、谢景温、李清臣、刘安世、刘奉世、杨畏、韩忠彦、吴安持、高遵惠、李清臣;

宋徽宗朝:李清臣、王钦臣、刘安世、朱绂、李南公、杜常、吕嘉问、王博闻、胡宗回、邢恕、曾孝广、许几、洪中孚、王勇、张杲、洪中孚、赵遹、周邦彦、赵遹、沈积中、毛友、刘韐、陈遘、刘韐;

宋钦宗朝:刘韐、陈遘、李邈、汪伯彦。

9. 河东路

宋太宗朝:刘保勋、符昭愿、周保权、王明、潘美、张永德、李允正、雷有终;

宋真宗朝:雷有终、程德玄、韩崇训、王承衎、钱若水、王嗣宗、雷有终、刘琮、张秉、任中正、周起、薛映、马元方;

宋仁宗朝:马元方、陈尧佐、赵积、张若谷、梅询、李若谷、杜衍、任中师、王沿、杨偕、高继宣、明镐、夏竦、郑戬、王拱辰、李昭亮、韩琦、富弼、庞籍、孙沔、梁适、文彦博、陈升之;

宋英宗朝:陈升之、唐介;

宋神宗朝:王素、冯京、吕公弼、刘庠、郭逵、韩绛、孙永、王克臣、王居卿、吕惠卿;

宋哲宗朝:吕惠卿、曾布、滕元发、范纯仁、韩缜、王安礼、孙览、林希;

宋徽宗朝:林希、孙路、范纯粹、郭知章、曾肇、范镗、邢恕、钟传、徐彦孚、陶节夫、洪中孚、曾孝广、许几、梁子野、洪中孚、张近、钱昌、钱即、薛嗣昌、姚祐、张孝纯;

宋钦宗朝:张孝纯。

10. 永兴军路

宋太祖朝:李洪义、王彦超、吴廷祚;

宋太宗朝：许仲宣、奚与、魏羽、李准、符昭愿、范杲、柴禹锡、田重进、王显、张齐贤、田重进、张雍；

宋真宗朝：戴兴、赵昌言、王仲华、雷有终、张齐贤、张詠、向敏中、周莹、孙全照、孙仅、张秉、王嗣宗、李仕衡、李允正、卢琰、周起、陈尧咨、李迪、寇准、朱巽、薛映、赵稹；

宋仁宗朝：赵稹、李防、姜遵、王曙、胡则、李谘、王博文、赵贺、陈尧佐、范雍、陈尧佐、杜衍、陈执中、夏竦、杜衍、夏竦、陈执中、范雍、张奎、郑戬、吴遵路、任中师、郑戬、程琳、叶清臣、夏安期、王拱辰、吕公绰、程戡、杨察、吴育、晏殊、文彦博、王拱辰、梁适、曹颖叔、刘敞、何郯；

宋英宗朝：何郯、文彦博、王陶、王举元、韩琦；

宋神宗朝：韩琦、钱明逸、司马光、郭逵、曾公亮、李肃之、吴中复、罗拯、吕公孺、吕大防、刘庠、陈安石；

宋哲宗朝：陈安石、曾孝宽、韩缜、李清臣、蔡京、蒲宗孟、邓温伯、王震、吕大防、王安礼、谢景温、李南公、吕嘉问、李琮、陆师闵；

宋徽宗朝：陆师闵、路昌衡、蔡京、孙览、范纯粹、上官均、虞策、胡宗回、钟传、邢恕、王奫、左肤、陶节夫、强渊明、吴择仁、徐处仁、李譓、贾炎、李譓、何述、洪中孚、席旦、张杲、董正封、薛嗣昌、盛章；

宋钦宗朝：盛章、任谅、范致虚。

11. 鄜延路

宋太祖朝：焦继勋、赵赞、焦继勋、赵赞、伊审徵；

宋太宗朝：伊审徵、翟守素、王文宝、慕容德丰、田重进、王显、赵昌言；

宋真宗朝：王承衎、杜彦钧、刘廷伟、马知节、李允正、向敏中、李继昌、李及、李防、赵湘、薛奎；

宋仁宗朝：薛奎、赵贺、李防、薛田、李若谷、李绎、黄总、李绎、郭劝、范雍、赵振、张存、范仲淹、庞籍、梁适、沈邈、程琳、李昭亮、狄青、施昌言、吴育、夏安期、吕公弼、程戡；

宋英宗朝：程戡、陆诜、郭逵；

宋神宗朝：郭逵、赵卨、李承之、吕惠卿、沈括、种谔、刘昌祚、赵卨；

宋哲宗朝：赵卨、范纯粹、李南公、范纯粹、吕惠卿；

宋徽宗朝：吕惠卿；陆师闵、范纯粹、王博闻、邢恕、陶节夫、钟传、钱即、李譓、贾炎、侯临、贾炎、马防、张深、刘韐、刘延寿、薛嗣昌；

宋钦宗朝：任谅、张深。

12. 环庆路

宋太祖朝：<u>刘重进</u>、杨廷璋、<u>伊审徵</u>、袁彦、<u>宋偓</u>；

宋太宗朝：<u>宋偓</u>、樊知古、<u>程德玄</u>、柳开；

宋真宗朝：<u>杜彦钧</u>、张齐贤、<u>周莹</u>、曹玮、陈兴、王嗣宗、<u>张佶</u>、刘文质；

宋仁宗朝：<u>刘平</u>、雷孝先、<u>曹仪</u>、曹琮、雷孝先、<u>杜惟序</u>、刘谦、范仲淹、滕宗谅、田况、孙沔、尹洙、孙沔、施昌言、孙沔、杜杞、张昪、何中立、崔峄、傅求、刘湜、周沆、韩绛、孙长卿；

宋英宗朝：孙长卿、孙沔、蔡挺、李肃之；

宋神宗朝：李复圭、王广渊、楚建中、范纯仁、<u>高遵裕</u>、俞充、<u>高遵裕</u>、曾布、赵禼、范纯仁、范纯粹；

宋哲宗朝：范纯粹、章楶、范子奇、路昌衡、孙路、胡宗回、高遵惠、蒋之奇；

宋徽宗朝：蒋之奇、<u>苗履</u>、胡宗回、曾孝序、郑仅、钱即、薛嗣昌、侯临、陈亨伯、<u>姚古</u>、宇文虚中、<u>种师中</u>；

宋钦宗朝：王似。

13. 秦凤路

宋太祖朝：<u>王景</u>、高防、<u>吴廷祚</u>、刘熙古、路冲、张炳；

宋太宗朝：张炳、段思恭、<u>田仁朗</u>、宋珰、韦宣、宋珰、<u>吴元载</u>、<u>郭载</u>、温仲舒、<u>薛惟吉</u>、<u>王显</u>；

宋真宗朝：<u>王显</u>、<u>马知节</u>、张雍、雷有终、<u>王承衍</u>、杨怀忠、李溥、<u>张佶</u>、曹玮、李及、陈尧咨；

宋仁宗朝：陈尧咨、<u>康继英</u>、薛奎、王随、<u>张纶</u>、王博文、赵贺、<u>卢鉴</u>、王博文、张宗象、王继明（？）、<u>曹琮</u>、李纮、<u>曹琮</u>、韩琦、文彦博、田况、孙祖德、梁适、吕公绰、张昪、梁适、王拱辰、张方平、钱明逸；

宋英宗朝：钱明逸、李参、蔡抗、马仲甫；

宋神宗朝：孙永、李师中、韩缜、<u>郭逵</u>、吕公弼、张诜、吕大防、刘庠、蔡煇、罗拯、曾布、曾孝宽、吕公孺、蔡煜（？）、刘瑾、吴雍；

宋哲宗朝：范育、孙觉、范康直、吕大忠、游师雄、吕大忠、陆师闵、周綍；

宋徽宗朝：邵篪、黄寔、吴宪、胡宗回、郑仅、陶节夫、姚祐、蔡居厚、穆京、何常、刘仲武、孙浃、蔡佃、方孟卿、郭思、种师中；

宋钦宗朝：赵点。

14. 泾原路

宋太祖朝：白重赞、张铎；

宋太宗朝：张铎、王文宝、李若拙、柴禹锡；

宋真宗朝：柴禹锡、魏廷式、谭延美、阎日新、杨怀忠、曹玮、郝荣；

宋仁宗朝：马洵美、康继英、刘平、高继勋、雷孝先、安继昌、张敏（？）、孙继邺、高继宣、夏竦、葛怀敏、王沿、张亢、尹洙、王素、程戡、张亢、田况、夏安期、王素、任颛、吕公弼、钱明逸、施昌言；

宋英宗朝：施昌言、王素、郭逵、蔡挺；

宋神宗朝：蔡挺、郭逵、王广渊、冯京、蔡延庆、徐禧、卢秉、刘昌祚、刘庠；

宋哲宗朝：刘庠、刘昌祚、刘舜卿、谢麟、孙觉、吕大忠、章楶；

宋徽宗朝：章楶、王恩、苗履、邢恕、钟传、折可适、薛嗣昌、折可适、刘仲武、吴择仁、何述、张庄、席贡、种师道、任谅、钱盖、席贡；

宋钦宗朝：席贡。

15. 熙河路

宋神宗朝：王韶、高遵裕、张诜、赵济、苗授、赵济；

宋哲宗朝：赵济、刘舜卿、范育、蒋之奇、范纯粹、王文郁、钟傅、张询、孙路；

宋徽宗朝：孙路、胡宗回、姚雄、李譓、王厚、李忱、姚雄、吴择仁、刘法、姚雄、刘仲武、刘法、刘仲武、赵遹、姚古、钱盖、姚古；

宋钦宗朝：王倚（？）。

16. 两浙西路

宋太宗朝：范旻、李昌言、翟守素、李继凝、刘知信、王化基、魏羽、张去华；

宋真宗朝：张去华、张詠、宋太初、王仲华、薛映、王济、戚纶、薛颜、马亮、王钦若、王随；

宋仁宗朝：王随、李及、周起、胡则、李谘、朱巽、陈从易、张观、胡则、郑向、俞献卿、柳植、司马池、张若谷、郑戬、蒋堂、杨偕、方偕、蒋堂、范仲淹、张方平、吕溱、李兑、孙沔、何中立、梅挚、唐询、施昌言、沈邈；

宋英宗朝：王琪、蔡襄、胡宿、吕溱、祖无择；

宋神宗朝：郑獬、赵抃、沈立、陈襄、杨绘、沈起、苏颂、赵抃、邓润甫、张诜、蒲宗孟；

宋哲宗朝：蒲宗孟、杨绘、熊本、苏轼、林希、王存、陈轩、韩宗道、李琮、林希；

宋徽宗朝：丰稷、吕惠卿、龚原、陈轩、邹浩、吕惠卿、蒋之奇、宇文昌龄、曾孝广、吕惠卿、曾孝蕴、朱彦、王涣之、席震、蔡薿、张商英、刘逵、张阁、庞寅孙、董正封、李偃、徐铸、赵崇、赵霆、曾孝蕴、蔡薿、翁彦国、唐恪；

宋钦宗朝：唐恪、翁彦国、毛友、叶梦得。

17. 两浙东路

宋太宗朝：毕士安、李准、李孝连、高适、江正、薛志周、韩崇训、卢文正、封遂成、王柄、郭异、元玘；

宋真宗朝：元玘、冯励、裴庄、康戬、王励、张巽、王贽、李遹、皇甫选、杨侃、陈靖、高绅、卢幹、任布、燕肃；

宋仁宗朝：燕肃、谢涛、尹锡、宋可观、成悦、苏寿、陈覃、叶参、赵贺、李照、蒋堂、郎简、范仲淹、陆轸、向传式、晁宗简、马绛、陈亚、富严、杨纮、魏瓘、王逵、李兑、许元、张友直、刁约、沈邈、张伯玉；

宋英宗朝：张伯玉、章岷、朱肱、陈升之；

宋神宗朝：鞠真卿、元绛、邵亢、沈立、孔延之、谢景温、张讽、赵抃、程师孟、丁竦、郑穆、梁彦明、穆珣；

宋哲宗朝：穆珣、黄履、章楶、张询、钱勰、蔡卞、杨汲、章衡、张修、邵材、翟思、上官均；

宋徽宗朝：上官均、张琬、翟思、邵材、丰稷、周常、宇文昌龄、詹文、王

资深、方会、李图南、吕益柔、王仲嶷、刘翰、章综、宋昭年、张汝舟、郑可简;

宋钦宗朝:李邴、翟汝文。

18. 江南东路

宋太宗朝:杨克逊(?)、贾黄中、刘保勋、韩遂、许骧、源护、雷有终、卢文正、<u>陈钦祚</u>、高象先、郭异、<u>李伟</u>、宋覃;

宋真宗朝:<u>宋覃</u>、<u>张继美</u>、吕祐之、李若拙、<u>刘知信</u>、马亮、张詠、薛映、马亮、丁谓、薛颜、马亮;

宋仁宗朝:马亮、王钦若、王随、李迪、马亮、张士逊、滕涉、李允元、李若谷、陈执中、张若谷、盛京、郎简、叶清臣、刘沆、杨告、李宥、张奎、张方平、皇甫泌、刘湜、向传式、包拯、王琪、梅挚、王琪、冯京、魏琰、郭申锡、王贽;

宋英宗朝:彭思永、吕溱、龚鼎臣、王安石、孙思恭;

宋神宗朝:吴中复、钱公辅、沈起、傅俞尧、沈立、王安石、叶均、王安石、元积中、吕嘉问、孙昌龄、元积中、孙坦、刘庠、陈绎、王益柔、王安礼;

宋哲宗朝:王安礼、蔡卞、林希、熊本、谢麟、黄履、陆佃、曾肇、吕惠卿、何正臣、陈轩、吕升卿;

宋徽宗朝:叶涛、邓祐甫、朱彦、徐勣、蒋静、陶节夫、姚祐、曾孝蕴、卢航、沈锡、曾孝序、薛昂、吴栻、卢航、蔡嶷、俞㮚、张庄、王汉之、卢襄;

宋钦宗朝:曾孝序、宇文粹中。

19. 江南西路

宋太宗朝:王明、张惟德、刘墀、夏侯峤、张覃、<u>符昭寿</u>、陈象舆、魏震、李伟;

宋真宗朝:董俨、栾崇吉、马景、王济、李玄、马亮、朱巽、章得象、李虚己;

宋仁宗朝:李虚己、夏竦、唐肃、李谘、臧待用、许式、许申、萧贯、赵槩、吴遵路、盛京、魏瓘、蒋堂、张若谷、张瓖、邵饰、吕绍宁、江钧、卞咸、杨可、李绚、刘沆、张存、徐起、马寻、仲简、张子宪、刘纬、唐介、程师孟、叶均;

宋英宗朝:施元长、周豫、杜植、应舜臣;

宋神宗朝:荣諲、李师中、曾巩、王韶、元积中、王韶、蔡延庆、谢景温、孔宗翰、李良辅、熊本、黄履、何宗坦、熊本；

宋哲宗朝：熊本、孔武仲、向宗旦、李琮、范镗、刘定、张商英、蒋之翰；

宋徽宗朝：叶祖洽、范恂、张绶、彭汝霖、王汉之、陶节夫、王涣之、李景直、范坦、叶祖洽、吴居厚、张彻、范致虚、王勇、张琮、吴居厚、蒋静、张漴、陈邦光、张邦昌、徐惕、林震、潘兑、张励、孙竣、孙羲叟、郭三益；

宋钦宗朝：郭三益、姚宗彦。

20. 淮南东路

宋太祖朝：<u>李处耘</u>、楚昭辅、边珝、<u>侯赟</u>、段思恭、侯陟、边珝；

宋太宗朝：边珝、孙迈、潘若冲、周渭、<u>赵延进</u>、<u>薛惟吉</u>、<u>王宾</u>、张观、董俨、王禹偁、魏羽；

宋真宗朝：魏羽、柴成务、王化基、曾致尧、许逖、凌策、戚纶、周实、薛映、王随；

宋仁宗朝：王允明、周起、盛京、朱巽、王立、李允元(？)、张若谷、陈执中、陆冲、盛度、郎简、宋庠、苏绅、陈商、王逵、韩琦、张奎、欧阳修、杨察、柳植、钱明逸、张昷之、包拯、张瓖、唐介、许元、刘敞、冯京、张子宪、王琪、刁约；

宋英宗朝：刁约、裴煜、王琪、韩缜；

宋神宗朝：朱寿隆(？)、徐绥、马仲甫、钱公甫、田谅、马仲甫、王居卿、章岵、陈升之、鲜于侁、许将、孙觉、王益柔、孔宗翰、吕公著、杨景略；

宋哲宗朝：杨景略、滕元发、王安礼、谢景温、蔡卞、蔡京、王存、谢景温、李承之、苏轼、张璪、许将、苏颂、章衡、程嗣恭、塞序臣；

宋徽宗朝：林希、张耒、龚元、蔡卞、吕惠卿、吴伯厚、蒋之奇、王资深、吴执中、张询、刘拯、范镗、彭汝霖、范坦、周穜、吴执中、王涣之、石公弼、吕益柔、唐恪、周焘、徐处仁、洪中孚、林摅、薛嗣昌、毛友、徐铸、王本、许份；

宋钦宗朝：许份。

21. 淮南西路

宋太祖朝：<u>赵赞</u>、<u>宋偓</u>、冯瓒、<u>陈思让</u>、邢琪(？)；

宋太宗朝：<u>魏震</u>、<u>赵镕</u>、赵安易、刘蒙叟、刁衎；

宋真宗朝：刁衎、宋太初、陈尧佐、高绅、刘琮、刁湛、马亮、刘筠；

宋仁宗朝：刘筠、马亮、杨日严、梁顗、刘筠、陈尧佐、赵贺、徐越、张亿、王质、李柬之、林潍、吕公孺、刘纬、陈希亮、包拯、赵良规、张子宪、冯京、吴及、李端愿；

宋英宗朝：张田、傅俞尧；

宋神宗朝：傅俞尧、孙觉、陈绎、韩宗道、沈绅、李良辅、何正臣、吴居厚；

宋哲宗朝：杨汲、穆珣、史宗范、蹇周辅、朱服、陈轩、章衡、王子京、刘定；

宋徽宗朝：朱服、陈师锡、龚原、林颜、罗畸、周焘、蒋猷、李图南、吴伯厚、翟汝文、刘佪；

宋钦宗朝：刘佪、王孝迪。

22. 福建路

宋太宗朝：杨克让、侯赟、何允昭、商夷简、孙逢吉、魏咸熙、源护、许骧、马亮、李伟、张允昭、张从式、冯勴、冯伉；

宋真宗朝：冯伉、陈象舆、谢泌、袁逢吉、严辟疆、李欣、王平、任晓、王世昌、王臻；

宋仁宗朝：康孝基、陈绛、胡则、章频、尹锡、孙溉、郑栽、高觌、张沔、梁逸、范亢、许宗寿、沈邈、王逮、蔡襄、成戬、李上交、刘夔、曹颖叔、蔡襄、刘忠顺、魏琰、燕度、范师道、元绛；

宋英宗朝：元绛、张伯玉；

宋神宗朝：程师孟、丁竦、元积中、曾巩、孙觉、刘瑾、谢卿材；

宋哲宗朝：谢卿材、许懋、林积、柯述、范峋、王祖道、叶伸、温益、程之邵；

宋徽宗朝：程之邵、柯述、陈轩、王祖道、陈觉民、叶棣、檀宗旦、罗畸、孙琦、张励、黄裳、苏晔、陆蕴、黄裳、孙竣、余深、刘韐、柳庭俊、陆藻、柳庭俊；

宋钦宗朝：柳庭俊、李友闻、江常。

23. 荆湖北路

宋太祖朝：王仁赡、吕余庆、卢怀忠；

宋太宗朝:扈蒙、郭贽、许仲宣、薛继昭、臧丙、陈恕、雷有终、张齐贤、张逊、温仲舒、刘昌言;

宋真宗朝:刘昌言、宋太初、张秉、董俨、秦羲、许逖、谢泌、陈尧咨、朱巽、马亮、乐黄目、李谘、马亮;

宋仁宗朝:陈从易、李若谷、梅询、赵贺、任布、范雍、俞献卿、李应言、王子融、张旨、齐廓、仲简、李柬之、王逵、魏瓘、李参、郑獬;

宋英宗朝:郑獬、吕居简、李士先;

宋神宗朝:元绛、孙桷、潘夙、张靖、张颉、吴中复、邓绾、王临、孙颀、谢麟、孙颀;

宋哲宗朝:叶均、刘忱、唐义问、路昌衡、唐义问、李湜、吕嘉问、蒋之翰、吕仲甫;

宋徽宗朝:邢恕、董敦逸、杨畏、马珹、舒亶、董必、陈举、席震、席贡、王觉、钱和、周绅、程邻、张庄、毛衍、刘翰;

宋钦宗朝:李偐、詹度。

24. 荆湖南路

宋太祖朝:吕余庆、王祐、朱侗;

宋太宗朝:朱侗、石熙载、刘申琼、赵承宗、何承矩、王承衍、魏羽、董俨、牛冕、魏廷式;

宋真宗朝:陈省华、李允则、马亮、陈靖、杨覃、刘师道、李应机、李溥、乐黄目;

宋仁宗朝:李若谷、章频、王硕、李昭述、刘赛、夏侯峣、贾昌龄、魏瓘、刘沆、刘夔、周沆、任颛、刘元瑜、余靖、王罕、杨可;

宋英宗朝:王罕、燕度;

宋神宗朝:唐诏、潘夙、康卫、沈起、苏寀、韩铎、曾布、郭逵、谢景温、何正臣、陈睦;

宋哲宗朝:谢麟、李湜、路昌衡、张舜民、温益;

宋徽宗朝:温益、安惇、张茂宗(?)、李阆、王汉之、曾孝广、王涣之、席震、王襄、曾孝序、王涣之、赵嵘、陈显仁、李杰、曾孝序;

宋钦宗朝:陈邦光、郭三益。

25. 益利路

宋太祖朝:吕余庆、刘熙古、郑牧、吕端;

宋太宗朝:吕端、程羽、辛仲甫、高冕、宋玙、许骧、吴元载、郭载、雷有终、张詠;

宋真宗朝:张詠、牛冕、雷有终、宋太初、马知节、张詠、任中正、李士衡、凌策、王曙、赵缜、寇瑊;

宋仁宗朝:寇瑊、薛田、薛奎、程琳、韩亿、王龥、张逸、任中师、杨日严、蒋堂、文彦博、程戡、田况、杨察、程戡、张方平、宋祁、王素、吕公弼、韩绛;

宋英宗朝:韩绛、赵抃、张焘;

宋神宗朝:张焘、陆诜、吴中复、赵抃、蔡延庆、冯京、刘庠、张诜、邓润甫、吕大防、许将;

宋哲宗朝:许将、李之纯、胡宗愈、蔡京、王觌、刘奉世、郑雍、李南公;

宋徽宗朝:路昌衡、吕嘉问、虞策、席旦、蒋之翰、吴栻、席旦、吴栻、庞恭孙、许光凝、周焘、孙义叟、席贡、王复;

宋钦宗朝:卢法原。

26. 广南东路

宋太祖朝:潘美、尹崇珂、潘美、张延范;

宋太宗朝:李符、杨克让、李晖、徐休复、李昌龄、雷有终、向敏中、李惟清、李琯、董俨;

宋真宗朝:张鉴、索湘、卢之翰、凌策、高绅、马亮、杨覃、邵晔、陈世卿、李应机、段煜;

宋仁宗朝:段煜、周实、陈从易、苏惟甫、狄棐、郎简、任中师、刘赓、徐起、段少连、贾昌龄、方慎言、刘爰、魏瓘、王居白、田瑜、郎简、魏瓘、刘湜、李兑、魏琰、余靖;

宋英宗朝:余靖、卢士宏、吕居简、元绛;

宋神宗朝:元绛、张田、王靖、程师孟、苏寀、曾布、陈绎、熊本、王临、孙颀;

宋哲宗朝:孙颀、蒋之奇、蔡卞、路昌衡、唐义问、章楶、王古、柯述;

宋徽宗朝:朱服、刘拯、时彦、王涣之、王端、曾孝广、方会、席震、陈举、张励、陈觉民、程邻、徐铸、周穜、孙羲叟、孙竣；

　　宋钦宗朝：孙竣。

　　27.广南西路

　　宋太宗朝：符嗣、张颂、刘守钧、辛庆余、程昌裔、柳开、魏廷式、宋覃、马诰(？)；

　　宋真宗朝：王顺、李昭业(？)、高慎微、王专、曹克明；

　　宋仁宗朝：田绍忠、侍其曙、田丙、于大城、冯伸己、任昊、周揆、陈珙、陈曙、余靖、萧固、吴及、潘夙；

　　宋英宗朝：陆诜、张田、潘夙；

　　宋神宗朝：张田、潘夙、萧注、沈起、刘彝、石鉴、孙桷、石鉴、赵卨、曾布、张颉、熊本、苗时中；

　　宋哲宗朝：苗时中、孙览、谢麟、胡宗回、程节；

　　宋徽宗朝：程节、王祖道、张庄、席政、关沇(？)、张庄、程邻、王觉、程邻、周穜、王觉、钟仙(？)、张谔、毛衍、蔡伻；

　　宋钦宗朝：周因。

　　需要说明的是，以上名录中一些人的身份虽原无记载，但经考证可知大致情况，如：关于秦凤路帅臣赵点的资料原文为："《宋会要》：九月二十二日，知秦州赵点特落职，勒停。"由此无法确定其文武身份。但《宋会要》有：政和三年(1113年)十二月，"都官员外郎、提举淮南两浙路茶盐事赵点"①云云的记载，可知赵点为文官；有关宋真宗朝泾原路帅臣杨怀忠的资料，原文为："据《长编》，杨怀忠大中祥符二年九月癸亥知秦州。"也没有表明身份。《宋史》无杨怀忠传，但据《宋史》卷二七八《雷有终传》可知，②杨怀忠在咸平时曾以供奉官、阁门祗候的身份知蜀州，后以平乱之功迁转供备库副使，则其为武将无疑；宋太宗朝江南西路帅臣张覃在《宋史》中无传，据《宋史》卷二九三《张咏传》记载：张覃乃"夙儒"③，故当

---

①　《宋会要辑稿》仪制六之二〇，第2412页。
②　《宋史》卷二七八《雷有终传》，第9457页。
③　《宋史》卷二九三《张咏传》，第9800页。

为文臣;宋仁宗朝广南西路的于大城,《宋史》中无传,《宋史》卷一九九《刑法一》有"殿中丞于大城请得以减死论"语,①故亦可知为文臣。不过,还有若干人出身因无资料可觅,故不详,如宋仁宗朝秦凤路帅臣王继明,《宋史》卷三一〇《王曾传》记载其知秦州,②但未标明身份。因此,只能在其姓名之后注明(?)。

根据以上帅臣名录中文武出身的区分,可大致获得如下简要认识:

其一,武将在北方地区出任帅臣的比例,远远大于南方地区,其因大致在于北方军事活动多于南方,同时南方各地驻军的规模也明显较小;

其二,武将在北方地区出任帅臣者,又以在河北、河东和陕西诸路为集中,其因在于这三路是北方边防前线的主战场;

其三,在广大南方地区,帅臣中武将所占比例很小,而文官占据绝对多数,其因与以上第一项内容大致相同;

其四,从时间上看,武将在北宋前期占据帅臣中较重要的地位,到北宋中期及以后则急剧下降,退至极为次要的位置。其因已见前述。

从以上四个现象可以清楚地窥见到如下事实:武将群体在北宋历史上呈现出逐渐沦落的趋势,而这恰与第三章中枢密院任职表所反映的武将地位变迁相吻合。不过,结合前述各方面的内容,还需要对几个关键问题加以强调:第一,北宋前三朝,以武将承担的都部署是在外统军、指挥的主帅,特别是在重兵云集的河北、河东和陕西地区更是如此。当时无论是经略使还是安抚使的官职,都尚未健全,纵然后世将各路首州、要府长吏列为帅臣,但其实不能统管本路军队;第二,从宋仁宗朝开始,文臣出任了经略安抚使及安抚使,才掌握了北方边防前线军队的指挥权,武将沦为副职和部将;第三,在广大内地,特别是南方地区,各路文臣地方官的兵权始终极为有限,其统兵之权甚至于形同虚设。如张方平所指出:宋初强干弱枝,"通都大邑,吏守空城而已……今诸道提举兵甲司,向来领为虚名"③。

---

① 《宋史》卷一九九《刑法一》,第4976页。
② 《宋史》卷三一〇《王曾传》,第10185页。
③ 张方平:《乐全先生文集》卷二一《论州郡武备事二道》,《宋集珍本丛刊》第5册,线装书局2004年版,第799页。

其后,苏轼就任徐州长吏时,也上言反映徐州有冶铁之饶,但军事力量太弱,容易遭到盗贼袭击。① 即使是兼任统军之职,也往往不稳定,如文臣蔡延庆在宋神宗朝,"徙知成都府兼兵马都钤辖。本道旧不置都钤辖。至是特命之"。② 宋徽宗宣和时期,为了应对农民起义的威胁,才"诏江宁府守臣兼安抚使兼江南东路兵马钤辖"③。

综上所述,北宋武将在地方统军体系中经历了由全面负责到沦为文臣下属的过程,这正是北宋王朝逐渐推行和贯彻"崇文抑武"方略及"以文驭武"之策的必然结果。但值得注意的是,北宋中叶以后,在某些大规模军事行动中,因不谙军务的文官无法承担重任,仍然需要高级将领统兵出征。如前述宋仁宗朝狄青作为大帅征剿侬智高,宋神宗朝郭逵以主帅身份征讨安南等,即为例证。宋徽宗时期,在南征方腊和北伐残辽的过程中,武将也发挥着某种意义上统兵官的作用。这也说明,因为军事活动的特殊性要求,"以文驭武"政策不可避免地存在着局限性和不彻底性。

---

① 《苏轼文集》卷二六《徐州上皇帝书》,第 758—759 页。
② 《宋史》卷二八六《蔡齐传附延庆》,第 9638 页。
③ 《景定建康志》卷二五《官守志二》,第 1741 页。

第 六 章

北宋"崇文抑武"的治国方略及其影响

在北宋乃至整个宋朝时期,武将群体地位所发生的重大转变,其原因固然与当时的武将政策、军制设计、国防思想与战略以及朝政演变存在直接关联,但这一切的产生,又显然最终受制于"崇文抑武"治国方略的左右。可以说,正是在这一治国方略的引导下,才衍生出一系列抑制宋朝武将群体的政策、规则。在此,仅以"崇文抑武"方略形成、发展及其影响日渐扩大的北宋为主,对其本身以及派生出的相关问题加以探究。

第一节 "崇文抑武"概念与宋朝国运

关于宋朝历史上存在的"重文轻武"问题,早已为学者所关注,并几乎成为以往学界耳熟能详的概念。在二十世纪上半叶,前辈学者张荫麟先生在著述中已提出这一说法。[①] 此后,继续有学者在论著中提及重文轻武的话题,如著名宋史大家邓广铭先生指出:"它(北宋)虽在实质上是'依重兵而为国',而在另一方面,它却又深恐,若使军权高于一切而无所

---

① 张荫麟:《两宋史纲》,北京出版社 2016 年版,第 165 页。

制裁,则‘黄袍加身’的戏剧性事件可能还要继续演出。因此,它特别提高文职官员的地位,在王朝内外和举国上下都造成一种重文轻武的气势,把一些根本没有造反能力的士大夫压在将帅等类武职官员之上。”①本师漆侠先生也认为:“重文轻武的含义是,重文事,轻武略,把文臣放在第一位,武将第二位,丝毫不重视养兵这一武事的最根本方面。”②邓广铭和漆侠两位先生可谓切中要害,抓住了宋代突出的历史现象。不过,学术界虽对“重文轻武”的概念大致得到了认同,③但自改革开放以来却存在着不同的看法,并出现了争议。

在以往提出的“重文轻武”说法中,学者都注意到宋朝重视文官及文事,轻视武将及武略这样的事实。但在一般阅读这一概念中“轻武”的语义时,往往也容易使人对“轻武”的理解加以延伸,认为宋朝有轻视武备乃至军队之意。而军队从来是国家机器的核心部件之一,也是政权存在的重要保障,即使是再愚蠢的统治者也不可能忽视军队的重要性。因此,便有学者对此概念提出质疑,指出:说宋朝“重文”符合实际,说“轻武”则不然。又列举宋太祖以下历朝重视军队、兵员庞大、军费惊人以及政治家几乎无不谈“兵”等事实,认为宋最高统治者重用文臣,采取抑制武将的措施,是接受唐末五代的历史教训,恰恰是“惧武”,也是“重武”。因此,最后得出的结论为:宋朝是“重武”不是“轻武”。④

基于宋代文官、武将之间权力失衡和大量抑制武将的具体史实,更重要的是宋统治者不仅仅是一般的重视文教事业和轻视武略,而是长期侧重于以意识形态化的儒家思想文化治国,有意抑制武将群体和武力因素在国家政治及社会生活中的影响,这种主导思想落实为治国方略,而长期

---

①　邓广铭:《北宋募兵制度及其与当时积弱积贫和农业生产的关系》,《中国史研究》1980年4期,第62页。

②　漆侠:《宋太宗与守内虚外》,《宋史研究论丛》(第三辑),河北大学出版社1999年版,第1—17页。

③　持认为宋朝存在“重文轻武”看法者颇多,散见于许多关于宋代的论著之中。又以宁可《宋代重文轻武风气的形成》一文为代表,《学林漫录》第3集,中华书局1981年版,第59—67页。

④　以宋衍申《是“重武”不是“轻武”——谈北宋的一项基本国策》一文为代表,《光明日报》1985年9月4日。

贯穿于宋朝历史以及各个方面之中。因此,本人在前贤"重文轻武"认识的基础上,依据历史发生的实际全过程,特提出"崇文抑武"的概念。① 本人认为提出"崇文抑武"的概念,不仅仅是改变了个别字眼,而是对"重文轻武"概念的修正与发展,既可避免对宋朝轻视军队及武备这一误解,又可以更深刻地认识宋朝的统治思想及治国方略,从而在更高的层面上透视当时"抑武"的动因及其影响。

综观北宋历史,"崇文抑武"是一种极其突出的社会政治现象,提倡、推行和贯彻者,非一朝一帝,也非一时一地的权宜之计,而是宋朝统治集团所采用的纲领性的治国方略,且自产生后便从未间断。它源于内向型的专制集权统治需要,反过来又推波助澜,强化了专制皇权与中央集权,再与"将从中御"措施相融合,衍生出"以文驭武"之策。更重要的是,它与"守内虚外"意识有着密切联系,意味着不仅凭借军队,而且依赖意识形态化的儒家政治思想、伦理观念来控制社会,维系世道人心,以求长治久安。

在北宋很长的时期里,缘于对域内秩序整顿与统治稳定的成功,使得最高当局对其治国方略的效用不免产生了相当的自信,自认为消除了唐末、五代百余年乱局的祸根,找寻到有利于自身发展的道路。随着时间的推移,这种自信演变成为自满,甚至是日益根深蒂固的迷信,以至于眼见边防危机不断加剧,对外战争连连受挫,竟然也不加反思,不愿加以调整。北宋统治者自以为边防之患不会影响大局,遂一意孤行,结果最终却被边

---

① 拙作《武士的悲哀——北宋崇文抑武现象透析》最早提出并系统论述了北宋崇文抑武的概念,陕西人民教育出版社 2000 年版;《武士的悲哀——北宋崇文抑武现象研究》(修订版),人民出版社 2011 年版。在此前后,本人还在有关学术会议上多次发表了关于宋朝"崇文抑武"问题的论文,得到了王曾瑜、邓小南等宋史学界专家的肯定和支持。王曾瑜先生在为本书初版所作的序言中,再次肯定了这一概念:"以往人们针对宋朝的文官政治,常用'重文轻武'一语加以概括,此语的缺点是可能产生误解,以为宋朝统治者不重视军事。陈峰先生经过认真斟酌,改用'崇文抑武'一语,并对北宋时的崇文抑武和驭将之策作了深刻的论析……"目前,这一观点不仅为史学界所常用,也得到更广泛的认同,如袁行霈主编《中国文学史》第三卷《第五编·宋代文学》"绪论"中有"崇文抑武国策"的标题,高等教育出版社 2005 年版,第 3 页;陈力:《中国古代图书史》第五章第一节《崇文抑武的宋代》,社科文献出版社 2017 年版,第 214 页;以及赵剑锋、苏峰、何成刚主编《历史课标解析与史料研习·中国古代史》,何成刚总主编《历史课标解析与史料研习丛书》,复旦大学出版社 2018 年版,第 187 页等。

患所灭。因而,与其说北宋是亡于金军之手,不如说是亡于自身的保守和僵化。对此,鲁迅先生也有如下的评论:

> 宋朝的读书人讲道学,讲理学,尊孔子,千篇一律。固然有几个革新的人们,如王安石等等,行过新法,但不得大家的赞同,失败了。从此大家又唱老调子,和社会没有关系的老调子,一直到宋朝灭亡。[①]

宋室南渡后,最高统治集团仍继承了祖宗的衣钵,不愿也不敢面对更为残酷的边防形势,继续推行"崇文抑武"的思想与方略,可谓仍旧在"唱老调子"的过程中走向灭亡。两宋皆亡于边患,何以不幡然悔悟?要害当在最高统治集团特殊利益的需要上。在北宋建立之初,统治者采取拨乱反正、安定社会秩序的各项措施,不仅是解决当务之急,而且也着眼于长治久安的目的,反映出统治者具有长远的政治追求,代表了广泛的社会利益诉求。从宋太宗朝以降,随着王朝稳固统治任务的基本完成,当政集团便日益将自己的特殊利益凌驾于全社会之上,皇帝与身边的大臣更加关注自身的狭隘权益以及感受,放弃了长远而宏大的追求目标,也不愿为此而承担重任。在此可通过如下例证加以说明:

宋太祖出于对开封无地形防御优势的不满,曾有意迁都于有险可依的洛阳乃至长安,但遭到皇弟、晋王赵光义以下多人劝阻,"铁骑左右厢都指挥使李怀忠乘间言曰:'东京有汴渠之漕,岁致江、淮米数百万斛,都下兵数十万人,咸仰给焉。陛下居此,将安取之?且府库重兵,皆在大梁,根本安固已久,不可动摇。若遽迁都,臣实未见其便。'上亦弗从。晋王又从容言曰:'迁都未便。'上曰:'迁河南未已,久当迁长安。'王叩头切谏。上曰:'吾将西迁者无它,欲据山河之胜而去冗兵,循周、汉故事,以安天下也。'王又言:'在德不在险。'上不答。王出,上顾左右曰:'晋王之言固善,今姑从之。不出百年,天下民力殚矣。'"[②]解读这段史料不难发

---

①　鲁迅:《老调子已经唱完》,《鲁迅全集》第 7 卷,人民文学出版社 1981 年版,第 308—309 页。

②　《续资治通鉴长编》卷一七,开宝九年四月癸卯,第 369 页。有关详情,可参见拙作:《从定都开封说北宋国防政策的演变及失败》,《陕西师范大学学报》1991 年第 2 期。

现,宋太祖有深思熟虑的长久打算,亦即通过迁都之举,既可增强国都的防守能力,又能舒缓民众的负担。然而,赵光义等人却不愿舍弃开封的优越物质条件,可谓目光短浅。其实,这一记载仅反映了宋太宗称帝前在都城选择上的保守认识。若将视野再加以放大的话,还能进一步观察到宋太宗的保守政治思想。据记载,赵光义在即位之日,就通过赦书向天下表示:"先皇帝创业垂二十年,事为之防,曲为之制,纪律已定,物有其常。谨当遵承,不敢逾越。"①这段话透露的核心意思,便在于用"事为之防,曲为之制"的原则处理政务,一切则围绕自己的狭隘利益而展开规划设计。特别是在雍熙北伐失败之后,宋太宗更专注于严控军政体系,亦更在意自己的独尊感受,其专断的行事风格,使得宰执大臣只得唯命是从。当然,这种大臣陪位现象的背后,也隐藏着执政官僚集团只图自身利益的考虑。像元老重臣赵普一改昔日强硬的风格,唯以迎合为能事;宰相李昉也是谨小慎微,"小心循谨,无赫赫称";②参知政事贾黄中更是遇事回避,被称为"颇小心畏慎,庙堂政事,多稽留不决,时论以此少之……专务循默,无所发明"。③ 其余如宰臣吕蒙正之类,也都以循规蹈矩著称。就任期而言,如从太平兴国六年(981 年)九月到八年十月,赵普任宰相仅两年多就罢相,端拱元年(988 年)二月复出,又是仅两年时间再度罢相;吕蒙正同样两次出入相位,都不过两年时光。这反映出宋太宗独断专权的特点。当时,唯有张齐贤、寇准稍有作为,但也进出无常。王船山对此评说道:自雍熙以后,宰相、参知政事与枢密院大臣,"乍登乍降",犹如在一盘棋局中被随意挪动的棋子。④

再如:在景德元年(1004 年)澶渊之役僵持不下之际,为了能尽快促使辽朝大军北撤,宋真宗宁愿向对方支付大量金帛,以换取眼前的平安,遂用议和的方式满足了对手的要求。当寇准表示异议并提出长远对策

① 《续资治通鉴长编》卷一七,开宝九年十月乙卯,第 382 页。
② 《宋史》卷二六五《李昉传》,第 9138 页。
③ 《宋太宗皇帝实录校注》卷七六,第 650—651 页;《宋史》卷二六五《贾黄中传》,第 9160—9162 页。
④ 《宋论》卷二《太宗》,第 46 页。

时,却遭到宋真宗的断然拒绝,史称:"(寇)准初欲勿许,且画策以进,曰:
'如此,可保百年无事。不然,数十岁后,戎且生心矣。'上曰:'数十岁后,
当有能扞御之者。吾不忍生灵重困,姑听其和也。'"①其实宋真宗"不忍
生灵重困"的辞藻与其父赵光义"在德不在险"的说辞,不过是一种闪烁
着道德光环的借口,贪图一时安逸而将难题留给后世,才是其真正的意
图。事实上,宋真宗登基伊始就公开表白:"先朝庶政,尽有成规,务在遵
行,不敢失坠。"②"朕每念太祖、太宗丕变衰俗,崇尚斯文,垂世教人,实有
深意。朕谨遵圣训,绍继前烈……"③剔除这段话中歌颂的成分外,其真
实用心还在于无意改革进取,唯求安稳度日。而澶渊之盟后的议和罢兵
局面,则为其提供了安逸以及虚荣活动的机会。《宋史》李沆本传有如下
记载:

> 沆为相,王旦参政事,以西北用兵,或至旰食。旦叹曰:"我辈安
> 能坐致太平,得优游无事耶?"沆曰:"少有忧勤,足为警戒。他日四
> 方宁谧,朝廷未必无事。"后契丹和亲,旦问何如,沆曰:"善则善矣,
> 然边患既息,恐人主渐生侈心耳。"旦未以为然。沆又日取四方水旱
> 盗贼奏之,旦以为细事不足烦上听。沆曰:"人主少年,当使知四方
> 艰难。不然,血气方刚,不留意声色犬马,则土木、甲兵、祷祠之事作
> 矣。吾老,不及见此,此参政他日之忧也。"沆没后,真宗以契丹既
> 和、西夏纳款,遂封岱、祠汾,大营宫观,搜讲坠典,靡有暇日。旦亲见
> 王钦若、丁谓等所为,欲谏则业已同之,欲去则上遇之厚,乃以沆先识
> 之远,叹曰:"李文靖真圣人也。"当时遂谓之"圣相"。④

果然如李沆所预料,在澶渊之盟后不过三年,宋真宗便与一众追随者开启
了制造天书、祥瑞的造神活动,持续的时间竟长达十数年。为此,君臣不
惜劳民伤财、大兴土木,也不顾及投机之风对政坛造成的不良影响,遂使

---

①　《续资治通鉴长编》卷五八,景德元年十二月戊戌,第1298页。
②　《续资治通鉴长编》卷四一,至道三年四月乙未,第863页。
③　江少虞:《宋朝事实类苑》卷三《祖宗圣训·真宗皇帝》,上海古籍出版社1981年版,第24页。
④　《宋史》卷二八二《李沆传》,第9539页。

得帝王的幻觉与一批投机官僚的诉求凌驾于国家的利益之上。至于此后诸如宋徽宗、高宗以及理宗之类后嗣君主,更是在冠冕堂皇的借口之下恣意享乐,并不顾及国家安危与社会大众的利益。北宋王朝遂不断走向专制以及衰弱。

"崇文抑武"的治国方略,其实是宋朝皇权与主政的士大夫集团狭隘利益结合的畸形体现。北宋时期,缘于统治集团及其主流意识偏激地理解文武关系,这一方略便大行其道,致使边防建设得不到真正重视,武将群体也就长期遭受打压,甚至于屡战屡败亦不思悔改。风雨飘摇的南宋小朝廷,之所以仍继续走"崇文抑武"之路,对抗战将领以及地方抗战武装多方排挤、打击,也是由于其极端畸形的特殊利益需要所致。由此观之,宋朝的国运实与"崇文抑武"方略有莫大的关系。总之,以"崇文抑武"为重要的概念和线索,从而予以深入的探究,那么北宋武将群体以及产生的相关问题,都将变得容易解释了。

第二节　北宋建国初"崇文抑武"思想的萌芽

如所周知,中唐开始的藩镇割据局面愈演愈烈,至五代时进一步造成武夫跋扈、悍将称雄的后果。可以说,这是一个真正刀枪实力中出政权、出天子的时代。此时,不仅文官受到武将群体的压制,地位沦落,仰承鼻息,纵然是宰相也要对掌管兵权的枢密使唯命是从。清代史家即评说道:士人生于此时,缠手绊足,"动触罗网,不知何以全生也"①。与此同时,皇权式微,诸割据政权君王的威信扫地。后晋时大将安重荣便敢于发出这样的呼声:"天子,兵强马壮者当为之,宁有种耶!"②揆诸五代时期的历史,此话当然是对传统上神圣不可侵犯的君权法统的挑战和否定,又实在

---

① 赵翼撰,王树民校证:《廿二史札记校证》卷二二《五代幕僚之祸》,中华书局 2013 年版,第 476 页。
② 《旧五代史》卷九八《安重荣传》,第 1302 页。

是反映了当时众多武夫的心声。此后的宋太宗便深为不满地说道："自梁、晋已降,昏君弱主,失控驭之方,朝廷小有机宜,裨将列校,皆得预御坐而参议,其姑息武臣乃如此。"①数十年间,王朝更替频仍,文官武将之间的关系严重失衡,割据局面愈演愈烈,史称"豆分瓜剖"。② 正因为如此,当时社会上便形成了强烈的"重武轻文"风气,世人大都视军旅为发迹要途,所谓:"五代以来,四方多事,时君尚武,不暇向学。"③甚至许多文人学子也弃文从武。如历仕三朝节镇的焦继勋,早年喜好读书,但以后却发誓道:"大丈夫当立功异域,取万户侯,岂能孜孜事笔砚哉?"④

在唐末、五代长达百余年的历史上,长期存在的以上武力因素左右政局的格局,绝不会迅速消退,在相当长的时间里还会以不同的面目显现。西方研究中国历史的学者也敏锐地观察到这一点,他们认为:"就中国本身来说,政治分裂持续将近一个世纪,从公元880年黄巢攻陷长安起,直到979年宋军最终征服北汉。在这段时间的大部分时间里,中国被多达9个或10个地区性国家所割据;在960年以前,北方一直被一系列不稳固的、短命的军事政权所统治。正是在这一时期,军事力量决定着政治状态,并继续成为宋初几十年间的一个主要因素。"⑤由此观之,北宋建立后,在不短的时期内围绕收兵权而实施的一系列方针、政策,也就不难理解了。

在历经战乱的背景之下,赵匡胤创建了新生的宋朝政权。但开国伊始,先后就遭到李筠、李重进等地方藩镇的武力抵抗,至于五代遗留下的节度使依旧拥兵自重,盘踞各地。还有如中级武将王彦升在任京城巡检时,也敢于夜闯宰相王溥家门,以索酒为名进行敲诈。⑥ 这些公开的叛乱

---

① 《续资治通鉴长编》卷三七,至道元年五月丙寅,第815页。
② 《续资治通鉴长编》卷四七,咸平三年十二月壬申,第1036页。
③ 范祖禹:《帝学》卷三,《景印文渊阁四库全书》第696册,第745页。
④ 《宋史》卷二六一《焦继勋传》,第9042页。
⑤ ［德］傅海波、［英］崔瑞德:《剑桥中国辽西夏金元史》导言,中国社会科学出版社1998年版,第6—7页。
⑥ 《宋史》卷二五〇《王彦升传》仅记载王溥被敲诈事,第8829页,而王曾《王文正笔录》则称王溥被迫"遗以白金千两",第6页。

和勒索行为并不可怕,很快就被制止,但所反映出武将积习已久的跋扈作风,却是深层次而严重的问题,不能不引起最高统治者的高度警惕。面对建国前后的复杂形势与各种严峻的现实问题,结合自身的兵变经历,都使宋太祖保持了清醒的头脑,充分认识到兵权失控的危害。与此同时,宋太祖君臣亦汲取了历史上的经验教训。司马光在所著《资治通鉴》中指出:唐肃宗时期,姑息军队将校,"乃至偏裨士卒,杀逐主帅,亦不治其罪,因以其位任授之。"①宋人也总结说:"大抵五代之所以取天下者,皆以兵。兵权所在,则随以兴;兵权所去,则随以亡。"②以往这些惨痛的教训,当然就成为宋太祖的前车之鉴。故赵匡胤不敢也不愿像五代许多兵变起家的帝王那样贪图享乐,或恣意妄为。于是,从登基之日起,宋太祖便满怀戒惧之心,总忧虑江山易主。如据史籍反映,赵匡胤称帝后,常微服外出窥探,"上既即位,欲阴察群情向背,颇为微行"。臣僚劝谏:"陛下得天下,人心未安,今数轻出,万一有不虞,其可悔乎?"但赵匡胤并未接受劝说,仍继续为之。③ 显然,宋太祖的举动主要是私下打探将帅动向,以预防兵变骤然发生。这一记载不仅说明当时统治不稳,也反映出宋太祖当时寝食不安的精神状态。宋太祖遂殚精竭虑地与谋臣不断谋划,以解决面临的最大威胁——将帅兵变,消解动乱的根源——武夫拥兵自重下超强干预朝政的能力。

宋太祖之能保持清醒,当与其出身颇有关系。赵匡胤在称帝前,无论是出身还是资历都不显赫,远不能与同期那些重量级的亲贵、宿将相提并论。在周世宗称帝期间,赵匡胤才开始跻身于节度使之列。到周世宗重病之际,赵匡胤才被提拔为殿前都点检。这种因缘际会获得的权势,决定了其谨慎、务实的处世作风。清代学者王夫之对此分析指出:

　　　　赵氏起家什伍,两世为神将,与乱世相浮沈,姓字且不闻于人间,

————————

① 《资治通鉴》卷二二〇《唐纪三十六》,第 7065 页;司马光撰,王根林点校:《司马光奏议》卷一六《阶级札子》,山西人民出版社 1986 年版,第 175 页。

② 范浚:《香溪集》卷八《五代论》,《景印文渊阁四库全书》第 1140 册,第 71 页。

③ 《续资治通鉴长编》卷一,建隆元年十二月壬辰,第 30 页;《涑水记闻》卷一,第 4—5 页。

况能以惠泽下流系丘民之企慕乎！其事柴氏也，西征河东，北拒契丹，未尝有一矢之勋；滁关之捷，无当安危，酬以节镇而已逾其分。以德之无积也如彼，而功之仅成也如此，微论汉、唐底定之鸿烈，即以曹操之扫黄巾、诛董卓、出献帝于阽危、夷二袁之僭逆，刘裕之俘姚泓、馘慕容超、诛桓玄、走死卢循以定江介者，百不逮一。

以王夫之的分析来看，赵匡胤既非贵胄世家出身，也不是胆魄超群的乱世奸雄，称帝前并无赫赫之功，故不仅难以望汉唐开国皇帝之项背，也完全不能比肩汉末以降的曹操、刘裕之流。赵匡胤之所以能够建国，完全在于偶然性机遇。因此，王船山进而指出，宋太祖能一统天下，"垂及百年，世称盛治者"，正在于其畏惧之心。"惧者，恻悱不容自宁之心，勃然而猝兴，怵然而不昧，乃上天不测之神震动于幽隐，莫之喻而不可解者也。……权不重，故不敢以兵威劫远人；望不隆，故不敢以诛夷待勋旧；学不夙，故不敢以智慧轻儒素；恩不洽，故不敢以苛法督吏民。惧以生慎，慎以生俭，俭以生慈，慈以生和，和以生文。"[①]正是由于有出身、资历与功业不足的弱点，宋太祖称帝后便异常谨慎，在治国上气魄或许不足，但因此也更为务实、稳妥。在解决兵权长期失控这一重大要害问题上，便彰显出宋太祖的稳健作风，即注意审时度势，采取区别对待的态度，把握轻重缓急的步骤，从而完成了"收兵权"的难题。

宋太祖在位期间，所采取的一系列收兵权措施，旨在强化中央集权，恢复皇帝的至高权威与统治秩序，这正是物极必反的逻辑结果。然而，仅仅单方面地收兵权，虽能收一时之效，却不能完全解决武夫悍将跋扈的社会根源，也无法铲除将帅拥兵自重的意识。唯有对以往长期存在的文臣、武将之间关系严重失衡的积弊加以解决，才能在体制上牵制武将集团。同时，矫正以往重武轻文的风尚，在社会意识中培植"崇文抑武"的观念，也才能铲除武将势力及武力因素猖獗的温床，从根本上稳定新生政权的统治秩序。正如现代学者所论述的那样："一定政治秩序的形成，一方面要依赖外在强制力量的约束，另一方面又须依靠政治共同体内成员在观

---

① 《宋论》卷一《太祖》，第1—3页。

念和意识上的认同。"①

北宋开国之初,社会上武风依然甚烈,如王彦升一介中级武将对宰相的敲诈,旧藩镇也在公开场合毫无愧色地宣称:"我粗人,以战斗取富贵。"②这便说明武夫跋扈的积习依旧存在。面对如此局面,不仅广大文臣深为不满,最高统治者也从中看出了潜在的危险。武将敢于在文官面前飞扬跋扈,实际上便是漠视宋廷法度、天子权威的一种表现。文官长期受到压制,只能导致武将势力的过度膨胀,使国家机构中文武职能无法保持均衡,其结果是社会既无法得到安定,兵变隐患也难以根绝。更何况文臣长期高扬的儒家思想学说,又是以维护国家统一局面和君臣关系为宗旨。因此,宋太祖自登基开始,便结合收兵权的目的,对骄兵悍将逞强的状况进行大力整顿,即一方面打压武臣的跋扈积习,促使其转向服从、本分;另一方面则培植崇文的风气,提高文官及士大夫的政治与社会地位。

宋太祖朝,对武将群体采取的直接压制方式,主要是借助"杯酒释兵权""稍夺其权,制其钱谷,收其精兵"以及"更戍法"之类收兵权的举措,将功臣、宿将罢为闲职,将藩镇的事权予以剥夺。与此同时,又提拔一批资历较浅的将领,委任他们分别担任军队要职,从而压制、铲除了将帅拥兵自重的势头。由于这方面的研究已获得学界的共识,故不再赘述。

值得注意的是,宋太祖不仅打击旧藩镇和压制功臣、宿将,而且通过对新晋禁军将帅恩威并施的两面手段,达到制裁跋扈苗头与树立绝对服从君权观念的目的,以促使武将群体精神面貌发生转化。有关这方面的情况,以惩罚张琼、韩重赟和重用杨信、党进两类武将,可为典型例证。

如前所述,张琼本是赵匡胤一手提拔起来的猛将,之所以被委任为殿前都虞候,便在于其具有管辖部属的能力。但当张琼遭到宠臣史珪、石汉卿诬陷,所谓"发琼擅乘官马,纳李筠隶仆,畜部曲百余人,恣作威福,禁军皆惧;又诬毁太宗为殿前都虞候时事"③,宋太祖竟不问真伪,当即就将

---

① 刘泽华:《中国的王权主义》"政治文化与文化政治化",上海人民出版社 2000 年版,第 169 页。
② 《宋史》卷二五二《侯章传》,第 8859 页。
③ 《宋史》卷二五九《张琼传》,第 9009 页。

张琼逮捕下狱,并最终拷打致死。此事看似寻常冤案,其实不过是宋太祖打压暴烈武将手法的结果。史称:张琼"性暴无机,多所凌轹",宋太祖对这位长期追随自己部下的特点,不可能不了解,用其统辖"殿前卫士如狼虎者不啻万人"的目的,正是借重其威猛的特点。然而,一旦察觉到张琼有专断擅权行为的迹象,并可能在武将中产生示范影响时,便毫不留情地将其逼死。如史籍所云:"建隆四年秋,郊禋制下,方欲肃静京师,乃召讯琼。"事后,虽查知张氏"家无余财",仆从不过三人,诬告者也并没有受到惩罚,即是明证。① 韩重赟既是赵匡胤的早年旧部,又是"陈桥兵变"的参与者,故得以取代功臣王审琦出任殿前都指挥使的要职,掌管殿前司禁军。在乾德四年(966年)郊祀期间,有人密告韩重赟擅自私用天子亲兵为心腹。赵匡胤闻听大怒,当即打算诛杀韩重赟。后在宰相赵普的劝谏下,韩氏才幸免于难。但不久,韩重赟还是被解除殿帅之职,出为外地节镇。②

透过以上张、韩二人的遭遇,可以看出宋太祖对禁军将帅可能存在跋扈、越轨的行为极度警惕和猜忌。事实上,在处理完韩重赟之后,宋太祖特下诏书,禁止京师将领和沿边武臣监军挑选骁勇士兵为亲兵卫队。③

杨信也是宋太祖早年身边的亲随,在张琼冤死后接替其职。但到乾德四年,杨信忽染哑疾。令人费解的是,宋太祖不仅未解除其职,反而提拔为殿前都指挥使,以接替被罢免的韩重赟。据史籍称:杨氏最大的特点便是谨慎和"忠直无他肠",所以"上委任之不疑"。到宋太宗朝,杨信临死前失音的痼疾突然消失,对宋太宗表达了感念两朝知遇之情,"涕泗横集"。④ 揆诸当时情形,不免对其哑疾的真实性发出疑问,是否可以这样猜测:素来谨慎的杨信看到前任的悲惨结局后,遂以装"哑"自保。

出身胡族的党进虽膂力过人,但目不识丁,给人的印象是勇猛率直而

① 《宋史》卷二五九《张琼传》,第 9010 页;《续资治通鉴长编》卷四,乾德元年八月壬午,第 101 页。

② 《宋史》卷二五〇《韩重赟传》,第 8823—8824 页。

③ 《续资治通鉴长编》卷七,乾德四年闰八月己丑,第 178 页。

④ 《宋史》卷二六〇《杨信传》,第 9016—9017 页。

胸无点墨,但在皇帝面前却表现得极为忠诚、质朴。宋太祖遂"以其朴直,益厚之"。① 乾德(963—968 年)以后,党进先后任侍卫步军、马军都指挥使十余年。然而据记载:党氏在京城巡逻时,常将所见到的玩赏禽兽放生,并责骂主人。某次,他碰见晋王赵光义手下亲吏架鹰走来,党进不知其身份,又要放鹰。当闻知是晋王府的鹰时,党进不仅立即住手,而且还给对方一些买肉钱。史称:"其变诈又如此。"② 这就使人对其"朴直"的特性不能不发出怀疑,是否也有伪装之嫌? 诚如宋人所指出:"党公智识过人,故为痴绝以保身。"③

当时张琼、韩重赟的遭遇和杨信、党进的受宠结局,无疑会对军队将领产生一定的影响,促使他们向安分守己的方向转化。在宋太祖猜忌、防范的举动影响下,高级将官便不得不谨慎从事,以打消人主的疑心。如除了杨信、党进的以上举动外,曹彬的行为也很突出。曹氏虽贵为统军大帅和枢密院首脑,但行事极为谨慎,处处表现出谦恭的姿态。所谓:"性仁恕清谨,逊言恭色,在朝廷未尝抗辞忤旨。"④ 宋人还有这样的记载,颇能反映其谦恭的特点:某次,曹彬在宫廷等待召见,导从官撤走后,"俄有使臣数人率衔命外方,未尝识公者,因挑帘而入,一揖而坐,各恣谈笑。久之,问公曰:'贤甚处得替来?'公不得已曰:'青州得替。'又曰:'合入远近差遣?'公曰:'远近即未知。'复曰:'彼此班行,何消藏机。应是已有好勾当处?'又曰:'果然是,果然是。'乃问职位,公曰:'某即枢密使曹彬也。'闻之并狼狈奔迸而去。"⑤ 曹彬的举止,实在符合了当时皇帝的要求,遂被称颂为武将的楷模。⑥

在提高文臣地位和职权方面,宋太祖也采取了诸多措施,以便对武将群体构成制衡力量,从而恢复文武平衡的机制。有关这方面的情况,概括

---

① 《宋史》卷二六〇《党进传》,第 9019 页。

② 《宋史》卷二六〇《党进传》,第 9019 页。

③ 吴垧撰:《五总志》,《丛书集成初编》,中华书局 1985 年版,第 16 页。

④ 《续资治通鉴长编》卷四四,咸平二年六月戊午,第 946 页。

⑤ 祖无择:《龙学文集》卷一四《紫微撰西斋话记共三十五事》,《景印文渊阁四库全书》第 1098 册,第 859 页。

⑥ 张镃:《仕学规范》卷四《行己》,《景印文渊阁四库全书》第 875 册,第 27 页。

而言主要有：

其一，注意保护文臣。如：宋朝建国伊始某日，前述悍将王彦升夜闯宰相王溥家门，以索酒为名进行敲诈。王溥虽贵为宰相，也"惊悸而出"，先应酬，后密奏。宋太祖意识到问题的严重性，便立即将这位"陈桥兵变"中的干将逐出京师。① 又如：开宝（968—976 年）后期，德州刺史、武将郭贵被调离本地，国子监丞梁梦升出任知德州。郭氏走后，其族人在德州的违法牟利活动遭到梁梦升的惩治。郭贵为了报复，便通过正得宠的武官史珪告状。不料，史珪反映梁梦升"欺蔑刺史郭贵，几至于死"时，宋太祖不仅没有治梁梦升之罪，反而立即加以提拔，并继续令其留任。② 此事恰与以往史珪诬告并致死大将张琼的结局形成反差，说明宋太祖颇注意保护文官，从而使其免除了武夫悍将的加害。

其二，在朝中重用文臣施政。宋太祖在位期间，除了最初留用了范质、王溥等宰相，还先后新任用赵普、薛居正、沈义伦、吕余庆及卢多逊等人为宰执。对于赵普以下诸位大臣，宋太祖皆予以信任与重用，其中潜邸谋臣出身的赵普更深受倚重。如建国之初，就任命赵普为枢密副使，以牵制武臣出身的枢密使吴廷祚。赵普升任枢密使，标志着文臣参与了最高军事决策。其后，赵普独任宰相多年，"上视如左右手，事无大小，悉咨决焉"。③ 枢密使虽几度由武官担任，但其权威已经无法与赵普抗衡，这就扭转了五代时枢密使欺压宰臣的局面。事实上，在宋太祖时期，已形成了禁止将帅干预朝政的规矩。正如以后宋人所说："将帅之臣不可预政。"④此言便是追述宋初所定的传统。

其三，任用文官掌管地方行政。宋太祖称帝后，不断从中央派出文臣到各地任职，陆续取代地方机构中原来藩镇手下的爪牙。如宋人所云："更用侍从、馆殿、郎官、拾遗、补阙代为守臣。"⑤赵匡胤对此的看法是：

---

① 《续资治通鉴长编》卷一，建隆元年三月己巳，第 11 页。
② 《续资治通鉴长编》卷一五，开宝七年二月甲申，第 317 页。
③ 《宋史》卷二五六《赵普传》，第 8932 页；《涑水记闻》卷一，第 9 页。
④ 《宋史》卷三九九《郑戬传》，第 12122 页。
⑤ 《挥麈录·余话》卷一《祖宗兵制名枢廷备检》，第 283 页。

"五代方镇残虐,民受其祸,朕令选儒臣干事者百余,分治大藩,纵皆贪浊,亦未及武臣一人也。"①由此,逐渐结束了武夫悍将操控地方行政的局面。

其四,尊崇儒学。赵匡胤登基不久,就下令扩修儒家先圣祠庙,亲自为孔子作赞文,并率群臣幸临国子监,拜谒孔庙。建隆三年(962 年),宋廷又下诏对供奉孔子的文宣王庙行使一品礼仪,在庙门两侧竖起 16 枝戟。② 这些举动固然大都属于仪礼的范围,但对孔子及儒家是否行礼,又采取何种礼,却往往是当政者对待文官态度的一种标志。像五代后梁时,孔庙便失去祀礼,以后虽有恢复,但却得不到足够的重视。③ 这种"礼崩乐坏"的现象,正是当日武夫摧毁儒臣精神的一种反映。因此行伍出身的赵匡胤对文宣王庙和国子监的礼遇,便向天下传递尊儒重文的信息。宋人范祖禹对此评说道:"儒学复振,是自此始,所以启佑后嗣,立太平之基也。"④

其五,重视科举制度。在宋太祖朝,不仅科举录取人数较以往扩大,而且固定了天子亲自主持的"殿试"制度,甚至还开创了"特奏名"先例。可以说,赵匡胤这些重视科举取士的做法,一扫此前武君忽视士子的做派,从而满足士大夫的政治诉求,赢得了他们的感恩戴德。宋人对此给予高度评价:唐末进士名额甚少,故有王仙芝等造反,"故圣朝广开科举之门,俾人人皆有觊觎之心,不忍自弃于盗贼奸宄"。"英雄豪杰皆汩没消靡其中而不自觉,故乱不起于中国,而起于夷狄,岂非得御天下之要术欤。"⑤

其六,宋太祖还在太庙之中立碑,告诫后世继承者勿杀文臣士大夫。大致而言,这条祖训为后世嗣君所遵循。⑥ 现代西方学者对此也有关注,

① 《续资治通鉴长编》卷一三,开宝五年十二月乙卯,第 293 页。
② 《续资治通鉴长编》卷三,建隆三年六月乙未,第 68 页。
③ 《宋史》卷一○五《礼八·文宣王庙》,第 2547 页。
④ 《帝学》卷三,第 742—743 页。
⑤ 《燕翼诒谋录》卷一,第 1—2 页。
⑥ 《建炎以来系年要录》卷四,建炎元年四月丁亥,第 128 页。关于宋太祖誓碑之事,学者早有论述,并均肯定了誓碑及其内容的真实性。刘浦江论文《祖宗之法:再论宋太祖誓约及誓碑》则有总结性论述,《文史》2010 年第 3 辑。

认为是宋代特有的政治规矩。① 诸如此类等。

经历了五代战乱岁月的宋太祖，切身感受到的是武夫悍将对皇权的直接威胁，而在认识上对文臣、士大夫则更为放心，正所谓"秀才造反，十年不成"。故其有：文官"纵皆贪浊，亦未及武臣一人也"②的看法。还有这样的记载：开宝六年(973年)，吴越王向宰相赵普私贿瓜子金十瓶，此事恰巧被宋太祖碰见，"帝叹曰：'受之无妨，彼谓国家事皆由汝书生尔！'"③由此可见，宋太祖对书生背景的宰臣也不免轻视。从宋人记述的一段佚事，还可进一步印证。翰林学士王著曾参加曲宴，

> 御宴既罢，著乘醉喧哗，太祖以前朝学士，优容之，令扶以出。著不肯退，即趋近屏风，掩袂恸哭。左右拽之而去。明日，或奏曰："王著逼宫门大恸，思念世宗。"太祖曰："此酒徒也。在世宗幕府，吾所素谙。况一书生，虽哭世宗，何能为也？"④

正因为宋太祖认为文臣不过是书生，"何能为也"，便从骨子里对其放心，也就敢于扶持并重用他们。而"可以马上打天下，不可以马上治天下"的政治常识，也早已告诫帝王无法用军事手段以及武将从事国家建设，唯有文官队伍才能担当此重任。因此，除了采取以上几方面措施外，宋太祖还有意做出崇尚文翰的姿态，以初步营造"崇文"的气氛。赵匡胤不仅自己读书，而且要求大臣也多读书，以便为天下做出表率。据记载，"太祖尝谓赵普曰：'卿苦(当为"若"之误)不读书，今学臣角立，隽轨高驾，卿得无愧乎？'普由是手不释卷，然太祖亦因是广阅经史"。⑤ 宋太祖还公开表示：宰相须用读书人。⑥

---

① 《剑桥中国辽西夏金元史》的作者认为：宋朝以前，"任何级别的官员都有可能在帝王的指令下并当着他的面遭受杖击的惩罚"，"宋代与之形成对照，它不仅在理论上，而且在实践中都遵循一条古老的原则：刑不上大夫，礼不下庶人。在宋代，这种体罚从未强加到官员身上"。见该书导言，第34—35页。

② 《续资治通鉴长编》卷一三，开宝五年十二月乙卯，第293页。

③ 《宋史》卷二五六《赵普传》，第8933页。

④ 夷门君玉：《国老谈苑》卷一，《丁晋公谈录(外三种)》，中华书局2012年版，第48页。

⑤ 《玉壶清话》卷二，第19页。

⑥ 《续资治通鉴长编》卷七，乾德四年五月甲戌，第171页。《帝学》卷三专门引用了这一记载，第743页。

与此同时,宋太祖也公开要求武将学习儒家经典,所谓:"今之武臣,亦当使其读经书,欲其知为治之道也。"①北宋儒臣范祖禹对此大加感叹:"帝自开宝以后,好读书,尝叹曰:'宰相须用读书人。'赵普为相,帝尝劝以读书。臣祖禹曰:'太祖皇帝之时,天下未一,方务战胜,而欲令武臣读书,夫武臣犹使之读书,而况于文臣其可以不学乎?'"②不过,对宋太祖的这一表态不能简单解读,特别是不可随意引用宋代后世文臣的解释。

唐末、五代以来,武将多出身兵伍,故大都目不识丁。因此,增加文化素养对武将自然很有意义。然而,宋太祖刻意追求的还主要在于儒家宣扬的君臣之道,以及与此关联的崇文气象,对武将读书的真实目的,其实是要求他们领会儒经中的君臣大义,故并未有鼓励武臣学习文化知识的具体举措,也未见得培养文人学子进入武将队列的意愿。这就不免产生很大的局限性,武将中"不知书"③的现象便相当普遍存在。如党进本不识字,只要表现忠心、"朴直",便丝毫不妨碍做大将。党氏看清了当时的形势后,也对天子表示自己尚文。如某次辞行前精心准备,但却词不达意,在闹出一些笑话之后,党进只得辩解道:"我尝见措大(即书生)们爱掉书袋,我亦掉一两句,也要官家知道我读书来。"④此事也足以说明统治者的崇文态度,对武夫们产生了多么大的影响。于是,便出现了发生在曹彬身上的极端化表现。素来谨慎行事的曹彬,对文臣极为尊重,以至于位居枢密使时在街市上与士大夫相遇,也要作出退避让路的姿态。⑤ 曹彬此举在当时高级将领中虽不具有普遍性,但却具有一种象征性和示范性。

对于宋太祖朝的上述举措,宋人评价很高,其中尤以陈亮的看法为代表。李幼武《陈亮言行录》引陈亮语评说道:"艺祖皇帝有言曰:'设科取士,本欲得贤以共治天下。'"⑥《宋史》中保留的陈亮上宋孝宗书则言:

---

① 《涑水记闻》卷一,第 15 页。

② 《帝学》卷三,第 743 页。

③ 《宋史》卷二六〇《米信传》,第 9022 页。

④ 《玉壶清话》卷八,第 76 页。

⑤ 《东都事略》卷二七《曹彬传》,第 215 页;《宋史》卷二五八《曹彬传》,第 8981 页。

⑥ 陈亮撰,邓广铭点校:《陈亮集》(附录),李幼武:《陈亮言行录》,河北教育出版社 2003 年版,第 426 页。

"艺祖皇帝用天下之士人,以易武臣之任事者,故本朝以儒立国。而儒道之振,独优于前代。"①依照陈亮的认识,北宋开国统治者是要用士人治理天下,以取代武将在国家政治生活中的影响,故是为"以儒立国"。在此不得不说,陈亮之语不免有夸张渲染的成分,属于后世价值观对宋初史实的过度解读。② 宋太祖朝脱胎于五代,又处于统一四方之时,尚不可能完全以儒立国,也不可能忽视武将的作用。有一件事,或许能从侧面说明宋太祖对武事的重视,即他是北宋九朝中唯一两度亲临过武成王庙的皇帝。正如时人所云:"缔创武祠,盖所以劝激武臣。"③故其所实施措施的宗旨,更大程度上乃在于将过低的文臣地位提升,并且提倡儒家的价值观、伦理观。宋人刘安世遂指出:"太祖与群臣未尝文谈,盖欲激厉将士之气,若自文谈,则将士以武健为耻,不肯用命。此高祖溺儒冠之意也。"④又有宋人说:"国初犹右武,廷试进士多不过二十人,少或六七人,自建隆至太平兴国二年,更十五榜,所得宰相毕文简公一人而已。自后太宗始欲广致天下之士以文治。"⑤这当然都是以后宋人的见仁见智之识,不免以偏概全。

要而言之,通过以上事实,可以看出宋太祖时代,无疑是"崇文抑武"思想初步萌芽的阶段。虽然这种思想尚未形成一整套的治国方略,但却为其产生奠定了铺垫性的基础。

第三节 宋太宗朝"崇文抑武"方略的确立

历史演进总有着一条内在的逻辑链,尤其是其中的重大政治关节往

---

① 《宋史》卷四三六《陈亮传》,第 12940 页。

② 参见拙作《宋朝开国史与士人的记忆与改造》,《人文杂志》2010 年第 5 期。

③ 《续资治通鉴长编》卷四,乾德元年六月乙未,第 94 页;《宋史》卷一〇五《礼八》,第 2555—2556 页。

④ 马永卿撰,王崇庆解:《元城语录解》卷上,《景印文渊阁四库全书》第 863 册,第 366 页。

⑤ 叶梦得撰,徐时仪整理:《避暑录话》卷上,《全宋笔记》第二编第 10 册,大象出版社 2006 年版,第 265 页。

往决定了发展的趋势。宋太祖朝萌芽的"崇文抑武"思想，既是矫正唐末、五代历史教训的产物，也是自身治国实践经验的提炼、总结，并获得统治集团主流意识的认同。到宋太宗时代，在错综复杂的内外因素影响下，"崇文抑武"思想被过度放大并落实为治国方略。而这一方略的确立，则成为北宋朝政乃至于宋代历史发展的一个关键转折点。

宋太宗在登基赦中向天下宣示：要遵循太祖成宪，"谨当遵承，不敢逾越"①，这自然就包含沿袭"崇文抑武"思想及其举措。所不自然的是，宋太宗对这一思想的理解夹杂着狭隘的动机。如所周知，赵光义称帝是借助了非常手段，②因此其心理之阴暗，非常人所能揣度，加之其气度、才智皆不如其兄，故不能不对臣下刻意猜忌，其中带兵将领又是需防范的主要对象。太平兴国四年（979 年）北伐幽州期间，发生了部分将领拥戴宋太祖之子（赵德昭）的事件，这对宋太宗刺激、教训尤大。③ 从此，宋太宗统治集团进一步强化了抑制、打压武将的力度，以杜绝将帅势力对自己统治构成的隐患。宋太宗在晚年便对近臣意味深长地说过一段著名的话："国家若无外忧，必有内患。外忧不过边事，皆可预防。惟奸邪无状，若为内患，深可惧也。帝王用心，常须谨此。"④对于此话，现代研究者已有论述，不过关注的重点在于所反映的"守内虚外"观念。⑤ 若对赵光义所说的"内患"仔细琢磨，不难发现显然是主要指向武将，而非日益获得倚重的文臣。分析同一年宋太宗与臣下的另一段对话，可以进一步说明问题：

> 上尝与近臣论将帅，因言："前代武臣，难为防制，苟欲移徙，必先发兵备御，然后降诏。若恩泽姑息，稍似未遍，则四方藩镇，如群犬

---

① 《续资治通鉴长编》卷一七，开宝九年十月乙卯，第 382 页。

② 有关赵光义即位之事，学界大致已有定论，认为属谋害宋太祖后篡位。参见邓广铭：《宋太祖太宗皇位授受问题辨析》，邓广铭：《邓广铭治史丛稿》，北京大学出版社 1997 年版，第 475—502 页。

③ 《涑水记闻》卷二，第 36 页。参见拙作：《武士的悲哀——北宋崇文抑武现象研究》，人民出版社 2011 年版，第 59 页。

④ 《续资治通鉴长编》卷三二，淳化二年八月丁亥，第 719 页。

⑤ 参见前引漆侠先生《宋太宗与守内虚外》一文。

交吠……今且无此事也。"吕蒙正(时为宰相)曰:"上之制下,如臂使指,乃为合宜。倘尾大不掉,何由致此!"上曰:"今之牧伯,至于士卒,尽识朕意,苟稍闻愆负,固无矜恕之理,所以人人各务检身也。"①

由上可见,宋太宗君臣视武将势力为祸乱朝政的主要潜在对象。深谙王朝政治的王船山,就针对宋太宗朝特点敏锐地指出:"宋所忌者,宣力之武臣耳,非偷生邀宠之文士也。"②因而,对武将加以压制乃至于打击,所谓"苟稍闻愆负,固无矜恕之理",以此制约其在国家政治生活中的影响。由此,武将群体的命运出现了明显的转变。与此同时,进一步重用文臣力量成为主政者的共识,文官士大夫的地位遂不断获得提升。正因为如此,宋太宗登基后继续从"抑武"与"崇文"两方面采取措施,以保证宋太祖时代萌芽的"崇文抑武"统治思想得到延续,并进而将其落实为治国方略。

一方面,在以往的基础上,宋太宗朝进一步对武将处处设防。概括而言,主要有以下内容:

其一,宋太宗即位后,对军方将帅进行更换与清洗。其中禁军统兵大将党进首先被解军职,外放为地方节镇。不久,在另两位禁军三衙主帅杨信和李重勋相继病死后,宋太宗起用资望俱浅的亲信武将掌管了禁军。另外,宋太宗登基伊始,还罢免了张永德、向拱、张美和刘廷让几位宿将和开国功臣石守信的节钺,将他们转为虚职、闲差。通过这些人事变动,既达到铲除其兄遗留禁军将帅的目的,又可获得降低高级将领影响力的效果。

其二,太平兴国二年(977年),也就是宋太宗称帝不足半年,便下诏将各地节度使子弟调入京师,将他们一律编为殿前承旨的武职,"以贱职羁縻之"。这一举措实际上等于将他们变为人质,以制约四方的高级将领。③

其三,在第一次北伐幽州失败后,宋太宗不仅逼死了皇侄赵德昭,而

---

① 《续资治通鉴长编》卷三二,淳化二年正月乙酉,第710页。
② 《宋论》卷二《太宗》,第37页。
③ 《续资治通鉴长编》卷一八,太平兴国二年三月戊寅,第401页。

且通过贬责从征的将领石守信、刘遇以及史珪等人，①严厉地警示了带兵的武将。在此需要说明的是，这次北伐失败被追责的重要武将，基本上就只有此三人，其罪名是"失律"，亦即未服从命令。其实，当时战败过程中"失律"的将领有数十，为何仅惩处此三人，就连宋代史家也发出疑问。李焘在《续资治通鉴长编》中叙述这段往事时便指出真相不明，怀疑当年国史"或有所避忌"。② 其实，查阅三人传记资料，便可知其皆为宋太祖的契旧和亲信。石守信和史珪的情况自不用说，刘遇自建国初从一名下级军校，逐渐被提拔为节度使、禁军将帅，曾在宋太祖西巡洛阳时负责护驾重任。③ 由此可见，幽州城下谋立赵德昭一事很可能与此三人有关，其遭贬责也就有了合理的解释。④ 除了严惩上述三人外，对其他宿将也多借机警告。如据记载，张永德为并代都部署时，"有小校犯法，笞之至死"。宋太宗便"诏案其罪"。张詠时为同知银台通进封驳司兼掌三班院，"封还诏书，且言：'陛下方委永德边任，若以一部校故，推辱主帅，臣恐下有轻上之心。'太宗不从。未几，果有营兵胁诉军校者，詠引前事为言，太宗改容劳之"。⑤ 此事颇能说明宋太宗压制领军高级将帅的态度。

其四，雍熙元年（984年），宋太宗亲自对禁军上自都指挥使下至百夫长在内的大批军官，"皆按名籍参考劳绩而升黜之，凡逾月而毕"。值得注意的是，宋太宗升降武臣的主要标准，在于看其是否具有"循谨"的特点，所谓："朕选擢将校，先取其循谨能御下者，武勇次之。"换言之，对武将重服从，轻果敢。通过此举，宋太宗不仅树立了军中的用人标准，而且完全掌控了武将队伍，并开创了宋朝皇帝直接考核罢黜将校的制度，史称："自是，率循其制。"⑥

其五，也是非常重要的一点，出于对武将猜忌心理的进一步加剧，宋

① 《续资治通鉴长编》卷二〇，太平兴国四年八月戊申、甲寅，第459页。
② 《续资治通鉴长编》卷二〇，太平兴国四年八月甲寅，第459页。
③ 《宋史》卷二六〇《刘遇传》，第9021页。
④ 参见拙作：《武士的悲哀——北宋崇文抑武现象研究》，第60页。
⑤ 《宋史》卷二九三《张詠传》，第9801页。
⑥ 《续资治通鉴长编》卷二五，雍熙元年二月壬午，第573页。

太宗遂对军事将领处处设防,特别是在战场上滥用"将从中御"之法,以控制其行动。① 还怂恿监军牵制甚至压制将帅,更多地使用"阵图"约束战场指挥官的手脚等。

令后世费解的是,宋太宗对兵家学说以及兵武气息也表现出贬损和怀疑的态度。据宋人李攸《宋朝事实》卷三《圣学》记载:太宗笃好儒学,"上览兵法《阴符经》,叹曰:'此诡诈奇巧,不足以训善,奸雄之志也。'至论《道德经》,则曰:'朕每读至兵者不祥之器,圣人不得已而用之。未尝不三复以为规诫。王者虽以武功克敌,终须以文德致治。朕每日退朝不废观书,意欲酌先王成败而行之,以尽损益也。"②在宋太宗眼中,兵家既然讲求诡诈奇巧,势必容易诱发"奸雄之志",自然就是"不祥之器",因此,其对武将采取压制的态度也就不难理解。如此一来,赳赳武夫即使一心投效沙场,也最终难以赢得当朝帝王的赏识。如据《续资治通鉴长编》和《宋史》记载,猛将呼延赞满门投身抗辽事业,他及全家人身上都刺有"赤心杀契丹",其诸子耳后又刺有"出门忘家为国,临阵忘死为主"两行小字。由此可见,呼延赞阖府立志奔赴战场,可谓武将中的楷模。呼延赞还多次献计献策,请求带兵戍边,并自创对付辽朝骑兵的特殊兵器。但宋太宗对其并不欣赏,在亲征幽州时,仅仅因为厌恶呼延赞装束的缘故,竟几乎将其斩杀。③ 再如:武臣上官正在镇压西川李顺起义过程中立有大功,宋太宗对此虽予以肯定,但仍不欣赏其人,曾评说道:"(上官)正终是武人,不知书,率意粗暴。"④

宋太宗君臣在打压武将群体的同时,另一方面则大张旗鼓地推行"崇文"的方针举措。有关这方面的典型史实主要如下:

其一,尊崇儒学。宋太宗在位期间,率领群臣三谒文宣王庙,以隆重的礼仪表示对儒学先师的尊崇。"太宗亦三谒庙。诏绘三礼器物、制度

---

① 王曾瑜先生对此已有深入论述,参见《宋朝兵制初探》,第327—330页。

② 李攸:《宋朝事实》卷三《圣学》,中华书局1985年版,第37页。

③ 《续资治通鉴长编》卷三三,淳化三年九月乙卯,第739页;《宋史》卷二七九《呼延赞传》,第9489页。参见拙作:《从呼延赞事迹看宋初朝政路线的演变》,《人文杂志》2009年第1期。

④ 《宋太宗皇帝实录校注》卷七七,第688页。

于国学讲论堂木壁。又命河南府建国子监文宣王庙,置官讲说及赐九经书。"①而对象征武学宗师的武成王庙,他则仅是在专访国子监期间顺路去过一次,史称:"上幸国子监,赐直讲孙奭五品服,因幸武成王庙,复幸国子监,令奭讲《尚书》说命三篇……"②

其二,大力发展科举取士制度。宋太宗即位仅两个月,就亲自操持科举考试,录取进士、诸科及特奏名达五百多人,大大超过了以往的规模。随之,打破常规对他们超等任官,"第一、二等进士并九经授将作监丞、大理评事,通判诸州,同出身进士及诸科并送吏部免选,优等注拟初资职事判司簿尉。宠章殊异,历代所未有也"。甚至连执政大臣都觉得过分,但"上意方欲兴文教,抑武事,弗听"③。宋代文献的这一记载,再清楚不过地反映出宋太宗"兴文教,抑武事"的决心。太平兴国八年(983年),宋太宗还曾对李昉等近臣说过如下的话:

> 天下州县阙官,朕亲选多士,忘其饥渴,召见临问,以观其才,岂望拔十得五,但十得三四,亦岩穴无遗逸,朝廷多君子矣。朕每见布衣、缙绅间,有端雅为众所推举者,朕代其父母喜;或召拜近臣,必择良日,欲其保终吉也。朕于士大夫,无所负矣。④

"于士大夫无所负矣"之语,实在是道出了宋太宗的心声。从此,科举取士制度得到空前发展,所谓:"国朝科举取士,自太平兴国以来恩典始重。"⑤大批举子由此步入仕途,成为官僚队伍的生力军,从而在"抑武事"中扮演了重要的角色。

其三,在政府机构中重用科举出身的文官。宋太宗在位期间,除了元老赵普及吕端等个别人外,大多数宰执大臣都为进士出身。特别是宋太

---

① 《宋史》卷一○五《礼八》,第2547页。
② 《续资治通鉴长编》卷三六,淳化五年十一月丙寅,第801页。
③ 《续资治通鉴长编》卷一八,太平兴国二年正月丙寅,第394页;司马光对此也有评说,《稽古录》卷一七,中国友谊出版公司1987年版,第674页。
④ 《宋太宗皇帝实录校注》卷二六,第13—14页。
⑤ 《容斋随笔》之《续笔》卷一三《科举恩数》,第374页。关于北宋科举制度发展的问题,可参见何忠礼:《试论北宋科举制的特点及其历史作用》,邓广铭、俪家驹主编:《宋史研究论文集》,河南人民出版社1984年版,第241—271页。

宗亲自殿试录用的士人,不断受到重视,如他一手拔擢的状元吕蒙正,仅仅十年就做了宰相,时年不过 42 岁;探花寇准也在同样短的时间内升任枢密副使,年仅 31 岁。① 还有大批科举出身的文臣成为京师内外机构中的要角,如朝臣王禹偁针对科举做官者所言:"大则数年便居富贵,小则数月亟预常官。"②

其四,扩建"三馆"。昭文馆、集贤院和史馆号称天下文渊之数,但在五代时并未受到重视,空间狭小,位置不佳。史称:"自梁氏都汴,贞明中始以今右长庆门东北小屋数十间为三馆,湫隘才蔽风雨,周庐徼道,出于其侧,卫士驺卒,朝夕喧襐。每诸儒受诏有所论譔,即移于它所始能成之。"宋太宗即位后,对其状况极为不满,便对身边臣僚说:"若此之陋,岂可蓄天下图籍,延四方贤俊耶!"随即下诏迁址重建,并且亲自过问工程细节,"命中使督工徒,晨夜兼作,其栋宇之制,皆亲所规画,自经始至毕功,临幸者再"。及至建成,"轮奂壮丽,甲于内庭"。③ 宋太宗又亲自赐名为"崇文院",以示坚定的崇文态度。

其五,要求武将服从崇文方针。宋太宗在位的中后期,朝政的重心已转向文治,武将群体只能服从这一大局。赵光义还不失时机地提醒将帅注意,最典型的例证如:淳化三年(992 年),新建的秘阁落成后,宋太宗不仅率文臣登楼观书,而且还要求禁军三衙将帅也来参观,史称:"上意欲武将知文儒之盛也。"④

其六,对图书的高度关注与投入。诸如组织文臣编修大型典籍《文苑英华》《太平御览》《太平广记》,广泛搜集、刊刻图书,不断给地方赐儒家经书等。宋太宗曾对侍臣表示:"夫教化之本,治乱之源。苟无书籍,何以取法?"⑤难怪宋真宗也对宰臣说:"太宗崇尚文史。"⑥

① 《宋史》卷二六五《吕蒙正传》、卷二八一《寇准传》,第 9145—9146、9527 页。
② 《续资治通鉴长编》卷三〇,端拱二年正月癸巳,第 637 页。
③ 《续资治通鉴长编》卷一九,太平兴国三年正月辛亥,第 422 页。
④ 《续资治通鉴长编》卷三三,淳化三年九月己未,第 739 页;《宋史》卷二六六《李至传》,第 9177 页。
⑤ 《续资治通鉴长编》卷二五,雍熙元年正月壬戌,第 571 页。
⑥ 《宋会要辑稿》崇儒四之一,第 2815 页。

还值得一提的是,淳化二年(991 年),宋太宗为翰林学士院题写"玉堂之署"四字,①以示对其清华之地的尊崇。这一引人注目之事,无疑可以载入士林佳话。如当时文士苏易简对此感叹道:"自唐置学士来,几三百年,今日方知贵矣。"②相较而言,数年前的一次宫室更名却少有人留意。太平兴国八年(983 年),宋太宗将沿袭已久的宫中内殿——"讲武殿",改名为"崇政殿"。③ 两个字的变动,看似枝节小事,实则是"崇文抑武"方略的一种映射结果。

有关宋太宗崇儒重文的史料记载,在宋代文献中还有颇多。如据记载,宋太宗本人也喜好读书,"太宗崇尚儒术,听政之暇,观书为乐。"④其又颇好翰墨,常为臣下馈赠所书字幅,⑤因此赢得了文臣的好感。以后的宰相王旦便对宋真宗说:"以文章化人成俗,(青)[实]自太宗始也。"⑥

通过当时文臣书写的颂歌,可以看出士大夫对宋太宗崇文举止的感激之情。如李昉《御书飞白玉堂之署四字颁赐禁苑,今悬挂已毕辄述恶诗一章用歌盛事》云:"玉堂四字重千金,宸翰亲挥赐禁林。地望转从今日贵,君恩无似此时深……"李沆《伏睹禁林新成盛事辄思歌咏不避荒芜》则曰:

> 禁庭多士列华簪,严乐辉光冠古今。
>
> 御笔腾骧题玉署,宸章照耀咏词林。
>
> 虚堂挂后传千载,翠琰刊成直万金。
>
> 振复文明知圣作,尊崇儒术见天心。
>
> 增修一院烟霞丽,曲宴群英雨露深。
>
> 自我昌朝为盛事,鳌山高峻重难寻。

---

① 《续资治通鉴长编》卷三二,淳化二年十月辛巳,第 724 页。
② 洪遵:《翰苑群书》卷九《次续翰林志》,中华书局 1991 年版,第 50 页。
③ 《续资治通鉴长编》卷二四,太平兴国八年四月壬寅,第 544 页。
④ 《帝学》卷三,第 745 页。
⑤ 《宋会要辑稿》崇儒六之四,第 2863 页。
⑥ 《宋会要辑稿》崇儒六之五,第 2863 页。

此外,毕士安也有"好文英主古难齐,宠重词臣意勿低"之句。① 寇准又有"吾家嗣儒业,奕世盛冠裳。桂籍冠伦辈,天下知声光"②之句。"君恩无似此时深"、"尊崇儒术见天心"以及"宠重词臣意勿低"等词句,既反映了文臣对当时君王的感激和好评,也真实地说明了宋太宗崇文举措的力度之大。宋人还有关于宫廷宴席上文臣待遇变化的记载:"旧制,每命将帅出征,还,劳宴于便殿,当直翰林学士,文明、枢密直学士,皆预坐。开宝中,梁迥为阁门使,白太祖曰:'陛下宴犒将帅,安用此辈。'遂罢之。至是(即宋太宗淳化四年)始复,从参知政事苏易简之请也……易简数振举翰林中故事,前为承旨时,上待若宾友。"③吕蒙正晚年赋有一诗道:"昔作儒生谒贡闱,今为丞相出黄扉;两朝鸳鹭醉中别,万里烟霄达了归;羽客渐垂新鹤发,故人犹着旧麻衣;洛阳漫说多才子,从昔遭逢似我稀。"④字里行间流露出的志得意满,其实也是士人感慨生逢其时的写照。

值得关注的是,随着第二次北伐的失败,宋太宗失去用兵的信心,由急于建立不世之功转为恐辽惧战,被迫转为消极防御。赵光义又接受了一批大臣的劝说,特别是勋臣赵普指出:北伐之举,"小人倾侧,但解欺君,事成则获利于身,不成则贻忧于国。"并提出"兵久则变生"的告诫。⑤宋太宗遂放弃了收复幽云的重大战略规划,将主要注意力转向内部,厉行加强专制皇权的统治,实行所谓"守内虚外"之策。⑥ 于是,就此在政治上日趋保守,"因循""防弊"成为宋太宗的信条。

撰诸宋太宗朝形势,以科举出身为主的文官士大夫在经历了五代长期失落的境地后,已重新获得了崇高的社会地位,并开始成为宋统治集团

---

① 李昉、李沆、毕士安等人的诗文,见洪遵:《翰苑群书》卷七《禁林宴会集》,第30—38页。

② 寇准:《忠愍集》卷上《述怀》,《景印文渊阁四库全书》第1085册,第672页。

③ 《续资治通鉴长编》卷三四,淳化四年十一月丁卯,第759页。拙作《宋太祖朝的曲宴及其政治功用》,对宋太祖、太宗朝曲宴中武将文臣的待遇变化有所论述,《历史研究》2018年第4期。

④ 《默记》卷中,第33页。

⑤ 《续资治通鉴长编》卷二七,雍熙三年五月丙子,第615页。

⑥ 参见漆侠先生:《宋太宗与守内虚外》。

的中坚力量。但是，当门阀世族消亡之后，土地兼并日趋剧烈，科举考试成为入仕的主要渠道，这都使得累世公卿、富贵长存的局面一去不返。这就决定了士大夫阶层必须更紧密地与专制皇权相结合，才能确保自身利益的最大化。西方学者针对宋初以来的这种情形指出："当宋朝国初的君主支持士，我认为他们这样做是因为士是心甘情愿的下属，没有独立的权力，依赖于至高的权威来获得政治地位……士依仗更高的权威去重建一个国家的社会政治统治集团，并把他们自己置于集团的顶端。这样一来，在所有的政治成员中，他们的利益最接近皇帝的利益：两者都相信他们将通过中央集权获益。"①因此，尽管士大夫们参政的积极性和责任心被再度激发起来，然而在帝王过分强化皇权统治和因循、保守的"崇文抑武"治国方略左右下，他们为了维护其政治和经济上的既得利益，其从政理念也势必要适应统治者的要求，成为保守政治的积极参与者和直接贯彻者，这反映到施政上就是一切率由旧章、墨守成规。这方面的典型例证如下：

历仕宋太祖、太宗两朝的重要宰臣赵普，就是当时保守官僚的突出代表，其焚烧上言时政利害奏书的行为，②便为典型之举。其余宰执大臣也大都以谨慎、保身为居官要务。如沈义伦之"龌龊固宠，不能有所建明"；③李昉之"循谨自守"；④吕蒙正之"将顺德美"。⑤贾黄中更是"专务循默"，以至于连宋太宗也觉得过分，曾对其说："夫小心翼翼，君臣皆当然；若太过，则失大臣之体。"⑥大臣张齐贤则写有这样的诗句："慎言浑不畏，忍事又何妨。国法须遵守，人非莫举扬。"⑦

元人修史时，遂针对以上情形评说道："有是君则有是臣，有是臣则

---

① ［美］包弼德：《斯文：唐宋思想的转型》，江苏人民出版社2001年版，第57页。
② 邵伯温撰，李剑雄、刘德权点校：《邵氏闻见录》卷六，中华书局1983年版，第54页。
③ 《宋太宗皇帝实录校注》卷四二，第514页。
④ 《宋史》卷二六五《李昉传》，第9138页；《宋太宗皇帝实录校注》卷七六，第658页。
⑤ 《宋史》卷二六五"论曰"，第9163页。
⑥ 《宋史》卷二六五《贾黄中传》，第9162页；《宋太宗皇帝实录校注》卷七六，第650页。
⑦ 江少虞：《宋朝事实类苑》卷三八《诗歌赋咏》，上海古籍出版社1981年版，第489页。

足以相是君也……可谓君臣各尽其道者矣。"①可见,当时文官大臣唯以顺从专断皇帝、安保禄位为宗旨。于是,在维持保守政治以及"抑武"方针上,"君臣各尽其道者矣"。

事实上,就政治利益的分配而言,推行"崇文抑武"方略,不仅不会危害到士大夫集团,相反对其还更为有利,可以避免重蹈唐末、五代时期沦落境地的覆辙。因此,当政的文臣士大夫既得利益集团,自然对宋太宗予以大力支持和密切配合,从而推动了"崇文抑武"治国方略的最终确立。

从宋太宗统治集团推行"崇文抑武"方略及其举措的过程来看,文官大臣的参与和配合是很明显的。通过这一时期的史料记载可以发现,宋太宗时代的文臣当政集团普遍反对对外用兵。如赵普在提出上述"兵久则变生"观点的同时,还强烈地要求追究北伐倡议者的罪责。② 其他朝臣也多以各种形式表达了相同的看法。如:太平兴国四年(979年),当收复幽蓟的呼声兴起之际,张齐贤便上疏反对:"臣闻家六合者以天下为心,岂止争尺寸之事,角强弱之势而已乎? 是故圣人先本而后末,安内以养外。"③端拱(988—989年)初,"会边警益急,诏文武群臣各进策备御,(李)昉又引汉、唐故事,深以屈己修好、弭兵息民为言,时论称之"。④ 不久,知制诰田锡又上奏反对北上用兵,认为:"欲理外,先理内,内既理则外自安。"⑤淳化四年(993年),宋太宗与宰臣吕蒙正讨论到战争议题,吕氏以隋、唐动武之害为例,认为隋唐两朝数十年间,四次讨伐辽东,人不堪命。隋炀帝全军覆灭,唐太宗亲自指挥作战,也无功而返。因此治国的关键在于内修政事,才能边境安稳,"且治国之要,在内修政事,则远人来归,自致安静"。宋太宗当即表示:"炀帝昏聩,诚不足语。唐太宗犹如

---

① 《宋史》卷二六五"论曰",第9163页。
② 《续资治通鉴长编》卷二七,雍熙三年五月丙子,第614—617页。
③ 《宋史》卷二六五《张齐贤传》,第9151页。并见《续资治通鉴长编》卷二一,太平兴国五年十二月辛卯,第484—485页。
④ 《宋史》卷二六五《李昉传》,第9137页。
⑤ 《续资治通鉴长编》卷三〇,端拱二年正月乙未,第678页。

此,何失策之甚也。且治国在乎修德尔,四夷当置之度外。"又对以往的伐辽战争表达了追悔之意。① 至于贾黄中,更不愿言军国政事,"上益重之,以为谨厚"。② 文官大臣的主张被"时论称之",并影响了宋太宗的态度,说明他们在政治上的影响力已经与日俱增。文官大臣的以上见解,固然有息兵休民的意思,但也不能不看到有防止军事将领权势壮大的用意。如其代表人物赵普对武将指责道:"事成则获利于身,不成则贻忧于国。"③于是,武臣不仅在主政者眼里存在危害国家的隐患,而"守内虚外"论对北伐、用兵的否定结果,势必又降低了对军队与武将群体作用及价值的认识。如此一来,北宋的武备建设与边防能力势必深受影响,正如先秦时的管子所说:"寝兵之说胜,则险阻不守。兼爱之说胜,则士卒不战。"④

值得注意的是,以往如秦、汉、隋、唐等王朝建国后,军功阶层能够维持相当长时间的崇高地位,并能左右朝政。⑤ 但在北宋历史上却看到的是另一种景象,以开国将领为代表的军功集团在政治舞台上消退得如此迅速,以至于几乎很难界定宋代历史上是否存在过一个军功阶层。⑥

可以说,到宋太宗朝后期,文官已在政坛上占据主导地位,武将群体不仅缺乏用武之地,而且地位下降,精神状态也呈现一派颓势,并受到士大夫的轻蔑。而这一切,都可视为当时"崇文抑武"方略基本确立下的必然结果。面对如此局面,个别清醒的文臣提出了不同的意见。如端拱时,文坛俊杰、右拾遗兼直史馆王禹偁在上奏中指出:"自陛下统御,力崇儒术,亲主文闱,志在得人,未尝求备。大则数年便居富贵,小则数月亟预常官。"因此,王禹偁认为:"但恐授甲之士,有使鹤之言,望减儒冠之赐,以均战士之恩。"进士出身的王禹偁甚至提出了"抑儒臣而激武臣"的激进

---

① 《宋史》卷二六五《吕蒙正传》,第 9147 页;《续资治通鉴长编》卷三四,淳化四年十一月甲寅,第 758—759 页。

② 《宋史》卷二六五《贾黄中传》,第 9162 页。

③ 《续资治通鉴长编》卷二七,雍熙三年五月丙子,第 615 页。

④ 管仲著,黎翔凤撰,梁运华整理:《管子校注》卷一《立政第四》,中华书局 2004 年版,第 79 页。

⑤ 参见李开元:《汉帝国的建立与刘邦集团》,三联书店 2000 年版,第 242—246 页。

⑥ 参见拙作:《宋代军功集团在政治上的消亡及其影响》,《中国史研究》2008 年第 4 期。

主张。① 当时,还有张洎、田锡等几位文臣也有类似的议论。② 透过王禹偁等人的言辞,不难看出宋太宗朝的"崇文抑武"方略及举措至此已开始走过了头,再度造成不同于以往的、新的文武失衡后果。

第四节 "崇文抑武"方略的
全面推行和贯彻

到宋真宗以降,"崇文抑武"方略作为祖宗之法不仅被完全继承,而且更进一步得到推行和贯彻,并衍生出"以文驭武"之策。宋真宗即位之初,曾公开表示:"朕每念太祖、太宗丕变衰俗,崇尚斯文,垂世教人,实有深意。朕谨遵圣训,绍继前烈……"③这一宣示,其实也表明了统治集团的意志。北宋政治家王安石则就宋开国以来的朝政发展趋势指出:"本朝太祖武靖天下,真宗以文持之。"④在此,王安石对比"本朝太祖武靖天下"的形势,将"以文持之"视为宋真宗朝统治的突出特点,正说明"崇文抑武"方略深入贯彻的事实。而宋仁宗时代,在崇文方面的所为较之其父更有过之,其与儒臣关系之密切,受文官影响之大,也更为突出。故范祖禹认为:"仁宗皇帝在位四十二年,以尧舜为师法,待儒臣以宾友。"⑤宋代士人言及"国朝待遇士大夫甚厚,皆前代所无"时,特别感激宋仁宗在各方面的厚待,所谓"可谓仁矣……仁宗可谓能弘家法矣"。⑥

正因为"崇文抑武"方略获得进一步推行和贯彻,自宋真宗朝以来,帝王在政治上便更加依赖文官队伍。可以说,北宋中叶已完全形成文臣

---

① 《续资治通鉴长编》卷三〇,端拱二年正月癸巳,第673页。
② 《续资治通鉴长编》卷三〇,端拱二年正月癸巳,第666—679页;田锡撰,罗国威点校:《咸平集》卷一《上太宗答诏论边事》,巴蜀书社2008年版,第4—9页。
③ 《宋朝事实》卷三《圣学》,第38页。
④ 《王文公文集》卷二《上田正言书二》,第29页。
⑤ 《帝学》卷六,第765页。
⑥ 《燕翼诒谋录》卷五,第46页。

治国的局面,当时国家各方面的重要职责几乎皆由文官承担,正如时人所云:"今世用人,大率以文词进。大臣文士也,近侍之臣文士也,钱谷之司文士也,边防大帅文士也,天下转运使文士也,知州郡文士也,虽有武臣,盖仅有也。故于文士,观其所长,随其才而任之,使其所能,则不能者止其术。"①其中如前几章所述,在中央最高军事机要、决策机构的枢密院,以及在外出征、驻守的军事体系中,文臣也逐渐成为主宰者,武将则沦为辅助性的副职、部将。在这种日益制度化的"以文驭武"规则下,武将原本应有的权威和职责大为降低。如在宋仁宗朝,范雍、夏竦、陈执中、郑戬、韩琦、范仲淹及庞籍等人都是以文臣掌握战区指挥权的代表。再以田况为例,田氏先作为韩琦的副手宣抚陕西,当保州发生兵变时,又挂龙图阁直学士衔出任知成德军兼真定府、定州安抚使,"往执杀之"。此后,田况再改任知秦州兼秦凤路都部署、经略安抚使,"以枢密直学士为泾原路兵马都总管、经略安抚使,知渭州"。又历知成都,"充蜀梓利夔路兵马钤辖"。最终出任枢密使,掌管最高军事机关。②《宋史》因此云:"时治平而文德用,则士之负艺者致位政府,宜矣。"③以至于连当世方外僧人也认为:宋仁宗朝,"文儒之昌盛,虽三代两汉无以过也"。④

至于这一时期崇儒尚文的表现,可谓达到了前所未有的地步。有关文教建设方面的各项具体举措,林林总总,难以尽述,暂且不论。仅以当时象征性和重要的举动而言,就充分彰显了当政者的倾向。现取其要者列举如下:

其一,宋真宗、仁宗先后亲自拜谒文宣王庙,以表示对儒学的高度褒扬。其中大中祥符元年(1008年),宋真宗还专程巡幸曲阜,并以超规格的礼仪拜谒了当地的文宣王庙,史称:"初有司定仪肃揖,帝特展拜,以表严师崇儒之意,亲制赞,刻石庙中。"⑤

① 蔡襄:《端明集》卷二二《国论要目》,《景印文渊阁四库全书》第1090册,第512页。
② 《王文公文集》卷八八《太子太傅致仕田公墓志铭》,第919—932页。
③ 《宋史》卷二九二"论曰",第9784页。
④ 释契嵩撰,林仲湘、邱小毛校注:《镡津文集校注》卷九《万言书上仁宗皇帝》,巴蜀书社2014年版,第173页。
⑤ 《宋史》卷一〇五《礼八》,第2548页。

其二,大兴科举。在宋真宗、仁宗两朝,科举不仅规模继续扩大,甚至造成了严重的冗官后果。① 更为重要的是,科举出身者已成为官僚队伍的主体力量,其中宰执大臣又皆有进士或制科背景,这从《宋史·宰辅年表》中的宰执出身就可以得到清楚的说明。如宋仁宗一朝进士十三榜,"其甲第之三人凡三十有九,其后不至于公卿者,五人而已"。② 又如天圣(1023—1032 年)初榜中的宋庠、叶清臣、郑戬、高若讷及曾公亮等人,"五人连名,二宰相,二执政,一三司使"。③ 事实上,对北宋时期的宰相进行统计后,不难发现在七十一名宰相中,出身进士或制科者竟占据六十四人,而非科举出身者又主要集中在宋初两朝。有关这方面的情况,学界已有论述,④故不再赘述。

其三,宣扬"偃武修文"的理念。如景德二年(1005 年),宋真宗在亲临国子监时对文教繁盛的局面表示满意,并说:"国家虽尚儒术,然非四方无事,何以及此。"⑤宋人曹彦约对此感慨道:"臣前读《符瑞篇》,固已略举用兵之害矣,上而为君不免宵衣旰食,下而为臣不免罢于奔命。此古之圣贤所以偃武而后修文,息马而后论道也。真宗皇帝四方无事之语发于景德二年,是时澶渊之盟契丹才一年耳,而圣训已及此,则知兵革不用,乃圣人本心,自是绝口不谈兵矣。"⑥影响所致,官场皆好崇儒之名,如宋仁宗时的一道诏书曰:"顷者尝诏方州增置学官,而吏贪崇儒之虚名,务增室屋,使四方游士竞起而趋之……"云云,⑦即从反面说明了当时各地崇儒的情况。

其四,强调文尊武卑的观念。据记载,景德二年(1005 年),特奏名进士李正辞论文武先后,认为"文者本乎静,武者本乎动,动以止乱,而至乎

---

① 参见张希清:《论宋代科举取士之多与冗官问题》,《北京大学学报》1987 年第 5 期。
② 《宋史》卷一五五《选举一》,第 3616 页。
③ 《容斋随笔》卷九《高科得人》,第 121 页。
④ 参见何忠礼:《试论北宋科举制的特点及其历史作用》,邓广铭、郦家驹主编:《宋史研究论文集》,河南人民出版社 1984 年版,第 241—271 页。
⑤ 《续资治通鉴长编》卷六○,景德二年五月戊辰,第 1333 页。
⑥ 《经幄管见》卷一,第 36 页。
⑦ 《续资治通鉴长编》卷一五五,庆历五年三月辛未,第 3760 页。

静,则先后可知"。宋真宗对此大加赞赏,"嘉其近理"。① 统治者在公开场合的这一举动,即在于表达并支持文尊武卑的观念。

其五,明确表示对士大夫不用刑典。据宋人记载:"大中祥符二年诏曰:'朕念四方士子虽应刘楚之求,未著赎刑之典,深可悯恻。继自今曾应举士人有犯公私罪,杖以下听赎。'此意尤为忠厚,所以士大夫亦罕犯法。"②甚至在宋仁宗朝,因参知政事范仲淹的建议,丧城失地以至用牛酒迎接农民起义军的地方官员,也得以免死,遂有防止人主"手滑"的名言传之于世。③

与以上崇文行为形成鲜明对比的是,宋真宗、仁宗两朝,在继续"抑武"方针的影响下,武将群体受到更大的歧视和压制。有这样一段记载颇能说明宋真宗朝对待武将的态度:景德元年(1004 年),在抗击辽军大举进攻期间,殿前都指挥使高琼支持宰相寇准要求宋真宗亲征的主张。当寇准劝说宋真宗渡河入澶州北城时,"高琼亦固以请,且曰:'陛下若不幸北城,百姓如丧考妣。'签书枢密院事冯拯在旁呵之,琼怒曰:'君以文章致位两府,今敌骑充斥如此,犹责琼无礼,君何不赋一诗咏退敌骑耶?'"④由此可见,即使在战事危急时刻,文臣冯拯也不允许禁军大帅发表意见。值得玩味的是,在高琼讽刺冯拯之时,宋真宗态度如何没有记录。但当战事稍缓后,宋真宗则对高琼提出了警告,"上命寇准召琼诣中书,戒之曰:'卿本武臣,勿强学儒士作经书语也。'"⑤这就说明宋真宗对武将高琼言语顶撞文官大臣的举动,一直心怀不满。

"澶渊之盟"的订立,使北宋王朝避免了与辽朝的一场殊死决战,宋统治集团由此片面地获得了一种启示,即通过金帛赎买的办法也能够消弭边患,并且代价比用兵更小。因此,宋与辽议和后,当政者在以往"守

---

① 《续资治通鉴长编》卷六〇,景德二年五月己未,第 1341 页。
② 俞德邻:《佩韦斋辑闻》卷三,《景印文渊阁四库全书》第 865 册,第 594 页。
③ 《邵氏闻见录》卷八,第 79 页;罗大经撰,王瑞来点校:《鹤林玉露》甲编卷五,中华书局 1983 年版,第 81 页。
④ 《续资治通鉴长编》卷五八,景德元年十一月丙子,第 1287 页。
⑤ 《涑水记闻》卷六,第 114 页。

内虚外"的基础上又有所退步,视议和为医治边患的一剂"良药"。① 君臣之间奢谈太平,朝堂上下羞言武备。于是,当政集团对武将价值的认识进一步降低,视其为不得已而用之力量。如宋真宗对武臣的作用就表示了不屑和轻蔑,他曾对身边的朝臣说:"自契丹约和以来,武臣屡言敌本疲困,惧于兵战,今国家岁赠遗之,是资敌也……武臣无事之际,喜谈策略,及其赴敌,罕能成功。好勇无谋,盖其常耳。"②大臣冯拯则提出"边方不宁,武臣幸之以为利"的观点。③

如此一来,在浓烈的"崇文抑武"气氛之下,武将在相当大程度上扮演着统治集团中的陪位角色。如颇有见地的良将马知节在任职枢密院期间,长期遭到主政集团的冷遇,无法作为。据当时的宰相王旦之子王素以后追忆:马知节与王钦若、陈尧叟"同在枢府。一日,上前因事相忿。上召公至,则见冀公(即王钦若)喧哗不已,马则涕泣"。④ 由此可窥见马知节所受文官大臣压制情况之一斑。一时间,军队将领也不愿谈论用兵,而以崇尚文儒为荣,如殿前都指挥使高琼请求赏赐经史,宋真宗遂予以满足。对此现象,宋代史家评说道:"上崇尚文儒,留心学术,故武毅之臣无不自化。"⑤而将领石普因为倡言加强对夏防御,批评"天书""祥瑞"糜费资财,遂遭到流放编管的严厉惩处。⑥

此后,富弼在《上河北守御十三策》中沉痛地指出:

> 国家初得天下,震耀威武。太祖待北敌仅若一族,每与之战,未尝不克。太宗因亲征之衄,虏势遂骄,频年寇边,胜败相半。真宗嗣位之始,专用文德。于时旧兵宿将,往往沦没,敌骑深入,直抵澶渊,

---

① 参见拙作:《宋代统治集团以和缓战思想及其影响》,《中国军事科学》2008 年第 4 期。西方学者也认为:北宋王朝"是以高度的现实主义政治为特征的","依靠军事手段不能打败契丹人的国家",便与辽议和,"宋辽缔结的澶渊之盟成了处理日后冲突的一个样板"。《剑桥中国辽西夏金元史》,第 21—22 页。

② 《续资治通鉴长编》卷六八,大中祥符元年二月丁卯,第 1528 页。

③ 《续资治通鉴长编》卷六七,景德四年十二月戊午,第 1514 页。

④ 《王文正公遗事》,第 48 页。

⑤ 《续资治通鉴长编》卷六〇,景德二年六月乙未,第 1347 页。

⑥ 《宋史》卷三二四《石普传》,第 10474—10475 页。

河朔大骚,乘舆北幸。于是讲金帛啗之之术,以结欢好。自此河湟百姓,几四十年不识干戈。岁遗差优,然不足以当用兵之费百一二焉。则知澶渊之盟,未为失策。而所可痛者,当国大臣议和之后,武备皆废。以边臣用心者谓之引惹生事,以缙绅虑患者谓之迂阔背时。大率忌人谈兵,幸时无事。谓虏不敢背约,谓边不必预防,谓世常安,谓兵永息。恬然自处,都不为忧。①

富弼的以上议论,在提及宋太祖、太宗到真宗朝以来御北逐渐失利情况的同时,也指出宋真宗朝存在"当国大臣,论和之后,武备皆废"的严重问题,而其根源便在于"专用文德"施政。富弼没有直说压制武将,但"大率忌人谈兵"的话语,则道出了些许"抑武"的实情。

宋仁宗即位之初,临朝听政的刘太后及宰执大臣延续了以往的保守政治格局。到对西夏大规模开战后,虽如后人所言:"昔仁宗皇帝覆育天下,无意于兵。将士惰偷,兵革朽钝,元昊乘间窃发,西鄙延安、泾、原、麟、府之间,败者三四,所丧动以万计。"②但抑制、歧视武将的态度依然没有改变。如宝元二年(1039 年)富弼所反映:"伏闻西鄙用兵已来,不住差移武臣往彼,每有过阙下而求见者,多不许见……谓之武臣多鄙,不可令容易面对,则既已委任,用为好人,非所宜鄙之也。"③富弼这一段话透露的信息颇值得分析,"既已委任,用为好人",就不宜再加以鄙视。那么,未被差往西陲的武臣似乎就不是好人,武臣"多鄙"显然也已成为当时士大夫的定论。宋人还有这样的记载:"公(韩琦)言狄青作定(即定州)副帅,一日,宴公,惟刘易先生与焉。易性素疏讦。时优人以儒为戏,易勃然谓:'黥卒敢如此!'诟骂武襄(即狄青)不绝口,至掷樽俎以起。公是时观武襄气殊自若,不少动,笑语温然。次日,武襄首造刘易谢之。"④这一近乎戏剧性的记载,固然旨在说明狄青超常的气量和修养,但同时也可反映当

---

① 《宋朝诸臣奏议》卷一三五《上仁宗河北守御十三策》,第 1501 页。按:富弼此奏原名为《上河北守御十三策》,见《续资治通鉴长编》卷一五〇,庆历元年六月戊午,第 3639—3640 页。南宋赵汝愚编《诸臣奏议》时,才改为《上仁宗河北守御十三策》。

② 《苏轼文集》卷三七《代张方平谏用兵书》,第 1050 页。

③ 《续资治通鉴长编》卷一二四,宝元二年九月丁巳,第 2933 页。

④ 《韩忠献公遗事》,第 9 页。

时将领对来自文人轻蔑乃至辱骂的无奈。

在宋仁宗朝，"自来武臣在边，多被文臣掣肘"①的现象已非常突出。于是，出现了欧阳修所说的"大凡武臣尝疑朝廷偏厚文臣，假有二人相争，实是武人理曲，然终亦不服，但谓执政尽是文臣，递相党助，轻沮武人"②的问题。而这一问题的症结，正在于武臣长期所遭受的压制，故不可能对文官产生信任感。通过对欧阳修反映的现象加以分析，也不难发现在当时政坛已明显地存在文武严重失衡的状况。这一切都说明"抑武"方针以及"以文驭武"之策大行其道。

在此，有必要从"崇文抑武"方略影响的角度，对狄青被逐出枢密院之事再加以考察。如前所述，狄青是在朝臣各种流言蜚语的攻击下离开西府，其实，当时有关的传闻固然对狄青不利，但真正导致其罢官的原因恐怕还不仅在此。要求罢免狄青最力的欧阳修，在《上仁宗乞罢狄青枢密之任》中认为：

> 臣切见枢密使狄青，出身行伍，号为武勇……自其初掌机密，进列大臣，当时言者已谓不便。今三四年间，虽未见其显过，然而不幸有得军情之名。推其所因，盖因军士本是小人，面有黥文，乐其同类，见其进用，自言我辈之内出得此人，既以为荣，遂相悦慕。加又青之事艺实过于人，比其辈流又粗有见识，是以军士心共服其才能。国家从前难得将帅，经略、招讨常用文臣，或不知军情，或不闲训练。自青为将领，既能自以勇力服人，又知训练之方，颇以恩信抚士。以臣愚见，如青所为，尚未得古之名将一二。但今之士卒，不惯见如此等事，便谓须是我同类中人，乃能知我军情而以恩信抚我。青之恩信，亦岂能遍及于人？但小人易为扇诱，所谓一犬吠形，百犬吠声，遂皆翕然喜共称说。且武臣掌机密而得军情，不唯于国家不便，亦于其身未必不为害。③

依照欧阳修的看法，军人出身的狄青有"军士心共服""恩信抚士"之长，

---

① 《续资治通鉴长编》卷一五〇，庆历四年六月癸卯，第3630页。
② 《续资治通鉴长编》卷一四八，庆历四年四月丙辰，第3590页。
③ 《宋朝诸臣奏议》卷四六《上仁宗乞罢狄青枢密之任》，第494页。

本已难控制,又"且武臣掌机密而得军情",遂对"国家不便"。故必须予以罢免,至于要求控制狄青的呼声,从来便没有停止。① 又据记载,狄青步入枢密院后,不仅广大士兵将他视为自己的英雄,对外人夸耀,②而且开封城内外的百姓也深为其事迹折服,广为传颂其"材武"精神。甚至于每当狄青出门,总能引来许多人观望。③ 狄青还从不以行伍出身为耻,史称:"青奋行伍,十余年而贵,是时面涅犹存。帝尝敕青傅药除字,青指其面曰:'陛下以功擢臣,不问门地,臣所以有今日,由此涅尔,臣愿留以劝军中,不敢奉诏。'"④另据宋人笔记记载:"狄青为枢密使,有狄梁公(即狄仁杰)之后,持梁公画像及告身十余通诣青献之,以谓青之远祖。青谢之曰:'一时遭际,安敢自比梁公!'厚有所赠而还之。比之郭崇韬哭子仪之墓,青所得多矣。"⑤由此可见狄青胸襟宽广,故颇得时人感佩。狄青以一介武人身份,竟赢得如此之高的社会威望,既使众多文臣感到不快,也使当政者产生了忧虑。在他们眼里,如果军功业绩成为世人崇拜的对象,那么祖宗以来耗尽心血营造的"崇文抑武"气象,岂不是要在旦夕之间散落? 而像狄青这样有威信的大将再掌握了枢密院的机密,对当政者来说显然不是一件好事。⑥ 因此,在维持传统家法的旗帜下,统治集团便毫不留情地将狄青驱逐出朝。

到宋英宗朝以后,虽因对西夏实行"开边"之策,于武将及军功有所重视,但"崇文抑武"的总体方略却并没有发生变化。如前所述,宋神宗承认:"武臣自来安敢与帅臣抗?"文彦博也对宋神宗说出"为与士大夫治天下"的名言。⑦ 苏轼则对武将和儒士的作用进行了对比:"夫武夫谋臣,譬之药石,可以伐病,而不可以养生。儒者譬之五谷,可以养生,而不可以

---

① 《苏魏公文集》附录一《丞相魏公谭训》卷二《家世》,第1127页。

② 《宋史》卷二九○《狄青传》,第9721页。

③ 《续资治通鉴长编》卷一八三,嘉祐元年八月癸亥,第4435页。

④ 《宋史》卷二九○《狄青传》,第9718—9721页。

⑤ 《梦溪笔谈》卷九《人事一》,第95页。

⑥ 《东都事略》卷七二《欧阳修传》,第600—601页;而《宋史》则在此事上为欧阳修多有隐讳,参见《宋史》卷三一九《欧阳修传》,第10379—10380页。

⑦ 《续资治通鉴长编》卷二二一,熙宁四年三月戊子,第5370页。

伐病。"①可谓具有相当的代表性。苏轼更针对《孙子兵法》中"将能而君不御者胜"的名言,得出如下惊人见解:

> 窃以为天子之兵,莫大于御将。天下之势,莫大于使天下乐战而不好战。夫天下之患,不在于寇贼,亦不在于敌国,患在于将帅之不力,而以寇贼敌国之势内邀其君。是故将帅多,而敌国愈强,兵加,而寇贼愈坚。敌国愈强,而寇贼愈坚,则将帅之权愈重。将帅之权愈重,则爵赏不得不加。夫如此,则是盗贼为君之患,而将帅利之;敌国为君之仇,而将帅幸之。举百倍之势,而立毫芒之功,以藉其口,而邀利于其上,如此而天下不亡者,特有所待耳。②

按照士林翘楚苏轼的看法,军事将领之害几与敌国相等,故君主在治军上莫大于制将。于是,继续任用文臣集团压制武将群体,沿袭"以文驭武"之策,自不待言。

宋哲宗朝,儒臣范祖禹在经筵中曾进《帝学》。从《帝学》讲授的内容可以清楚地看出,儒家学说对北宋诸帝价值观产生了巨大影响。现存《宋会要辑稿》中"崇儒"的大量篇幅和内容,也记述了北宋王朝推行崇文方针的无数事例。故范祖禹说:"本朝累圣相承百三十有二年,四方无虞,中外底宁,动植之类蒙被涵养,德泽深厚,远过前世,皆由以道德仁义、文治天下,人主无不好学故也。"③其后,"崇文抑武"的方略贯彻、影响绵延不绝,"三十年间,士大夫多以讳不言兵为贤,盖矫前日好兴边事之弊,此虽仁人用心,然坐是四方兵备纵弛,不复振"。④"崇观以来,文治日兴。"⑤到北宋灭亡之际,宋钦宗也承认:"祖宗涵养士类垂二百年,教以礼乐,风以《诗》《书》,班爵以贵之,制禄以富之,于士无负。"⑥诚如宋人孔平仲所总结:"待士大夫有礼,莫如本朝。"⑦

---

① 《苏轼文集》卷二《儒者可与守成论》,第40页。
② 《苏轼文集》卷三《孙武论下》,第93页。
③ 《帝学》卷八,第778页。
④ 《避暑录话》卷下,第331页。
⑤ 岳珂撰,朗润点校:《愧郯录》卷六《修书恩数》,中华书局2016年版,第79页。
⑥ 李纲:《梁溪集》卷三四《戒励士风诏》,《景印文渊阁四库全书》第1125册,第802页。
⑦ 孔平仲:《珩璜新论》,《景印文渊阁四库全书》第863册,第105页。

还值得注意的是,北宋统治者长期对武将实行愚昧政策,录用和提拔武官时,侧重弓矢等武功,而轻视文化水平。甚至公开下诏,严禁民间流传兵书,①并明确将《阴符经》等兵书列为禁书。② 据范仲淹在宋仁宗天圣(1023—1032 年)时说:"今孙、吴之书禁而废学,苟有英杰,受亦何疑? 且秦之焚书也,将以愚其生人,长保天下;及其败也,陈胜、吴广岂读书之人哉?"③可知《孙子兵法》《吴子兵法》也长期遭到封禁,这便不能不对武将群体素质的提高造成不利影响。难怪以后韩亿出任同知枢密院事时,建议给武将赐予兵书,"建言武臣宜知兵书,而禁不传,请纂集其要赐之"。宋仁宗虽然接受了韩亿的建议,但却亲自编写兵略,所谓"上于是作《神武秘略》,凡三十篇",赐予河北、河东和陕西缘边将领,"每得代,更相付授"。④ 这一御制兵略出自未谙兵机的宋仁宗及身边文臣之手,故其在军事上的价值究竟有多大,对提高武将的用兵能力有多少帮助,都很值得怀疑。

北宋官方对诸家兵法书籍的正式开禁,大致始于熙宁五年(1072年),史称:"枢密请建武学于武成王庙……选文武官知兵者为教授。使臣未参班与门荫、草泽人召京官保任,人材弓马应格,听入学,习诸家兵法。教授纂次历代用兵成败、前世忠义之节足以训者,讲释之。"⑤然而,武举时兴时废,完全无法与辞赋科考的地位相比拟,所录取的人数既少,又很少获得重用,自然无法发挥提升武臣队伍素养的作用。宋哲宗朝,苏辙即指出:"今天下有大弊二:以天下之治安,而薄天下之武臣;以天下之冗官,而废天下之武举。彼其见天下之方然,则摧沮退缩而无自喜之意。今之武臣,其子孙之家往往转而从进士矣。故臣欲复武举,重武臣。"⑥则说明许多武臣子弟眼见武举没有前途,与其学习兵略不如读诗诵经,遂转而从文。如大将郭逵之子郭忠孝,"少以父任补右班殿直,迁右侍禁",后

---

① 《宋大诏令集》卷一九九《禁天文兵书诏》,中华书局 1962 年版,第 734 页。
② 《续资治通鉴长编》卷一六一,庆历七年十二月庚午,第 3893 页。
③ 《范文正集》卷八《上执政书》,第 639 页。
④ 《续资治通鉴长编》卷一二○,景祐四年五月戊子,第 2833 页。
⑤ 《宋史》卷一五七《选举三》,第 3679 页。
⑥ 《苏辙集》之《栾城应诏集》卷七《进策五道·第三道》,第 1299 页。

科举登第,遂"换文资,授将作监主簿"。①

流风所至,甚至于南宋人修兵书,仍怀抱北宋传统观念,如清朝《四库全书》馆臣针对一部南宋兵书《将鉴论断》所指出:"然大旨主于尚仁义、贱权谋、尊儒者、抑武臣,至以能读三略之书者始可以立功。"②

北宋王朝长期实行"崇文抑武"方略,应当承认对文教事业的发展产生了重大的积极影响。但历史的经验证明,凡是极端化的做法往往造成突出的"双刃剑"效应。北宋统治集团矫枉过正,以短浅的眼光过度推行"崇文抑武"方略,势必严重地削弱了国家的军事能力,从而违背了"不能强其兵,而能必胜敌国者,未之有也"③的基本政治常识,如元人所说:"宋恃文教而略武卫。"④就此而使文臣、武将之间产生了与以往不同的失衡结果,极大地打击了武将群体,致使其从精神到素质都趋于弱化,从而对北宋边防造成严重的后果。诚如南宋学者吕祖谦沉痛地指出:

> 国朝治体,有远过前代者,有视前代为未备者。夫以宽大忠厚建立规模,以礼逊节义成就风俗,此所谓远过前代者也。故于俶扰艰危之后,驻跸东南踰五十年,无纤毫之虞,则根本之深可知矣。然文治可观而武绩未振,名胜相望而干略未优,故虽昌炽盛大之时,此病已见。是以元昊之难,范、韩皆极一时之选,而莫能平殄,则事功之不竞从可知矣。⑤

第五节 "崇文抑武"方略对北宋文武价值取向的影响

北宋历史上长期存在的"崇文抑武"治国方略,对当时社会产生了重

---

① 《宋史》卷四四七《郭忠孝传》,第13188页。
② 永瑢:《四库全书总目》卷一○○《兵家类存目》,中华书局1965年版,第842页。
③ 《管子校注》卷二《七法第六》,第106页。
④ 《宋史》卷四九三《蛮夷一》,第14171页。
⑤ 《宋史》卷四三四《吕祖谦传》,第12873—12874页。王应麟对此有不同议论,但缺乏说服力,参见王应麟撰,阎若璩等注,栾保群、田松青点校:《困学纪闻》卷一五《考史》,上海古籍出版社2015年版,第310—322页。

大的影响,其中又以对文武价值取向的影响最为直接。在此,以官员对待文武官职态度为重点,以探讨北宋时期"崇文抑武"方略的深远社会影响。

如前所述,在北宋以前的历史上,王朝统治系统中虽有文、武之分,但两者之间并无鸿沟,武臣出将入相的现象屡见不鲜,文人毅然投军的情况也不少见。然而,进入北宋之后,随着"崇文抑武"方略的推行和贯彻,武将群体受到士大夫及社会的鄙视,文武之间遂出现一道鸿沟。如宋真宗初年,对辽战争异常紧张,朝廷有意在文职朝官中选人改任武臣。但据当时官员田锡反映:"今又朝臣中求人,臣虑朝臣中武勇者少,设使有武勇,多不愿在武职。"①著名理学家张载早年曾有投军的愿望,"当康定用兵时,年十八,慨然以功名自许,上书谒范文正公。公一见知其远器,欲成就之,乃责之曰:'儒者自有名教,何事于兵!'因劝读《中庸》"②。可见即使在国家用兵之际,这种抑武观念仍然在产生影响。所以,以后王安石指出:"先王之时,士之所学者,文武之道也。……今之学者,以为文武异事,吾知治文事而已,至于边疆、宿卫之任,则推而属之于卒伍,……今孰不知边疆、宿卫之士不足恃以为安哉? 顾以为天下学士以执兵为耻,而亦未有能骑射行阵之事者,则非召募之卒伍,孰任其事者乎?"③

从制度上看,北宋建立后并未全面杜绝文武官员互相转换。实际上,宋廷还在边防紧急之际,鼓励文臣出任武职。如雍熙四年(987 年)对辽用兵期间,"以侍御史郑宣、司门员外郎刘墀、户部员外郎赵载并充如京使,以殿中侍御史柳开为崇仪使,左拾遗刘庆为西京作坊使。先是,上以五代战争已来,自节镇至刺史,皆用武臣,多不晓政事,人受其弊。上欲兼用文士,渐复旧制,故先擢宣等为内职"。④ 宋仁宗庆历七年(1047 年),"诏判大名府贾昌朝、判邠州程琳、知秦州梁适、知永兴军叶清臣、知渭州

---

① 《续资治通鉴长编》卷四六,咸平三年三月丁未,第 1002 页。

② 张载撰,章锡琛点校:《张载集》附录《吕大临横渠先生行状》,中华书局 1978 年版,第 381 页。

③ 《王文公文集》卷一《上皇帝万言书》,第 7—8 页。

④ 《宋太宗皇帝实录校注》卷四一,第 440—441 页。

田况,各举京朝官一人换右职"。① 嘉祐(1056—1063年)年间,又"诏枢密院,近臣尝举文臣换右职者,自今遇边要阙人,即差择以闻"。②

至于武职换文官的规定,在宋仁宗时有过几次变化。如天圣四年(1026年),"诏天禧中举人补三班使臣者,听换文资"。③ 这一规定,仅允许宋真宗时某些科举出身为武者转换文资。宋仁宗又有《三班使臣本文吏子孙许换文资诏》,④对某些文臣从武子弟提供恢复文官之便。天圣后期,则明确规定"殿直以上,自今不得换文资"。⑤ 不过,到庆历(1041—1048年)和皇祐(1049—1054年)时期,为了鼓舞士气,又曾允许某些武职人员转换文资,所谓:"诏三班奉职以下换文资者,历官无赃罪,虽三代非文资,而有亲叔伯、兄弟见任者亦听。"⑥在其改换时,需要一定的诗赋或儒经考核,"殿侍换文资者,试诗赋各一道;或通一经,问义十道,以六通为合格。仍令判礼部与国子监官同考试之"。⑦ 然而,就北宋时期的实际情况来看,因"崇文抑武"治国方略的影响,文官、武将之间换职逐渐呈现出困难的局面。以下就这方面的典型事例进行探讨和分析。

考诸史籍,可以发现至迟在宋太祖后期已出现文臣不愿从武的记载。如:开宝五年(972年)冬,宋太祖有鉴于因西川武将处置不当,引起农民、士兵不断造反,遂考虑派遣懂军事的文臣前往参与典军。宋太祖问宰相赵普:儒臣中有无"武勇兼济"者? 赵普遂推荐左补阙、知彭州辛仲甫。于是,辛氏当即被改换武职,任命为西川兵马都监。从文献记载来看,辛仲甫算得上文武全才,特别是作为一名文官,其武功竟然超群。宋太祖曾亲自在宫中对辛氏进行了测试,对其武功颇为赞赏,便允诺以后可授以刺

---

① 《续资治通鉴长编》卷一六一,庆历七年十月戊午,第3888—3889页。
② 《续资治通鉴长编》卷一八五,嘉祐二年五月丁酉,第4479页。
③ 《续资治通鉴长编》卷一〇四,天圣四年十一月甲辰,第2425页。
④ 曾枣庄、刘琳主编:《全宋文》卷九五〇《宋仁宗一一》,上海辞书出版社2006年版,第200页。
⑤ 《续资治通鉴长编》卷一〇八,天圣七年七月乙亥,第2520页。
⑥ 《续资治通鉴长编》卷一四二,庆历三年七月癸酉,第3397页。
⑦ 《续资治通鉴长编》卷一七三,皇祐四年十二月壬午,第4182页。

史之位。不过,辛仲甫却深感遗憾,他委屈地申辩道:"臣不幸本学先王之道,愿致陛下于尧、舜之上,臣虽遇昌时,陛下止以武夫之艺试臣,一弧一矢,其谁不能?"表达了其钟情文官、轻视武职的心情。赵匡胤只得加以劝勉:"果有奇节,用卿非晚。"①辛氏只得悻悻地走马军营。但时过境迁以后,他却仍然主动转回文官队列。

宋太宗在位期间,还出现了这样的情况:三位宰相之子皆获得超规格拔擢,"沈伦、卢多逊子并为尚书郎,(薛)惟吉以不习文,故为右千牛卫大将军。及(薛)居正卒,太宗亲临,居正妻拜于丧所,上存抚数四,因问:'不肖子安在,颇改行否? 恐不能负荷先业,奈何!'惟吉伏丧侧,窃闻上语,惧报不敢起。自是尽革故态,谢绝所与游者,居丧有礼。既而多接贤士大夫,颇涉猎书史,时论翕然称之。上知其改行,令知澶州,改扬州"②。由此可见,当时宰相薛居正、沈义伦及卢多逊三人之子,都可以父荫入仕。薛氏虽贵为首相,但其子因无文只能获取右千牛卫大将军,而不得如沈、卢二氏之子为尚书郎。薛惟吉也因任武职的缘故,遭到宋太宗的责备。

宋真宗咸平(998—1003 年)时的状元陈尧咨,屡迁至工部侍郎、权知开封府及翰林学士。据记载,陈尧咨不仅文辞出众,而且射术有名于当世,有"小由基"(春秋时著名射士名养由基)的佳号。③"澶渊之盟"以后,宋辽双方保持来往,但辽使到开封后,常挟能骑善射之长蔑视宋廷。宋真宗为了挽回颜面,也打算在文臣中寻觅"善弓矢、美仪彩"者,以陪伴对方。于是,有人就推荐了陈尧咨。宋真宗有意让陈氏转为武职,便托人带话:"陈某若肯换武,当授与节钺。"按:节度使为当时武将最高官衔,俸禄甚至优于宰相。但当陈尧咨将此事禀告其母后,陈母大怒,一面杖打其子,一面责备道:"汝策名第一,父子以文章立朝为名臣,汝欲叨窃厚禄,

① 《宋史》卷二六六《辛仲甫传》,第 9178—9180 页;《玉壶清话》卷一,第 10 页;《续资治通鉴长编》卷一三,开宝五年十二月乙卯,第 293 页。

② 《宋史》卷二六四《薛惟吉传》,第 9111—9112 页。

③ 《渑水燕谈录》卷九,第 113 页;欧阳修撰,李伟国点校:《归田录》卷一,中华书局 1981 年版,第 9 页。

贻羞于阀阅,忍乎?"此事遂寝。① 到宋仁宗时,由于陈尧咨与大臣不和,结果被改为宿州观察使,调知天雄军。这显然属于排挤、贬降之举,当然引起陈尧咨的强烈不满。史称:"尧咨内不平,上章固辞。"后在临朝听政的刘太后"敦谕"下,陈尧咨只得屈从。其后,陈尧咨虽官至节钺,却只能抱恨于地方衙门。值得注意的是,陈尧咨晚年性情极为暴躁,所谓"多暴怒",动辄便对属下挥舞大棒。这很可能是其极度失意情况下宣泄积怨的一种表现。②

宋仁宗朝,由于对西夏发生激烈战争,将帅缺乏的问题相当严重,于是试图通过用文官改换武职的办法聊加补充。"文臣换武"的现象遂有所增多,不过却受到某些朝臣的批评,如欧阳修曾针对这一做法的弊端反映:"臣伏思自用兵以来,朝廷求将之法,不过命近臣举朝士换武官,及选试班行、方略等人而已。近臣所举,不过俗吏才干之士;班行所选,乃是弓马一夫之勇;至于方略之人,尤为乖滥,试中者仅堪借职、县尉、参军赍挽而已。"③虽然宋中央在当时有鼓励文官从武的意愿,但效果并不明显,史籍中文臣不愿出任武职的记载可谓不胜枚举。如知吉州余靖因遭弹劾,"改将作少监,分司南京"。不久,"授左神武军大将军、雅州刺史、寿州兵马钤辖"。但余氏上言坚辞不就,请求"守旧官,依前分司",以侍养父母。宋政府只得改其为卫尉卿的文职。④ 再如,"六宅使、泾原秦凤路安抚都监张昇复为度支员外郎、知绛州。昇以母老求复文资而许之"⑤。其余如,太子中允冯诰被换为崇仪副使的武职,不久因故再降为礼宾副使。庆历三年(1043年),冯诰任秦凤路都监,御敌有功,知秦州文彦博遂上奏称:冯氏"今不愿预赏,止愿复文资故官"。由此,冯诰因功得以恢复太子中

---

① 文莹撰,郑世刚、杨立扬点校:《湘山野录》卷中《择臣僚伴虏使射弓》,中华书局1984年版,第39—40页;《续资治通鉴长编》卷一〇五,天圣五年二月甲戌,第2436页。宁可《宋代重文轻武风气的形成》一文,将陈尧咨事迹写在其兄陈尧叟身上,乃误。《学林漫录》第3集。

② 《宋史》卷二八四《陈尧咨传》,第9589页。

③ 《宋朝诸臣奏议》卷六四《上仁宗乞别议求将之法》,第713页。

④ 《宋史》卷三二〇《余靖传》,第10410页;余靖:《武溪集》卷一四《让南班第二状》,《景印文渊阁四库全书》第1089册,第140页。

⑤ 《续资治通鉴长编》卷一二七,康定元年四月甲辰,第3006—3007页。

允的文职官衔,改任秦州通判;①屯田员外郎、通判府州张旨坚守城池,打败了西夏军的一次进攻。此后,范仲淹、欧阳修等人推荐其"鸷武有谋略",宋廷便改任其为武职,但张氏同样"固辞",此事只得作罢;②庆历时,右侍禁蒙守中被允许改换为文职。不过,蒙氏的出身、经历却非一般,其早年曾进士及第,景德元年(1004年)不幸"陷契丹"。以后回归宋朝,才被授以右侍禁,监和州税。"至是,自陈不愿为武吏",遂改大理评事。③

在宋仁宗朝,文臣不愿出任武职的最突出例证,莫过于范仲淹等四人的举动。庆历二年(1042年),左司郎中、龙图阁直学士范仲淹与文臣韩琦、庞籍及王沿分别主持西北四路对夏战事。很可能是出于鼓励军队士气的考虑,宋廷突然下诏,将范仲淹等四位统帅的文官一并改为武职性的观察使。范仲淹接到这一任命后,上书坚决不就。他向皇帝这样表白道:"观察使班待制下,臣守边数年,羌人颇亲爱臣,呼臣为'龙图老子'。今退而与王兴、朱观(二人均为带兵武将)为伍,第恐为贼所轻。"史称其言辞"甚切"。由此可见,即使是"先天下之忧而忧"的范仲淹,虽勇于指挥作战,但也不愿充任武职。继范氏之后,庞籍和王沿也先后上表坚辞,"不肯拜"。④ 当时唯有韩琦接受了任命,他在给天子的上言中表示了忍辱负重的意思:"虽众人之论,谓匪美迁;在拙者之诚,独无过望。盖以寇雠未殄,兵调方兴,宵旰贻忧,庙堂精虑。使白衣而奋命,尚所甘心……"⑤不久,宋仁宗只得又恢复了四人原来的文职官衔。

对于范仲淹等人的以上举动,当时的知谏院张方平大不以为然,认为:"即如昨者除四帅观察,故事,尚书丞郎之带职者得换廉察,钱若水罢枢密副使,徐乃授之,马知节罢枢密副使,止除防御使。陛下优矜边寄,特示恩荣。今四人者,职皆直学士,官即员外郎,而乃正其名使之总戎,厚其

---

① 《续资治通鉴长编》卷一四一,庆历三年六月壬寅,第3387页。

② 《宋史》卷三〇一《张旨传》,第10004页。

③ 《续资治通鉴长编》卷一四〇,庆历三年四月丙午,第3365页。

④ 《宋史》卷三一四《范仲淹传》、卷三一二《韩琦传》,第10271、10223页;《续资治通鉴长编》卷一三六,庆历二年五月癸亥,第3266页。

⑤ 韩琦:《安阳集》卷三七《谢观察使启》,《景印文渊阁四库全书》第1089册,第443页。

禄使之抚下,本朝之意,夫岂为薄? 诰命已颁,章奏沓至,妄生意见,过为猜嫌。就或强拜,乃怀大慊,甚焉者至欲系狱请罪,当之者犹以班叙为辞。朝廷一切含容,君命益成轻削。……昔有志于尊主庇民者,遭世多难,感慨投袂,徒激大义,外平远国,内宁社稷。若据土宇,握士众,闻国有急,观望晏然,乃心王家,夫岂如此? 儒臣犹尔,使武人暴夫顾望仿效,则履霜坚冰,渐不可长也。此臣所以窃怀愤惋,实为宗庙深虑。"①其实,张方平的言辞虽然激烈,但却不可能扭转当时政坛的风尚,故其上言并未得到采纳。

宋哲宗元祐(1086—1094 年)时,苏轼曾几次向皇帝举荐一名"不幸"沦为武职的文士。据苏轼的奏文可知:文人何去非在先朝曾六次落第。元丰五年(1082 年),才以特奏名的途径通过了省试。何氏虽屡挫于科场,但却饱读兵书,善于论军谈兵。在最后殿试时,宋神宗对其兵学见识颇为欣赏,便问其可否充任武官。何去非"不敢违圣意",被迫接受了右班殿直、武学教授之职。以后其迁至武学博士,先后著有《何博士备论》《司马法讲义》及《三略讲义》等兵书。苏轼与何氏相识后,叹服其才学,认为其识度高远,有补于世,于是向宋哲宗上奏推荐何去非。苏轼在上奏中称:何去非"虽喜论兵,然本儒者,不乐为武吏",建议允许其换为文资,仍为太学博士,"以率励学者,稍振文律"。② 此后,何去非虽转为文资性的承奉郎,但毕竟因有武职出身的经历,所以被差遣到徐州任州学教授,官阶明显降级。如苏轼所说:"比于博士,乃似左迁。"因此,苏轼再次上奏替何氏鸣不平,希望朝廷能重用何去非这样的有用之才。③ 然而,以兵学见长的何去非最终不过做到州通判之类的地方官。诸如此类记载,在北宋时期时有所见。

从以上事例可以看出,北宋文臣中普遍存在着以从军为耻的观念,少有愿意改换武职者。更有意思的是,景德元年(1004 年),尚书左丞陈恕

① 《续资治通鉴长编》卷一三七,庆历二年九月壬午,第 3298—3299 页。
② 《苏轼文集》卷二九《举何去非换文资状》,第 837 页;何薳撰,张明华点校:《春渚纪闻》附录《各家著录和论跋选辑》,中华书局 1983 年版,第 166 页。
③ 《苏轼文集》卷三一《进何去非备论状》,第 897 页。

临终前因为其长子曾私用了自己的钱财,为了发泄不满,竟向皇帝诉说不肖之子常与无赖交友,又好习武,所以请求将其黜为外地军校。不过,宋真宗考虑到丞郎以上文臣子弟不宜沦为军伍,还是授以陈恕之子外州司马之职。①

就北宋一百六十多年的历史而言,不能说没有接受,甚至主动要求换武的文官,但有关这方面的记载既较为少见,其仕途发展又常常相当失意。如:

其一,宋初文坛俊杰柳开,虽以进士出身入仕,但因性情豪爽,厌烦地方官的案牍琐事,遂在宋太宗朝上书要求报效沙场。于是,柳开由殿中侍御史的文职改换为崇仪使的武职,一度到河北前线任职。然而,柳开最终却难以施展抱负,只能辗转、困顿于地方官署,最终死于七品如京使的武职之位。柳开曾向皇帝抱怨道:"曾学文章,爱扬雄、孟轲之述作;少知兵略,识吴起、孙武之机钤。与臣同时者,大半沦亡;比臣后来者,尽皆荣贵。惟臣薄命,止及常人家……不免于困滞……"②可见柳开对比自己晚出的文官"尽皆荣贵",甚为不平。不仅如此,柳氏因为有了从武的经历,最终还在士大夫笔下留下了嗜杀,甚至喜食人肝的传闻。③

其二,宋仁宗登基初,先朝强于吏才的吏部侍郎、三司使李仕衡,官拜尚书左丞。但李氏因年高且患足疾,难以继续担当三司重任,不久被改为同州观察使的武职,出知陈州。之后,李仕衡受到女婿、枢密使曹利用狱案的牵连,被贬为左龙武军大将军的闲职,遭到分司西京看管的下场,抑郁而终。④

其三,天圣(1023—1032年)时,工部尚书、翰林学士承旨兼侍读学士李维在使辽期间,曾奉辽帝之命即席作《两朝悠久诗》,颇得对方的赞赏。

---

① 《宋史》二六七《陈恕传》,第 9203 页;《续资治通鉴长编》卷五六,景德元年五月壬寅,第 1237 页。

② 柳开撰,李可风点校:《柳开集》卷一〇《知邠州上陈情表》,中华书局 2015 年版,第 140 页。

③ 《宋史》卷四四〇《柳开传》,第 13023—13028 页;《宋朝事实类苑》卷七四《柳仲塗》,第 986 页。并参见拙作:《柳开事迹与宋初士林的豪横之气》,《人文杂志》2012 年第 4 期。

④ 《宋史》卷二九九《李仕衡传》,第 9936—9938 页。

还朝后,宋仁宗欲拔擢李维为枢密副使。但有人指责其在辽国写诗时"不当自称小臣",有辱国体。结果,李氏仅得到刑部尚书的虚衔。史称:李维在翰林之位上任职已久,"厌书诏之劳"。加上遭到此次意外打击,心灰意懒,便拒绝接受新头衔,而援引昔日李士衡故事,要求改换武官。李维遂被授予相州观察使。① 不料,李氏换武的任命公布后,立即引起了一片非议。有言官弹劾道:"李维以词臣求换武职,非所以励廉节。"② 按:北宋观察使虽无实权,但俸禄却不薄。如李维所任翰林学士承旨的官职,月俸钱不过 120 贯,而观察使的月俸钱则为 200 贯,其俸禄与参知政事、枢密副使基本相同。③ 这种俸制规定,属于宋初收兵权时给武将的一种经济补偿。所以,身居清华之位的李维仕途受阻后,转求观察使的举动,虽在情理之中,却不免遭到文臣的蔑视。

其四,宋仁宗在对夏开战期间,文官出身的种世衡、张亢及郭谘因为关心边防,多次提出御敌对策,于是被转换为武职。种、张二人可谓北宋少见的有为边臣,但却最终遭到压制,仕途坎坷,至死未能显达。④ 值得注意的是,张亢镇守渭州时,"州库物良而估贱,三司所给物下而估高,亢命均其直,以便军人"。因此遭到言官的攻击,屡被贬官。至庆历八年(1048 年)平反后,遂将其右领军卫大将军、果州团练使的身份转为文资性的将作监,仍任地方知州。需要说明的是,张亢这次被恢复文职官衔,被宋人视为升迁,所谓:"稍复迁之。"⑤ 郭谘则既关心民瘼,又注意边防,曾在兵器改革上有突出作为,然而也未能施展抱负,"未及论功而卒"。⑥

如果说北宋时文臣主动改换武职的现象并不多见的话,那么武官转为文官就更为困难。宋人孙逢吉、江少虞在著述中都有武臣换文的记载,

---

① 《宋史》卷二八二《李维传》,第 9542 页。

② 《宋史》卷二九七《刘随传》,第 9889 页。

③ 《宋史》卷一七一《职官十一》,第 4103 页。参见张全明:《也论宋代官员的俸禄》,《历史研究》1997 年第 2 期。

④ 《宋史》卷三三五《种世衡传》、卷三二四《张亢传》,第 10741—10744、10482—10490 页。

⑤ 《续资治通鉴长编》卷一六四,庆历八年七月己亥,第 3957 页。

⑥ 《宋史》卷三二六《郭谘传》,第 10532 页。

即：宋太宗朝,钱昱曾由白州刺史的武职换为秘书监的文职。钱氏迁官至工部侍郎后,又再度转换为观察使的武职。① 除此之外,还有几例值得一提。如赵玭在后周时历汝、密、泽三州刺史,入宋后出任宗正卿的文职。以后又出为泰州刺史,再改左监门卫大将军、判三司;②太平兴国(976—984年)初,吴越王举国归宋,其子钱惟演因特殊的出身背景,被朝廷援引惯例授以象征性的武官之职。但钱惟演自幼善诗赋,不甘心于武官,遂向朝廷献上诗文,请求转换文职。后在皇帝的直接过问下,钱氏由右神武将军改为太仆少卿;③宋太宗时,夏竦因"父殁王事",获得三班差使的低级武职。不过,夏竦自恃能文,不愿居军伍,便献诗文于宰相李沆马首,倾吐了向往文职之意。终于在李沆的荐举下,夏竦改任文官。④ 与当时文官转武职后的沦落结局相比,钱、夏二氏由武转文后,都仕途颇畅,乃至显赫一时。这又从反面证明了当时"崇文抑武"之风的存在。以后,著名词人贺铸,因娶宗室女的缘故,"隶籍右选"。但笔风雄健的"贺鬼头"却厌恶武职,终于在宋哲宗元祐(1086—1094年)中,通过大臣李清臣的关系,"奏换通直郎,通判泗州"。⑤

　　宋神宗元丰(1078—1085年)时期,为了振兴武备,改变边防颓势,宋廷曾一度打破常例,允许武官申请考核辞赋水平,对能通过测试者,允许换为文资官衔。宋神宗此举,显然有打通久已隔阂的文臣、武将之间隔膜的用意,以减弱歧视武人的偏见。如宋神宗曾对主管吏部的官员说:"三代、两汉本无文武之别。"⑥但是,进入宋哲宗元祐之时,各项变法措施先后遭到清算,武臣换文资的制度也自然被视为一种弊政。元祐二年(1087年),朝中文臣们便议论:武官通过考辞赋换文资后,"待之至厚",乃产生了请托、侥幸的"恶习"。于是,在他们的强烈要求下,这一制度被

---

① 孙逢吉:《职官分纪》卷四九《文武换官》,第868页;《宋朝事实类苑》卷二八《武臣换文》,第356页。

② 《宋史》卷二七四《赵玭传》,第9352页。

③ 《宋史》卷三一七《钱惟演传》,第10341页。

④ 《宋史》卷二八三《夏竦传》,第9571页;《东轩笔录》卷二,第20页。

⑤ 《宋史》卷四四三《文苑五·贺铸传》,第13104页。

⑥ 《东都事略》卷八九《苏颂传》,第759页。

废除。当时朝臣还为此辩解道:"故不得不革,非有他也。"①

　　不久,与以上举措相配合,右正言刘安世又向当政大臣反映:祖宗创设儒馆,意在养育人才,"名卿贤相,多出此途"。但近年来,或凭借门第出身,或通过理财聚敛,或以"军功",皆可获得馆职。因此,他要求恢复旧制,以文学出身及才能作为入馆标准,严格限制入选人数。② 刘氏所说的儒馆,即所谓"馆阁",长期以来被视为清华之地,直馆、修撰、校勘等馆职都被目为"华选",在仕途上升迁颇快。同时,宋廷也常将馆职加授于有文名而受器重的文臣,此称"贴职"。③ 但是,贴职并不随意授人,其入选条件颇为苛刻,像以军功起家的官员通常与其无缘。元丰五年(1082年),宋神宗放松了对馆阁兼职的限制,对边关功臣也授以馆职,这又显然与允许武臣换文职的措施一样,含有鼓励军功的意味。因此,在"元祐更化"的背景之下,文臣们自然要收回这一原本属于他们的特权,将兵武色彩清扫出"儒馆"之外。

　　根据以上史实,不难发现在"崇文抑武"治国方略的影响下,北宋官僚队伍中存在着严重歧视武官的现象,文臣、武将之间也出现了巨大的鸿沟,文臣大都不愿换武,而武官也难以从文。如宋真宗时穆修所说:"修尝病近世以来,文武异道,将相异材,为弊于时久矣。古之所谓文武之道,盖一道也,但治乱之用殊。所谓将相之材,皆通材也……则古之取将相也,率由文武之道一焉。近世则不然,谓儒为文,谓卒为武。苟登之为相矣,则不复寄以军武之任,而曰:此文人也,不足语以武。苟拔之为将矣,则不求以儒术之学,而曰此武夫也,不当责以文。时既择将相之具不同,人遂目文武之术为异。"④加之北宋科举制度的迅猛发展及其地位的日益显赫,都使从"文"成为世人追求的目标。如宋人所言:"今也举天下之

　　①　《续资治通鉴长编》卷四〇七,元祐二年十一月乙亥夹注,第9904页。
　　②　《宋朝诸臣奏议》卷五九《上哲宗论馆阁乞依旧召试》,第651—652页;《续资治通鉴长编》卷四一二,元祐三年七月壬戌,第10029页。
　　③　《宋史》卷一六二《职官二》,第3801页;参见倪士毅:《北宋馆阁制度述略》,邓广铭主编:《宋史研究论文集》,河南人民出版社1984年版,第201—218页。
　　④　穆修:《穆参军集》卷中《上大名陈观察书》,《景印文渊阁四库全书》第1087册,第13—14页。

人,总角而学之,力足以勉强于三日课试之文,则嚣嚣乎青紫之望盈其前,父兄以此督责,朋友以此劝励。"①宋仁宗朝及其以后,文官尽管可以直接统帅和指挥军队,但却不愿脱去文资外衣而转为武职。这就难怪田况引用时人的话,抒发了如此惊人的看法:"状元登第,虽将兵数十万,恢复幽蓟,逐强敌于穷漠,凯歌劳还,献捷太庙,其荣亦不可及也。"②此话的意思即是:统率数十万大军收复幽云,将辽军驱逐到大漠以外,凯旋而归,但其荣耀竟然不及一名中举的状元。于是,宋人云:"满朝朱紫贵,尽是读书人。"③这就不能不严重地腐蚀了军功的感召力。因此,文臣不愿改换武职,优秀人才也不再愿踏入军营。如前所述,以兵略见长的何去非,其最大的愿望不是效法孙膑、李靖等前代军事家,在疆场上施展自己的抱负,而是孜孜以求将武职身份改为文臣。

当然,在社会剧烈动荡之际,也有某些人对军功产生向往。如北宋末,将家之子杨存中,"魁梧沉鸷,少警敏,诵书数百言,力能绝人。慨然语人曰:'大丈夫当以武功取富贵,焉用俯首为腐儒哉!'于是学孙、吴法,善射骑。宣和末,山东、河北群盗四起,存中应募击贼,积功至忠翊郎"。④但类似这样的记载,在北宋历史上实在不多见。

综上所述,在北宋长期实行"崇文抑武"治国方略的形势下,造成了文臣中普遍存在以从军为耻的观念,而作为领风气之先的文人士大夫的这一态度,又无疑对当时社会价值观产生重大的影响,即形成重文而轻武的时代风尚,使得民族的尚武精神遭到严重的腐蚀,英雄主义理念淡化。其影响如朱熹引用程颐所云:"伊川尝说:今人都柔了。"⑤这一局面的存在,无疑影响到武将队伍的发展,制约了其能力的提高,造成了军事将领文化水平普遍低下的后果。此外,适应租佃经济而发展起来的宋代募兵

---

① 叶适撰,刘公纯、王孝鱼、李哲夫点校:《叶适集》之《水心别集》卷一三《科举》,中华书局 1961 年版,第 799 页。

② 田况撰,张其凡点校:《儒林公议》卷上《太宗临轩放榜》,中华书局 2017 年版,第 8 页。

③ 张端义:《贵耳集》卷下,《景印文渊阁四库全书》第 865 册,第 467 页。

④ 《宋史》卷三六七《杨存中传》,第 11433 页。

⑤ 黎靖德编,王星贤点校:《朱子语类》卷一三三《盗贼》,中华书局 1986 年版,第 3185 页。

队伍,主要由破产农民,甚至罪犯组成,其社会地位便低于以往普遍征兵制下的农民,这从士兵面部刺字这一与罪犯共有的标记可以说明。所谓:"往往天下奸悍无赖之人。苟其才行足以自托于乡里者,未有肯去亲戚而从召募者也。"①而军人被视作"贱隶"的结果,也极大地削弱了武将群体的社会地位和尊严。于是,当北宋的统治方略、政策和社会价值观都将武将排挤出政坛的主流地位之时,武将群体的普遍综合素质与能力便难免下滑。

---

① 《王文公文集》卷一《上皇帝万言书》,第7页。

第 七 章

北宋驭将之策的演变及其影响

在中国历史上,由于将帅肩负统军和指挥作战的重任,君主下达军队的各种指令也有赖其执行,故其角色地位极为重要。与此同时,将帅是否服从统治者的意志,能否成为国之干臣,又攸关王朝的命运。确如孙子所说:"夫将者,国之辅也,辅周则国必强,辅隙则国必弱。"①于是,驭将历来为统治者所重视。

北宋时期,统治集团充分汲取唐末、五代的惨痛教训,出于防患未然的考虑,高度重视对武将的控驭。其驭将手段之复杂,其用心之深刻,确已超越以往,遂形成了鲜明时代特征的驭将之策。就北宋驭将之策的发展而言,又以宋太宗朝为转折点,前后发生了较大的变化。

第一节　宋太祖朝的区别对待

赵匡胤以兵变登基,自然对带兵武将极为防范,以免招致反噬的后果。正如先秦著名政治思想家管子所云:"故人君失势,则臣制之矣。势

---

① 《十一家注孙子校理·谋攻篇》,第71页。

在下,则君制于臣矣。势在上,则臣制于君矣。"①这一认识放在宋初的背景下,针对跋扈的悍将就显得更为深刻。但统一天下为当时的要务,又需要发挥将帅的作用,故宋太祖十分注意处理控制和使用武将这两者之间的关系,就此运用各种手段,以收驭将之效。

宋太祖在位期间,收兵权与削藩镇的目的,主要是清除军中和地方的异己力量,以恢复军队秩序,而并非是完全抑制武将。为此,宋太祖君臣在总结前代经验教训的基础上,形成了颇具特色的驭将之策。其策要害之处在于注意区别对待,即:对禁军两司将帅与在外将领的控制力度不同,对地方旧藩镇与戍边武将的态度有别。

一方面,对待掌握禁军兵权并驻守京畿的两司将帅,宋太祖采取了严密的防范、控制手段,以防出现肘腋之变。如著名的"杯酒释兵权",便首先是解决石守信等一批功高震主的两司将帅的兵权问题,通过将他们罢为地方节镇之举,消弭来自功臣、宿将的隐患。随后被提拔的继任者尽管资望俱浅,且属故旧部下,但宋太祖仍不放松对他们的警惕,尤其严禁其安插亲信或专断用事。如前述殿前都虞候张琼被诛杀、殿前都指挥使韩重赟被罢免军职,皆与此嫌疑有关。而杨信、党进长期受到重用,也都因为他们具有谨慎、恭顺的特点。在此值得一提的是,宋太祖冤杀张琼的举动,看似草率,如明人所评说:张琼被冤杀,"生者何忌乎,宋太祖于是乎失政刑矣"。② 实则是不惜以付出消极影响为代价,杀一儆百,以图警示其他将帅的效果。在贬责韩重赟后,宋太祖又特下诏,禁止禁军两司将帅及沿边武臣监军挑选骁勇士兵为亲兵卫队。③

对各地拥兵自重的遗留旧藩镇,宋太祖则采取坚决打击的态度。宋朝建国的当年,首先通过镇压昭义军节度使李筠、淮南节度使李重进叛乱,消灭了这两个藩镇。同年,成德军节度使郭崇"闻上受禅,时或涕

① 《管子校注》卷二《七法第六》,第106页。
② 李材:《将将纪》卷一九,《四库全书存目丛书》第31册,齐鲁书社1995年版,第513页。
③ 《续资治通鉴长编》卷七,乾德四年闰八月己丑,第178页。

泣",被监军举报。不久,郭崇奉命入朝,当即被调换别镇。① 与此同时,又将行迹可疑的袁彦、杨承信等旧藩镇也调离长期盘踞的地方。② 随后,宋统治者便利用各种机会逐渐铲除旧藩镇,除了在一些节度使病老、死亡之际,借机将其藩镇废除外,还不失时机地通过其他方式主动撤藩。③ 如义武节度使孙行友盘踞定州多年,宋太祖称帝后,"行友不自安,累表乞解官归山,上不许。行友惧,乃缮治甲兵",出现了反迹。建隆二年(961年)八月,宋太祖得到密奏后,立即派将领会集镇州、赵州军队,"伪称巡边,直入定州",突然宣诏令其举族进京,就此废黜其节钺。④ 而最集中的一次行动,则是与"杯酒释兵权"相似的"后苑之宴"之举。开宝二年(969年),赵匡胤将一批旧藩镇召入宫廷,在后苑宴会中迫使他们交出节钺。于是,凤翔节度使王彦超、安远节度使武行德、护国节度使郭从义、定国节度使白重赞及保大节度使杨廷璋等人,同日被罢为环卫上将军的闲职。⑤ 早在建隆二年(961年)收功臣兵权之际,宋太祖还接受了谋臣赵普的建议,"稍夺其权,制其钱谷,收其精兵",⑥针对所有节度使,在兵权、财权、行政权等方面实行了制度约束。

另一方面,对出征将帅、边防守将给予充分信任和优待。从有关史料来看,宋太祖在将帅出征前虽有指示,但对于实际的用兵过程则一般不予干预。如前所述,慕容延钊率大军出征荆湖期间,纵容部下抢掠,承担监军职责的枢密副使李处耘加以惩处,但却被贬官,抛开其他因素不说,此举仍意在维护主帅的权威。大将王全斌受命出征后蜀,宋太祖在其出发前夕,"示川峡地图,授攻取方略",⑦其余则一概不问。王全斌入蜀征战

① 《续资治通鉴长编》卷一,建隆元年七月戊午,第19页。
② 《续资治通鉴长编》卷一,建隆元年八月丙子,第20页。
③ 关于宋太祖解决旧藩镇的问题,参见拙作:《宋太祖朝节度使类型及其转型述论》,《河北大学学报》2012年第4期。
④ 《续资治通鉴长编》卷二,建隆二年八月甲辰、己酉,第52页;《宋史》卷二五〇《孙行友传》,第8872页。
⑤ 《续资治通鉴长编》卷一〇,开宝二年十月己亥,第233页。
⑥ 《续资治通鉴长编》卷二,建隆二年七月戊辰,第49页。
⑦ 《宋史》卷一《太祖纪一》,第18页;《续资治通鉴长编》卷五,乾德二年十一月乙亥,第135页。

期间,适逢开封大雪,宋太祖特派宦官将自己所用裘帽赐给王全斌,以示关爱。① 在为征讨南唐的将帅饯行宴上,赵匡胤当众嘱咐曹彬:"南方之事,一以委卿,切勿暴略生民,务广威信,使自归顺,不须急击也。"又授予御剑,"副将以下,不用命者斩之",潘美以下诸将"皆失色,不敢仰视"。李焘在记载此事时,引《纪事本末》的一段文字为注:

> 将行,赐燕于讲武殿,酒三行,彬等起跪于榻前,乞面授处分。上怀中出一实封文字付彬,曰:"处分尽在其间。自潘美以下有罪,但开此,径斩之,不须奏禀。"二臣股栗而退。讫江南平,无一犯律者。比还,复赐燕讲武殿,酒三行,二臣起跪于榻前,曰:"臣等幸无败事,昨授文字,不敢藏于家。"即纳于上前。上徐自发封示之,乃白纸一张也。

这段近乎故事性的描述,清晰反映了宋太祖对出征将帅的充分信任,也彰显其驭将权谋。正如记述者所评:"上神武机权如此……恩威两得,故虽彬等无不折服。"②故史称:"以至命将出师,平西蜀,拓湖湘,下岭表,克江南,所向遂志,盖能推赤心以驭群下之所致也。"③后世宋人对这一"御将恩威并济"的做法,仍推崇备至。④

至于对待边防守将,宋太祖同样予以信任和优待。⑤ 当时,边将不仅被赋予便宜行事的用兵权,所谓"凡军中事悉听便宜处置",⑥而且长期驻守一地,不随意更换。如李汉超、郭进、董遵诲及姚内斌等一批将领镇守所在防区,都超过十年以上(见《宋史》诸将本传),又给予其辖区内相当大的经济支配权,还特别允许其设置亲兵卫士。即使在宋廷禁止武将挑选亲兵卫队后,也明确限定为二司将帅和边防监军,并不涉及边将。建隆三年(962 年)年底,宋太祖曾对近臣表达了对待边将的态度:"若分边寄

---

① 《宋史》卷二五五《王全斌传》,第 8923 页。
② 《续资治通鉴长编》卷一五,开宝七年十月丙戌,第 324—325 页。
③ 《宋史》卷二七三"论曰",第 9347 页。
④ 杨亿撰,李裕民点校:《杨文公谈苑》,上海古籍出版社 1993 年版,第 38 页。
⑤ 参见袁征:《宋初驭将政策的重要变化》,《河北大学学报》1986 年第 1 期。
⑥ 《续资治通鉴长编》卷一七,开宝九年十一月庚午,第 384 页。

者能禀朕意,则必优恤其家属,厚其爵禄,多与公钱及属州课利,使之回图,特免税算,听其召募骁勇,以为爪牙。苟财用丰盈,必能集事,朕虽减后宫之数,极于俭约,以备边费,亦无所惜也。"①通过这段话,可以清楚地看出赵匡胤对待边将的态度,与京师禁军将帅及旧藩镇有很大的区别。

当然,这些边防将领都有一个共同之处,那就是绝对效忠中央并积极作为。在此前提之下,他们即使暴露出一些越轨或偏激行为,宋太祖也能宽容对待。如对待御北前线的李汉超、郭进等将领就是如此。据记载,李汉超驻守关南长达十七年,有效地扼制了辽军的南犯,但他曾"强取民女为妻及贷而不偿",受到民女家人的控告;郭进守卫西山二十年,"有材干,轻财好施",成为应对北汉与辽朝的有功之臣,"然性喜杀,士卒小违令,必置于死,居家御婢仆亦然……其御下严毅若此"。宋太祖不仅宽容李、郭二人的行为,而且亲自劝说上诉李汉超的乡民,要求郭进下属士卒服从主将。② 史称:"(郭)进在西山,太祖遣戍卒,必谕之曰:'汝辈谨奉法。我犹贷汝,郭进杀汝矣。'"甚至打破常规,为郭进修筑高规格宅第,"上宠异将帅类此,故能得其死力云"。③ 宋仁宗朝大臣贾昌朝在上疏中就指出:"如太祖监方镇过盛,虽朘削武臣之权,然边将一时赏罚及用财集事,则皆听其自专,有功则必赏,有败则必诛,此所谓驭将之道也。"④到北宋中叶以后,这些做法仍被宋人常常提及和称道。⑤ 这不仅说明宋太祖善于用将,以恩信手段获其死力,而且也反映当时对边防的重视程度。如本师漆侠先生所指出,宋太祖对武将的防制有其消极的一面,但在他统治期间,对边防则十分重视,无丝毫的放松。⑥

除了上述区别对待的策略外,宋太祖还采用了恩威并施的方式,以驾驭武将。其中对待武将群体的上层,更多地是以财贿,甚至联姻的手法,拉拢和争取他们效力,并且化解彼此的矛盾。如"杯酒释兵权"之举,实

---

① 《续资治通鉴长编》卷三,建隆三年十二月甲辰,第77页。
② 《宋史》二七三《李汉超传》《郭进传》,第9333页、第9336页。
③ 《续资治通鉴长编》卷一一,开宝三年八月庚寅,第249页。
④ 《续资治通鉴长编》卷一三八,庆历二年十月戊辰,第3317页。
⑤ 《苏辙集》之《栾城集》卷二一《上皇帝书》,第374页。
⑥ 参见漆侠先生:《宋太宗与守内虚外》。

际上是"赎买"功臣兵权的结果。当石守信等人的兵权被收夺后,却获得优渥的待遇,不仅享受丰厚的俸禄和大量的赏赐,本人及家人受封高官显爵,节度使之衔能传袭子弟,所谓:"一日以黄袍之喻,使自解其兵柄,以保其富贵,以遗其子孙。"①而且多家都与宋皇室建立了婚姻关系,使得这种富贵又加上了一层保险,就此兑现了宋太祖的承诺:"我与尔曹约为婚姻,君臣之间,两无猜疑,上下相安,不亦善乎!"②宋人对此给予高度评价:"由是高、石、王、魏之族俱蒙选尚,寻各归镇,几二十年,贵盛赫奕,始终如一。前称光武能保全功臣,不是过也。"③"待之各尽其分,以位贵之,以财富之,有男使尚主,有女使嫁宗室。"④因此,这批功臣高门形成了与宋廷密切的利益关系,只能对宋中央加以拥戴和支持。由此,还在武将群体中产生了示范效应,表明皇帝对将帅的尊崇,从而赢得了武将的好感,这都有助于宋廷平稳渡过动荡的开国岁月。

对于宿将、节镇以及高级将官,宋太祖亦通过各种方式予以笼络。其中对故交慕容延钊这位宿将,便尤为礼遇,不仅每次派遣使臣慰劳时依旧保持昔日称兄的习惯,甚至在其升迁官爵时,还在诏书上专门避开其父的名讳。慕容延钊死时,宋太祖为之恸哭良久,⑤不管这一举动是否有故作姿态之嫌,但所表露的形式已足以打动众将。宋太祖还专门在宫中设置小型曲宴,除了款待出征与回朝的将帅之外,凡是朝觐的节度使也一律享受这项礼遇。⑥ 据记载,建隆元年(960 年)五月,忠正节度使杨承信率先赴京朝觐,赵匡胤专门在广政殿为之设宴,"自是,节度使来朝,即宴如例"。⑦《宋史·王审琦传》对这种场景有生动的记述:王审琦"素不能饮",某次侍宴中,宋太祖酒酣仰祝曰:"酒,天之美禄,审琦,朕布衣交也。

---

①　《宋史》卷二五〇"论曰",第 8829 页。

②　《续资治通鉴长编》卷二,建隆二年七月戊辰,第 50 页。

③　《王文正公笔录》,第 16 页。

④　曾巩:《进太祖皇帝总序并状》,曾巩撰,陈杏珍、晁继周点校:《曾巩集》卷一〇《传序二首》,中华书局 1984 年版,第 172 页。并参见拙作:《北宋皇室与"将门"通婚现象探析》,《文史哲》2004 年第 3 期。

⑤　《宋史》卷二五一《慕容延钊传》,第 8834—8835 页。

⑥　参见拙作:《宋太祖朝的曲宴及其政治功用》,《历史研究》2018 年第 4 期。

⑦　《续资治通鉴长编》卷一,建隆元年五月乙卯,第 16 页。

方与朕共享富贵,何靳之不令饮邪?"祝毕,对后者说:"天必赐卿酒量,试饮之,勿惮也。"王审琦受诏,"饮十杯无苦"。从此,王审琦"侍宴常引满,及归私家即不能饮,或强饮辄病"。① 借助这段君臣亲昵互动的文字记载,可以管窥赵匡胤笼络将帅手段之一斑。至于大量的钱财赏赐,也是惯用的手段。如乾德四年(966年),殿前都虞候杨信患哑疾,"上幸其第,赐钱二百万";②开宝元年(968年),建雄节度使赵彦徽入朝,宋太祖不仅赐宴招待,当得知赵彦徽生病后,又特意去其家探望,并赐钱百万。③

在绝对不危及皇权的前提下,宋太祖对那些有抢掠、贪污以及其他违法行为的高级将领,也往往采取宽恕的态度。有关这方面的事例颇多,如前述对慕容延钊纵容部下抢掠之罪的庇护,已无须多言。在灭亡后蜀之后,因王全斌、崔彦进等统军将帅有抢掠行为,导致蜀中战乱的后果。依照当时军法,王、崔等人皆当论死,但赵匡胤仅给予贬官处理。其后,王全斌、崔彦进等人又恢复了节钺、官衔,宋太祖还特别安慰王全斌道:"朕以江左未平,虑征南诸将不遵纪律,故抑卿数年,为朕立法。今已克金陵,还卿节钺。"并当即赏赐银器万两、帛万匹、钱千万。④ 张铎在泾州节镇任内大肆贪污,以后虽被查知,不过改任左屯卫上将军的虚职。⑤ 这无疑开了放纵高级将领的先例,也昭示天下:武夫悍将唯有听命皇权,才能安保富贵。难怪朱熹指出:"太祖初夺诸镇兵权,恐其谋叛,故置诸节度使,隆恩异数,极其优厚,以收其心而杜其异志。"⑥另如,建隆三年(962年),控鹤右厢都指挥使尹勋在监督修河工程时,因不满民夫逃亡,擅自斩杀十多名队长,又将七十多人削去左耳。兵部尚书李涛"乞斩勋以谢百姓",然而赵匡胤"念勋素忠勇,止薄责焉",只是将尹勋削夺官爵,降为许州教练使。⑦ 必须指出,宋太祖朝对武将的宽纵,固然属于帝王的南面之术,却

---

① 《宋史》卷二五〇《王审琦传》,第8816—8817页。
② 《宋史》卷二六〇《杨信传》,第9016页。
③ 《续资治通鉴长编》卷九,开宝元年五月丙午,第202页。
④ 《宋史》卷二五五《王全斌传》,第8924页。
⑤ 《宋史》卷二六一《张铎传》,第9048页。
⑥ 《朱子语类》卷一二八《法制》,第3074页。
⑦ 《续资治通鉴长编》卷三,建隆三年三月戊午,第63页。

对后世嗣君产生了负面的示范作用,开了枉法徇情的先河。

对于反叛将领或有擅权嫌疑的武将,宋太祖从来都毫不留情地加以镇压、惩处。如宋建国之初,昭义节度使李筠、淮南节度使李重进叛乱,赵匡胤立即亲自统率大军镇压,最终迫使二人自焚。① 开宝二年(969年),散指挥都知杜延进与部下合谋作乱,结果被"悉斩于市,夷其族"。② 前述宋太祖逼死张琼、贬责韩重赟的情形,便是对高级武将施威的典型例证。而对于失职的中下级武将,赵匡胤往往也予以严惩。如建隆元年(960年),晋州兵马钤辖荆罕儒战死,宋太祖下令"斩其部下龙捷指挥使石进德等二十九人";③建隆二年(961年),内酒坊失火,赵匡胤下令将酒坊使左承规及副使"弃市"。④ 宋太祖还曾对部下警告道:"固不吝惜爵赏,若犯吾法,惟有剑耳。"⑤

总之,宋太祖朝对外用兵的成功与军队秩序的稳定,即已说明其驭将之策收效明显。若进一步对宋太祖朝驭将之策的内容加以分析,可以发现其既具有鲜明的理性成分,也充满实用主义的色彩。不过,要说赵匡胤始终清醒、高明,也未必见得。据记载,在"杯酒释兵权"结束一年后的乾德元年(963年)春,历仕五代中三朝的老藩镇,也是以往周世宗和当时皇弟赵光义岳父的魏王符彦卿入朝。宋太祖或许出于仰慕之意,或许有考虑其他因素的缘故,竟一度打算请符彦卿主掌禁军。这显然与既定方针相悖,所以遭到枢密使赵普的一再坚决反对。宋太祖最终醒悟过来,才收回了成命。史称:"上欲使彦卿典兵,枢密使赵普以为彦卿名位已盛,不可复委以兵柄,屡谏,不听。宣已出,普复怀之请见,上迎谓曰:'岂非符彦卿事耶?'对曰:'非也。'因别以事奏,既罢,乃出彦卿宣进之。上曰:'果然,宣何得在卿所?'普曰:'臣托以处分之语有未备者,复留之,惟陛下深思利害,勿复悔。'上曰:'卿苦疑彦卿,何也? 朕待彦卿至厚,彦卿岂

---

① 《宋史》卷四八四《李筠传》《李重进传》,第 13975—13978 页。
② 《续资治通鉴长编》卷一〇,开宝二年十月戊子、庚寅,第 233 页。
③ 《续资治通鉴长编》卷一,建隆元年十月乙酉,第 27 页。
④ 《续资治通鉴长编》卷二,建隆二年三月丙申,第 40 页。
⑤ 《续资治通鉴长编》卷一二,开宝四年十一月壬戌,第 275 页。

能负朕耶?'普曰:'陛下何以能负周世宗?'上默然,事遂中止。"①这也说明,宋太祖朝驭将之策的顺利推行,离不开臣僚的积极配合。

第二节　宋太宗朝的钳制与放纵

宋太宗即位后,在沿袭以往驭将之策,特别是其消极因素的基础上,又增加了自己的要求,遂使得驭将之策的内涵进一步得到扩展。概括而言,就是压制、束缚和收买、纵容相结合,可谓既钳制又放纵。这便与宋太祖的驭将之策发生了较大的变化。

如前所述,宋太宗统治集团视武将群体为不安定的根源,故始终都持抑制的态度。可以说,宋太宗君臣对武将已不再像先前那样加以细分区别,并采取精准的对策,而是采取普遍压制、束缚的措施。如果一定要说赵光义对将领态度有所不同的话,也就只有潜邸与非潜邸出身的区别,前者较少引起怀疑,后者受到更多的猜忌。就宋太宗朝驭将之策的主要内容而言,主要包括这样几项:其一,对武将采取普遍打压的态度,而不再区别对待三衙将帅和出征、守边将领;其二,在刻意压制的同时,又一味地收买;其三,对出征作战将帅滥用"将从中御"的控制手段;其四,对在重大军事行动中失败的将帅,以及失职武将,通常都予以宽容、放纵;其五,在牵制、制衡的基础上,尝试"以文驭武"的措施。

军事活动的最重要体现,是敌我交战。而将帅指挥作战,从来最忌讳受到干预,尤其是来自帝王的控制,如孙子的名言"将能而君不御者胜"。宋太祖明了此理,就能放手将领自主行动。然而,宋太宗在位期间出于对武将的猜忌,便亲自调控战场上的行动,即滥用"将从中御"之法。北宋文臣杨亿为大将李继隆所作的墓志,集中反映了这方面情况:"图阵形,

---

① 《续资治通鉴长编》卷四,乾德元年二月丙戌,第83—84页。

规庙胜,尽授纪律,遥制便宜,主帅遵行,贵臣督视。"①由此可见宋太宗对将帅出征用兵的各种控制手段,包括战前宋太宗自己部署作战方案,制定军队行动的阵图,然后赐予将帅,并设置种种"纪律"。如此一来,主帅出征后,其行动必须完全遵循皇帝的安排,并继续受到君主的遥控,其一举一动还都受到钦差监军的监督。李继隆作为宋太宗朝的亲信将帅,长期统兵作战,对当时皇帝控制和束缚出征将领的做法体会极深,故李氏的总结既非常清楚,又十分可信。宋真宗咸平时,京西转运副使朱台符也指出:"夫将帅者,王之爪牙,登坛授钺,阃门推毂,阃外之事,将军裁之,所以克敌而制胜也。近代动相牵制,不许便宜,兵以奇胜而节制以阵图,事惟变适而指纵以宣命,勇敢无所奋,知谋无所施,是以动而奔北也。"②朱台符上奏抨击束缚将帅造成了严重问题,没有指明哪位皇帝所为,是因为不敢直接冒犯最高统治者。但"近代"之称,其实暗示的正是宋太宗朝。李、朱二人所反映的宋太宗驭将的这些手段,的确可以收到束缚和限制武将随意行动的效用,但却违背了兵法的要旨,其消极作用不言自明。

对于边防前线的守将,宋太宗统治集团也抛弃了信任和优待的政策。如不仅收回了守边将领的"便宜"指挥权,而且为了防范他们,授予监军更大的权力,以至于出现监军田钦祚凌辱主将郭进致死,监军王侁逼迫大将杨业无味葬送的惨剧发生。又如,打破惯例,禁止边将拥有长期追随的亲兵。太平兴国三年(978年),王侁奉命到西部的灵州和通远军等地查访将领的动向。王氏返回后向宋太宗反映:"主帅所用牙兵,率桀黠难制,虑岁久生变",要求全部进行更换。这其实原本是宋太祖朝特许下的既定事实,此时镇守通远军者也仍然为董遵诲。但宋太宗立即指派王侁"调发内郡卒往代",对于不愿离开的士卒,则加以杀戮,"卒皆惕息,遂将以还"。③

---

① 《武夷新集》卷一〇《宋故推诚翊戴同德功臣山南东道节度使管内观察处置桥道等使特进检校太尉同中书门下平章事使持节襄州诸军事行襄州刺史判许州军州事上柱国陇西郡开国公食邑一万四百户食实封三千二百户赠中书令谥曰忠武李公墓志铭》,第288—289页。

② 《续资治通鉴长编》卷四四,咸平二年闰三月庚寅,第937页。

③ 《续资治通鉴长编》卷一九,太平兴国三年十一月丙午,第437页。

宋太宗对武将群体采取钳制和束缚的态度,还体现在要求武将具备循谨的特点。据记载,宋太宗明确表示:"朕选擢将校,先取其循谨能御下者,武勇次之。"①正因为有了这样的标准要求,武将不得不向"循谨"靠齐,而忽视"武勇"品质,从而造就了大批以循规蹈矩著称的将领。如前述宋太宗朝的傅潜、王超、柴禹锡及王显等人即是如此,另如白进超升为殿前副都指挥使,史称:"初无灼然战功,徒以小心谨密抚士卒,故致将帅焉。"②

在宋太宗朝驭将之策中,对武将收买是一项重要的内容。其渊源虽来自宋太祖朝,但实施的力度却大大超过了其兄。如宋太宗与寇准论及用将帅的问题时,曾针对前代历史上君主对待将领的做法说:"前代任人,责望既深,又不知劳苦……朕则不然,将帅材略,固不求其备,但量其能而用之。上自节旄,下至二千石,第其功效而授之,微劳尽甄,下情毕达。下情毕达则无猜贰之嫌,微劳尽甄则无觖望之釁,所以各务忠孝而固禄位,悖乱不得而萌也。"③这些话透露出了宋太宗的心机:对将帅的"材略"可以不提出很高的要求,只要他们安分守己,即便只有很少的业绩,也要予以奖赏,如此便能够使其安于"禄位",不至于萌发"悖乱"。因此,宋太宗对武将,特别是高级将领,在财货上尽量满足,动辄大肆赏赐。如他在称帝伊始,除了赏赐齐王赵廷美、武功郡王赵德昭及兴元尹赵德芳等宗室外,又对重要文武官员大肆赏赐,其中枢密使曹彬、楚昭辅与宰臣薛居正、沈义伦和卢多逊受赐相同,皆为钱五百万、银三百斤;对宣徽南北院使潘美、王仁赡赏赐钱各三百五十万、银二百斤;对殿前都指挥使杨信和马军都指挥使党进赐银各六百斤;三衙都虞候李重勋、李汉琼、刘遇及神卫左右厢都指挥使杨美赐银各三百斤。④ 当时文臣仅宰相有机会受赐,而武臣则包括枢密院、宣徽南北院使和三衙的主要将领,足见宋太宗使用

① 《续资治通鉴长编》卷二五,雍熙元年二月壬午,第573页。
② 《续资治通鉴长编》卷一九,太平兴国三年七月乙酉,第432页。
③ 《续资治通鉴长编》卷三七,至道元年五月丙寅,第814—815页。
④ 《续资治通鉴长编》卷一八,太平兴国二年二月己未、庚申,第400页。但原文记载为王仁镐,据《宋史》本传可知王仁镐为王仁赡之误,见《宋史》卷二五七《王仁赡传》、卷二六一《王仁镐传》,第8956—8958、9037—9038页。

重金收买武将的做法之一斑。此后,宋太宗使用钱财收买武将的事例,仍不绝于书,现举其要者如下:

太平兴国二年(977 年)九月,也就是在登基不足一年后,宋太宗首次对禁军进行大规模检阅,殿前都指挥使杨信理应负责其事,但却招致撤换。史称:"(杨信)初董其事,上以信病喑不能言,命天武左厢都指挥使崔翰代之"。其实,杨信虽患哑疾已多年,却从未影响职守。宋太宗通过此举起用新人,意在进一步控制兵权。于是在检阅结束后,赵光义私下对崔翰予以赏赐,"即遣中使密以金带赐翰,谓之曰:'此朕藩邸时所服之也。'"①可见收买的意味浓厚。镇守河北重镇大名八年的天雄军节度使李继勋,因病归洛阳就医,随即请辞节镇,"仍赐钱千万、白金万两"。李继勋属于先朝宿将,"所至虽无善状",不过因"与太祖有军中之旧,故特承宠遇"。② 长期驻防镇州的大将、彰德节度使李汉琼,在宋太宗北上大名期间,专程朝见并献计献策,"颇合上意",当即被任命为沧州都部署,"赐战马、金带、宝剑、戎具以宠之"。当李汉琼病危之际,"上亲幸其第问劳,赐白金万两。及卒,赠中书令。汉琼无嗣,上聘其女为皇第四子德严夫人"。③ 宋太宗对待李继勋、李汉琼两人的礼遇,也属于收买上层武将的一种手段。还有如猛将曹翰,在宋太祖朝屡立战功,官至桂州观察使。宋太宗即位后,他在讨伐北汉期间独当一面,承担了与李汉琼等三位节度使相同的重任,对攻陷太原城发挥了重要作用,被赵光义称为"智勇无双"。随后升迁为威塞军节度使、判颍州,但在任期间征敛苛酷,政事多弛。又因有私自买兵器等不法行为,遭到削官流放的处置。到雍熙二年(985 年),曹翰才被起复为环卫虚职。据记载,曹氏作《退将诗》云:"曾因国难披金甲,耻为家贫卖宝刀。"为了平复曹翰的怨气,所谓"上悯其意",遂赐钱五百万、白金五千两。④

---

① 《续资治通鉴长编》卷一八,太平兴国二年九月丁未,第 413 页。
② 《续资治通鉴长编》卷一八,太平兴国二年七月己酉,第 409 页;《宋史》卷二五四《李继勋传》,第 8894 页。
③ 《续资治通鉴长编》卷二二,太平兴国六年八月乙丑,第 494 页。
④ 《宋史》卷二六〇《曹翰传》,第 9014—9016 页。

宋太宗即位初，田钦祚因与北汉作战有功，"太宗赐钦祚白金五千两，令市宅"，其后遂成为牵制大将郭进的监军。① 品行低劣的王侁，以监军身份压制主帅，得到宋太宗的青睐。宋军灭亡北汉后，王侁"代还，迁西上阁门使，赐钱百万"。② 刘文质作为天子身边的亲信武官，经常被派出刺探将帅动向，宋太宗为此特予以赏赐："文质，朕之近第，又忠谨，其赐白金百斤。"③淳化(990—994年)时，安守忠守雄州，"条陈边事，敷奏称旨，赐钱五百万"。④ 至于潜邸出身的亲信将官，宋太宗更是不吝金钱加以奖赏。如，张逊以右骁卫大将军身份出知江陵府时，获赐钱一百万、白金三千两；⑤戴兴迁任步军都指挥使、领镇武军节度时，"赐袭衣、金带、鞍勒马"。再迁殿前都指挥使、领定国军节度时，"赐白金万两，岁加给钱七百万"。以后，戴兴出为定武军节度，"岁加给钱千万"。⑥诸如此类等，不一而足。从以上情况来看，宋太宗赐李继勋、楚昭辅以及曹翰等人重金，是安抚、笼络失势或即将失势的宿将；给予崔翰、田钦祚、王侁、刘文质及安守忠等将赏赐，是鼓励其效忠天子；而对潜邸亲信的重金赏赐，特别是给戴兴上千万的钱、成万两的白金，则是用其为自己掌控军队。在此需要指出的是，相比于宋太祖赏赐给将领的金钱数量，赵光义无疑大大提高了量级，而这种做法明显具有收买的用意。

宋太宗对武将，特别是亲信大将，也同样以官爵加以笼络。赵光义超等拔擢大批武臣，其中柴禹锡、王显以下出任枢密院长贰者，傅潜、戴兴以下为三衙将帅者，皆升迁异常迅速，以至于"人皆讶之"的情况，已如前所述。另据记载，柴禹锡"再召为宣徽北院使、知枢密院事。至道初，制受镇宁军节度、知泾州。入谢日，上谓曰：'由宣徽罢者不过防御使尔，今委

---

① 《宋史》卷二七四《田钦祚传》，第9360页。
② 《宋史》卷二七四《王侁传》，第9364页。
③ 《宋史》卷三二四《刘文质传》，第10492页。
④ 《宋史》卷二七五《安守忠传》，第9369页。
⑤ 《宋史》卷二六八《张逊传》，第9223页。
⑥ 《宋史》卷二七九《戴兴传》，第9476页。

卿旌节,兼之重镇,可谓优异矣.'禹锡流涕哽咽而已".① 可见宋太宗对这些曾经的亲随,从来不吝高官显爵。

如果说宋太祖时代对武将的优容放纵,主要体现在对其非法经济活动之上,那么宋太宗朝不仅继续包容这些活动,还进一步放纵其战场上的失职行为。如对影响巨大的雍熙北伐中的败将,虽依法当斩,但宋太宗皆予以贬官的宽恕处理,其中曹彬、崔彦进、米信等降为诸卫上将军,郭守文、傅潜等降为诸卫大将军,杜彦圭等贬为团练副使。② 对导致名将杨业一军覆没的监军王侁、刘文裕,不过除名、流放,潘美则仅仅削秩三等,责授检校太保。③ 事过境迁之后,以上诸败将又大都官复原职,并继续获得重用。再如,雍熙三年(986 年)底发生的君子馆抗辽之战,因李继隆临阵避战、桑赞逃跑的缘故,致使刘廷让统率的数万兵马全部覆没。事后,"廷让诣阙请罪,上知为继隆所误,不责,逮继隆,令中书问状,寻亦释之",也就是对李、桑及刘三人未加任何处置。史称:"自是河朔戍兵无斗志。"④有必要指出的是,李继隆在此次战败之前的官衔为防御使,战后,"逾年,加领本州观察使",⑤即未贬反升。其余如,对迫害大将郭进致死的监军田钦祚,亦不加追究等,不一而足。这种宽纵态度,也构成宋太宗驭将之策中的又一内容。对比宋太祖、太宗两朝对武将的宽纵,不难发现前者主要是针对将领的非战场行为,故对武将本职角色的副作用不大。而后者则扩大到战场军事行动之中,怯懦避战、临阵脱逃之举,也可以免死,甚至不被追究,这就不能不对武将群体产生巨大的消极影响。

在宋太宗朝,有一次将领因失职被杀的例外,即太平兴国六年(981年),宋军征讨交州,虽颇有斩获,但水陆转运使侯仁宝被敌所杀,军士也

---

①　《宋史》卷二六八《柴禹锡传》,第 9222 页。

②　《续资治通鉴长编》卷二七,雍熙三年七月戊辰,第 619—620 页。

③　《续资治通鉴长编》卷二七,雍熙三年八月,第 621—623 页;《宋史》卷二五八《潘美传》,第 8993 页。

④　《续资治通鉴长编》卷二七,雍熙三年十二月乙未,第 626—627 页。

⑤　《宋史》卷二五七《李继隆传》,第 8966 页。

因瘴烟多死。于是，主将、兰州团练使孙全兴及宁州刺史刘澄、军器库副使贾湜被处死。① 但对此事细加考察，却发现另有原因。侯仁宝是开国功臣赵普的妹婿，因赵普自宋太祖朝末以来赋闲多年，侯氏才被派往南疆任职。② 到太平兴国六年时，赵普由于迎合宋太宗巩固帝位的需要，已经再度获得器重。因此，当年三月，刘澄、贾湜先被处死，主将孙全兴下狱。到九月，赵普重任宰相后不久，"交州行营部署孙全兴弃市"。③ 可见，孙全兴等数将被杀，表面看来是罪在失职，但更深层的原因却在于重臣赵普的报复。

宋太宗在驭将方面，还开始了"以文驭武"的尝试，启用文臣参与治军。如前述镇压王小波、李顺起义时，曾一度下令由文官大臣赵昌言为川峡招安行营马步军都部署，所有将领皆受其节制，成为出征的最高指挥官。④ 雍熙三年（986年），又以文官大臣张齐贤出知代州，"与都部署潘美同领缘边兵马"，⑤从而开创了文臣出任知首州要府兼管驻军的先河。有关这方面的情况，详见前面第五章所述。

由上可见，宋太宗朝驭将之策的主要内容在于：其一，对武将普遍采取打压态度，而不再区别对待京师将帅与出征将领；其二，在压制的同时，又对将领在经济与待遇上一味收买；其三，对失职武将，包括重大军事行动失败的将帅，通常宽恕、放纵；最后，出现了"以文驭武"的尝试。

总之，宋太宗朝的驭将之策重在控制将领，故始终持压制态度，在方式上使用各种牵制乃至于钳制手段。与此同时，又不惜重金收买，甚至宽纵武将在战场上的失职，这也可被视为打压之下的一种补偿。因此，武将群体固然趋于顺从，听命于专制皇权的驱使，并且服从于朝政的文治发展方向，但对军队战斗力的发挥却产生很大的消极影响。

---

① 《续资治通鉴长编》卷二二，太平兴国六年三月己未，第491页。
② 《续资治通鉴长编》卷二一，太平兴国五年六月己亥，第476页。
③ 《宋史》卷四《太宗纪一》，第67页。
④ 《宋史》卷二六七《赵昌言传》，第9196页。
⑤ 《续资治通鉴长编》卷二七，雍熙三年七月戊子，第620页。

第三节 宋真宗朝及以后的"赏罚不分"

宋真宗、仁宗两朝,基本上沿袭了宋太宗制定的驭将之策,甚至包括沿用以"阵图"制约前线将领的陋习。① 其施恩重于惩罚的问题突出,出现"赏罚不分"的现象。而"以文驭武"的规则,已从推广走向不断深化,用以指挥并制衡武将。

宋初两朝对武将采取笼络、施恩的手段,被宋真宗以降历朝嗣君视为祖宗之法的重要内容加以沿袭,可以说出现了明显的恩重于罚的后果。就有关北宋的史籍来看,宋真宗朝及其以后,对武将,特别是高级将领大肆赏赐的记载,可谓屡见不鲜。举其要者如:咸平二年(999年),宿将曹彬病危,宋真宗赐白金万两;②将官石普因镇压西川王均造反有功,"迁冀州团练使,赐黄金三百两、白金三千两。故事,正任不兼带御器械,帝特以命普"。③ 当马知节先后两次被王钦若等文臣排挤出枢密院时,宋真宗也同时分别赐白金二千两和三千两;④天禧四年(1020年),宋廷大赐宗室、宰臣的同时,枢密使曹利用获赐银五千两,"又赐殿前副都指挥使蔚昭敏钱四百万,步军副都指挥使冯守信三百五十万,殿前都虞候夏守恩、马军都虞候刘美各三百万,四厢都指挥使、诸班诸军都虞候而下,视月俸给之";⑤宋仁宗登基之初,曹利用不仅加官封爵,而且岁获公使钱万缗。⑥ 至于用高官厚禄笼络亲信者的情形,更为常见,典型者如张耆,"宠遇最

---

① 《宋会要辑稿》兵七之一三反映:景德元年,宋真宗北赴澶州时,"给随驾诸军介胄,内出阵图二,一行一止,付殿前都指挥使高琼等",第8740页。据记载,王德用也向宋仁宗进谏,请不再授予将帅阵图,《宋史》卷二七八《王超传附德用》,第9468—9469页。

② 《宋史》卷二五八《曹彬传》,第8982页。

③ 《宋史》卷三二四《石普传》,第10472页。

④ 《王文公文集》卷八三《检校太尉赠侍中正惠马公神道碑》,第894页。

⑤ 《续资治通鉴长编》卷九六,天禧四年十二月乙酉,第2228页。

⑥ 《宋史》卷二九○《曹利用传》,第9707页。

厚,赐第尚书省西,凡七百楹,安佚富盛踰四十年";①夏守赟资质平庸,却遍历禁军三衙将帅之职,获授节钺;②郭承祐虽无战功可言,仍可跻身禁军将帅之列,③诸如此类等。

与此同时,宋廷对败军之将以及失职将领的放纵,就更为突出。其中在宋真宗朝,如咸平二年,在抵御辽军进犯的过程中,大将范廷召与康保裔曾分别率军迎战,"会日暮,约以诘旦合战,及夕,廷召潜师以遁",结果康氏孤军被围,康保裔战死。④ 然而,范廷召事后并未受到任何追究。像河北前线主帅傅潜,畏惧避战,影响更为恶劣,百官共议当斩,还有许多在野人士也上书要求对其处以死刑,以此警告那些畏死避战的武臣。但是,宋真宗却下诏免去傅潜的死罪,不过将他连同另外几位免死的败军将领撤去官爵,流放内地,"中外公议无不愤惋"。⑤ 再如,庸将王荣在咸平二年(999年)奉命拦击辽军时,一味逃避,竟累死战马"十有四五"。但王氏此举并未受到惩罚。⑥ 随后,王荣率军向灵武护送军粮,因失职在途中遭到袭击,部将奋战抵御,"荣不能救,死者甚众,亡失殆尽,法当诛,上特贷之",也不过是"除名配均州",几年后又得到启用。⑦ 余如,咸平四年(1001年),李继迁围攻清远军,灵、环、清远十州副都部署杨琼仅派部分军队增援,其余"逗留不行"。当清远城陷落后,杨氏因胆怯,"未尝与交锋"便退军,致使夏军"势浸盛"。事后,朝臣集议依律执行,杨琼"罪当死",但"上特赦之",杨琼以下诸败将仅流放而已。⑧ 其后,杨氏也重新获得任用;⑨

---

① 《宋史》卷二九○《张耆传》,第 9711 页。

② 《宋史》卷二九○《夏守恩传附守赟》,第 9715—9716 页。

③ 《宋史》卷二五二《郭从义传附承祐》,第 8851—8852 页;宋祁:《景文集》卷三三《赐郭承祐批答》,《景印文渊阁四库全书》第 1088 册,第 289 页。

④ 《续资治通鉴长编》卷四六,咸平三年正月甲申,第 985 页。

⑤ 《续资治通鉴长编》卷四六,咸平三年正月乙酉,第 987 页。

⑥ 《续资治通鉴长编》卷四六,咸平三年正月庚寅,第 988 页。

⑦ 《续资治通鉴长编》卷四七,咸平三年十月丙辰,第 1029 页;《宋史》卷二八○《王荣传》,第 9500 页。

⑧ 《续资治通鉴长编》卷四九,咸平四年九月癸酉;卷五○,咸平四年闰十二月戊辰,第 1072、1101 页。

⑨ 《宋史》卷二八○《杨琼传》,第 9502 页。

景德元年(1004 年),王超为河北大帅,面对辽军的大举进攻,惟拥兵自保,"会南北通好,故薄其责,止罢超三路帅",出守节镇。① 正如宋人所记载:"陈贯喜言兵,咸平中,大将杨琼、王荣丧师,贯上书言:'前日不斩傅潜、张昭允,使琼辈畏死不畏法,今不严其制,后当益弛。'"②

由上可见,当时统治集团放纵败将的做法已产生严重的后果,使得带兵将领敢于无视失职的后果,甚至丢兵弃地也在所不惜。如景德初边防形势最紧张之时,著名的庸将王显还敢于对宋真宗表达要宽纵武将的认识:"武臣以罪黜者,宜加容贷,不以一管遂废,苟用之有恩,必得其死力,故曰使功不如使过也。"③这种极为荒谬的建议,正是当时放纵之策的必然反映。

到宋仁宗朝,对中上级武将失职、逃避行为的放纵更不用多说,仅以典型的史实为例,许怀德以凤州团练使身份出任秦凤路副部署,"未行,坐夏人破塞门寨不赴援,降宁州刺史"。不久,他却被提拔为龙神卫四厢都指挥使、康州防御使、鄜延路副都部署,"又坐当出讨贼逗留不进,所部兵夫弃随军刍粮",徙秦凤路副都部署,升迁捧日天武四厢都指挥使。"又以贼侵掠属羌,亡十余帐,徙永兴军,又徙高阳关、并代路。"就是这样一位屡屡失职的将领,不仅未受到追究、惩处,反而不断获得升迁,历任殿前都虞候、侍卫马军副都指挥使和殿前副都指挥使等三衙要职,并最终还被授予节钺。④

还值得注意的是,宋仁宗在位期间,这种宽纵甚至扩大到中下级武臣。如,康定元年(1040 年),驻守鄜延路的左第一都指挥使郭能,在作战过程中"临阵退走,法当死,特贷之",仅予以杖责和贬降的处分;⑤夏军围攻镇西堡,原州乾兴寨主李继明、监押孙佶畏死不救,不过予以流放处

---

　　① 《宋史》卷二七八《王超传》,第 9465 页。
　　② 《续资治通鉴长编》卷五九,景德二年三月甲寅,第 1322 页;《宋史》卷三〇三《陈贯传》,第 10047 页。
　　③ 《宋史》卷二六八《王显传》,第 9232 页。
　　④ 《宋史》卷三二四《许怀德传》,第 10477 页。
　　⑤ 《续资治通鉴长编》卷一二六,康定元年正月戊寅,第 2968 页。

分。① 以至于战时从严的军法,已失去对武将的约束力。

宋真宗、仁宗时期,对武将失职、逃避行为的过度放纵,既与当时政治日益保守、法纪日益涣散有关,更是长期因循传统驭将之策,特别是其消极内容的产物。由此,对当时的军队战斗力和边防产生了极大的腐蚀作用。确如欧阳修指出:"自关西用兵,四五年矣,赏罚之际,是非不分,大将以无功而依旧居官,军中见无功者不妨居好官,则诸将谁肯立功矣! 偏裨畏懦逗遛,法皆当斩,或暂贬而寻迁,或不贬而依旧,军中见有罪者不诛,则诸将谁肯用命矣? 所谓赏不足劝,罚无所惧。"②从欧阳修的批评言辞中,可以发现"赏罚之际,是非不分"的情况,已经成为当时驭将之策操作中的主要问题和特点。

在用将方面,宋真宗及仁宗朝继承了宋太宗朝的传统,宁用循谨、平庸之流,也不愿破格提拔和使用能勇之将。于是,大批能力低下者充斥武将队伍中,如欧阳修所评说:

> 臣又闻古语曰:"将相无种。"故或出于卒伍,或出于奴仆,或出于盗贼,唯能不次而用之,乃为名将耳。今国家求将之意虽切,选将之路太狭。今诏近臣举将而限以资品,则英豪之士在下位者不可得矣;试将材者限以弓马一夫之勇,则智略万人之敌皆遗之矣;山林奇杰之士召而至者,以其贫贱而薄之,不过与一主簿、借职,使之怏怏而去,则古之屠钓饭牛之杰皆激怒而失之矣。以至无人可用,则宁用癃锺跛躄庸懦暗劣之人,皆委之要地,授以兵柄,天下三尺童子,皆为朝廷危之。③

宋人又指出:"但累岁月,计资考,以此取高位,壮士之耻也。然今天下乂安,士无所试其能,故偏裨将帅例以恩进。"④由此可见,北宋中叶以来重资历、看年限的用人规则,使得有为者难以脱颖而出,而大批庸碌者得以

---

① 《续资治通鉴长编》卷一二六,康定元年三月戊午,第2982页。
② 《续资治通鉴长编》卷一三六,庆历二年五月甲寅,第3253—3254页。
③ 《续资治通鉴长编》卷一三六,庆历二年五月甲寅,第3255—3256页。
④ 刘敞:《公是集》卷三〇《西京左藏库使、忠州刺史、高阳关路驻泊兵马钤辖时明可文思使制》,《景印文渊阁四库全书》第1095册,第652页。

在军队中获得升迁,最终跻身将帅行列。

宋仁宗朝以后,传统的驭将之策仍大致继续得到沿用,即使在锐意改革的宋神宗朝,对败军之将也未能施以重典。如导致灵州之役惨败的将领高遵裕,不过贬为团练副使。① 而在宋徽宗朝,败将刘延庆之流更得到长期的重用。

自宋太宗朝以来,最高统治者之所以宽恕武将在战场上的无能表现、失败行为,是与深刻的政治背景与治军理念有关。由于长期奉行"守内虚外"的统治意识,遵循全面防御、消极防御的边防战略,军队定位于以维持域内秩序稳定为主,采取压制甚至打击武臣的方针,驭将之策的目的又是束缚、限制武将,故要求武将群体安分守己、循规蹈矩,禁止穷兵黩武、邀功请赏。如大中祥符二年(1009年),宋真宗御制"文武敕七条",赐文臣任转运使以下至知县者,武臣任部署以下至巡检者。② 其中有关武臣的内容为:"一曰修身,谓修饰其身,使士卒有所法则;二曰守职,谓不越其职,侵扰州县民政;三曰公平,谓均抚士卒,无有偏党;四曰训习,谓教训士卒,勤习武艺;五曰简阅,谓阅视士卒,识其勤惰勇怯;六曰存恤,谓安抚士卒,甘苦皆同,常使齐心无令失所;七曰威严,谓制驭士卒,无使犯禁。"③对这七条看似全面的要求细加分析,不难发现其要害在于修身、守职及所谓威严三项,即强调武将应具有循谨、本分和能管束部属的能力,却无一条要求武臣果敢用兵的内容。宋真宗及以后嗣君没有更改祖宗成宪的勇气,自然也就沿用了昔日处理败将的做法。元人修史时遂评说道:"(傅)潜为三路帅,握兵八万余,大敌在前,逗挠畏缩,致康保裔以无援战殁,此而不诛,宋于是乎失刑矣。"④清人也指出:"太宗、真宗以后,遂相沿为固然,不复有驭将纪律。"⑤

宋真宗朝以降,文臣士人纷纷议论如何驾驭、控制武将的问题,为帝

---

① 《宋史》卷四六四《高遵裕传》,第 13577 页。

② 《续资治通鉴长编》卷七二,大中祥符二年十一月丙辰,第 1641 页。

③ 《经帷管见》卷四,第 67 页。

④ 《宋史》卷二七九"论曰",第 9493 页。

⑤ 《廿二史札记校证》卷二五《宋军律之弛》,第 541 页。

王出谋划策,并为抑制武将寻找理论根据。其中又以苏洵的言辞具有典型代表,所谓:"人君御臣,相易而将难。将有二,有贤将,有才将,而御才将尤难。御相以礼,御将以术。御贤将之术以信,御才将之术以智。不以礼、不以信,是不为也,不以术、不以智,是不能也。故曰:御将难而御才将尤难……贤将既不多,有得才者而任之。苟又曰:是难御。则是不肖者而后可也,结以重恩,示以赤心,美田宅,丰饮馔,歌童舞女,以极其口腹耳目之欲,而折之以威,此先王之所以御才将也。"①苏洵的这些论断,正是当时士大夫对武臣存在严重偏见的缩影,而此类观点又深深地影响着最高统治集团的驭将态度。

宋人张演曾指出:"宋朝之待武臣也,厚其禄而薄其礼。"②也就是说:宋廷对武将在经济待遇上给予优待,但在尊严、礼节以及能力上却予以歧视和压制。此语极为深刻地道出了宋朝驭将之策的基本要点。这种以钳制、打压为根本,以优容、宽纵为辅助的做法,实非偶然或一时权宜,而是出于其"崇文抑武"的政治需要,最终服务于内向型的集权统治。

第四节　北宋皇室与武将的联姻

北宋乃至两宋时期,一直存在着皇室与武臣联姻的现象,诸如皇帝及皇子娶将门之女为后妃,或武臣之子娶公主及宗室女为妻。这既成为宋朝的一种政治传统,同时也可划归当时御将之策的内容之中。

如前所述,宋太祖在位期间,将公主下嫁功臣等上层武将之家,以此加强对其拉拢和控制。宋太宗登基后,将先朝的以上联姻手法沿袭下来。如果结合宋太宗时代对待武将的态度,不难发现这种联姻也成为当时御将之策的重要内容,由此还形成了宋朝的一项祖宗之法与政治传统。从

---

① 苏洵:《嘉祐集》卷四《御将》,《景印文渊阁四库全书》第 1104 册,第 864—865 页。
② 《群书考索》后集卷二一《张演论》,第 589 页。

宋真宗朝以降,政治上日益保守,祖宗之法往往成为施政的指南,乃至于作为掩饰无能的口实,于是与武将联姻的做法也自然得到继承,并且被确立为一种制度。仅从北宋皇帝立皇后或太子娶妃的情况来看,绝大多数便都出自将门。只有个性突出的宋神宗在藩邸时,娶了前宰相向敏中的后裔为妃,以后被册立为皇后。而宋真宗和哲宗的两位刘姓皇后,以及宋徽宗的郑皇后,则都是在原皇后或死或废的情况下续立者。至于宋仁宗,尽管看中富商陈氏之女,却只能听从群臣意见立大将曹彬孙女为皇后。

需要说明的是,在整个两宋时期,外戚之家只能获得武臣的待遇,即使原为文官,也要改为武职,这几乎成为一种惯例。典型的例证如,向经原任虞部员外郎,因时为颍王的宋神宗娶其女为妃,向经便被改为武职性的庄宅使。宋神宗即位后,向氏再迁光州团练使。①

在此,首先就北宋历朝皇帝娶将门之女为皇后的情况叙述如下:

赵匡胤于后晋时娶军校贺景思女,但贺氏在入宋前已死,后被追为皇后。后周显德五年(958年),赵匡胤又娶彰德军节度使王饶之女。宋太祖登基后,王氏被册为皇后。乾德元年(963年),王皇后病死。宋太祖再立前节度使、左卫上将军宋偓之女为皇后。②

宋太宗在后周时娶滁州刺史尹廷勋女,但不幸早逝。再娶五代时强藩符彦卿之女,符氏卒于宋太祖开宝八年(975年)。尹、符二氏生前皆属王妃,宋太宗称帝以后,才同被追为皇后。宋太宗李皇后,为宋初枢密副使、武臣李处耘之女。③

宋真宗为太子时,宋太宗为其娶宿将潘美之女为妃。端拱二年(989年),潘氏卒,后被追为皇后。④ 宋真宗再娶宣徽南院使郭守文之女,在宋真宗登基后成为皇后,景德四年(1007年),"以疾崩"。⑤ 宋真宗刘皇后,

---

　①　《宋史》卷四六四《向经传》,第13580页。

　②　《宋史》卷二四二《后妃上·孝惠贺皇后传》《后妃上·孝明王皇后》《后妃上·孝章宋皇后传》,第8607、8608页。

　③　《宋史》卷二四二《后妃上·淑德尹皇后传》《后妃上·懿德符皇后传》《后妃上·明德李皇后传》,第8609、8610页。

　④　《宋史》卷二四二《后妃上·章怀潘皇后传》,第8611页。

　⑤　《宋史》卷二四二《后妃上·章穆郭皇后传》,第8611—8612页。

则出身低贱,原为蜀中歌舞女。但刘氏被立为皇后之后,便为自己营造出身将门的说法。①

宋仁宗郭皇后,为平卢军节度使郭崇孙女。据记载:天圣(1023—1032年)初,故骁骑卫上将军张美曾孙女与郭氏同入宫,尚未亲政的宋仁宗属意张氏,但临朝主政的刘太后却立郭氏为后。② 以后,宋仁宗废郭后,有意立富商陈氏女,却遭到群臣的反对。③ 遂立故枢密使、宿将曹彬孙女为后。④

宋英宗高皇后,为宋太宗、真宗朝著名禁军将帅高琼后裔、节度使高继勋孙女。⑤

宋神宗居太子位时,娶故宰相向敏中曾孙女。即位后,被立为皇后。⑥

宋哲宗孟皇后,为已故侍卫马军都虞候孟元孙女。宋哲宗废孟后,立宫女出身的刘氏为皇后。⑦

宋徽宗在端王府邸时,娶武臣女王氏为妃,其父官德州刺史。及至宋徽宗即位,其被册为皇后。王皇后病故后,宫女出身的郑贵妃被册封为后。⑧

宋钦宗朱皇后,"父伯材,武康军节度使。钦宗在东宫,徽宗临轩备礼,册为皇太子妃,钦宗即位,立为皇后"。⑨

由上可见,北宋九朝皇帝中除了宋真宗刘皇后、宋神宗向皇后、宋哲宗刘皇后及宋徽宗郑皇后四人,无武将家庭背景,其余十四位皇后皆为将

① 《宋史》卷二四二《后妃上·章献明肃刘皇后传》,第 8612 页;《涑水记闻》卷五,第84 页。

② 《续资治通鉴长编》卷一〇四,天圣四年三月丁巳,第 2405 页。

③ 《涑水记闻》卷一〇,第 183 页。

④ 《宋史》卷二四二《后妃上·慈圣光献曹皇后传》,第 8620 页。

⑤ 《宋史》卷二四二《后妃上·宣仁圣烈高皇后传》,第 8625 页。

⑥ 《宋史》卷二四三《后妃下·钦圣献肃向皇后传》,第 8630 页。

⑦ 《宋史》卷二四三《后妃下·昭慈圣献孟皇后传》《后妃下·昭怀刘皇后传》,第 8632、8638 页。

⑧ 《宋史》卷二四三《后妃下·显恭王皇后传》《后妃下·郑皇后传》,第 8638、8639 页。

⑨ 《宋史》卷二四三《后妃下·钦宗朱皇后传》,第 8645 页。

家女,而宋真宗刘皇后、宋哲宗刘皇后及宋徽宗郑皇后三位,又是在原皇后或死或废的情况下续立者。

其次,北宋太子及诸王娶将门之女的情况如下:

据有关史料可知,宋太祖有子二人,但生前未立太子。兴元尹德芳妻室情况不详,武功郡王德昭先娶宿将陈思让之女,后再娶故相王溥之女。① 宋太祖在位期间,先后为其弟光义、光美娶功臣大将李处耘和张令铎之女为妃的情况,已见前述。查《宋史》卷二四五、二四六《宗室传》,可知宋太宗诸子娶妃情况明确者有三人,即许王元僖,生前曾被视为皇位继承者,"上为娶隰州团练使李谦溥女为夫人"。雍王无份,娶崇仪使李汉斌女。而宋真宗在襄王府邸时,先后娶大将潘美、郭守文之女为妃的情况,已见前述。又据记载:宋太宗还曾为其子、许王聘武将陆万友之女为夫人。② 若此条史料准确,则说明许王元僖先后娶陆氏和将领李谦溥之女。如此条史料不确切,可能陆氏所嫁便为宋太宗另一子。宋真宗六子,除宋仁宗外,"皆夭亡"。宋仁宗三子、宋哲宗一子及宋钦宗在位期间一子,亦皆早亡未娶。宋神宗之子、端王佶(即后来的宋徽宗)娶武将女王氏为妃,宋钦宗为太子时娶武臣女朱氏为妃的情况,也已见前述。而宋英宗、宋神宗及宋徽宗其余诸子,因缺乏记载,其妻室情况则不详。

由上可见,在已知北宋太子及诸王婚姻情况中,有八人娶武将女,有一人再娶文官大臣女。宋太宗所云"朕尝语诸子,今姻偶皆将相大臣之家"③之语,大致多体现在与将帅的联姻上。

最后,北宋时期武将家族迎娶公主及皇室女的情况也相当普遍,在此依前后顺序列举如下:

宋太祖称帝后,亲自出面将其妹、燕国长公主嫁于功臣大将高怀德。④ 宋太祖有六女,除早亡三人外,其余皆出嫁武臣高门。石守信位列宋太祖功臣大将之首,其子保吉娶宋太祖女延庆公主;功臣大将王审琦长

---

① 《宋史》卷二六一《陈思让传》、卷二四四《燕王德昭传》,第9040、8676页。
② 《宋史》卷二七一《陆万友传》,第9292页。
③ 《宋史》卷二四五《昭成太子元僖传》,第8697页。
④ 《东都事略》卷二一《高怀德传》,第168页。

子承衍,尚宋太祖女昭庆公主。宋初枢密使魏仁溥子咸信则娶宋太祖女永庆公主。①

宋太宗七女,一人早亡,二人出家为尼,其余四女中郑国公主嫁故相王溥之孙贻永,王贻永本人为武臣;蔡国公主嫁宋初枢密使、节度使吴廷祚子元扆;②柴禹锡为宋太宗亲信将帅,其子宗庆娶宋太宗女鲁国长公主,最终获授节钺。③ 宋初宣徽北院使、枢密使李崇矩,其孙遵勖娶宋太宗女万寿公主,屡迁节钺。值得一样提的是,"太祖欲选尚公主,崇矩谦让不敢当,继昌(李崇矩之子)亦自言不愿。崇矩桓为继昌聘妇,太祖闻之,颇不悦"④。

宋真宗一女,出家为尼。宋仁宗诸女中除早亡外,兖国公主嫁外戚、武将李用和之子玮,李玮官至建武军节度使;许国公主嫁吴越王曾孙、右领军卫大将军钱景臻;鲁国公主嫁曹彬的后裔、左领军卫大将军曹诗;魏国公主则出嫁开州团练使郭献卿。

宋英宗四女,一早亡,其余徐国公主嫁宋初功臣王审琦曾孙、左卫将军王师约,⑤王师约终留后;蜀国公主出嫁宋初大将王全斌后裔、侍卫马军副都指挥使王凯之孙诜,王诜官至留后;⑥祁国长公主嫁张敦礼,授左卫将军、驸马都尉,后拜宁远军节度使。⑦

宋神宗十女中,早亡七人,其余者:唐国公主嫁故相韩琦之子嘉彦;康国公主嫁王遇;徐国公主嫁潘美曾孙意。宋哲宗四女,二早亡,其余陈国公主嫁石端礼;韩国公主嫁潘正夫。由于资料记载不足,王遇、石端礼和潘正夫出身不详。

宋徽宗三十四女,早亡十四人,其余可知婚嫁者九人。其中三人嫁武

---

① 《宋史》卷二四八《太祖六女传》,第 8772 页。
② 《隆平集校证》卷九,第 272 页。
③ 《东都事略》卷三三《柴禹锡传》,第 269 页。
④ 《宋史》卷二五七《李崇矩传》,第 8953 页;《东都事略》卷二五《李崇矩传》,第 200 页。
⑤ 《宋史》卷二四八《英宗四女传》,第 8779 页;《东都事略》卷一九《王审琦传》,第 149 页。
⑥ 《东都事略》卷二〇《王全斌传》,第 163 页。
⑦ 《宋史》卷四六四《张敦礼传》,第 13582 页。

将宋邦光、曹晟、曹湜,两人嫁外戚向氏子弟,两人嫁宰相曾公亮和蔡京之子,另外两女所嫁田丕、刘文彦情况不详。① 从文献记看,宋钦宗无女。

根据以上情况来看,北宋诸帝公主所嫁对象二十八人,其中明确为将门出身者十六人,明确为文官后裔者四人,外戚子弟三人,其余五人则出身不详。显而易见,武臣之家占比居多。

通过上述记载,可以清楚地发现北宋皇室与武臣结亲已经成为惯例,以此笼络和安抚武将的做法,遂构成当时御将之策中一项独特而重要的内容。②

第五节　对北宋驭将之策及 "以文驭武"的评价

北宋时期的驭将之策,经历了从宋太祖到宋太宗朝的形成与转变而基本定型,大致为后嗣诸帝所沿袭。北宋前两朝驭将之策的消极内容其及其影响,学术界已有所论述,但从北宋总体上对其评价,特别是其与"以文驭武"原则的关联性,却仍然论述不足。本节在前人研究的基础上,专就这些问题予以探究。

宋太祖时代,驭将之策虽有压制和束缚的倾向,但主要是针对握有兵权的禁军两司将帅与盘踞各地的旧藩镇,并不波及战场指挥者与守边武将。而对将官的收买和宽恕态度,固然存在消极影响,却大体上控制在适度范围,属于权宜之计。考虑到宋朝建国初异常紧张的内外形势,围绕统治安定而实行收兵权的紧迫性,以及从事统一四方战争的艰难程度,就能理解宋太祖权宜之计的实用性和必然性。唯其如此,才能有效控驭武将。事实上,宋太祖无论是对禁军两司将帅的防范和压制,还是对将领非法活

---

① 《宋史》卷二四八《徽宗三十四女传》,第 8783—8788 页。

② 参见拙作:《北宋皇室与"将门"通婚现象探析》,《文史哲》2004 年第 3 期。

动的宽容,都有着较为清晰的限定条件,即仅局限于禁军两司少数对象和将领牟取经济利益方面,而对武将角色本身的要求并没有丝毫降低,更不会无视将领作战中的失职。就用人而言,赵匡胤重视将领的军事能力,甚少重用庸才承担重任,这就吻合了古已有之"使贤者居上,不肖者处下"①的精神。尤其重要的是,宋太祖对任命的出征将帅给予充分信任,不干预其战场指挥,这同样符合"夫将者,上不制于天,下不制于地,中不制于人"的兵法原则。② 如大批能臣猛将在当时出征、戍边上都发挥了作用,即使是曹彬、潘美两位雍熙北伐的败将,在宋太祖时代却表现不俗,有着剿灭南唐、南汉的重大战绩。

正因为如此,宋太祖时代的驭将之策,总体上取得了成效。概括而言,一方面,压制了武夫悍将的跋扈积习,解决了兵变隐患;另一方面,既满足军事将领自身利益的诉求,又调动并发挥了他们作战的积极性。故从文献记载来看,当时武将群体中很少有怯战、避战的行为。再从宋太祖朝对外用兵的实际效果来说,不仅剿灭了李筠、李重进等内部叛乱,而且有效地压制了北汉及辽军的威胁,先后征服了荆湖、后蜀、南汉和南唐等长期存在的割据政权,并使得吴越王钱俶走向归顺的边缘。由此,奠定了北宋王朝的基本疆域。

宋人对宋太祖驭将及其成效都给予高度评价,如宋真宗朝的宰相王旦称颂道:"唐朝将帅,富贵骄蹇,往往陷于不道,良由事势强大,朝廷姑息太过,每移一帅,未有帖然奉命者。至于五代,余风未殄。太祖制之有术,迄今藩臣有兼相印,提禁旅,及久当边任者,诏旨亟召,则夙夜奔命。"③范仲淹也认为:"(太祖)命将帅李汉超等十三人,分守西北诸州,家族在京者,抚之甚厚,凡军中事悉许便宜,每来入朝必召对,命坐,赐予优厚抚而遣之。由是边臣率富于财,得以养士用间,洞见蕃夷情状。每戎狄入寇,必能先知,预为之备,设伏掩击,多致克捷。二十年间,无西北之

---

① 吴起:《吴子·图国第一》,《丛书集成新编》第 32 册,台北地区新文丰出版社 2008 年版,第 182 页。

② 《尉缭子·武议第八》,第 187 页。

③ 《隆平集校证》卷三《典故》,第 61 页。

忧。故兵力雄盛,武功盖世,由此而致也。"①司马光则指出:太祖立法治军,"故能东征西伐,削平海内,为子孙建久大之业,至今百有余年,天下太平者皆由此道也"②。

宋太宗在位期间,从最初沿袭其兄的驭将之策,到不断调整内容、改变精神,最终形成了自身特色的驭将之策。其处心积虑变动的要害,在于强化对武将的束缚、压制,为此不惜牺牲军事效率,再以更大的收买、纵容度调和彼此的关系。显而易见,宋太宗朝的驭将之策具有很大消极性,概括而言,主要包括以下几方面:

其一,庸将得宠,良将受挫。在宋太宗驭将之策的束缚、钳制下,强调"循谨"品质重于作战能力,于是军事将领中有为者难以成长,纵然有良将也多招致埋没,而平庸之流充斥军队,其中潜邸亲信更把持要职。如宋真宗承认:"选用武臣实难,倘未尝更历,则不能周知其才。太宗所擢甚众,而优待者唯(张)凝与王斌、王宪等数人。"③多年以后,王安石与宋神宗论将时也指出:太宗对将帅用兵过问太细,"若御将如此,即惟王超、傅潜乃肯为将,稍有才略,必不肯于此时为将,坐待败衄也"④。故有前述大批庸将存在于宋太宗朝的现象出现。太平兴国三年(978年),还发生了一件荒唐的事件,足以从侧面反映当时武将屈从、畏惧的程度:秦州节度判官李若愚之子李飞雄,离京后诈称天子派出的巡边使臣,结果从关中换乘官马,在地方武官的向导下,一路西行到秦州境内。面对不持任何凭证的这样一位"使臣",当地驻军将领竟俯首帖耳。于是,李飞雄矫诏逮捕多名带兵将官,并准备处死,而诸将都甘心受缚就刑。随之,因李氏利令智昏,露出破绽,才被众人捉获。⑤李飞雄事件说来令人难以置信,这一切只能说明武臣们已完全屈从驯服,丧失了必要的自主精神。

其二,将领在战场上束手束脚,难以发挥作用。宋太宗基于对在外统

---

①　《范文正集》卷五《答窃议》,第608页。

②　司马光:《司马光奏议》卷一六《阶级札子》,山西人民出版社1986年版,第175页。

③　《续资治通鉴长编》卷六〇,景德二年五月辛亥,第1335页。

④　《续资治通鉴长编》卷二四八,熙宁六年十一月戊午,第6046页。

⑤　《续资治通鉴长编》卷一九,太平兴国三年五月壬寅,第432页。

率大军将领的不信任,通常实行"将从中御",又惯用阵图、监军约束将帅的手段,使得将领丧失了主动用兵的积极性。如保留在北宋官修兵书中的宋太宗御制"平戎完全阵图"及"八阵法",①其内容看似全面,实则宽泛而僵硬,根本无法应付"平戎完全"之需。其最大的作用,实在于将领兵者的一切行动都掌握在君主手中。② 如历经宋太宗、真宗朝的朝官王禹偁所说:端拱(988—989 年)初,宋太宗召见亲信将领郭守文,"付以密旨,授镇州行营都部署"。随后,郭氏兼领镇定、高阳关两路排阵使,承担河北前线主帅。不过,其行动都要遵守君主密旨的安排,所谓"百万之师、四七之将萃于是矣"。③ 王禹偁的这段记载,出自其为郭守文所写墓志,可信度毋庸置疑。因"将从中御"而导致战场失败的结局,在宋太宗时代可谓不胜枚举,但因史家避讳的缘故,往往需要透过闪烁其词的记载,才能窥见真相。如,太平兴国四年(979 年)秋,辽军来犯,"上以阵图授诸将,俾分为八阵"。大将刘延翰、李汉琼等人率军到满城前线后,按照天子的方案列阵。契丹骑兵蜂拥而至,东西相望"不见其尾",而宋军每阵之间相隔达百步之遥,"士众疑惧,略无斗志"。面对这一状况,右龙武将军赵延进建议集中兵力出击,并愿承担责任。然而主将"犹以擅改诏旨为疑",在监军李继隆也表示愿承担"违诏之罪"后,主将才改变了阵法,遂击败敌军,取得大捷。④ 通过此次战役,不难发现武将独立用兵的成效,也恰恰证明"将从中御"及"阵图"的失败。但揆诸当时的情形,仍可发现将帅对皇帝失误的诏令也不敢随便更改,赵延进之所以敢于首先提出变换阵图内容,还在于他有皇帝连襟的特殊身份。李继隆敢于附和赵氏建议,也因为其为宋太宗的亲信和监军。

又如,雍熙二年(985 年),判四方馆事田仁朗与王侁、李继隆等率军增援遭李继迁围攻的西北重镇。田氏一方面请求增兵,另一方面筹划妥

① 《武经总要》前集卷七《制度七》,第 96—99 页。

② 参见拙作:《宋太宗与平戎万全阵》,《历史研究》2006 年第 6 期。

③ 王禹偁:《小畜集》卷二八《宣徽南院使镇州都部署郭公墓志铭》,《景印文渊阁四库全书》第 1086 册,第 26 页。

④ 《续资治通鉴长编》卷二〇,太平兴国四年九月丙午,第 462 页。

出击的计划。但宋太宗于千里之外下令指挥,认为田仁朗行动迟缓,派人取代并贬黜田仁朗,就此打乱了行动部署,结果无功而返。史称:"是行也,仁朗诚为稽缓,然计已决,而为王侁等媒蘖构成其罪,故及于贬,人皆惜之。"①端拱元年(988年),辽军南犯唐河,"诸将欲以诏书从事,坚壁清野勿与战"。定州监军袁继忠对此反对,认为不应消极应对,听其长驱直入,愿身先士卒,主动出击。"辞气慷慨,众皆伏。中黄门林延寿等五人犹执诏书止之,都部署李继隆曰:阃外之事,将帅得专焉",结果挫败对手。② 至道二年(996年),李继隆、丁罕、范廷召、王超及张守恩等五路征讨李继迁,"上皆先授以成筹,师已有期。会继隆遣其弟继和驰驿上言:路回远,欲自清冈峡直抵继迁巢穴,不及援灵武"。宋太宗闻悉大怒,"因手札数幅,切责继隆,命引进使周莹齎诣军前督之。莹至而继隆已便宜发兵,不俟报而与丁罕兵合"。不过,李继隆行军数十日未能遇敌,直捣西夏老巢的计划落空,只得撤军。此战,唯有王超与范廷召按照圣旨行动,但也没有任何战果。③ 需要指出的是,李继隆经此帝王"切责"以后,从此不得不服从天子的任何军事指令,即使错失战场良机,也不再敢主动行动。

其三,助长武将自保、避战的习气。宋太宗在位期间,放纵失职乃至于宽恕败军之将的态度,也为武将逃避、推卸职责打开了方便之门。这就助长了将领们自保、避战的习气,宁肯失职取败,也不敢冒险行动。岐沟关之败,曹彬负有很大责任;杨业之死,主帅潘美也难逃其责。但潘、曹等久经沙场,并非不善于用兵,之所以在雍熙北伐中表现失常,实与避功、避权的意图不无关系。王船山即一针见血地指出:"曹彬之谦谨而不居功,以避权也;潘美之陷杨业而不肯救,以避功也。将避权而与士卒不亲;将避功而败可无咎,胜乃自危;贸士卒之死以自全,而无有不败者矣。"④与此同时,赵光义赋予监军过大的权力,使其往往盛气凌人,乃至于敢加害

---

① 《宋太宗皇帝实录校注》卷三三,第326页。
② 《续资治通鉴长编》卷二九,端拱元年十一月,第658页。
③ 《宋太宗皇帝实录校注》卷七九,第763页。
④ 《宋论》卷二《太宗》,第35页。

主将。如在征讨北汉期间,方面军主帅、名将郭进便因不堪监军田钦祚的多次凌辱,自缢而死。事发后,竟无人追究。① 在第二次北伐过程中,又出现了杨业被监军王侁逼死的著名悲剧。苏辙曾有"一败可怜非战罪,太刚嗟独畏人言"②的诗句,表达杨业之死与"畏人言"有关的看法。这里所说的"畏人言",其实并非真的是畏惧监军之言,而是监军背后的皇帝。又如镇州驻泊都监弥德超虚造罪名诬陷曹彬,后虽经大臣解释担保,曹氏仍被解除职务。弥德超因迎合帝王抑制武将的需要,立即被破格重用。不久,弥氏诬陷之事败露,但曹彬却没有能恢复原职。③ 宋太宗滥用监军的结果,使将帅动辄获咎,无疑都深深地教训着每一位武将,使他们不能不倍加小心,遂不免随波逐流。

从宋太宗朝长期被动挨打的边防状况来看,已充分证明当时驭将之策的失败。事实上,同时代人已清楚地发现了问题的所在。如宋太宗至道三年(997年),王禹偁便上言反映:太祖时,国家版图狭小,财赋未丰,但"国用亦足,兵威亦强,其义安在?所蓄之兵锐而不众,所用之将专而不疑故也"。今"土地财赋可谓广矣,而兵威不振,国用转急,其义安在?所蓄之兵冗而不尽锐,所用之将众而不自专故也"。④ 田锡则在上奏中委婉地指出:"今之御戎,无先于选将帅。既得将帅,请委任责成,不必降之以阵图,不须授之以方略。"⑤柳开也提出:"兵者,以诈行,以奇胜,以谋先,以勇固,失此四者,败之道也。"⑥

王禹偁等人直接或委婉地批评了用将"疑而不专"的问题,无非希望最高统治者能放弃既有的驭将之策。但宋太宗却仍一意孤行,并未加以改变。如有臣僚称赞前代卫青、霍去病、郭子仪及李晟等名将事迹,建议"精择将帅,以有威名者护塞"时,宋太宗为自己辩护道:"此一时也,彼一时也。今之猃狁,群众变诈,与古不同。朕每计之,自有成算。至于选用

① 《宋史》卷二七三《郭进传》、卷二七四《田钦祚传》,第9336、9360页。
② 《苏辙集》之《栾城集》卷一六《过杨无敌庙》,第319页。
③ 《续资治通鉴长编》卷二四,太平兴国八年正月戊辰,第537页。
④ 《续资治通鉴长编》卷四二,至道三年十二月甲寅,第897页。
⑤ 《咸平集》卷一《上太宗答诏论边事》,第5页。
⑥ 《柳开集》卷六《上王太保书》,第286页。

将帅,亦须深体今之机宜。如韩、彭虽古名将,若以彼时之见,便欲制今之敌,亦恐不能成功名。今纵得其人,未可便如往时,委之能成功业。此乃机事,卿所未悉。"①依照宋太宗的意思,因为此一时彼一时,古之名将在北宋也不可能取得显赫功业。这当然是为自己的狭隘、无能作狡辩。此时与彼时究竟有何不同,是否真是由于"今之猃狁,群众变诈,与古不同"的原因,恐怕连宋太宗自己也觉得缺乏说服力。透过这段圣谕文辞,大致可以隐约发现其中的真相:当今应敌,理当由皇帝作出对策,将帅必须领会贯彻。因此,如今纵有古代名将降生,也不可能像往昔那样放手用兵,自然无法成就功业。宋太宗最后所告诫的"此乃机事,卿所未悉",正是其不愿告人、隐藏至深的驭将心机之所在。

如果说,宋太祖朝为防范将领乱政所采取的种种驭将措施,对于完成统一、稳定政局具有积极作用的话,那么宋太宗朝更改后的驭将之策,已体现出僵硬的特点和极端化的倾向,既失去了原有的积极因素,也在很大程度上背离了兵法的准则。再加上"崇文抑武"方略的广泛影响,都对军队产生了极大的副作用。由此,使得武将群体丧失了职业荣誉感,其应有的积极进取精神和果敢斗志遭到摧残,导致自卑意识弥漫军营,转而追求自保以及安逸,从而极大削弱了军队的战斗力。更重要的是,这一驭将之策对后世继承者带来了深远的消极影响,被视为祖宗之法而奉行不悖。

在中国历史上,历朝开国统治者通常都经历过战场拼杀,故熟悉军情,也善于把握和运用军队,诸如周武王姬发及周公旦、汉高祖刘邦、汉光武帝刘秀、曹魏奠基者曹操、宋武帝刘裕、唐高祖李渊及唐太宗李世民等。但传位数世之后,守成君主往往安于太平,以至于习文而忘武。这虽属历代常态,如宋人所言:"自三代、秦汉迄我朝,以兵得天下人主,皆亲历行阵,习知武事,识居重御轻之势。承平既久,则习文忘武。"②不过,像北宋这样转变尺度之大者,却并不多见。宋真宗朝及其之后,不仅仅是一般的"习文忘武",而是竭力地崇文抑武。因此,在将宋太宗朝驭将之策视为

---

① 《续资治通鉴长编》卷三二,淳化二年四月辛巳,第714页。
② 俞文豹:《吹剑录外集》,《景印文渊阁四库全书》第865册,第488页。

传统而加以沿袭的同时,又不断推广"以文驭武"规则,并形成了制度,就此更进一步加大了对武将控制的力度,从而使得其驭将之策更为保守。可以说,北宋武将群体所受到的压制与束缚程度,实为历史上所少见。

苏辙在宋哲宗时指出:五代武将专兵,"兵安其将,而乐用命也","然今世之人,遂以其乱为戒,而不收其功,举天下之兵数百万人,而不立素将,将兵者无腹心亲爱之兵,而士卒亦无所附著而欲为之效命者。故命将之日,士卒不知其何人,皆莫敢仰视其面。夫莫敢仰视,是祸之本也……故我太祖、太宗以为不可以长久,而改易其政,以便一时之安。为将者去其兵权,而为兵者使不知将。凡此皆所以杜天下之私恩而破其私计,其意以为足以变五代豪将之风,而非以为后世之可长用也"。①苏辙针对现实任用将帅积弊的批评,可谓切中要害,然而用宋太祖、太宗两朝驭将的成功加以反衬,却不完全符合史实,因为其根源正来自宋太宗时代。还是朱熹的评价更为公允:"如武臣诸节度、副总管诸使所以恩礼隆异,俸给优厚者,盖太祖初夺诸镇兵权,恐其谋叛,故置诸节度使,隆恩异数,极其优厚,以收其心而杜其异志。及太宗、真宗以后,则此辈或以老死,又无兵权。后来除授者,自可杀其礼数,减其俸给,降其事权,而犹袭一时权宜苟且之制,为子孙不可易之常典,岂不过哉!"②不过,朱熹在此强调的是过度施恩、收买之弊,而极端压制的危害又未尝为轻。

捵诸史籍,不难发现在宋真宗朝驭将之策作用下,宋军阵营中庸将云集,对外作战失利的情形,比比皆是。如宋人说:"景德时,契丹数侵河北,我诸将谋必败,战必走……夫大将在外,必有贵臣监军,贵臣见敌至,不课彼己强弱,不待便利,促其将使斗,斗而败,闭垒不敢出矣。"③由于长期的束缚和放纵,武将的能力出现了严重的退化,如类似前述傅潜、王荣之流畏缩、避战等现象,已不稀奇。更可笑的是,景德(1004—1007年)初,王超身为河北三路大帅,但极为怯懦无能,在对付辽军的大举进攻中一味避战,"引兵赴行在,又违诏失期",以至于部队"人心震摇"。无可奈

---

① 《苏辙集》之《栾城应招集》卷七《进策五道·第四道》,第 1300 页。
② 《朱子语类》卷一二八《法制》,第 3074—3075 页。
③ 《景文集》卷四四《御戎论·篇之三》,第 389 页。

何之下,他只好向部属哀哭,"以解众怒"。① 后世人王夫之还对当时西府文武长贰的表现评说道:"周莹、王继英之尸位中枢,不足责也","唯钦若、尧叟、冯拯之流,闻边情而不警于耳,阅奏报而不留于目"。②

到宋仁宗对夏决战时,许多带兵将领怯懦无能的情况已到了令人吃惊的地步,如韩琦反映:"魏昭昞、王克基未尝出离京阙,便使领御戎,昨来暂至延州,皆已破胆。"③在三川口之战中,将官魏昭昞、王德基因拖延带兵增援延州,最终被贬官。又有将领因恐惧而啼哭。④ 朝臣蔡襄即上言:"臣切见河北镇定都部署李昭亮、镇州张存、雄州王德基、澶州李昭述等,或居要郡,或总重兵。假使智能未尽,足压服乎人,犹恐计虑或见轻于敌,而况指数名姓知委任非人,尚令列在边防,得不取笑敌人? 李昭亮、张存、李昭述、王德基,乞速行差替,朝廷若以皆无显过,不欲非时改移,是惜数人之颜情,不顾生民之祸患。"⑤此后,还有人指出:"即今武吏多不愿临边,有不得已就职者,皆畏避……边臣有才者寡,可用者少。"⑥

宋仁宗朝的例外,是出了一代名将狄青。而狄青能取得南征的胜利,还在于统治者在屡战屡败的情况下,不得不放权给主将的结果。据记载,当狄青即将统军南征之际,仍有文臣反对,"或言青不可专任"。宋仁宗询问宰相庞籍,庞氏不得不回答:"青起行伍,若以文臣副之,则号令不专,不如不遣也。"⑦如宋代史家王称所说:"为将之道有三,曰智、曰威、曰权。""盖有智矣,必俟乎权可以施其智;有威矣,亦必俟乎权可以奋其威。观狄青之讨智高也,可谓能施其智而奋其威,以取胜于当世者矣。然青之所以能若是者,由仁宗专任而责成之也。"⑧不过,这一现象属于例外,在当时颇为少见。

---

① 《续资治通鉴长编》卷五九,景德二年正月丁卯,第 1312 页。
② 《宋论》卷三《真宗》,第 61 页。
③ 《安阳集编年笺注》附录一《韩琦诗文补编》卷二《周历边塞陈利害奏》,第 1620 页。
④ 《续资治通鉴长编》卷一二七,康定元年四月壬辰、辛亥,第 3005、3008 页。
⑤ 《端明集》卷二〇《言河北帅臣》,第 494 页。
⑥ 《公是集》卷三一《论边臣》,第 670 页。
⑦ 《东都事略》卷六六《庞籍传》,第 543 页。
⑧ 《东都事略》卷六二《狄青传》,第 508 页。

北宋中叶,一些头脑清醒的臣僚已意识到传统驭将之策的危害,也不止一人对建国以来的驭将之策及成效进行了总结。如庆历时,御史中丞贾昌朝有如下分析:

> 太祖初有天下,鉴唐末五代方镇武臣、土兵牙校之盛,尽收其权,当时以为万世之利。及太宗所命将帅,率多攀附旧臣亲姻贵胄,赏重于罚,威不逮恩,而犹仗神灵,禀成算,出师御寇,所向有功。自此以来,兵不复振。近岁恩倖子弟,饰厨传,沽名誉,不由勋效,坐取武爵者多矣。其志不过利转迁之速,俸赐之厚尔,御侮平患,何望于兹?昨西羌之叛……以屡易之将驭不练之士,故战必致败。此削方镇兵权过甚之弊也。且亲旧、恩倖已任军职者,便当为将,兵谋战法素不知晓,一旦付千万士卒之命,使庸人致之死地。此用亲旧、恩倖之弊也。①

然而,批评归批评,却未必有文臣愿意彻底改变,故类似的议论难以引起统治集团的重视,往往成为过眼烟云。事实上,宰相庞籍支持任用狄青为南征主帅,是万般无奈的选择。如随后宋仁宗考虑提拔狄青为枢密使时,就遭到庞籍的带头反对。②

正因为对武将根深蒂固的防范心理,加之将领素质普遍不高,当时的文臣遂对武将大都持歧视和轻蔑态度。如宰相王曾贬呼枢密使张耆为"一赤脚健儿",③欧阳修在奏书中公开称宠将郭承祐是"凡庸奴隶之才",④富弼则称殿前副都指挥使郑守忠、马军副都指挥使高化,"皆奴才小人"。⑤ 即使如名将狄青在世时,也被欧阳修认为"尚未得古之名将一二",⑥诸如此类等。于是,"以文驭武"规则落实为文臣的具体行动,以此直接控制将领。如前所述,文官士人直接走上统兵、指挥岗位,还出现文人论兵之风。南宋人晁公武说:"仁庙时,天下久承平,人不习兵。元昊

---

① 《续资治通鉴长编》卷一三八,庆历二年十月戊辰,第3316页。
② 《续资治通鉴长编》卷一七四,皇祐五年二月癸未,第4197页。
③ 《续资治通鉴长编》卷一〇七,天圣七年二月丙寅,第2495页。
④ 《宋朝诸臣奏议》卷六五《上仁宗论郭承祐不可帅真定》,第719页。
⑤ 《续资治通鉴长编》卷一二六,康定元年正月壬午,第2970页。
⑥ 《宋朝诸臣奏议》卷四六《上仁宗乞罢狄青枢密之任》,第494页。

既叛,边将数败,朝廷颇访知兵者,士大夫人人言兵矣。本朝注解孙武书者,大抵皆当时人也。"①

　　不得不指出的是,北宋中叶及以后,众多武将在战场上表现固然不佳,但若对"以文驭武"规则下文官统帅进行评价的话,也不能不基本加以否定。

　　从宋仁宗朝出任方面统帅的文臣背景来看,绝大多数都系进士出身者,既未有沙场经历,原本也不熟悉兵略。如南宋人所指出:唐朝近臣往往出为节度、观察使,以守边塞,"非如后世书生平日不习兵法,州县僚属未尝与闻军事,间或有志事功,冒昧讨论,终非身所经历,出于勉强"。②韩琦开始到陕西前线任职时就承认:"臣素昧兵机,不经边任。"③此后负责方面军指挥时又说自己:"既不能亲冒矢石,应机制变,而但激励将卒,申明赏罚,以昼继夜,实忘寝食。"④宋祁出任定州路都部署兼安抚使、知定州后,也坦承:"惟定武一道,直契丹右廷,咸平以来号劲兵处……(韩)琦既进律,臣实代居,以一介懦儒,当万夫要任,谊难辞剧,奋靡顾愚。然臣所习者艺文,未晓者军旅,用非所习,虽勤而弗效;责于未晓,故技必有穷……"⑤韩琦和宋祁坦言用兵非自己所长,其实也是实情,而其他诸多文臣统帅又何尝不是如此。正因为如此,史籍中留下了文官军事上无能,乃至于失败的大量记载。

　　文官大臣在主掌枢密院时懵懂军情的现象,颇为常见,其中如沈括记载所反映:"宝元中,忠穆王吏部(即王鬷)为枢密使,河西首领赵元昊叛,上问边备,辅臣皆不能对。明日,枢密四人皆罢。"⑥据《宋史·宰辅表二》可知:当时的枢密院长贰为知院事王鬷、夏守赟和同知院事陈执中、张观四人,其中三人为文臣。而武臣夏守赟于康定元年(1040年)二月先出为

---

① 晁公武:《郡斋读书后志》卷二《王晳注孙子三卷》,《景印文渊阁四库全书》第674册,第415页。
② 《经幄管见》卷三,第52页。
③ 《安阳集编年笺注》附录三《韩魏公家传》,第1748页。
④ 《安阳集编年笺注》附录一《韩琦诗文补编》卷二《鄜庆渭三路添兵将奏》,第1625页。
⑤ 《景文集》卷三八《谢加端明表》,第329页。
⑥ 《梦溪笔谈》卷九《人事一》,第97页。

陕西都部署兼经略安抚使,同年三月,王鬷、陈执中及张观"并以西兵不利,又议乡兵不决",被同时罢免西府之职。①

文臣在前线的无能表现,也相当突出。如夏竦作为对夏用兵的主帅,畏缩自守、怯懦无能,韩琦便揭露道:"夏竦在永兴,但阅簿书、行文移而已。"②庆历二年(1042年),夏竦召拜枢密使时,言官"皆言竦奸邪,在陕西怯于用兵,今用之则边将之志堕矣"。③ 时人有诗云:"四海传烽急,长安亦响振。老儒稽变事(原夹注有:是时秦州守坐边事贬秩),强敌暴生民……"④三川口之战后,新任知延州张存虽善议论,却因胆怯一度拖延赴任。后不得不向前来议事的范仲淹诉苦,"乃云素不知兵,且以亲年八十求内徙"。于是,宋廷以范仲淹接替其职。张存有如此胆怯表现,正在于以毫无军事经验的文人身心应付激烈的战争,也就难怪他不愿意,也不敢留在前线。⑤ 侬智高造反后,宋中央最初以文臣杨畋为广南西路体量安抚使,主持军务。杨氏虽能以仁爱抚下,"士卒爱之",但"畋儒者,迂阔无威,诸将不服",遂接连失利。不久,当政者只得撤换其职。史称其:"用之岭南,以无功斥,名称遂衰。"⑥

在战场上,文官统帅因缺乏兵略导致失败的情况,就更为严重。如范雍出守延州,负责方面防御之责,但在三川口之战中却指挥无方,既轻信对手而落入圈套,又前后指令反复,最终招致惨败。"元昊先遣人通款于雍,雍信之,不设备。一日,引兵数万破金明砦,乘胜至城下。会大将石元孙领兵出境,守城者才数百人。雍召刘平于庆州,平帅师来援,合元孙兵与贼夜战三川口,大败,平、元孙皆为贼所执。雍闭门坚守,会夜大雪,贼解去,城得不陷"。⑦ "属元昊盛兵攻保安军,时平屯庆州,范雍以书召平,

---

① 《宋史》卷二一一《宰辅表二》,第5463页。
② 《安阳集编年笺注》附录一《韩琦诗文补编》卷二《乞陕西仍分四路各依旧职责》,第1631页。
③ 《东都事略》卷五四《夏竦传》,第426页。
④ 《公是集》卷二六《上夏太尉》,第620页。
⑤ 《续资治通鉴长编》卷一二八,康定元年八月庚戌,第3035—3036页;《宋史》卷三二〇《张存传》,第10414页。
⑥ 《涑水记闻》卷一三,第259页;《宋史》卷三〇〇《杨畋传》,第9965页。
⑦ 《宋史》卷二八八《范雍传》,第6979页。

平率兵与石元孙合军趋土门。既又有告敌兵破金明、围延州者,雍复召平与元孙救延州"。① 司马光对此还有详细记载:刘平屯庆州,康定元年(1040年)正月,"鄜延路都部署范雍闻夏虏将自保安军土门路入寇,移牒使平将兵趣土门救应。十五日,平将所部三千人发庆州。十八日,至保安军,遇鄜延路副都部署石元孙。十九日,与元孙合军趣土门。有蕃官言:'贼兵数万已入塞,直指金明。'会得范雍牒,令平、元孙还军救延州,平、元孙引兵还。明日,复至保安军,因昼夜兼行。二十二日,至万安镇。平、元孙将骑兵先发,令步兵饭讫继进。夜至三川口西十里所,止营,令骑兵先趣延州夺门。是时,东染院副使、鄜延路驻泊都监黄德和将兵二千余人屯保安军北碎金谷,巡检万俟政、郭遵各将所部分屯他所,范雍皆以牒召之,使救延州,平又使人趣之"。次日,刘平与石元孙率军至三川口,遂于西夏军队遭遇,最终全军覆没。② 综合以上记载,可见范雍既无能又胆怯。首先,他放松了对元昊的警惕,没有对可能出现的进攻做出必要的防备;其次,当得知保安军遭到西夏军队攻击时,没有充分考虑派兵增援对延州城防的影响,便将刘平与石元孙所部派往保安军;最后,闻听对手来犯延州后,不顾刘平、石元孙部所处状况,又下令两军火速回援延州。这种盲目而自相矛盾的调动指挥,最终导致宋军在三川口之役的大败。

康定二年(1041年)发生的好水川之败,韩琦作为总指挥也难逃其责。遗憾的是,由于韩琦是宋仁宗、英宗及神宗三朝的重臣,故文献史料对其在好水川之败中的责任多加避讳,也就很难完全掌握韩琦当时的行为。不过,透过其他方面的资料,还是能隐约反映韩琦指挥上的失误。如当谏官余靖反对狄青镇守渭州时,就不得不承认:"况好水之败,韩琦等为招讨使,定川之败,王沿为都部署,皆号本朝精选,尚犹不免丧师。"③余靖所言,虽然没有明确谴责韩琦,但其实已将好水川之败与作为主帅的韩

---

① 《宋史》卷三二五《刘平传》,第10502页。
② 《涑水记闻》卷一一,第213页。
③ 《续资治通鉴长编》卷一五〇,庆历四年六月癸卯,第3631页。有学者对韩琦等文臣统帅在御夏战争中给予过高的评价,所谓:"他们之所以能够制服强悍的夏人,使其就范,除了策略运用得宜外,他们本身也有相当魄力。"但显然与史实有较大距离。参见罗文:《北宋文臣统兵的真相》,漆侠主编:《宋史研究论文集》,河北大学出版社2002年版。

琦联系起来。这就难怪西夏在获胜后投书宋境,其文讽刺道:"夏竦何曾耸,韩琦未是奇,满川龙虎辈,犹自说兵机。"①

在御夏战争中,范仲淹无疑较其他文臣有突出的表现,当时人尹洙曾称颂道:"自国家分命儒臣统制方面,未有亲总师律、蹈履贼境如明公者,诚懦夫所增气也。"②范仲淹与韩琦一并获得宋人的高度评价,所谓:"琦与范仲淹在兵间久,名重一时,人心归之,朝廷倚以为重,故天下称为'韩、范'。"③长期以来,研究者对范仲淹这方面的功业也多加肯定。

然而,从北宋当时与西夏的实际战况来看,无论是韩琦还是范仲淹,都主要在维持防御上发挥了一定的作用,其中范仲淹能清醒地调整部署,未出现重大战场败绩,较之于韩琦似更为成功。但就军事战略的角度上看,"韩、范"的作用都相当有限,既无力征服对手,也不能扭转被动挨打的基本战局,不过维持而已。故朱熹即认为:"当时事不可晓。看来韩、范亦无素定基本,只是逐旋做出。"④"本朝全盛之时,如庆历、元祐间,只是相共扶持这个天下,不敢做事,不敢动。被夷狄侮,也只忍受,不敢与较,亦不敢施设一事,方得天下稍宁。"⑤王夫之也指出:"于是而宋所以应之者,固宜其茫然也。种氏之外,无一人之可将,中枢之地,无一策之可筹……狄青初起,抑弗能乘其朝气,任以专征,不得已而委之文臣。匪特夏竦、范雍之不足有为也。韩、范二公,忧国有情,谋国有志,而韬钤之说未娴,将士之情未浃,纵之而弛,操之而烦,慎则失时,勇敢则失算。"⑥王船山所谓"韬钤之说未娴,将士之情未浃"的评语,正是韩、范等一时"皆号本朝精选"者自身存在的先天弱点。

当"以文驭武"规则大行其道时,范仲淹通过亲身边防经历,已意识到纯粹文臣无法应对残酷的战场鏖战这一事实,而当时职业武将身上又

①　周煇撰,刘永翔校注:《清波杂志校注》卷二,中华书局 1994 年版,第 71 页。
②　尹洙:《河南集》卷七《答环庆招讨使范希文书一首》,《景印文渊阁四库全书》第 1090 册,第 33 页。
③　《宋史》卷三一二《韩琦传》,第 10223 页。
④　《朱子语类》卷一三三《夷狄》,第 3189 页。
⑤　《朱子语类》卷一二七《钦宗朝》,第 3051 页。
⑥　《宋论》卷四《仁宗》,第 93 页。

存在诸多的缺陷,他遂在《渔家傲》一词中发出了"将军白发征夫泪"的喟叹。王船山窥见到范仲淹的无奈心迹,指出:"吟希文'将军白发'之歌,知其有弗获已之情,四顾无人,而不能不以身任。"①其实,早在天圣五年(1027 年),范仲淹就提醒当政者注意培养武将:"将门出将,史有言焉。今将家子弟蔑闻韬钤,无所用心,骄奢而已。文有武备,此能备乎? 今可于忠孝之门,搜智勇之器,堪将才者,密授兵略,历试边任……一朝用之,不甚颠沛,十得三四,不云盛乎? 至于四海九州必有壮士,宜设武举,以收其遗。"②到对夏交战后,范仲淹又提出文武参用的主张,以减少僵硬的"以文驭武"规则之害。他在给宰相的上书中这样说:

> 皇朝罢节侯,署文吏,以大救其弊,立太平之基……忘战日久,内外武帅无复以方略为言,惟文法钱谷之吏驰骋于郡国,以剋民进身为事业,不复有四方之志,一旦戎狄叛,常爱及征讨,朝廷渴用将帅,大患乏人,此文之弊也。前则刘平陷没,范资政去官。次则韩琦与某贰于元帅,不能成绩,以罪失职。复以夏、陈分处二道,期于平定,近以师老罢去,而更张之,三委文帅,一无武功,得不为阃门之笑且议耶? 今归之四路,复皆用儒,彼谓相辅大臣朋奖文吏,他日四路之中一不任事,则岂止于笑? 当尤而怒之。用儒无功,势必移于武帅,彼或专而失谋,又败国事,况急而用之,必骄且怨,重权厚赏,不足厌其心,外寇未平而萌内患,此前代之可鉴。

基于对"三委文帅,一无武功,得不为阃门之笑且议耶"问题继续存在的担忧,于是,范仲淹建议在陕西四路用文武指挥者各半,"使文武之道协和为一",否则"以逐路部署为经略招讨之贰,谓之参用……或以文换武,谓之参用",则皆不会有效。③ 但范仲淹的建议,并未得到采纳,故传统的驭将之策,特别是"以文驭武"举措继续产生着副作用。

北宋在使用文臣统帅和武将之间,遂陷于两难境地。如张载所云:"择帅之重,非议者得言。本朝以武臣典强藩,轻战忘患,故选用文臣节

---

① 《宋论》卷四《仁宗》,第 93 页。
② 《范文正集》卷八《上执政书》,第 638—639 页。
③ 《范文正集》卷九《上吕相公书》,第 656—657 页。

制，为计得矣。然寇仇入境，则举数万之甲付一武人，驱之于必战之地，前后取败，非一二而已。然则副总管之任，系安危胜负之速，甚于元帅，而大率以资任官秩次迁而得，窃为朝廷危之。帅得其人，则守边之守听帅择为宜……"①根据张载的这一议论，可以看出宋廷用文臣作为主帅节制武臣，虽可以防范"轻战忘患"问题的发生，但每当外敌大举入侵之际，文官主帅不可能亲自上战场，仍然需要武将出征作战。因此，武臣副总管之任，"系安危胜负之速"，其责任实际上还重于主帅。统兵作战的武将如果存在问题，自然难免导致疆场的失败。至于任用文臣主帅存在的问题，因事关朝廷治国方略，张载只能避而不谈。

在此不妨再举一例，朝官田况被视为北宋中叶"有文武才"的能臣，当保州发生士卒造反的情况后，田况受命前往处置。他在此次行动中最突出的表现，便是敢于坑杀已被招降的四百二十九名军人，②以此一时名动朝堂上下。此后，田氏不仅连续得到提拔和重用，承担过西北军事指挥的重任，最终成为枢密院之长，而且赢得了士大夫的高度评价，被认为具有果断处理大事之才。如叶清臣对宋仁宗说：今辅翊之臣，"临大事能断者，莫如田况"。③ 但就田况任职军务的情况而言，除了背信弃义地坑杀降卒一事外，无论是高居庙堂，还是镇守地方，并未有其他显著军功业绩可言，也看不到在军事决策以及边防上有什么建树。由此，也可窥见当时文臣统帅真实能力之一斑。

在宋神宗时代，虽因倾心振兴武备，赋予带兵者较以往更多的权力，但由于包括"以文驭武"规则在内的传统驭将之策的存在，加之"崇文抑武"方略的长期影响，因此北宋在对西北的用兵过程中，实际收获有限，而败绩常有。当时，唯有王韶以文臣统帅身份在军事行动中事迹突出，不过如王韶这样的指挥者实在是凤毛麟角。在此期间，文臣指挥失误的现象，依然时有发生。有关这方面的典型例证如下：

熙宁三年(1070 年)，西夏进入宋朝境内修筑堡垒，环庆路经略安抚

---

① 《张载集》佚存《边议》，第 358 页。
② 《宋史》卷二九二《田况传》，第 9782 页。
③ 《宋史》卷二九五《叶清臣传》，第 9853 页。

使、文臣李复圭授本路钤辖李信及刘甫、种詠等武将"阵图、方略",命令出军征讨。李信等诸将依照指令行动,却兵败而归。史称"信等如其教,未至贼营,贼兵大至,信等众才三千,与战不利,多所失亡,退走荔原堡。复圭急收前所付阵图、方略,执信等付宁州"。最终,李信、刘甫以"违节制"之罪被杀,种詠死于狱中。① 不仅如此,李复圭还打算寻找更多替罪羊,以逃避自己的罪责。据记载,"李复圭治庆州之败,既斩李信、刘甫,又欲罪鄜延都巡检使白玉。玉见(郭)逵托以后事,且泣言不得终养母。逵哀之,不遣,申救甚力,得免"。② 此事清楚地反映了一些文官主帅因自己无能,在导致作战失败后,利用职权推卸责任于部下武将的卑劣行为。

熙宁三年,参知政事韩绛出为陕西兼河东宣抚使,"听便宜施行"。同年底,韩绛拜同中书门下平章事、昭文馆大学士,"开幕府于延安",可谓获得西北最高的指挥大权。在宋神宗"面授攻守二策"的情况下,韩氏因"素不习兵事,注措乖方",于是出现军心浮动、行动混乱的局面,终于导致了要塞丧失以及士卒兵变的后果。③

至于到北宋末年,蔡攸之流与童贯在收燕山过程中的无能表现,便更为荒唐。④ 针对靖康之难期间文臣决策军事、指挥的无能,宋代史家王称评说道:"才疏而术浮,无图回天下之志。使之遭时承平,从容庙堂,商古今,谈治乱,可也。而况艰难之际,倚之而谋国,岂不殆哉?"⑤就此评述可以看出,这些文臣在太平岁月可以坐而论道,但在军情紧张之际,却只能空谈误国。张孝纯以主帅身份守太原,面对金军的猛烈围攻,既手足无措,又试图投降,艰难的守城职责遂由副手、将官王禀毅然承担。⑥ 在增援太原的军事行动中,坐镇京师的知枢密院事许翰既不了解前线军情,又

---

① 《续资治通鉴长编》卷二一四,熙宁三年八月己卯,第 5218 页;《宋史》卷二九一《李复圭传》,第 9743 页。

② 《宋史》卷二九〇《郭逵传》,第 9725 页。

③ 《宋史》卷三一五《韩绛传》,第 10303 页;《续资治通鉴长编》卷二二一,熙宁四年三月丁未,第 5389 页。

④ 《宋史》卷四七二《蔡攸传》,第 13728 页。

⑤ 《东都事略》卷一〇八《唐恪传》等,第 927 页。

⑥ 参见李华瑞:《北宋抗金名将王禀事迹述评》,《中州学刊》1995 年第 2 期。

随意督战，"数遣使督（种）师中出战，且责以逗挠"。大将种师中被逼无奈，只得贸然出战，结果"为金人所袭"，兵败战死。①

当金军兵临黄河北岸时，不谙军事的文官大臣、同知枢密院事李回与文臣折彦质率十二万大军守河，折氏先惊慌逃跑，"三军皆溃，李回亦奔还京师，于是，粘罕得以治栰寻舟，尽渡其众"。② 这就难怪头脑稍微清醒的文官孙觌，奉命以提举官身份守京城东壁时，主动向宰相请求辞职："某以眇然一书生，岂可使驾御群黥、守卫城壁？相公盍择一勇悍之将，谙练军政者，使某受代而去，不然一旦误事，非某一人之休戚也。"③但当政者仍以文臣提举四壁防御，其结果便如孙觌所料。在当年，朝臣杨时也深切感受到文人误兵之害，主动要求用武将统军作战，所谓："臣本书生，军旅之事，未之学也，不敢自信其说。有如种师中、刘光世之徒，皆一时名将，始至而未用。""今良将劲卒，咸欲自效，失此不为，则后将噬脐矣。惟陛下留神而审处之。"④然而，这些警告的呼声实在是过于微弱，并未能改变积习已久的成见，个别清醒文官所预见的结果，遂不可避免地出现。

综上所述，宋太祖朝的驭将之策，在控制与使用之间保持了平衡，既杜绝了将帅跋扈的问题，又调动了他们作战的积极性，故具有理性而务实的特点，收效显著。宋太宗朝的驭将之策，开始出现打破平衡的变化，压制、束缚成为核心精神，收买、宽纵则为之辅助，从而弱化了武将的角色作用，具有明显的保守特点。其所产生的效果，在对外战争中已被证明失败。自宋真宗朝以降，驭将之策在继承先朝传统的基础上，不仅进一步加大压制、束缚的力度，还添加了"以文驭武"的内容，具有极端保守与僵化的特点。从边防上长期被动挨打乃至于亡国的结果来看，其副作用显而易见。

如果说北宋"崇文抑武"方略是对唐末、五代乱世矫枉过正的产物，

---

① 《宋史》卷三三五《种师中传》，第 10755 页。
② 《三朝北盟会编》卷六三，靖康元年十一月十二日，第 469 页；《宋史》卷二三《钦宗纪》，第 432 页。
③ 《三朝北盟会编》卷六六，靖康元年闰十一月四日，第 497 页。
④ 《杨时集》卷一《上钦宗皇帝书·其三》，第 22 页。

那么"以文驭武"规则则是北宋对武人防范过度的必然结果。这一大一小现象的存在,固然有助于域内稳定与文教发展,但对边防的危害以及世道人心的消极影响,也是不言自明。南宋时,著名学者叶适曾痛心地指出:"而本朝之所以立国定制、维持人心,期于永存而不可动者,皆以惩创五季而矫唐末之失策为言,细者愈细,密者愈密,摇手举足,辄有法禁。而又文之以儒术,辅之以正论,人心日柔,士气日惰,人才日弱……"①还值得一提的是,宋高宗绍兴元年(1131 年),翰林学士汪藻上《驭将三说》,在要求恢复传统驭将之策的同时,还将北宋亡国归罪于武将。汪藻的议论传出后,"诸将皆忿,有令门下作论以诋文臣者",将领们反驳道:"今日误国者皆文臣。自蔡京坏乱纪纲,王黼收复燕云之后,执政、侍从以下持节则丧节,守城则弃城,建议者执讲和之论,奉使者持割地之说。提兵勤王则溃散,防河拒险则逃遁。自金人深入中原,蹂践京东西、淮南之地,为王臣,而弃地弃民,误国败事者,皆文臣也。间有竭节死难,当横溃之卫者,皆武臣也。又其甚者,张邦昌为伪楚,刘豫为伪齐,非文臣谁敢当之。"②武将们的这些辩词,固然不免偏激,但所提及的诸多例证,如"执政、侍从以下持节则丧节,守城则弃城,建议者执讲和之论,奉使者持割地之说,提兵勤王则溃败,防河拒险则逃遁"等,却大致都属于事实。其后,作为文臣的朱熹也尖锐地指出:"秀才好立虚论事,朝廷才做一事,哄哄地哄过了,事又只休。""太祖当时亦无秀才,全无许多闲说。"③或许如西方学者所提出的疑问之一那样:宋代发展到死路一条,是"被汉人的精英分子不能对实践和实效给予应有的重视与关心所毁灭?"④

　　显而易见,"以文驭武"是"崇文抑武"的必然伴生物和必然结果。所谓"文之以儒术,辅之以正论,人心日柔,士气日惰,人才日弱";所谓"秀才好立虚论事,朝廷才做一事,哄哄地哄过了,事又只休"的秘密,并非偶然,也并非孤立,都应从北宋"崇文抑武"的治国方略中去找寻。

----

① 《叶适集》之《水心别集》卷一二《法度总论二》,第 789 页。
② 《建炎以来系年要录》卷四二,绍兴元年二月癸巳,第 910 页。
③ 《朱子语类》卷一二七《太祖朝》,第 3043 页。
④ 《剑桥中国辽西夏金元史》,第 49 页。

结　　语

　　北宋时期,武将群体作为王朝统治的主要支柱之一,承担着统管军队、维护国家秩序和边防的重要职责。但与以往相比,北宋武将群体在诸多方面也发生了变化,有着不同于以往的许多特质,从而被打上了鲜明的时代烙印。本书通过对北宋武将群体与相关问题的研究,获得了以下认识:

　　其一,北宋武将群体在构成上,虽然包括武将世家、潜邸亲随、军班行伍、外戚成员、文人从军、武举选拔、宦官及蕃将出身等人员,但从所占比重和实际发挥的作用来看,武将世家、军班行伍、潜邸亲随及外戚成员等四类人员显然最为重要,可谓北宋各个时期武将群体的中坚。而就这四类出身背景的武将相较,武将世家和军班行伍在数量上又占据多数,并在军事活动中发挥着主要的作用,北宋著名武将也多产生于其间。军班行伍出身者在文化素质上存在先天不足,武将世家中也存在依赖家门的现象。潜邸亲随和外戚成员的数量不如武将世家和军班行伍出身者,其能力和素质也明显较低,不过由于其特殊的背景,往往能身居高位,成为武将群体中的权贵势力。因此,从整体上看,北宋武将群体素质与水平出现了较以往下滑的趋势。

　　其二,在北宋最高军事机要、决策机构的枢密院中,由于统治者实行"崇文抑武"方略及"以文驭武"规则,武将出身者日益受到排挤。从宋真宗朝以后,武将在枢密院长贰中的比例不断下降,特别是从宋仁宗至和三年(1056 年)以后,武官基本上被排挤出枢密院。北宋枢密院中武将遭受压制和排挤,以不谙兵略的文臣长期主掌最高军事决策,便不能不对当时的国家武备和边防产生极大的消极影响。

其三,北宋时期,禁军最高统军机构——三衙(前身为两司),是完全由武将统管的组织,其将帅是当时军队武将中的最高代表。但在"收兵权"的原则指导下,三衙受到枢密院的控制和制约。因此,三衙将帅并无独立指挥和用兵的权力。随着抑制武将方针、政策的不断推行,不仅三衙将帅的权威及地位出现下降的情况,而且三衙将帅在出征和镇守时也基本沦为文臣统帅的下属和部将。

其四,在北宋地方统军、指挥系统中,武将群体的角色前后也经历了较大的变化。其中在北宋前三朝,武将是出征和镇守的各级指挥者。到宋仁宗朝对西夏开战以后,文臣以方面统帅身份逐渐控制了边防及重要地区的统军、指挥权,武将则退为其副职和部将。北宋武将在地方统军体系中的这一角色变化,同样表明当时武将群体地位的降低。

其五,在北宋时期,"崇文抑武"最初作为重要的统治思想,是统治集团对唐末五代分裂割据、武人跋扈教训汲取的产物。但随着宋太宗朝统治路线的转变,"崇文抑武"思想与"守内虚外"意识结合,逐渐被确立为治国方略,开始渗透于王朝的各个层面,从而对北宋军政产生深远的影响。自宋真宗朝以降,这一方略不仅得到沿袭,而且被不断深入贯彻和放大,绵延不绝,直至南宋。可以说,"崇文抑武"方略既是北宋对以往矫枉过正的结果,也是当时皇权与士大夫集团狭隘利益结合的产物。这一方略及其衍生政策的长期推行,对北宋社会产生了巨大的影响,特别是对文武价值取向有着更为直接的作用,遂出现了文官与武臣之间的鸿沟。

最后,北宋统治者控驭武将的手段,主要体现在其驭将之策上,而这也经历了前后的重大变化。宋太祖时代,其驭将之策的特点在于区别对待,其精髓是既注重控制与防范,也重视调动积极性。宋太宗朝的驭将之策,重在压制和束缚,收买、宽纵则为辅,就此武将发挥作用的空间变小。到宋真宗朝以降,其驭将之策日趋保守、僵化,并与"将从中御"相融合,派生出"以文驭武"的畸形规则。北宋边防上长期被动挨打乃至覆灭的结局,与保守、僵化的驭将之策有较大的关联。

通过对北宋武将群体全面、系统地考察,探寻到其角色、地位以及作用变迁的轨迹,与当时"崇文抑武"治国方略、驭将之策存在密切的关系。由此,也可以从侧面揭示北宋朝政演进的路径,以及社会风尚、价值观的走向。再转换角度并客观地看,在北宋"崇文抑武"方略的导向和氛围之下,朝政与社会避免了超强武力因素的干扰,统治者又注重用怀柔方式化解包括将帅在内的上层的矛盾,从而减少了大的政治动荡。事实上,以往历史上诸如权臣篡位、宦官干政、外戚专权、军阀割据等痼疾,以及席卷全国的大规模农民起义的现象,在宋朝近乎绝迹。这就使得宋朝域内统治秩序相对稳固,各阶层获得较长时间的安定环境,从而有助于社会经济、文教和科技的持续发展。现代史家陈寅恪先生"华夏民族之文化,历数千载之演进,造极于赵宋之世"①的评语,即是对宋代文明发展程度的充分肯定。

然而,凡事过犹不及。北宋武将群体长期受到束缚和压制,致使其作战能力不断下降,其应有的果敢精神日渐沦落,以至于萎靡气息弥漫于军营上下。这固然消弭了武将造反、兵变的意志,但却对边防造成了严重的伤害,致使边防长期处于被动挨打的境地,就此构成中国历史上的一个突出现象。如苏辙所反映:"今天下有大弊二:以天下之治安,而薄天下之武臣,以天下之冗官,而薄天下之武举。彼(即指武将)其见天下之方然,则摧沮退缩而无自喜之意。"②因此还对社会风气带来不良影响,从军报效国家的意识消退,长期以来勇于进取、积极开拓乃至于尚武的传统失落。正因为如此,宋代文献典籍中虽不乏朝臣和文士"论兵""议边"的文字,尤其是在边防形势紧张之际,更是议论纷纷,但终究只能隔靴搔痒,无济于事。南宋学者吕祖谦所说:本朝"文治可观而武绩未振,名胜相望而

---

① 陈寅恪:《邓广铭宋史职官志考证序》,《金明馆丛稿二编》,上海古籍出版社 1982 年版,第 245 页。

② 《苏辙集》之《栾城应招集》卷七《进策五道·第三道》,第 1299 页。

干略未优"；①后世史家所称宋朝"声容盛而武备衰"②的时代特征，便与其治国方略以及"以文驭武"规则有直接关联。在此，不妨借宋代学者的一段评议再加以总结：

> 汉、唐多内难，而无外患，本朝无内患，而有外忧者，国势之有强弱也。盖我朝有唐虞三代之治体、制度，而无汉、唐之国势……而国势之所以不若汉、唐者，则有由矣。盖我朝北不得幽蓟，则河北不可都；西不得灵夏，则关中不可都；不得已而都汴梁之地，恃兵以为强，通漕以为利，此国势之弱一也。诸镇皆束手请命，归老宿卫，一兵之籍、一财之源、一地之守，皆人主自为之，郡县太轻而委琐不足恃，兵财尽关于上而迟重不易举，此国势之弱二也。以科举程度而取士，以铨选资格而任官，将帅知畏法而已，不敢法外以立功，士大夫知守法而已，不敢法外以荐士。论安言计，动引圣人，群疑满腹，众难拂膺，此古今儒者之所同病，而以（朱）［文］墨为法，以议论为政，又本朝规模所独病，此国势之弱三也。故其始也，虽足以戢天下之异志，终也，不足以弭夷狄嫚侮之骄心。譬之长江、大河，无鼋鼍蛟龙奋翅鼓鬣，以激其冲突溃荡之势，帖然安静之久，人亦得狎而玩之，五尺之童，且操舟其上矣……
>
> 自太祖以来，外权愈困，内法愈密，以阵法图授诸将，而边庭亦如内地，支郡各自达于京师，而列郡无复重镇。加以河东之后，王师已罢，故虽以曹彬名将，而亦不能收一战之功。自是而后，偃兵息民，天下稍知有太平之乐，喜无事而畏生事，求无过而不求有功，而又文之以儒术，辅之以正论，人心日柔，人气日惰，人才日弱，举为懦弛之行，以相与奉繁密之法。故虽以景德亲征之后，天下以为美谈，而不能不纳赂以为盟，虽以仁宗庆历之治，至今景仰，以为甚盛，而不能不屈己以讲好。③

---

① 《宋史》卷四三四《吕祖谦传》，第12874页。
② 《宋史》附录《进宋史表》，第14255页。
③ 吕中撰，张其凡、白晓霞整理：《类编皇朝大事记讲义》卷一《国势论》，上海人民出版社2014年版，第42—43页。

还值得一提的是,西方学者的见解,颇有相异之处。如同陈寅恪先生在《隋唐制度渊源略论稿》中,将隋唐制度"视为一体,并举合论"一样,有影响的《泰晤士世界历史地图集》的作者,对宋代历史的评价,是与唐朝紧密联系起来的。依其见解,"宋这个国家比之唐组织得略有不同。皇帝掌握大权,军事和财政专家有很大的势力。但是在改良派和保守派之间存在着经常和激烈的党争,这削弱了虽尚富强但敌国压境的宋朝。宋比唐的世界主义为少,对外部世界经常采取防范和猜疑的态度"。安史之乱以后,中国人从中亚撤退,"中国与中亚之间深厚的文化联系被破坏了,中国变得更加内向"。"到十三世纪,在迅速变化和发展的时期之后,变化的步子明显地慢下来了。这部分是由于蒙古侵略者的巨大破坏和社会分裂造成的结果,但也有部分原因是唐宋时的中国成长为一个持久稳固的社会,发展了保守和顺从的知识及政治态度,而妨碍和反对变革。但是在十三世纪时,中国仍然人口众多、出产丰富,它的社会很有秩序也很安定,它的科学和技术远甚于同时代的欧洲,在这整个期间(即指唐宋时期),中国是世界上的最强大的国家,中国的文化是世界上最辉煌的。"①由此,历史的因果之链显然不是一条简单、纯粹的直线。回到本书的主题上,依笔者看来,围绕北宋武将群体而展开的延伸研究,是一个还难以穷尽的课题。

---

① 〔英〕杰弗里·巴勒克拉夫:《泰晤士世界历史地图集》,生活·读书·新知三联书店1985年版,第126—127页。

附　　录

中国古代治国理念及其转变
——以宋朝"崇文抑武"治国理念为中心

中国古代历史上,秦与汉唐统一帝国在较长时期里奉行了文武并重的治国理念,力图保持文治与武功的平衡。当其强盛之时,一方面对内强化统治与建设,另一方面对外采取积极的边防攻势,从而维持了大一统的格局。但其长期的对外战争也加重了国力的负担,导致社会矛盾加剧,并最终削弱统治能力。宋初统治者也有延续以往治国理念的用意,然而宋太宗两次北伐失败后,转而以内部建设为主,对外则采取被动防御的战略,崇文抑武开始成为其治国理念。此后,这一理念得到继承和巩固,由此在内部的秩序、社会经济及文教发展上获得前所未有的成就,却在边防上产生了巨大的消极影响。

在中国古代历史上,历代王朝都面临着如何治理国家的重大问题,这不仅关系到国家的发展方向,而且关乎王朝的生存与兴衰。因此,当政者必须制定各项方针、政策,以保障国家的发展,并解决现实中面临的各种困境。而各项方针及政策的出台,又要依靠一条核心治国思路为原则,也就是说立国与发展的最高追求目标究竟是什么？以及主流的价值观是何种？这便是治国理念。中国古代王朝的治国理念，一般是在经历开国时期总结以往的经验教训和摸索自身的特质及定位之后，由最高统治者与执政大臣所逐渐确定，同时也得到统治集团主流意识的认同，从而长期存在于当政者的精神深处。

历朝历代，无不有其治国理念，并在其指导下确立相关的方针及政策，然后加以实施贯彻。方针、政策通常是动态的，随着内外形势的发展变化会不断加以调整，治国理念却往往是相对常态的，一旦形成便会长期稳定下来，并发挥作用、影响。当然，不同的治国理念会造就不同的气象，也不免会带来自身相应的问题。到一个王朝陷于混乱、衰亡阶段后，统治集团顾此失彼、内外交困，其治国理念也就难以贯彻实施，自然便流于沦丧，而这是不可避免的历史结局。

一

早在夏商西周的三代时期，由于早期血缘国家的形态特点，邦国在政治上实行了等级分封制的统治模式，来维护以君王为核心的各级血缘贵族的利益，并凝聚向心力，所谓"君君""臣臣""亲亲""贵贵""父父""子子"。因此，也初步形成了"普天之下，莫非王土；率土之滨，莫非王臣"的天下统一观念，并由此支撑起以天子为代表的形式上的全国统治。与此同时，为了应对周边异姓部族势力的威胁，王朝中央保持相对强大的军事武装，必要时则动员诸侯国的力量，力图采取积极的边防战略，适时地通过征伐的军事手段打压对手，以维护国家利益。

到春秋时期，随着周平王东迁后中央力量的迅速衰落，"礼乐征伐自天子出"的格局沦丧。在权威下移的形势下，于是群雄逐鹿，诸侯纷争。此时，强国虽然都在争夺霸主地位，并试图接替天子号令天下的位置，其原有的统治模式却大致得以延续。

进入战国时代，随着诸侯交战的加剧，弱国逐渐消亡，资源开始向大国集中，强国转而追求更高的目标——从独霸天下趋向统一天下。为了达到这一目的,列国统治者无不图强自存,一方面改革政治经济制度,增加财赋收入,另一方面扩军备战,积极对外用兵。因此,现实政治更离不开武力方式的推动,战争成为助推滚滚历史车轮的强有力手臂。孙子即指出:"夫将者,国之辅也,辅周则国必强,辅隙则国必弱。"[1]虽然墨家有"非攻""兼爱"的反战主张,道家有无为而治的理念,儒家有仁政的见解,但由于与列国交战、图存的现实需求相抵触,都难以大行其道。而法家、兵家更能适应时代的要求,如孙武"合于利而动,不合于利而止"[2]的用兵主张,商鞅"以战去战,虽战可也"[3]、尉缭"故兵者,所以诛暴乱、禁不义也"[4]的战争观,都将武力战争视作维护自身安全、打击对手的必要手段,并蕴含其正义的精神,从而满足了统治者的现实利益需要,因此军事竞赛成为各国的必然选择,也成为其治国的重要内容。正因为如此,当时出现的弭兵运动也难以为继。

秦国以"农战"为施政的基本方针,便是讲求最直接的富国强兵功效,一方面积极鼓励百姓从事农业生产,以增加国家的收入;另一方面突出"军功"的导向功能,动员民众踊跃投军,走向战场。为了确保这一方针的贯彻,又辅之以严刑峻法,从而在制度上得到有力的保障。战国后期真实的历史便诠释出这样的事实:秦自商鞅变法确立了走"农战"的强国之路,建立起了高速运转的国家机器,其军事实力迅速崛起,终于用战争手段统一天下。

值得注意的是,先秦时期随着华夏中心观念的形成,无论是在三代名义统一的格局下,还是在诸侯列国纷争的岁月中,围绕捍卫自身文明与安全利益的目的,中原政权产生了"尊王攘夷"的用兵战争观念,即对来自外部的威胁势力一致抗击,与此同时,因对内维护统治的需要,又有"大刑用兵"的认识。如唐代史家所说:"三皇无为,天下以治。五帝行教,兵

---

[1]　《十一家注孙子校理·谋攻篇》,第71页。

[2]　《十一家注孙子校理·火攻篇》,第355页。

[3]　商鞅:《商子》卷四《画策第十八》,商务印书馆1939年版,第31页。

[4]　《尉缭子》卷二《武议第八》,第187页。

由是兴,所谓'大刑用甲兵,而陈诸原野'。"①于是,在治国思想上大致奉行"国之大事,在祀与戎"之说的原则,②也就是以维系同姓血缘贵族利益为核心的政权建设与军事征伐手段并重的思想,正是这种现实政治需要的体现,也成为当权贵族的主流意识。其治国理念的要义便是文武并重,如孔子云:"有文事者必有武备,有武事者必有文备。"③

秦朝的统一,标志着东亚地区空前强盛的中央集权帝国的建立。就地缘背景而言,秦帝国一改以往"小国寡民"的地理格局,东临茫茫大海,西接青藏高原,南靠崇山峻岭,北面广袤草原,形成以黄河中下游为重心的辽阔疆域。从国防形势来看,秦朝拥有相对封闭的簸箕形地理环境,其东、西和南面拥有阻隔外部的自然屏障,唯有北部相对开放。再从周边部族的分布而言,由于地理和生产方式的差异,只有北部广阔草原地区能够集中人力、物力资源,形成强大的军事力量。当代学者在研究全球人类通史后认为:

> 在地处大草原西部的印欧各族和地处大草原东部的蒙古—突厥人之间,有一条最早的分界线,这就是阿尔泰山脉和天山山脉。这条分界线以东的大草原,地势较高、较干燥,气候通常也更恶劣……这一地理上的不平衡造成相应的历史上的不平衡,即出现了一个持久的、影响深远的、由东向西的民族大迁徙。这些东方的游牧部落,由于其地理位置,不仅能进入欧洲、中东和印度,也能抵达中国;只要有机会,它们就不时地侵入中国。④

这里所说的中国,当然应是历史上的中原王朝。事实上,长期以来也唯有北方的游牧势力能够对中原的农耕政权造成军事威胁,所以御北成为秦朝及之后王朝的边防重点。这也决定了中原政权要想保持统一格局,就不得不依靠武力抗击北方游牧势力,耗费巨大的万里长城的出现也不是

① 杜佑:《通典》卷一四八《兵·序》,中华书局1992年版,第3779页。
② 《春秋左传注》成公十三年,第861页。
③ 《史记》卷四七《孔子世家》,第1915页。
④ [美]斯塔夫里阿诺斯:《全球通史——1500年以前的世界》,吴象婴、梁赤民译,上海社会科学院出版社1999年版,第151页。

偶然。

秦帝国的建立,开创了大一统的中央集权体制的统治模式,而随着内外形势的巨大变化,其治国理念在继续以往基本思路的基础上,又进一步加以巩固和发展。概括而言,秦朝在文武并重的治国理念指导下制定了各项方针政策,旨在维系国家秩序与生产方式,同时保持强大的军事力量,以震慑天下,并维护边疆安全。同时,与文武并重相吻合的是,秦帝国力图在内政外交上采取平衡的国家大战略,既重视内部建设,也重视外部边防,从而维护了国内的统一局面,抵御了北方匈奴武力的南下。然而,由于秦统治者过度依赖暴力与刑罚手段,进行了无休止的征调,没有顾及百姓的承受能力,终于招致天下造反,十余年间便走向灭亡。但秦帝国为维护中央集权与统一局面而奉行的文武并重的治国理念精神,却并没有消亡,在很长的时期内,统一王朝都无不深受其影响。

西汉初期,限于国力的不足,同时汲取了秦朝迅速亡国的教训,暂时实施了宽松的内外政策,重心置于恢复经济方面。于是既有轻徭薄赋的"文景之治",也有"白登之围"后对匈奴的和亲妥协,即一时实行"黄老无为"的统治思想来处理内外关系。但至汉武帝时期,随着统治力量的增强,当政者又接续了以往秦朝文武并重的治国理念,于是在实施的一系列政策中,灌注了积极主动与内外并重的内容,意在快速恢复强盛的目标。因此,内部出现厉行中央集权统治的格局,外部出现拓展疆域的局面。不过,为了支持主动进取的各项内外活动,特别是持续的边防战争,统治者不得不放弃以往轻徭薄赋的政策,不断地征调全国的民力与财力,并对商业与商人的财富实施掠夺式征收,将"重本抑末"的措施推向极致。然而,汉武帝时代多年的北伐南征活动,虽然收到压制匈奴进攻、开辟西南疆域的效果,但却给民众的生产和生活造成巨大的影响,同时也削弱了自身国力,加剧了社会矛盾,进而埋下了危机的祸种。汉武帝晚年,对政策进行了一些调整,扶持生产,减缓农民的负担,不过随着各种矛盾的积累、发展,统治力已经下降。再历经数代,固然暂时没有了外部匈奴势力的军事威胁,内部危机却不断加剧,西汉王朝由盛转衰,遂不可避免地趋于腐朽没落,终于走向亡国。

东汉时期,在一定程度上延续了以往的治国理念,当国势鼎盛之时,同样追求文武并重与大一统的目标,也一度出现过强盛的局面,特别是通过增强西北的边防活动缓解了匈奴势力的军事威胁。随后,东汉王朝也出现了严重的内外矛盾,尤其是统治集团内部存在斗争异常尖锐、地方豪强势力坐大以及日渐腐朽等问题,导致中央控制力逐渐下降、瓦解,遂同样因此走向消亡。可以说,历史大致再次被复制,东汉沿着西汉的道路走过类似的过程,而内部矛盾与危机更为突出,大一统的格局便难以持久地维持下去。

三国魏晋南北朝时期,除了西晋短暂的统一外,出现了长达数百年的割据纷争局面。在此阶段,北方诸多游牧民族的南迁,既加剧了冲突战争,也出现民族融合的结果,中央集权的模式与大一统的观念逐渐影响到这些少数民族建立的政权,最突出的则是北魏孝文帝的汉化改革。于是,先后产生的南北政权都试图以正统自居,并梦想完成统一大业。然而,传统的治国理念虽然萦绕在某些强权统治者的心头,却毕竟因为力量所限,几经碰壁而难以贯彻实施,因此只能维持有限范围的统治。

隋唐两朝初年,也由于初创时期内部尚未稳定和国力的不足问题,而受到北方突厥游牧势力的巨大威胁,因此不得不采取和亲甚至称臣的措施,以缓解边防压力。如隋文帝曾向突厥纳贡称臣;唐太宗即位初,西突厥一度兵临渭河北岸,使京城长安直接暴露在铁骑兵锋之下,令唐王朝上下为之震恐,不得已采取贡献资财的办法换取对方撤军。于是,隋唐两朝在稳定内部与发展的同时,具有强烈军功色彩的统治集团都积极着手加强国防,力图改变被动的局面。就此而言,隋唐两朝都有继承秦汉文武并重治国理念的愿望,和争取保持内外平衡的国家战略。但由于隋炀帝在位期间过度征调民力物力,没有充分顾及国力的承受程度,其浩繁的内外活动激化了社会矛盾,最终导致民众起义,遂迅速亡国。于是,这一使命留给了随后的唐朝。

唐太宗亲著的《帝范》,系统地反映了其治国思想,其中"阅武第十一"与"崇文第十二"两篇,概括了文武关系及其各自的意义:

> 斯二者递为国用。至若长气亘地,成败定乎锋端,巨浪滔天,兴

亡决乎一阵,当此之际,则贵干戈,而贱庠序。及乎海岳既晏,波尘已清,偃七德之余威,敷九功之大化,当此之际则轻甲胄,而重诗书。是知文武二途,舍一不可。与时优劣,各有其宜,武士儒人,焉可废也。①

即战时军事手段和武将发挥重要作用,平时文治建设与文臣则居于主导地位,两者互相配合,不可偏废。唐太宗的这一论断,其实也包含了处理国家内外关系的认识,也就是说国家要建设与发展,还需要稳定的外部环境,如果边防形势处于严重的紧张和压力下,内部的发展必然难以正常进行,即使暂时取得成果,也会因边防失守而被外来势力毁于一旦;与此同时,内部建设是国家存在发展的根本,若不顾及其需要而一味尚武与对外,则无法成就事业发展。因此,必须以强大的军事实力维护政权安全,主动解决边防问题,以有利于王朝的各项文治建设。

由此可见,唐太宗的上述思考体现了文武并重的治国理念,也是对以往统一王朝政治运作基本范式的总结。事实上,唐太宗对边防极为重视,在位期间充分运用军事手段,积极地主动出击。历史的经验教训已经昭示,大国常常是通过武力战争手段达成其对内对外的政治目的,如西方近代军事鼻祖克劳塞维茨的名言:"战争是政治的继续。"

随着贞观年间稳定内部举措的初见成效与国力的恢复,唐太宗适时对西突厥发动反攻,终于取得决定性的胜利,从而巩固了西北边防。唐太宗主动出征的步伐并没有到此为止,随之又对西部和东北边疆展开积极攻势,包括对高丽发动三次征伐。以后,唐高宗、武则天时期,继续了这一积极主动的对外态势,使唐朝的疆域拓展到前所未有的局面。应当看到的是,在有利的外部环境下,唐朝获得充裕的资源,内部建设持续发展,典章制度、社会经济及对外贸易交往都取得巨大成就,从而呈现出"盛唐"气象。

但与此同时,也因频繁的对外战争加重了国家的负担,并给百姓的生产生活带来相当大的影响,包括唐太宗三次无果的东征也招致后世批评,

---

① 《帝范》卷四《崇文第十二》,《丛书集成新编》第 31 册,第 655 页。

所谓"太宗北擒颉利，西灭高昌，兵威无所不加，四夷震慑，而玩武不已。亲击高丽，以天下之众困于小夷，无功而还，意折气沮，亲见炀帝以勤远亡国，而袭其所为"。① 尤其是重兵云集边防前线，造成外重内轻的格局，进而导致"安史之乱"发生，唐王朝遂由盛转衰。随着社会矛盾的上升、统治集团斗争消耗后果的产生，特别是藩镇割据局面的形成，唐中央控制力与国力迅速下降，吐蕃开始把持西北，契丹势力也在东北逐渐壮大，北方边防线便逐渐退缩，文武并重的治国理念以及内外平衡的战略自然难以为继。晚唐时期，拥兵自重的武装势力控制各地，武力因素严重干预政治与社会，从而加剧了统治危机，激化了社会矛盾，农民起义风起云涌，脆弱的唐朝最终因此走向衰亡。

五代时期，再度出现割据混战、政权林立的格局，武夫悍将跋扈，武力成为影响政治与社会的最大因素。此时，诸政权的当政者大都目光短浅，过度依赖用武力手段维持统治，横征暴敛，满足于一时的既得利益，而少有长远的治国目标及理念，致使统治秩序混乱，传统道德沦丧，社会经济被破坏。在此形势下，保持大一统局面与内外并重治国的理念便消失殆尽。

由上可见，中国古代王朝在长期的治国过程中，为了满足内政外交的需要，都不能不注意文治与武功之间的互相配合。秦汉以降，大一统的观念不断深化，以汉族为主体的统一王朝在实施对内统治的同时，都试图保持强大的边防，通过积极主动的战略部署来改善外部环境，文武并重的治国理念遂成为主流意识。与此同时，中原王朝以先进文明与天下中心自居，视周边民族及政权为落后的四夷，故一方面力图防范四夷的威胁，另一方面则尽可能慑服对方。汉、唐帝国强盛时，还追求运用武力手段开疆拓土，将边防线推进到塞外，以积极防御的态势压制主要对手——北方游牧政权势力，削弱其军事威胁。

个别时期统治者的欲望超过了极限，一时武功目标在国家政治生态中占据突出的位置，甚至出现"穷兵黩武"导致祸国殃民的后果，遂给社

---

① 《唐鉴》卷三《太宗下》，第78页。

会和民众的生产生活带来深重的灾难。因此,民间反战的呼声、文人控诉战乱的诗文,如汉代乐府中的民间古诗《战城南》、唐朝杜甫的《兵车行》等,不胜枚举,以致"铸剑为犁"还成为某些思想家及政治家的梦想。但统治集团出于各方面的需要,都无法放弃对武力的倚重,战争手段不仅是现实的必要选择,而且成为立国御边的重要精神支柱。所谓:"非兵不强,非德不昌。"①汉代以来儒家学说虽然成为官方思想,然而"王道"的精神总是被现实中的"霸道"理由所支配,"仁政"的思想也总要服从王朝大一统的现实需求。如汉宣帝诫其子曰:"汉家自有制度,本以霸王道杂之,奈何纯任德教,用周政乎?"②

二

众所周知,北宋是在经历唐末、五代长达百余年割据战乱后所建立,因此宋初统治者对昔日的教训进行了深刻的反思。宋太祖君臣探讨以往长期动乱的关键所在时,一致认为系君弱臣强、藩镇割据所致,③而又突出地表现为武力因素严重干预政治的结果。如宋人所说:"大抵五代之所以取天下者皆以兵,兵权所在,则随以兴;兵权所去,则随以亡。"④于是宋初统治集团高度重视内部秩序建设,以收兵权为首要手段,辅之以分化中央与地方事权的方式,推行全面强化专制皇权的举措。为了政权的长治久安,对影响朝政的强大武力因素进行抑制,对沦丧的儒家思想文化加以振兴,力图恢复文治与武功之间的平衡。与此同时,宋太祖还是继承了大一统的传统观念,积极进行统一战争,其"先南后北"的方略就包括收复北方幽云十六州的内容,也就是说要维持中原对天下及四夷的控制。就此而言,宋太祖时代也有延续文武并重治国理念的思路。意外的是,宋太祖正当壮年时突然暴死,其草创的治国思路尚未定型为稳定的治国理

① 《史记》卷一三○《太史公自序》,第3305页。
② 《汉书》卷九《元帝纪》,第277页。
③ 《续资治通鉴长编》卷二,建隆二年七月戊辰,第49页。
④ 《香溪集》卷八《五代论》,第71页。

念,并成为主流意识中的坚定信念。

宋太宗即位后,一方面继续推动内部的整顿与发展,另一方面则继承"先南后北"的统一部署。但在完成内地统一任务后,却在两次对辽主动进攻的北伐行动中惨遭失败。第二次北伐的失败成为一个重要的转折点,宋统治集团产生了辽朝不可战胜的认识,从此眼光向内,采取"守内虚外"之策,①放弃了开疆拓土的举动,其积极防御的战略被消极防御的战略所取代。更重要的是,宋朝统治集团因此转变了思路,确定追求内部统治稳定和"文治"功业为施政的重心和最高目标,边防则退为次要问题。② 这一思路显然具有重内轻外的特点,而不再是寻求内外平衡的战略,由此初步形成了崇文抑武的治国理念。为了寻求思想理论上的依据,以获得朝野的共识和支持,并成为主流意识,宋太宗君臣还在正统的儒家思想中寻觅有关精神,来渲染其理念的正当性、合理性。

据记载,宋太宗早在第一次北伐失败后,就针对朝廷藏书不足的问题说道:"夫教化之本,治乱之源,苟无书籍,何以取法?"③从一个侧面反映了他试图在经史典籍中寻觅治国经验的想法。如当时的文臣张齐贤积极主张朝政的重心应放在内部,反对继续对辽用兵,他向宋太宗上疏进言:"臣闻家六合者以天下为心,岂止争尺寸之事,角强弱之势而已乎? 是故圣人先本而后末,安内以养外。人民,本也;疆土,末也。五帝三王,未有不先根本者也。"④毫无疑问,这些都是由儒家政治理想所引申出来的理由,明显具有重内轻外的倾向。到第二次北伐惨败后,宋太宗君臣更不断就国家发展走向问题进行了探讨,于是儒家重视秩序、提倡仁政、关注民生以及怀柔四夷等的认识,纵然不免有被狭隘利用的目的,却成为推动治国理念转向的有力旗号。端拱初,宋太宗诏文武群臣"各进策备御"。宰

---

① 参见漆侠:《宋太宗与守内虚外》。

② 参见拙作:《宋代主流意识支配下的武力战争观及其实践》,《历史研究》2009 年第 2 期。

③ 《续资治通鉴长编》卷二五,雍熙元年正月壬戌,第 571 页。

④ 《宋史》卷二六五《张齐贤传》,第 9151 页。并见《续资治通鉴长编》卷二一,太平兴国五年十二月辛卯,第 484—485 页。

相李昉"引汉、唐故事,深以屈己修好、弭兵息民为言,时论称之"。① 淳化四年(993 年),宋太宗与宰臣吕蒙正讨论到前代教训,吕氏以隋、唐动武之害为例,指出隋唐两朝数十年间,四次讨伐辽东,人不堪命,隋炀帝全军覆灭,唐太宗也无功而返。因此认为"且治国之要,在内修政事,则远人来归,自致安静"。② 宋太宗当即表示赞同:"炀帝昏暗,诚不足语。唐太宗犹如此,何失策之甚也。且治国在乎修德尔,四夷当置之度外。"赵光义又对以往的伐辽战争表达了追悔之意。③ 这都说明放弃汉唐文武并重理念,调整树立崇文抑武的理念,成为宋太宗君臣的共识。据宋人李攸《宋朝事实》认为:"太宗笃好儒学",并举例说宋太宗阅览兵法《阴符经》后叹道:"此诡诈奇巧,不足以训善,奸雄之志也"。而在读《道德经》后则表示:"朕每读至兵者不祥之器,圣人不得已而用之。未尝不三复以为规诫。王者虽以武功克敌,终须以文德致治。朕每日退朝,不废观书,意欲酌先王成败而行之,以尽损益也。"④随着形势的变化,所谓此一时彼一时,在国家发展路线调整后,兵家已是"不祥之器",非不得已不可用兵,"文德致治"才是最终的目标。因此"武功"手段也只能服从"文德"的需要。不仅如此,宋太宗甚至还有意做出尚文的表率,"崇尚儒术,听政之暇,以观书为乐"。⑤ 宋太宗在治国思路理念上的转变,深深影响到后嗣诸君。

宋真宗在位期间,曾亲自撰写《崇儒术论》,公开宣称:"太祖、太宗丕变弊俗,崇尚斯文。朕获绍先业,谨遵圣训,礼乐交举,儒术化成……"⑥也就是说,既定的国家发展路线不会改变。景德元年(1004 年),面对辽军的大举南攻,宋真宗在抗战初见成效的情况下选择了议和,与辽朝签订了"澶渊之盟"。如果说此举是像西汉初年对待匈奴、唐初对待西突

①　《宋史》卷二六五《李昉传》,第 9137 页。
②　《宋史》卷二六五《吕蒙正传》,第 9147 页。
③　《续资治通鉴长编》卷三四,淳化四年十一月甲寅,第 758—759 页。
④　《宋朝事实》卷三《圣学》,第 37 页。
⑤　《宋史》卷二九六"论曰",第 9881 页。
⑥　《续资治通鉴长编》卷七九,大中祥符五年十月辛酉,第 1798—1799 页。

厥那样,属于暂时采取的守势,然后聚集力量,待国力强盛后再适时发动反击,尚属审时度势下的权宜之计。但"澶渊之盟"后,宋朝却延续了消极的对外战略,继续将内部的稳定与文治建设作为朝政的主要目标,则标志着崇文抑武治国理念的定型。这就难怪景德二年(1005年),宋真宗在幸临国子监时对文教复兴的局面表示欣慰,感叹道:"国家虽尚儒术,然非四方无事,何以及此。"①如宋人指出:"此古之圣贤所以偃武而后修文,息马而后论道也。真宗皇帝四方无事之语发于景德二年,是时澶渊之盟契丹才一年耳,而圣训已及此,则知兵革不用,乃圣人本心,自是绝口不谈兵矣。"②即说明宋真宗对内外关系所采取的重视前者而轻视后者的态度。以后,宋真宗与宰相王旦谈及议和问题:"方今四海无虞,而言事者谓和戎之利,不若克定之武也。"王旦当即劝说道:"止戈为武。佳兵者,不祥之器。祖宗平一宇内,每谓兴师动众,皆非获已。先帝时,颇已厌兵。今柔服异域,守在四夷,帝王之盛德也。"宋真宗深以为然。③

宋仁宗即位伊始,有官员建言:"国之外患在边圉,然御之之术,不过羁縻勿绝而已。内患则不然,系社稷之安危,不可不蚤定也。"④显然,历经宋太宗、真宗两朝确立的治国理念已获得统治阶层的共识,内部稳定与建设是施政关注的要害,边防则不过属于次要问题,即使因此产生不利的后果,也在所不惜。如宋人指出:"昔仁宗皇帝覆育天下,无意于兵。将士惰偷,兵革朽钝,元昊乘间窃发,西鄙延安、泾、原、麟、府之间,败者三四,所丧动以万计。"⑤以后,宋仁宗朝与西夏签订的"庆历和议",其实便与"澶渊之盟"精神相通,说明延续着崇文抑武及重内轻外的思路,议和遂成为化解边患的重要手段。

北宋中后期,当政者基本维持以往的治国理念和处理内外关系的路

① 《续资治通鉴长编》卷六〇,景德二年五月戊辰,第1333页。
② 《经幄管见》卷一,第36页。
③ 《续资治通鉴长编》卷七三,大中祥符三年五月癸卯,第1672页。
④ 《宋史》卷三一七《邵亢传》,第10336页。
⑤ 《苏轼文集》卷三七《代张方平谏用兵书》,第1050页。

线,并视其为祖宗之法,①虽然在个别阶段有所调整,如宋神宗时代以富国强兵为宗旨的变法,但总体思路却基本没有改变。宋神宗曾征求大臣富弼、文彦博等人对经营边防的意见,却都遇到抵触。富弼更直接告诫道:希望天子二十年"口不言兵"。司马光、范纯仁等一批官员也先后上奏批评对西夏用兵的企图。② 当时士大夫的代表性人物还继续以唐太宗对外战争作为反面教材,告诫当朝君臣。如范祖禹在所撰《唐鉴》中指出:"太宗以万乘之主而兼为夷狄之君,不耻其名而受其佞,事不师古,不足为后世法也。"③甚至宋神宗与王安石也对此存在一定的分歧,宋神宗有走汉唐之路的愿望,主张积极对西夏采取攻势,而王安石虽对强国抱有期望,但对用兵作战之事则持慎重的态度。④ 元丰年间,宋神宗一度对西夏发动攻势,却都以失败告终。宋神宗信心大受打击,史称"深自悔咎,遂不复用兵,无意于西伐矣"。⑤ 宋哲宗亲政后,在西部前线虽有所举动,但从总体上看,其影响却未超出局部攻势和"蚕食"的范围,特别是对辽朝依旧维持议和局面。这种状况大致延续到北宋末年,直至被金军灭亡。

南宋时期,虽然长期处于外患的巨大压力下,民间要求抗战的呼声不断,但在长期惯性思维的延续下,统治集团继续抱残守缺在守内虚外的祖宗之法下,崇文抑武仍然在很大程度上成为影响宋廷的主流意识乃至于治国理念。宋高宗君臣甚至不惜杀害岳飞,以促成与金朝的"绍兴和议"。宋高宗赞扬秦桧的话"尽辟异议,决策和戎",⑥反映了当时统治者主和避战的态度。秦桧死后,宋高宗还特别表示要延续既定路线:"今日尤宜协心一意,休兵息民,确守无变,以为宗社无穷之庆。"⑦在此,"休兵

---

① 宋朝祖宗之法历经发展,其说法和做法又不尽相同,但无疑对宋代政治具有极大的影响力。参见邓小南:《祖宗之法——北宋前期政治述略》,生活·读书·新知三联书店 2006年版。

② 参见李华瑞:《宋夏关系史》,河北人民出版社 1998年版,第82—84页。

③ 《唐鉴》卷二《太宗上》,第32页。

④ 参见漆侠:《王安石变法》,上海人民出版社 1979年版,第222—223页。

⑤ 《宋史》卷三三四《徐禧传》,第10724页。

⑥ 《建炎以来系年要录》卷一六〇,绍兴十九年九月戊申,第3030页。

⑦ 《建炎以来系年要录》卷一七〇,绍兴二十五年十二月乙未,第3244—3245页。

息民"成为维持现状的主要理由。南宋主和派长期当政,他们满足于偏安一隅,以内部建设为施政重心,不愿也无力主动收复北方失地,只得依赖议和缓解边防压力,最终仍是在边患压迫下亡国。

还值得关注的是,宋朝为皇帝设立的经筵制度,重在培养皇帝的君德、仁恕、修身等儒家思想意识及文化素养,君臣讨论的议题也多集中在这些方面,而对兵家、边防之类内容则较少涉及,因此进一步强化了统治者崇文抑武的信念,进而影响到治国实践层面。据记载,尚未成年的宋仁宗即位后,刘太后特意安排侍臣"讲习经史",所谓:"皇帝听断之暇,宜诏名儒讲习经史,以辅其德"①。庆历四年(1044 年),因宋夏交战,经筵中断已有两年时间。于是,崇政殿说书赵师民上疏:"以为先王之遗籍,古人之陈篇,可以讲无事之朝,不足赞有为之世,臣愚以为过矣。"并献《劝讲箴》,"至是,复命讲读经史"。② 由此可见,即使是特殊的战争时期,研读"先王之遗籍,古人之陈篇"之类学理性的知识,依然是帝王经筵的经常性任务之一。创立于宋仁宗时代的这种经筵讲读的传统,一直延续到南宋后期,对巩固最高统治者继承祖宗之法,也就是既定方针路线发挥了不小的作用,对崇文抑武治国理念的延续,同样产生潜移默化的影响。

典型的例证如宋仁宗与经筵官讨论《周易》的一段对话:"谓讲读官曰:'《易》旨精微,朕每以疑难问卿等,得无烦乎!'曾公亮对曰:'臣等幸承圣问,惧不能对,岂敢言烦。'上曰:'卿等宿儒博学,多所发明,朕虽盛暑,亦未尝倦,但恐卿等劳耳。'丁度复进曰:'自古帝王临御日久,非内惑声色,则外穷兵黩武。陛下即位三十年,孜孜圣学,虽尧、舜之聪明不是过。'"③侍臣的言辞固然有溢美之意,其实也说明了宋仁宗深受儒臣传统观念以及祖宗成规熏陶的事实。再如苏轼在任翰林侍读学士时,总结了自己在经筵中给宋哲宗讲读关于王道与霸道的情况:

> 讲读之官,谈王而不谈霸,言义而不言利。八年之间,指陈至理,何啻千万,虽所论不同,然其要不出六事。一曰慈,二曰俭,三曰勤,

---

① 《宋史》卷二四二《章献明肃刘皇后传》,第 8615 页。
② 《续资治通鉴长编》卷一四六,庆历四年二月丙辰,第 3547—3549 页。
③ 《续资治通鉴长编》卷一七〇,皇祐三年四月丁未,第 4090 页。

四曰慎，五曰诚，六曰明。①

苏轼讲解的中心意思，在于教育年轻的皇帝效法王道、远离霸道。苏轼也承认，用兵、征伐非自己所长，"臣非敢自谓知兵，若朝廷有开边伐国之谋，求深入敢战之帅，则非臣所能办"。② 而宋宁宗时，经筵讲读竟规定《资治通鉴》一书中凡奸臣当道、乱国失政的史事，皆不列入讲读范围，所谓"除东西魏、陈、隋及五季渎乱之事，有旨不读"。③ 这就回避了直接关系国家存亡的战争、军事的内容，当然会加深君主对崇文抑武观念的印象。

<h2 style="text-align:center">三</h2>

宋朝历史上，长期奉行崇文抑武治国理念，以内部稳定为施政重心，强调文治建设，而在边防上采取"守内虚外"之策，军事上处于守势，即在对待文治与武功之间的关系上，权重明显倾向前者。可以说，这种做法既是对以往教训的矫枉过正，也是过度推崇文治以及现实主义考虑的结果，因此就与以往统一王朝发生很大变化。还要指出的是，"澶渊之盟"以后，宋统治者以及士大夫逐渐转变思维，不得不放弃独尊天下的意识，先后将辽朝、金朝及蒙古视为对等的国家，彼此以南朝与北朝相称，即承认了中原与四夷共存的局面。④ 这也势必极大地弱化了对外拓展的动力，而趋向内部发展，必要时甚至主动与对手议和。

先秦兵家孙子曾指出："是故百战百胜，非善之善者也；不战而屈人之兵，善之善者也。"⑤这当然是从国家利益出发的最高制胜境界，而宋统治集团长期被动地以和缓战的做法，似乎就此寻找到"不战而屈人之兵"

---

① 《苏轼文集》卷二四《谢除两职守礼部尚书表·二》，第701页。
② 《苏轼文集》卷三七《辞两职并乞郡第二札子》，第1042页。
③ 《宋会要辑稿》崇儒七之三五，第2903页。
④ 参见葛兆光：《宋代"中国"意识的凸显——关于近世民族意识的远源》，《文史哲》2004年第1期。
⑤ 《十一家注孙子校理·谋攻篇》，第56—57页。

的理论依据。其以"议和"这种经济方式处理外患的做法,固然打着"化干戈为玉帛"的旗号,却明显具有现实主义的色彩。① 西方学者也认为:宋王朝"是以高度的现实主义政治为特征的","依靠军事手段不能打败契丹人的国家",便与辽议和,"宋辽缔结的澶渊之盟成了处理日后冲突的一个样板"。②

宋朝统治集团长期实行崇文抑武的治国理念,于是"双刃剑"的效用就显现出来了,即带来对外边防的相对失败与对内发展的相对成功的结果。由于宋朝长期关注内部建设与发展,主要精力放在追求政治秩序与社会的稳定方面,倡导文治,注意缓和统治集团内部的矛盾,为此制定了各项方针政策,具有明显的怀柔理性成分,因此保持了宋廷长期的对内控制力,同时也保障了社会有较长时期的稳定局面。大致而言,这种治国理念对内取得的成效主要有:

其一,宋朝统治的稳定期相对较长,除了北宋与南宋末期外,在大多数时期内上层的矛盾斗争相对缓和,政治动荡相对较少,既没有产生如汉唐中央的宦官专权、权臣当道、外戚干政的突出问题,也没有出现地方上的豪强大族盘踞或藩镇割据的局面,更没有发生席卷全国的大规模农民起义。

其二,宋朝的制度建设虽然不免繁杂,甚至以牺牲效率为代价,但选官、监察、法制等制度相对完备,大多数帝王与官员注重程序规矩,③从而使得其政治的文明程度超越与领先了前后许多王朝。

其三,在实行募兵制的情况下,一般的兵役与劳役由军队承担,民众明显减轻了所受干扰,对保护社会生产具有深远的积极影响。

其四,社会经济发展水平极大地超过以往任何时代,特别是商品经济活跃,市场与城市呈现出前所未有的新格局,《清明上河图》便是其形象化的反映。

---

① 参见陈峰:《宋代统治集团以和缓战思想及其影响》,《中国军事科学》2008 年第 4 期。
② 《剑桥中国辽西夏金元史》导言,第 21—22 页。
③ 参见陈峰:《政治选择与宋代文官士大夫的政治角色——以宋朝治国方略及处理文武关系方面探究为中心》,《河南大学学报》2007 年第 1 期。

其五,文化教育及科技快速发展,成就斐然,整体社会的文化知识水平显著提高。①

最后,以往森严的社会等级观念发生松动,旧的贵族、门阀士族之类少数高高在上的特权阶层消失,普通地主及平民获得上升的机会,社会的上下流动加快,故被外国学者称为"市民社会""近世社会"。②

正如南宋学者吕祖谦指出:本朝"文治可观而武绩未振,名胜相望而干略未优";③宋人又总结道:"汉唐多内难而无外患,本朝无内患而有外忧;"④元代人修宋史时则评价道:"宋恃文教,而略武卫"⑤。即明确地揭示出宋朝国运与以往时代不同的史实。由此,两宋时期经济、文化及科技独领风骚,如现代史学家陈寅恪先生所评价:"华夏民族之文化,历数千载之演进,造极于赵宋之世。"⑥宋史学家邓广铭先生也赞誉道:"两宋时期内的物质文明和精神文明所达到的高度,在整个封建社会历史时期之内,可以说是空前绝后的。"⑦也可以说,中国古代经历的唐宋社会变迁转型,就包含了这一重要的方面。

宋朝居于当时世界经济最发达、文明程度最高的地位,并在全球首先发明了火药武器,但先进的生产和雄厚的经济力量没有转化为强大的国防实力,火器这种巨大革命性技术的投入,也未能引发军事变革和应有的效用,而长期处于对外被动挨打的境地,先后两次亡于边患,终以"积弱"为后世诟病。推究其原因,固然有多种解释,但根本还在于宋朝自身的治国理念及其实践的结果。

从今天的角度来看,所有国家都面临处理建设与国防、内政与外交之间关系的重大问题,尤其是作为大国,其国防与外部环境是否良好,对国

① 王曾瑜:《宋代文明的历史地位》,《河北学刊》2006 年第 5 期。
② 有关这一观点,主要见于日本学者内藤湖南、宫崎市定等"唐宋变革"说,参见李华瑞:《20 世纪中日"唐宋变革"观研究述评》,《史学理论研究》2003 年第 4 期。
③ 《宋史》卷四三四《吕祖谦传》,第 12874 页。
④ 《类编皇朝大事记讲义》卷一《国势论》,第 42 页。
⑤ 《宋史》卷四九三《蛮夷一·序》,第 14171 页。
⑥ 陈寅恪:《邓广铭宋史职官志考证序》,《金明馆丛稿二编》,第 245 页。
⑦ 邓广铭:《谈谈宋史研究的几个问题》,《社会科学战线》1986 年第 2 期。

内的建设有重要影响,反过来国内建设是否成功,又直接影响到其国防的实力。说到底,就是如何解决好战争与和平这一人类社会长期存在的两难问题。仅满足于和平建设而轻视国防显然属于短见,穷兵黩武而忽视和平发展也同样无益。现代西方著名军事家利德尔·哈特认为:"战争的目的是要获得一个较好的和平,这当然是从你自己一方的愿望来说的……一个国家,如果它把自己的力量消耗殆尽,那它也就不会有能力继续推行自己的政治,因而必然使其前途不堪设想。"①如果说这一深刻的认识,是在日益理性和多边制约的现代国际关系下,告诫人类要正确处理战争与和平之间的关系,包含着丰富的历史经验和强烈的现实关怀。那么宋朝片面总结了历史的经验教训,实施崇文抑武的治国理念,过早而被动走上了脱离扩张与主和的道路,可谓过犹不及。

总之,宋代以前的诸统一王朝,在治国上常常寻求文武并重,力图保持内外发展平衡,特别是通过一系列的积极举措压制了塞外军事威胁,从而呈现一个时期的国防强势局面。但其外部压力固然解决,为此付出的人力物力代价却极为巨大,随后内部矛盾快速上升,造成统治秩序动荡的后果,并最终因内部的问题走向消亡。而听任外部威胁加剧,对统一王朝的形象不仅造成损害,而且会带来难以容忍的被动挨打结局,也会影响到内部建设与大一统的局面。这就成为一种悖论、矛盾。事实上,战争与和平的冲突,始终是古今中外难以万全应对的重大难题,考验着当政者的政治智慧。单纯就宋朝而言,崇文抑武的治国理念以及重内轻外的发展路线,保障了内部长期的稳定发展,却牺牲了外部环境,并最终因此亡国,无疑是惨痛的教训。

研究宋朝治国理念及其实践,探究其相关内容与影响,对今天可以提供难得的历史经验和教训。

原文发表于《文史哲》2013 年第 3 期,略有删节

---

① [英]利德尔·哈特:《战略论》第 22 章《大战略》,军事科学院译,战士出版社 1981 年版,第 494 页。

宋代主流意识支配下的
武力战争观及其实践

先秦以来，重视武备和积极御边始终是传统政治中的主流意识，至宋代则发生明显转变。在"崇文抑武"统治方略的推动下，朝廷逐渐形成以和止战应对边患的导向，统治集团在精神上对边防战争产生了怀疑和抵触。造成这一现象的根源，既与宋代统治者推行的路线方针有关，也与当时复杂的社会背景有着深刻关联。宋代主流意识支配下的战争观及其实践影响深远，成为宋朝时代特征的重要方面。

在中国历史上，王朝政权总是面临如何维护自身统治和应对内外军事威胁的问题，战争常常被视为至高无上的万灵之神，一再被祭出来终决一切。而宋代却逐渐发生了引人注目的变化，即形成了以和止战的应对外部威胁的趋势。本文即以宋朝这一断面为考察对象，探究主流意识对待武力战争手段的态度与变化，及其对现实政治实践的影响。①

---

① 目前已出版一些论著中，虽涉及宋廷对军队与边防的看法，如刘子健《略论宋代武官群在统治阶级中的地位》(《两宋史研究汇编》，台北联经出版事业公司 1987 年版)、黄宽重《中国历史上武人地位的转变：以宋代为例》(《南宋军政与文献探索》，台北新文丰出版公司 1990 年版)、陈峰《北宋武将群体与相关问题研究》(中华书局 2004 年版)等，但偏重于从武将地位下降所产生的影响角度论述；方震华《帝制中国的权力结构与文化特性：晚唐至宋初的文武权力》(博士学位论文，美国布朗大学，2001 年)，追溯了唐后期至宋初政治权力中的重文轻武问题；陈峰《试论宋朝"崇文抑武"治国思想与方略的形成》(张希清等主编：《10—13 世纪中国文化的碰撞与融合》，上海人民出版社 2006 年版)，从治国思想的走向方面初步考察了宋朝对武力因素的怀疑；王明荪《宋初的反战论》(邓广铭、漆侠主编：《国际宋史研讨会论文选集》，河北大学出版社 1992 年版)，则从特定阶段的反战言论方面，涉及宋初部分官员对用兵的态度；还有一些论述宋与辽、金关系的论著，探讨了和战主张的交锋。但在本文关注的主旨问题上，尚缺乏全面、深入的探究。

一、宋初对待武力战争态度的变化

众所周知,唐末、五代经历了长达百余年的藩镇割据、战乱动荡,这是武力因素超强干预,甚至主导政治的必然结果。可以说,这是一个崇尚暴力的时代,"重武轻文"的价值观也日渐在社会中积淀下来。此时,不仅国家文治荒疏,社会经济遭到破坏,文官集团受到武将群体的压制,而且皇权也趋向式微。后晋时,军阀安重荣断言:"天子,兵强马壮者当为之,宁有种耶!"①揭示了这个时代的政治特点。

宋初,面临着内外交困的严峻局面。从外部的地缘状况而言,由于后唐末年幽云十六州地区被辽占领,中原失去了传统上最重要的国防生命线——东段和中段长城,使御北边防陷于艰难境地。如宋人所说:"自飞狐以东,重关复岭,塞垣巨险,皆为契丹所有。燕蓟以南,平壤千里,无名山大川之阻,蕃汉共之。"②辽突破长城阻隔后,不仅挥师南下更为便利,还因拥有长城以内农业区的各种经济资源,为骑兵行动提供充足的补给,从而极大地增强了军事优势。这种此消彼长的形势,使宋朝丧失了以往秦汉隋唐帝国有利的国防地理条件。与此同时,南方各地诸割据政权依然存在,五代以来战乱的局面亟待结束,混乱的统治秩序更有待改变。

宋太祖君臣一致认为以往的长期动乱系君弱臣强、藩镇割据所致,③而又突出地表现为武力因素超强干预政治。所谓:"五代之所以取天下者,皆以兵。兵权所在,则随以兴;兵权所去,则随以亡。"④于是,在使用武力战争手段剿灭割据政权的同时,对内采取收兵权举措,并解决以往长期存在的文、武之间关系严重失衡的问题,消弭社会意识中"枪杆子里出政权"的观念和广泛存在的"重武轻文"风气。从宋太祖朝开始,便一方面对骄兵悍将逞强的状况进行整顿;另一方面则提高文官及士大夫的社

① 《旧五代史》卷九八《安重荣传》,第 1302 页。
② 《续资治通鉴长编》卷三〇,端拱二年正月乙未,第 667 页。
③ 《续资治通鉴长编》卷二,建隆二年七月戊辰,第 49 页。
④ 《香溪集》卷八《五代论》,第 71 页。

会地位,提倡儒家道德伦理,培植崇文的社会风气,重振纲纪、加强皇权。宋太祖朝的一系列崇儒举动,包括亲自为孔子作赞文、拜谒孔庙,并率群臣幸临国子监,发展科举制度,要求武臣读书等等,便旨在向天下传递重文的信息。宋人范祖禹对此评说道:"儒学复振,是自此始,所以启佑后嗣,立太平之基也。"①"崇文抑武"的治国思想由此发端。② 也就是说,虽然统一天下是宋王朝的急切任务,使用武力战争手段也是现实的选择,但从国家更高的政治追求来说,则在于儒家文化设定的统治秩序与国家气象,因此"文治"高于"武功"。值得一提的是,宋太祖不仅在上收兵权的过程中,没有像以往汉高祖以及后世明太祖那样杀戮功臣,主要是采取怀柔的赎买手段解决,而且对所推翻的后周皇室优礼有加,对所灭诸国的亡国之君也一律赐以爵号,将其举家安置于京城,以礼相待。这种开明的做法,也体现了宋朝开国政治的某种趋向。

从统一的行动部署上看,宋太祖君臣确定了"先南后北"的用兵方略,先征服南方诸割据政权,然后再剿灭北汉、收复幽云,即实施先易后难的原则。宋太祖对于处理被辽朝控制的幽云问题,也考虑过优先采用经济手段赎买的办法,其次才是运用武力方式解决。③ 事实上,宋太祖后期已尝试缓和与辽的紧张关系。开宝七年(974 年),宋主动遣使"请和",辽也派地方官"与宋议和"。④ 此后,宋辽双方使臣往来逐渐频繁,彼此还互致国书、礼物,互贺正旦和对方皇帝生辰。⑤ 但宋辽虽然缓和了关系,不过在北汉问题上却仍然存在矛盾,即宋试图统一河东,而辽不愿放弃牵制宋朝的北汉傀儡政权。开宝九年八月,宋军大将党进率军对太原发动进攻时,辽继续出兵增援北汉,挫败宋军的攻势。⑥

---

① 《帝学》卷三,第 742—743 页。

② 参见拙作:《试论宋朝"崇文抑武"治国思想与方略的形成》。

③ 宋太祖曾设立封桩库,储积金帛,并告诉近臣:此库金帛是专用于向辽朝赎买幽云地区,如果遭到的拒绝,再以此项经费支持武力收复行动。有关记载见《续资治通鉴长编》卷一九,太平兴国三年十月乙亥,第 436 页。

④ 《辽史》卷八《景宗纪上》,第 94 页。

⑤ 《续资治通鉴长编》卷一六,开宝八年三月己亥、七月庚辰、八月壬戌,第 337、343、344 页;《宋史》卷三《太祖纪三》,第 44—47 页;《辽史》卷八《景宗纪上》,第 94—96 页。

⑥ 《宋史》卷三《太祖纪三》,第 48 页;《辽史》卷八《景宗纪上》,第 95—96 页。

宋太宗即位后,继续执行"先南后北"的统一方略,并很快完成了南征和消灭北汉的任务。由于宋太宗是通过非常手段登上帝位,①因此意欲建立超越乃兄的武功,遂在对辽关系上采取了主动进攻的战略。但随后的两次收复幽云的伐辽行动却惨遭失败。文官执政群体对北伐战争先是少数人反对,之后则基本上持批评态度,并对宋太宗不断施加影响。②

早在太平兴国四年(979年)讨伐北汉呼声兴起之际,宋太宗征求大将、枢密使曹彬的意见,得到肯定的答复,但宰相薛居正等人则委婉表示应当从缓。③ 第一次宋军北伐幽州失败后的次年,宋太宗一度又试图出兵幽州,文臣张齐贤便上疏反对继续对辽用兵,理由是:"臣闻家六合者以天下为心,岂止争尺寸之事,角强弱之势而已乎? 是故圣人先本而后末,安内以养外。人民,本也;疆土,末也。五帝三王,未有不先根本者也。"④在第二次北伐的筹备阶段,宋太宗"独与枢密院计议,一日至六召,中书不预闻"。⑤ 则说明中书大臣的反对意见给宋太宗一定的压力,才使其抛开中书仅与枢密院合谋。当第二次北伐失败后,以重臣赵普为首的执政群体便激烈批评北伐行动。赵普认为:"远人不服,自古圣王置之度外,何足介意","岂必穷边极武,与契丹较胜负哉?"他指出小人(主要指武将)好战,"事成则获利于身,不成则贻忧于国";又从维护皇帝个人利益出发,特别提出"兵久则变生"的告诫。⑥ 在内外形势的压力下,宋太宗不得不对负责军事的枢密院大臣"推诚悔过"。⑦ 端拱初,御辽前线形势紧张,宋太宗诏文武群臣"各进策备御"。宰相李昉"引汉、唐故事,深以

① 参见邓广铭:《宋太祖太宗皇位授受问题辨析》。
② 参见王明荪:《宋初的反战论》,邓广铭、漆侠主编:《国际宋史研讨会论文选集》,河北大学出版社。
③ 《续资治通鉴长编》卷二〇,太平兴国四年正月丁亥,第442页。
④ 《宋史》卷二六五《张齐贤传》,第9151页;《续资治通鉴长编》卷二一,太平兴国五年十二月辛卯,第484—485页。
⑤ 《续资治通鉴长编》卷二七,雍熙三年六月戊戌,第618页。
⑥ 赵普的议论,见于《宋史》卷二五六《赵普传》,第8934—8936页;《续资治通鉴长编》卷二七,雍熙三年五月丙子,第614—617页。
⑦ 《续资治通鉴长编》卷二七,雍熙三年六月戊戌,第618页。

屈己修好、弭兵息民为言,时论称之"。① 不久,知制诰田锡又上奏反对北上用兵,认为:"欲理外,先理内,内既理则外自安。"②淳化四年(993年),宋太宗与宰臣吕蒙正讨论到战争议题,吕氏以隋、唐动武之害为例,认为隋唐两朝数十年间,四次讨伐辽东,人不堪命。隋炀帝全军覆灭,唐太宗亲自指挥作战,也无功而返,"且治国之要,在内修政事,则远人来归,自致安静"。宋太宗当即表示:"炀帝昏聩,诚不足语。唐太宗犹如此,何失策之甚也。且治国在乎修德尔,四夷当置之度外。"又对以往的伐辽战争表达了追悔之意。③ 此时,边境相对平静,宋太宗君臣的讨论应当是理性而清醒的。文官大臣的以上见解,固然有息兵休民的意思,同时表明对武力战争手段的作用开始怀疑。他们的主张被"时论称之",并影响了宋太宗的态度,则说明这种认识在宋太宗朝后期已渐成主流意识。

宋人李攸在《宋朝事实》称:"太宗笃好儒学",并举例加以说明,宋太宗阅览兵法《阴符经》后叹道:"此诡诈奇巧,不足以训善,奸雄之志也。"而在读《道德经》后则表示:"王者虽以武功克敌,终须以文德致治。朕每日退朝不废观书,意欲酌先王成败而行之,以尽损益也。"④在宋太宗眼中,王者非不得已不可用兵,"武功"手段也只能服从"文德"目的。由此可见,在维护现实统治需要的情况下,宋太宗虽然离不开军队,但在精神上却已对武力战争手段产生质疑。宋太宗对动武及兵家学说的贬损态度,其实正是两次北伐失败后方针路线转变的结果。

北宋第二次北伐的失败,成为一个重要的转折点,从此宋统治集团放弃武力收复幽云的目标,也停止了开疆拓土的活动,其军事思想转为保守,积极防御的战略被消极防御的战略所取代。于是,北宋在对辽前线全面布置防御体系,所谓"今河朔郡县,列壁相望,朝廷不以城邑小大,咸浚

---

① 《宋史》卷二六五《李昉传》,第9137页。
② 《续资治通鉴长编》卷三○,端拱二年正月乙未,第678页。
③ 《宋史》卷二六五《吕蒙正传》,第9147页;《续资治通鉴长编》卷三四,淳化四年十一月甲寅,第758—759页。
④ 《宋朝事实》卷三《圣学》,第37页。

隍筑垒,分师而守焉",①还通过开挖河塘的方式弥补失去长城带来的地形缺陷。当政者从此眼光向内,采取"守内虚外"之策,②换言之可称为"攘外必先安内",追求内部统治稳定和"文治"功业成为施政的重心,边防则退为次要问题。宋太宗晚年对身边人所说的"外忧不过边事,皆可预防。惟奸邪无状,若为内患,深可惧也。帝王用心,常须谨此"③的话,便透露出实施这一政策的心机所在。因此,"崇文抑武"的治国方略遂得到确立,即:侧重于以儒家思想文化治国,推崇文治而排斥武功,有意抑制武力因素在国家政治生活中的影响,朝廷主要不是依赖军队,而是凭意识形态化的儒家的纲常伦理来控制社会,维系世道人心,以求长治久安。为了防止军事将领干扰其主导方针,又对武将处处设防,实施"将从中御"之法。

总之,历史上高度重视和依赖军事武力的传统从宋太宗朝后期开始发生转变,强军强国的意识逐渐被追求文治和稳定的思想取代。正因为如此,宋太宗朝后期遂尝试通过议和的手段缓和与辽朝的紧张关系,但未能成功。如淳化五年(994年),宋廷曾先后两次遣使入辽议和,不过都遭到辽朝的拒绝。④ 甚至面对西北一隅的党项势力也消极应对,当军事重镇灵州遭到长期围攻后,还曾一度打算放弃。⑤

二、宋代主流意识抵触武力战争态度的发展与延续

宋真宗即位初,完全继承了以往的治国方略和御辽战略部署。但面对辽军的不时南犯,却一筹莫展,河北、河东前线形势持续紧张。咸平二年(999年)年底和咸平六年四月,辽军先后两次南攻,爆发了瀛州之战、望都之战,宋军都惨遭失败。咸平五年三月,军事重镇灵州城被党项军攻

---

① 《续资治通鉴长编》卷三〇,端拱二年正月乙未,第667页。
② 参见漆侠:《宋太宗与守内虚外》。
③ 《续资治通鉴长编》卷三二,淳化二年八月丁亥,第719页。
④ 《辽史》卷一三《圣宗纪四》,第145页。
⑤ 《续资治通鉴长编》卷三九,至道二年五月壬子,第838页。

陷,北宋对西北地区的统治受到很大威胁。可以说,宋廷陷于极大的边防困境,茫然不知出路何在。

景德元年(1004年),辽太后与辽圣宗率军大举南下,大有问鼎中原之意。宋朝在走消极防御之路不通的情况下,只能被迫发动全面抗战,宋真宗也赴澶州亲征。当辽军在黄河北岸遭到宋军有力抗击,双方交战僵持不下时,虽然宰相寇准等人希望坚持抗战,用武力手段彻底解决对辽问题,但宋真宗和多数朝臣却无意恋战,主张抓住辽朝有意和谈的机会,通过议和达到休战的目的。于是,以付出经济代价换取辽军停战的澶渊之盟就此缔结。其实,这也是宋太宗朝以来国防战略转变后宋廷及主流意识的现实选择。

澶渊之盟的订立,使宋统治集团避免了与辽朝的一场殊死决战,更重要的是双方依照条约放弃武装敌对,维持现有边界,结为兄弟之邦,并互通边境官方贸易。随后,对冲突不断的西北前线,宋统治者也转为议和的方式解决。就在澶渊之盟订立的同年,党项首领李继迁死,其子李德明即位,宋廷又借机主动与之议和,承认其割据现状,缓和了双方的紧张敌对关系。

如果说此前宋朝因为连续两次的北伐失败,挫伤了自己的锐气,宋真宗登基初又不断遭到辽军的打击,形势迫使北宋像西汉初年对待匈奴、唐初对待西突厥那样,也暂时采取守势,以财货换取对方撤军,然后着手聚集力量,待国力强盛后再适时发动反击,则属于审时度势下的权宜之计。但澶渊之盟订立后,宋朝却延续了这一对外消极防御的思路,则标志着走上了与以往王朝不同的发展路线。

宋朝与辽、夏议和后,调整了军事部署,裁减了前线驻军,减免了对地方的征调。其中在对辽前线,"放河北诸州强壮归农,令有司市耕牛给之"。"罢诸路行营,合镇、定两路都部署为一","罢北面部署、铃辖、都监、使臣二百九十余员","省河北戍兵十之五,缘边三之一"。① 在西北前

---

① 《宋史》卷七《真宗纪二》,第127页。

线，"缘边屯戍量留步兵，余悉分屯河中府、鄜州、永兴军，以就刍粟"①。为了表示和平的诚意，宋真宗还下诏将前线原敌对性的地名改为通好之意的名称，如威虏军（治所在今河北徐水西）改为广信军，破虏军（治所在今河北霸县东北）改为信安军，定羌军（治所在今陕西府谷南）改为保德军，等等。②

　　分析当时的各种记载，不难发现宋统治者显然从议和中获得了一种启示，即：通过金帛赎买的办法也能够消弭边患，并且代价比用兵更小。据以后宋人自己承认：本朝虽然向辽支付了岁币，但相较与辽交战的军费开支，不足百分之一、二。③ 因此，宋真宗君臣认为解决了长期无法解决的边防困境，为内部的统治和建设创造了稳定的外部环境，巩固了"崇文抑武"的治国方略。可以说，从宋真宗朝以后，主和反战的主张长期占据了庙堂的主导地位，成为朝廷的主流意识，并有意引导社会意识的趋向。虽然某些官员和许多在野的士人认为澶渊之盟是"城下之盟"，并不完全认同议和政策，但却不能左右主政者的走向。

　　景德二年（1005 年），宋真宗在幸临国子监时对文教繁盛的局面表示赞美，并说："国家虽尚儒术，然非四方无事，何以及此。"④而宋人曹彦约对此指出："臣前读《符瑞篇》固已略举用兵之害矣，上而为君不免宵衣旰食，下而为臣不免罢于奔命。此古之圣贤所以偃武而后修文，息马而后论道也。真宗皇帝四方无事之语发于景德二年，是时澶渊之盟契丹才一年耳，而圣训已及此，则知兵革不用，乃圣人本心，自是绝口不谈兵矣。"⑤即说明宋真宗对澶渊之盟深表满意，对用兵动武则表示怀疑和抵触。宋真宗曾对身边的近臣说："自契丹约和以来，武臣屡言敌本疲困，惧于兵战，今国家岁赠遗之，是资敌也……武臣无事之际，喜谈策略，及其赴敌，罕能

①　《续资治通鉴长编》卷六四，景德三年十月辛巳，第 1429 页。
②　《续资治通鉴长编》卷五八，景德元年十二月甲辰，第 1301 页。
③　富弼：《上仁宗河北守御十三策》，《宋朝诸臣奏议》卷一三五，第 1501 页。
④　《续资治通鉴长编》卷六○，景德二年五月戊辰，第 1333 页。
⑤　《经鉏管见》卷一，第 36 页。

成功。好勇无谋,盖其常耳。"①大中祥符五年(1012 年),宋真宗亲自撰写了《崇儒术论》,向全社会表明尊崇儒学的坚定决心。宋真宗还对臣僚说明写作此文的动机,其意大致是:儒术渊深,当发扬光大,国家理应尊崇。以往历代凡崇儒者则国运盛,凡抑文者则王业衰。本朝太祖、太宗"崇尚斯文",才改变五代流俗。朕继承先帝遗业,"谨遵圣训,礼乐交举,儒术化成"。在宰相王旦的建议下,御撰《崇儒术论》被刻碑立于国子监。②

在此形势下,主张加强边防的呼声和官员都受到压制,武将群体也进一步被边缘化。如力主压制党项的西北守将曹玮、孙全照等,先后被调回内地。③ 大中祥符三年,当有将领反映西夏"颇不遵守誓约"时,宋真宗询问宰相王旦道:"方今四海无虞,而言事者谓和戎之利,不若克定之武也。"王旦则说服道:"止戈为武。佳兵者,不祥之器。祖宗平一宇内,每谓兴师动众,皆非获已。先帝时,颇已厌兵。今柔服异域,守在四夷,帝王之盛德也。"宋真宗深以为然。④ 大中祥符九年,河西节度使石普以天象变化为由上书,请求主动对党项用兵,结果被逮捕下狱,遭到罢官和监管的处分。⑤

宋真宗朝后期大规模的封禅活动,劳民伤财,遭到后世批评,但其实也是宋朝运用神道为自己正统地位与"主和"路线所做的一场全民宣传动员。因此,宋辽、宋夏议和后,当政者在沿袭以往"守内虚外"思想的同时,又极其现实地将议和作为处理边患的一种手段,这便进一步对宋朝以后的主流意识和边防战略产生很大的影响。

到宋仁宗朝,在推行"崇文抑武"方略的力度上更甚于以往。历经长期文治建设,以至于连当时的僧人也认为:"文儒之昌盛,虽三代两汉无

①　《续资治通鉴长编》卷六八,大中祥符元年二月丁卯,第 1528 页。
②　《续资治通鉴长编》卷七九,大中祥符五年十月辛酉,第 1798—1799 页。
③　《宋史》卷二五八《曹玮传》,第 8985 页;《宋史》卷二五三《孙全照传》,第 8874 页。
④　《续资治通鉴长编》卷七三,大中祥符三年五月癸卯,第 1672 页。
⑤　《续资治通鉴长编》卷八八,大中祥符九年十一月戊申,第 2027 页。

以过也。"①因此,虽由于元昊称帝触犯了宋廷的政治脸面,使得北宋不得不对西夏采取打压行动,但战场上被动挨打与劳民伤财的结果,却再度引发宋统治者的厌战情绪。如知谏院张方平所反映:"今自陕西四路、河东麟府,远近输挽供给,天下为之劳弊,而解严息甲,未可以日月期也。"②以后宋人也指出:"昔仁宗皇帝覆育天下,无意于兵。将士惰偷,兵革朽钝,元昊乘间窃发,西鄙延安、泾、原、麟、府之间,败者三四,所丧动以万计。"③庆历四年(1044年),宋与西夏签订庆历和议的妥协做法,其实与澶渊之盟精神相通。至于对辽关系,则长期依赖议和条款为保障,在北部边防上未做出任何变动。庆历二年,辽朝利用宋夏战争僵持不下的机会,派使臣以索要关南之地为名向宋朝进行要挟,宋廷仍力求通过和谈解决。最终北宋同意每年再向辽纳白银十万两、绢十万匹。④ 在宋仁宗朝后期,因为边防压力舒缓,使当政者得以维持内部相对安宁的形势,而这一时期还被宋人誉为"嘉祐之治"。⑤ 由此可见,宋朝对武力战争持抵触态度的主流意识,至此可谓已根深蒂固,并成为一种惯性思维。

北宋中后期,统治集团基本维持以往的内政外交路线,特别是消极防御的思想,并视其为祖宗之法,⑥虽然在个别阶段有所调整,但其主体与精神却基本上未被放弃,对西夏采取的主动"开边"举措,不过是有限的军事行动。值得注意的是,宋神宗时代,试图通过实施变法措施,缓和社会矛盾,扭转已然下降的国势,并达到理财整军、改变对外屈辱状况的目的,但遭到人数众多的传统派官员反对。其中在边防问题上,传统的主流意识仍具有很大影响。如宋神宗征求元老大臣富弼、文彦博及张方平对

---

① 《镡津文集校注》卷九《万言书上仁宗皇帝》,第173页。

② 《续资治通鉴长编》卷一三四,庆历元年十月壬寅,第3192页。

③ 《苏轼文集》卷三七《代张方平谏用兵书》,第1050页。

④ 《续资治通鉴长编》卷一三七,庆历二年九月癸亥、乙丑,第3291—3293页。《辽史》卷一九《兴宗纪二》则称宋每岁向辽增加银绢各十万,"贡"于辽,第227页。

⑤ 参见曹家齐:《"嘉祐之治"问题探论》,《学术月刊》2004年第9期,第60—66页。

⑥ 宋朝祖宗之法历经发展,其说法和做法又不尽相同,但无疑对宋代政治具有极大的影响力。参见邓小南:《祖宗之法——北宋前期政治述略》,生活·读书·新知三联书店2006年版。

经营边防的意见时，都遇到抵触。富弼更直接告诫道：希望天子二十年"口不言兵"。司马光、范纯仁、郑獬等一批官员也先后上奏批评对西夏用兵的企图。① 甚至宋神宗与王安石也对此存在一定的分歧，血气方刚的宋神宗有意走汉唐之路，主张积极对西夏采取攻势，而王安石虽对强国抱有期望，但对用兵作战之事则持慎重的态度。② 因此，熙宁年间除了对河湟地区松散的吐蕃等诸族实施控制活动外，重大边防战争不到不得已通常不为之。如宋军对交趾的自卫反击战，便是战火燃遍广南地区后被迫采取的行动，且最终主动撤军。王安石对保持与辽盟约关系也持肯定态度，如熙宁五年（1072 年）讨论有关应对辽朝挑衅问题时，王安石明确要求宋神宗坚守双方盟约，"臣愿陛下于薄物细故，勿与之校，务厚加恩礼，谨守誓约而已"。③ 元丰时期，宋神宗亲自主导变法后，抛开朝臣的反对意见，一度对西夏发动攻势，主要支持与参与者则为武将和宦官，却都以失败告终。宋神宗信心大受打击，史称"深自悔咎，遂不复用兵，无意于西伐矣"。④ 宋神宗还因此忧愤成疾而死，主动用兵的主张遂宣告终止。

宋哲宗元祐年间，主政者在废除变法举措的同时，也将此前对夏"开边"活动视为弊政，全面加以清算，如将统军对夏作战的宦官李宪以"贪功生事"之罪，予以贬官监管，⑤实施"弃地"议和，将获得的缘边部分土地及城寨退回西夏等。⑥ 可以说，宋统治集团继续了排斥武功的趋向，立足于维持内部的稳定。这一时期被以后的宋人视为全盛时期之一，其内政外交路线正集中代表了宋朝的价值取向和时代特征。而如朱熹不满地指出："本朝全盛之时，如庆历、元祐间，只是相共扶持这个天下，不敢做事，

---

① 参见李华瑞：《宋夏关系史》，河北人民出版社 1998 年版，第 82—84 页。
② 参见漆侠：《王安石变法》，河北人民出版社 2001 年版，第 222—223 页。
③ 《续资治通鉴长编》卷二三六，熙宁五年闰七月己巳，第 5752 页。
④ 《宋史》卷三三四《徐禧传》，第 10724 页。
⑤ 《宋史》卷四六七《宦者二·李宪传》，第 13640 页。
⑥ 参见司马光：《上哲宗乞还西夏六寨》、范纯仁：《上哲宗答诏论西事》，《宋朝诸臣奏议》卷一三八，第 1552—1556 页。

不敢动。被夷狄侮,也只忍受,不敢与较,亦不敢施设一事,方得天下稍宁。"①宋哲宗亲政后的数年里,在西部前线有所举动,体现出某种与以往不尽相同的重武倾向。对此有研究者认为发生了军事战略转变,出现了"缓进攻略路线"。② 但从总体上看,其影响却未超出局部攻势和"蚕食"的范围,即宋廷没有完全采取全面进攻的大战略,特别是对辽朝依旧维持议和局面。

宋徽宗时代,统治日趋腐朽混乱,在政坛投机风气的冲击下,传统的治国思想虽然根深蒂固,但相关举措以及许多制度却遭到破坏,武备更为涣散。在大宦官童贯的主导下,延续了宋哲宗后期的举动,与西夏发生时断时续的交战,这在当时和后世都遭到正统士大夫的抨击。正如宋人所说:"士大夫多以讳不言兵为贤,盖矫前日好兴边事之弊。"③北宋末,统治集团还利用辽朝即将灭亡的机会,仓促导演了联金攻辽的投机举动,试图假手他人收复燕云,也遭到许多官员的批评。④ 至靖康时,宋统治集团终止了在西部的用兵活动。面对金军的两次围城,宋钦宗与主和派仍抱议和幻想,试图以和谈方式换取对方撤军。当幻想破灭后,宋廷有限的抗战力量终于无法挽救覆灭的结果。

通览南宋历史,不难发现:虽然宋廷长期处于外患巨大压力下,民间要求抗金的呼声不断,许多文官武将也不甘屈辱现状,如辛弃疾与陆游的诗词、陈亮及真德秀的上疏,都集中体现了强烈抗战的愿望,但在长期惯性思维与制度的推动下,主和仍然是朝廷的主流意识,抗战主张受到压制,被动求和成为边防不力下的无奈之举。南宋主和派长期当政,他们在维护统治与抵抗女真、蒙古进攻时,不能不现实地选择战争手段反抗,然而在精神上却继续怀疑、抵触武力,不敢也无力主动用军事方式收复北方

① 《朱子语类》卷一二七《钦宗朝》,第 3051 页。
② 曾瑞龙认为:宋哲宗亲政后,实施的弹性防御,也不排除攻势,同时将防御性据点向西夏境内推进(《拓边西北:北宋中后期对夏战争研究》第 4 章《从妥协退让到领土扩张:论宋哲宗朝对西夏外交政策的转变与军事战略的兼容性》,香港中华书局 2006 年版,第 125—154 页)。
③ 《避暑录话》卷下,第 331 页。
④ 《宋史》卷三三五《种师道传》,第 10751 页;《三朝北盟会编》卷八,宣和四年六月三日庚寅,第 52—55 页。

失地,只能满足于偏安江南。

宋高宗君臣甚至不惜借杀害岳飞之举,压制主战派力量,促成与金朝的"绍兴和议"。宋高宗赞扬秦桧的话"尽辟异议,决策和戎",①反映了当时朝廷当政者主和避战的态度。秦桧死后,宋高宗还特别告诫执政大臣延续既定路线:"两国和议,秦桧中间主之甚坚,卿等皆预有力,今日尤协心一意,休兵息民,确守无变,以为宗社无穷之庆。"②其后,唯有在宋孝宗、宁宗朝,抗战主张曾一度冲击了传统的主和意识,并有过两次主动北伐行动,反映了长期遭到排斥的民间力量强烈的抗战要求,不过北伐既短暂,又告失败。战场的失利再度引发失败主义弥漫庙堂,主和派很快又占据主政地位,遂先后出现"隆庆和议"、"嘉定和议"。揆诸其时其势,不满现状的宋孝宗虽心有不甘,也不免最终厌战。据记载,开禧北伐开始时宋宁宗便心存疑虑,事后他对大臣说道:"恢复岂非美事? 但不量力。"③以宋宁宗名义下达给将士的诏书云:"岂不知机会可乘,仇耻未复,念甫伸于信誓,实重要起于兵端。故宁咈廷绅进取之谋,不忍绝使传往来之好,每示固存之义,初无幸衅之心。"④说明之所以坚守议和盟约,关键在于不愿引发战祸。这其实表达的正是当时主政者及朝廷主流意识的主张。如南宋名臣真德秀批评:"以忍耻和戎为福,以息兵忘战为常,积安边之金缯,饰行人之玉帛。金邦尚存,则用之于金邦,强敌更生,则施之于强敌,此苟安之计也。"⑤

南宋后期,内外交困,江河日下,统治者面对空前强大的蒙古军的猛烈进攻,更难以应对,只能一面抵抗,一面继续寻求议和的解决之道,于是又产生了贾似道与忽必烈达成的议和密约。南宋末,在元朝大军兵临城下的情况下,宋廷已经失去和谈的资本,依旧寄希望于议和,最终因遭到拒绝而亡国。

---

① 《建炎以来系年要录》卷一六○,绍兴十九年九月戊申,第3030页。

② 《建炎以来系年要录》卷一七○,绍兴二十五年十二月乙未,第3244—3245页。

③ 佚名撰,汝企和点校:《续编两朝纲目备要》卷一六,嘉定十七年闰八月丁酉,中华书局1995年版,第303页。

④ 《续编两朝纲目备要》卷一五,嘉定十年六月庚戌,第283页。

⑤ 真德秀:《西山文集》卷三《直前奏事札子》,《景印文渊阁四库全书》第1174册,第49—50页。

三、宋代主流意识抵触武力战争的社会根源及影响

从宋代历史的发展来看,朝廷主导下的主流意识也经历了由初步怀疑武力和战争的态度,到认识不断加深,并最终加以抵触的变化过程。宋朝这一现象的产生,毫无疑问是与宋初北伐战争失败后消极边防思想盛行有关,也与推行上述"崇文抑武"的方略及其内政外交路线密不可分。但之所以能够如此,还有更深层次的社会历史根源所在。

首先,宋朝统治集团的构成发生重要变化。唐宋之际社会发生重大变迁,宋初门阀世族已经消亡,而加强皇权和收兵权的结果,又抑制了军功贵族的崛起。事实上,宋朝建国不久,军功集团势力在政坛就迅速消解,以后始终也没有复兴,这也是与以前王朝不同的时代特点。宋朝代表地主阶级的整体利益,自然也要依靠他们的支持,而人数众多、分散各地的地主,不可能像以往少数贵族、世族那样都得到政治特权,国家只能通过不断选拔或流动的办法,由其代表人物组成国家的政治中坚力量。于是,相对开放并具有相对公平性的科举制度迅速发展,成为选官制度的主体,从而造就了科举出身的官僚士大夫执政集团。如研究者所指出:宋太祖"并非出于偏爱而将士大夫单独挑选出来,但是他创造了形势和先例,这些形势和先例能够部分解释为什么他的继任者太宗的确提高了士的利益"。[①]

大致而言,到宋太宗朝后期,科举官僚便居于统治集团的核心地位,随后则影响力日益扩大,至宋真宗朝以后,已完全成为统治集团的主体。通过《宋史·宰辅年表》,可以清楚地看到宋朝宰执大臣基本由科举出身构成的事实。如北宋宰相共有 71 人,其中 64 人出身进士。其余非科举出身的 7 人中,又有 3 人为开国功臣,而所有的宰相竟无一人出身武臣。[②] 南宋时期的情况也大体如此,共有宰相 62 人,其中 51 人出身科

---

① 参见[美]包弼德:《斯文:唐宋思想的转型》,刘宁译,江苏人民出版社 2001 年版,第 58 页。

② 《宋史》卷二一〇至卷二一二《宰辅年表》,第 5416—5531 页。

举,其余非科举出身的 11 人中,6 人出身太学生,唯有 1 人为武臣。① 就宋代文官士大夫在政坛的位置而言,确已达到前所未有的地位。北宋中叶即有人指出:"今世用人,大率以文词进。大臣文士也,近侍之臣文士也,钱谷之司文士也,边防大帅文士也,天下转运使文士也,知州郡文士也,虽有武臣,盖仅有也。"②宋朝以儒家思想文化为背景的科举文官集团长期执政,武将群体受到压制,制约了尚武的力量对政治生活的影响,使得以往历史上盛行的"出将入相"现象消失,从而导致统治集团内军功观念的弱化。这便影响到国家政治的走向,即:摆脱了以往强军强国、盛世开疆的路线,转而推崇文治和内部建设。

第二,宋朝的统治思想发生变化。宋代之前,儒家虽然长期成为官方的舆论工具,但并未取得完全的思想统治地位,多种思想文化和价值观都反映到统治集团内部。如汉初的黄老思想,三国的兵家影响,两晋的玄学流行,南北朝、隋唐佛教以及北方游牧文化渗透的特点,等等,儒、释、道三家之间的关系还出现紧张和对立,因此国家的政治倾向不免受到多元文化的影响。宋统治者建国后,在重文政策的推动下,不仅儒家文化的教化功用得到高度重视,而且其价值观也进一步获得提倡和宣扬,这都使儒家思想赢得了前所未有的传播。据记载,宋初功臣赵普居宰相位后,在宋太祖的要求下做出率先读儒经的姿态,但因缺乏学养,最终不出孔子的《论语》。③ 这便从侧面折射出当时重文、崇儒气氛的初步形成。北宋中叶人称:宋太宗"引缙绅诸儒,讲道兴学,炳然与三代同风矣"。④ 此话虽然歌颂的成分大于实情,却也道出了当时统治者引领的方向。现存《宋会要》中"崇儒"的大量篇幅和内容,便记述了宋王朝推崇儒学的大量事例。随

---

① 据《宋史》卷二一三至二一四《宰辅年表》记载,可知 57 人出身情况。(第 5543—5655 页)其余沈该、曾怀、钱象祖、留梦炎和吴坚等 5 人出身背景,分见陈骙:《南宋馆阁录》卷七《官联上》,中华书局 1998 年版,第 77 页;《宋史》卷三四《孝宗纪二》,第 653 页;陈耆卿:《赤城志》卷三三《人物门·本朝》,《景印文渊阁四库全书》第 486 册,台湾商务印书馆 1986 年版,第 883 页;《宋史》卷四三《理宗纪三》,第 830 页;《南宋馆阁录·续录》卷八《官联二》,第 308 页。

② 《端明集》卷二二《国论要目》,第 512 页。

③ 《宋史》卷二五六《赵普传》,第 8940 页。

④ 《续资治通鉴长编》卷一一六,景祐二年五月庚子,第 2733 页。

着儒学重要载体的科举制的日益发展和影响,以及儒、释、道三家长期的渗透,遂出现了三教合流的趋势。儒家汲取了佛、道思想的精华,从而登堂入室,真正成为宋代国家的统治思想。朱熹指出:"国初人便已崇礼义,尊经术,欲复二帝三代,已自胜如唐人,但说未透在。直至二程出,此理始说得透。"①大致到宋仁宗时代,儒学逐渐还引发思想变革,讲求"义理"的宋学(特别是其中的理学)兴起。儒家注重君臣关系的礼仪秩序认识,讲求仁政、反对暴政的政治理念,重义轻利的价值取向,强调以三纲五常为主的伦理道德观,这些核心价值观渗透到宋朝的统治思想之中,虽然不可能都获得实现,许多内容还常常成为虚伪的遮羞布,但却无疑推动了国家发展及价值评判的趋向。

就政治理想而言,宋儒追求的是三代"圣王"之道,而非秦汉以降的"霸道"。如北宋中叶的石介、欧阳修、尹洙和李觏等有影响的思想家,"在政治思想方面,他们都同有超越汉、唐,复归'三代'的明显倾向";②苏轼反映:当今士大夫,"仕者莫不谈王道,述礼乐,皆欲复三代,追尧舜"。③ 王安石劝告宋神宗不必效仿唐太宗,而应直追尧、舜;④二程批评周代以下已无圣王,"先王之世,以道治天下;后世只是以法把持天下";⑤朱熹则认为自尧舜至周公是内圣与外王合一的理想时代,他还在与对立派关于王霸义利的争辩中,将汉、唐与尧舜、三代剥离开来,反对把汉唐与先王时代"合而为一"。⑥ 欧阳修、司马光及范祖禹等史家则通过修史,批判汉唐黩武追求,如他们虽承认唐太宗的功业超越以往许多帝王,但对其征伐活动却予以谴责,"好大喜功,勤兵于远,此中材庸主之所常为"。⑦"太宗于天下,无事不知用之于礼仪,而惟以战胜为美也……兵威无所不

---

① 《朱子语类》卷一二九《自国初至熙宁人物》,第 3085 页。

② 参见余英时:《朱熹的历史世界》,生活・读书・新知三联书店 2004 年版,第 191—194 页。

③ 《苏轼文集》卷四八《应制举上两制书》,第 1393 页。

④ 《宋史》卷三二七《王安石传》,第 10543 页。

⑤ 程颢、程颐撰,王孝鱼点校:《二程集・二程遗书》卷一《端伯传师说》,中华书局 2004 年版,第 4 页。

⑥ 《全宋文》第 245 册,卷五四九七《答陈同甫》,第 321 页。

⑦ 《新唐书》卷二《太宗纪》,第 48—49 页。

加,四夷震慑,而玩武不已,亲击高丽,以天下之众困于小夷,无功而还,意折气沮,亲见炀帝。"①宋儒对秦汉至隋唐社会及其帝王将相的否定,固然隐含有改造现实的用意,但主流意识从理论上否定汉、唐"盛世",便意味着反对追求"霸道"和武功,同样具有为现实"崇文抑武"方略服务的意义。而宋朝儒学家的思想观念与倾向,也深入到国家的意识形态之中,必然会与使用武力战争的政治追求产生冲突,其结果便是武力战争的手段逐渐遭到质疑、抵触。事实上,宋初以来主流执政者对汉、唐动武教训的批判,也与宋儒的价值取向始终发生着互相推动的影响。至于一些民间士大夫阐述《春秋》大义,提倡尊王攘夷,特别是如陈亮等南宋士人倡导效法"汉唐",主张"义利双行,王霸并用",②但这些激进的思想处于非主流的地位,未能被朝廷所接受。

需要指出的是,宋代绝大多数皇帝还出现了显著的儒学化倾向。"太宗崇尚儒术,听政之暇,观书为乐。"③如果说宋太宗本人此举属故作姿态的话,那么从宋太宗开始,高度重视皇族的教育却是事实,从而使其受教育的程度远胜于前朝,其皇储自幼读写儒经的情况,较之以往则更为突出。所谓:"太宗、真宗其在藩邸,已有好学之名,作其即位,弥文日增。自时厥后,子孙相承,上之为人君者,无不典学。"④因此,宋朝储君在成长过程中受到儒家更大的影响。宋哲宗即位初,范祖禹在经筵为年幼的帝王讲解治国之道时,献《帝学》一书。从《帝学》的各项内容,可以清楚地看出儒家学说及其价值观对宋朝帝王思想形成的巨大影响,也可以窥见"崇文抑武"在天子观念中延续、发展的基础。范祖禹认为:"本朝累圣相承百三十有二年,四方无虞,中外底宁,动植之类蒙被涵养,德泽深厚,远过前世,皆由以道德仁义、文治天下,主无不好学故也。"⑤特别是宋仁宗,被士大夫认为是"以尧舜为师法,待儒臣以宾友"。⑥ 儒学熏陶下的宋朝

---

① 范祖禹:《唐鉴》卷三《太宗下》,上海古籍出版社 1984 年版,第 77—78 页。
② 有关陈亮的激进思想,参见邓广铭:《陈龙川传》,三联书店 2007 年版。
③ 《帝学》卷三,第 745 页。
④ 《宋史》卷四三九《文苑一》,第 12997 页。
⑤ 《帝学》卷八,第 778 页。
⑥ 《帝学》卷六,第 765 页。

皇帝,大多数在观念上对武力战争存在疑虑,在现实中更容易选择温和的解决之道,也更容易退缩到"化干戈为玉帛"的幻想中。

第三,宋朝募兵制度盛行,进一步影响了社会风尚的变化。宋朝在唐中后期、五代的基础上,大规模实行募兵制度,特别是实施"荒年募兵"的举措。① 而在宋代租佃经济盛行的背景下,士兵主要来源于被土地排挤出来的破产农民,以及充军的罪犯,因此其社会地位低于征兵制下的军人,这从士兵面部刺字这一与罪犯共有的标记可以说明。如宋人指出:"往往天下奸悍无赖之人,苟其才行足以自托于乡里者,未有肯去亲戚而从召募者也。"②士兵被视作"贱隶"的结果,极大地降低了其社会地位和尊严。

宋初以来,在"崇文抑武"的政治环境之下,文官士大夫的政治影响力本已持续高涨,形成了文尊武卑的格局,包括在政坛产生"文不换武"的现象。③ 田况曾说:"状元登第,虽将兵数十万恢复幽蓟,逐强敌于穷漠,凯歌劳还,献捷太庙,其荣亦不可及也。"④当军人遭到社会普遍歧视后,从文成为宋代士人追求的目标,如叶适所言:"今也举天下之人,总角而学之,力足以勉强于三日课试之文,则嚣嚣乎青紫之望盈其前,父兄以此督责,朋友以此劝励。"⑤所谓"满朝朱紫贵,尽是读书人"。⑥ 投军则很难受到世人的赞许,如著名理学家张载年轻时,面对宋夏交战,慨然以功名自许,"以书谒范仲淹,一见知其远器,乃警之曰:'儒者自有名教可乐,何事于兵。'因劝读《中庸》"。⑦ 可见即使在国家用兵之际,这种观念仍然占主导地位。所以,王安石指出:"先王之时,士之所学者,文武之道也……今之学者,以为文武异事,吾知治文事而已,至于边疆、宿卫之任,

---

① 参见邓广铭:《北宋募兵制度及其与当时积弱积贫和农业生产的关系》,《中国史研究》1980 年第 4 期。

② 《王文公文集》卷一《上皇帝万言书》,第 7 页。

③ 参见拙作:《从"文不换武"现象看北宋社会的崇文抑武风气》,《中国史研究》2001 年第 2 期。

④ 《儒林公议》卷上《太宗临轩放榜》,第 8 页。

⑤ 《叶适集》之《水心别集》卷一三《科举》,第 799 页。

⑥ 《贵耳集》卷下,《景印文渊阁四库全书》第 865 册,第 467 页。

⑦ 《宋史》卷四二七《张载传》,第 12723 页。

则推而属之于卒伍。"①与以往相比,宋代社会风尚发生重要变化,尚武精神沦落,军功的感召力和影响力大为削弱,从而间接地制约了朝廷和主流意识对武力战争手段的运用,反战的呼声更容易得到执政集团的关注。

第四,宋朝军事决策和统率体制发生变化。宋代之前,实施军事决策和统军作战主要由将帅承担,但到宋代,这一局面却逐渐发生变化。宋朝开国后,为了防止军权旁落、武人干政,设置枢密院掌管最高军事决策和机要,正副长官由武官、文臣出身的亲信大臣担任。随着"崇文抑武"方略的不断推行,这一机构中科举出身的文官逐渐在人数上占据优势。澶渊之盟后,文官基本上控制了枢密院。到宋仁宗朝,武臣很快从枢密院退出,直到北宋灭亡,枢密院都几乎是文臣掌管。② 南宋时期,枢密院的地位逐渐下降,由宰相兼任枢密使往往成为定制。再从各地军事统率组织来看,大约在宋太宗后期、真宗朝,出现了文臣参与统率和指挥方面军的现象,到宋仁宗时代遂形成了文臣担任主帅、武将充当副将的制度。如宋哲宗时刘挚所说:"臣窃闻祖宗之法,不以武人为大帅专制一道,必以文臣为经略以总制之。武人为总管,领兵马,号将官,受节制,出入战守,唯所指麾。"③

值得注意的是,前代由于文武官员之间没有鸿沟阻隔,许多文臣自愿"投笔从戎",还出现"出将入相"现象。因此,无论是职业武将还是弃文从武的将帅,都能安心军职、投身沙场,从事专职性的军事决策和统军作战,以博取功业。与以往相比,宋代文武臣之间产生巨大的隔阂,文臣通常不愿从武。而以科举为背景的宋代官僚队伍虽有文化优势,精于文辞与儒经,熟悉典章制度,然而因为多不愿投笔从戎,缺乏军旅和战场锻炼,即使出任帅职,也依旧保持文官资格,因此普遍存在欠缺军事技能的缺陷,拙于用兵。与此同时,由于武职受到歧视,社会精英多不愿踏入军门,导致武将群体素质普遍下降,其政治影响力进一步下滑。纯粹的文官主

①　《王文公文集》卷一《上皇帝万言书》,第7页。

②　参见拙作:《从枢密院长贰出身变化看北宋以文驭武方针的影响》,《历史研究》2001年第2期。

③　刘挚:《上哲宗论祖宗不任武人为大帅用意深远》,《宋朝诸臣奏议》卷六五,第724—725页。

掌军事决策、统军体制,在边防上只能是越来越保守,这都进一步加剧了执政集团对武力手段的怀疑和抵触,缺乏足够的能力和信心应对战争。如韩琦、范仲淹被当世称为御边良帅,清人王夫之则中肯地评说道:"韩、范二公,忧国有情,谋国有志,而韬钤之说未娴,将士之情未浃,纵之而弛,操之而烦,慎则失时,勇敢则失算。"①

第五,宋代商品经济的发展,对统治集团处理边防问题产生了前所未有的影响。宋代商品经济的发展及其影响不断扩大,并直接作用到宋朝政府的收入方面,其中突出地表现为货币在税收中的比重加大,商税和专卖的收入在财政中的比例逐渐超过农业收入。② 而这种变化对宋朝统治者的决策,包括考虑边防问题,会产生潜移默化的影响,即计算成本的意识增强。如前所述,宋太祖在收复幽云的问题上已有经济赎买的考虑。宋仁宗朝,素有名望的富弼指出:"真宗皇帝嗣位之始,专用文德,于时旧兵宿将,往往沦没,敌骑深入,直抵澶渊,河朔大骚,乘舆北幸。于是讲金帛啖之之术,以结欢好。自此河湟百姓,几四十年不识干戈。岁遗差优,然不足以当用兵之费百一二焉。则知澶渊之盟,未为失策。"③他认为因澶渊之盟向辽支付的岁币较交战的军费开支,不过百分之一二,因此不算失策。还有许多执政大臣也持类似的看法,如王安石有"欢盟从此至今日,丞相莱公功第一"的诗句,④即持同样观点;两宋之际的抗战领袖李纲也对此抱有肯定态度,如其《喜迁莺》"真宗幸澶渊"一词云:"虏情詟,誓书来,从此年年修好"⑤。这说明宋代许多执政者在计算得失的思考下,满足于以经济手段而非武力方式应对边患的结果。南宋时期,长期遭到女真、蒙古军队的战争压迫,军费开支极为浩大,百姓的生产和生活因此受到无穷的影响,统治集团既不敢和无心抗战,计算经济得失往往又成为其主和的一项重要理由。

---

① 《宋论》卷四《仁宗》,第 93 页。
② 参见汪圣铎:《两宋财政史》,中华书局 1995 年版,第 688—694 页。
③ 富弼:《上仁宗河北守御十三策》,《宋朝诸臣奏议》卷一三五,第 1501 页。
④ 《王文公文集》卷四七《澶州》,第 532 页。
⑤ 唐圭璋编:《全宋词》第 2 册,中华书局 1998 年版,第 901 页。

事实上,不战而胜的思想在中国古代早已存在,即使是兵家鼻祖的孙子也指出:"是故百战百胜,非善之善者也;不战而屈人之兵,善之善者也。"①宋朝固然并非是主动从大战略的角度考虑,妥善处理和与战的关系,但被动地以和罢战的做法,却为自己寻找到"不战而屈人之兵"的理论依据,并以现实主义的经济换算对战争方式加以否定。西方学者因此认为:宋王朝"是以高度的现实主义政治为特征的","依靠军事手段不能打败契丹人的国家",便与辽议和,"宋辽缔结的澶渊之盟成了处理日后冲突的一个样板"。②

综上所述,中国古代传统重视边防和武备的强国意识到宋代发生了重要变化。宋朝从太宗后期开始,即不再以积极防御、开疆拓土为能事,军队转而以维护域内统治为首要任务,其讨伐的对象主要限于篡逆反叛者和造反百姓,而不是以强大的游牧政权势力为主,因此军队与边防的意义和价值也就随之降低。宋朝统治集团为了维护自身的存在和安全,虽然在现实中依赖军队的支持,也不得不选择用兵的方式抵抗边患,但是,"崇文抑武"治国思想与方略推行的结果,主流意识逐渐对武力战争手段产生怀疑和抵触的态度。澶渊之盟的缔结,似乎也证明了在战争与和平之间,有选择和平的可能性和现实性。这个两难选择的成功,使宋朝统治者自认为一劳永逸地寻找到了"化干戈为玉帛"之路,从此更倾向于以和的方式解决边患威胁。其外交政治既然以和为主轴,则战争手段便不能更多地为这种政治服务。总体而言,宋朝主流意识中的以和缓战、以和止战的理念,又大致包含了三种表现:其一,攘外必先安内,暂时放弃主动对外用兵,而集中力量稳定内部;其二,审时度势,在对外形势不利的情况下,高扬反战旗帜;其三,政治投机,以君主和既得利益集团厌战的意志为转移,满足于苟且偷安。就宋朝发展的历史来看,也大体经历了这样的过程。

现代英国著名军事家利德尔·哈特认为:"战争的目的是要获得一个较好的和平,这当然是从你自己一方的愿望来说的……一个国家,如果

---

① 《十一家注孙子校理》卷上,第45页。
② 〔德〕傅海波、〔英〕崔瑞德:《剑桥中国辽西夏金元史》导言,中国社会科学出版社1999年版,第21—22页。

它把自己的力量消耗殆尽,那它也就不会有能力继续推行自己的政治,因而必然使其前途不堪设想。"①如果说这一深刻的认识,是在日益理性和多边制约的现代国际关系下,告诫人类要正确处理战争与和平之间的关系,包含着丰富的历史经验和强烈的现实关怀。毋宁认为,宋代主流意识支配下的和平与战争观,便过于早熟。在历史的复杂演进过程中,宋朝过早而被动走上了这条脱离扩军、强权的道路。因为那还是一个武力战争不受任何约束的时代,多少先进的文明都在惨烈的战火中毁灭,种族灭绝的悲剧也不会引发野蛮征服者心灵的战栗。宋朝片面总结了历史的经验教训,矫枉过正,不能保持自身必要的军事强势,对外长期采取守势,其军队和边防也就不足以维持长久的和平局面,一旦内外平衡被破坏,就只能陷于被动挨打的境地。

由此,两宋虽然经济、文化、科技独领风骚,如陈寅恪先生所称:"华夏民族之文化,历数千载之演进,造极于赵宋之世"②,并在全球首先发明了火药武器。但先进的生产和雄厚的经济力量没有转化为强大的国防实力,火器这种巨大革命性技术的投入,也未能引发军事变革和应有的效用,因此长期被动挨打,亡于边患,终以"积弱"而为世所诟病。南宋学者吕祖谦沉痛地说:本朝"文治可观而武绩未振,名胜相望而干略未优";③宋人又总结道:"汉唐多内难而无外患,本朝无内患而有外忧";④元人修宋史时则评价道:"宋恃文教,而略武卫",⑤即明确地意识到宋朝国运与以往时代不同的史实。也可以说,唐宋社会转型包含了这一重要方面。然而,和比战难。今天自应站在更高的平台看待过往发生的一切,过犹不及。穿越宋代演进中的迷雾,探究其行程的路径与覆辙,都可为今天提供难得的历史经验和教训。

原文发表于《历史研究》2009 年第 2 期,文字略有调整

---

① ［英］利德尔·哈特:《战略论》第 22 章《大战略》,第 494 页。
② 陈寅恪:《邓广铭宋史职官志考证序》。
③ 《宋史》卷四三四《吕祖谦传》,第 12874 页。
④ 《类编皇朝大事记讲义》卷一《国势论》,第 42 页。
⑤ 《宋史》卷四九三《蛮夷一》序,第 14171 页。

简论宋朝的治军特点与边防困境

宋朝汲取唐末五代兵权失控而祸乱天下的教训,建国后便开始推行分权制衡的制度设计原则,尤其是在军事体系中更加贯彻实施,就此初步产生了严密控制将帅与军队的治军特点。宋太宗在第二次北伐失败后,从此放弃开疆拓土的追求,转而以内部稳定与建设为主要目标,边防战略遂演化为全面和消极的防御性。在军事建设以围绕秩序稳定为宗旨的趋势下,统治者加大了对兵权的控制力度,于是进而形成了管控过度的治军特点,并为后世所沿袭。宋朝的这种治军特点,虽然足以防范兵变,有利于社会秩序稳定,但却对军事决策、总体动员力、战场指挥、军队士气等方面都造成损害,极大地降低了军队的战斗力,从而使边防长期陷于困境。

在中国历史上,两宋给后世留下最深刻的印象,莫过于文盛武衰,元代史家修《宋史》时即评说道:"宋恃文教,而略武卫。"①两宋文教空前昌盛的成就,已得到海内外学者的高度评价,而其长期边防的困境,特别是先后两次亡于边患的结局,同样备受后世瞩目。对于宋朝边防以"积弱"著称的格局,学界已有颇多论述,②但专就其治军特点与边防之间的关系问题,仍关注不够,③故有必要进一步探究。

---

① 《宋史》卷四九三《蛮夷一》"序",第 14171 页。

② 现有的宋史研究论著,已对此论述颇多,其中代表性的成果有:钱穆:《国史大纲》(下册),商务印书馆 2010 年版;邓广铭:《北宋的募兵制度及其与当时积弱积贫和农业生产的关系》,《中国史研究》1980 年第 4 期;王曾瑜:《宋朝军制初探》(增订本),中华书局 2011 年版;李华瑞:《宋朝"积弱"说再认识》,《文史哲》2013 年第 6 期等。

③ 魏福明《北宋的治军之道及其启示》一文,对北宋治军之道定义宽泛,也未深入分析其与边防成败的关系。见《东南大学学报》(哲学社会科学版)2005 年第 2 期。

一、宋朝制度设计中的制衡原则及其治军体现

宋朝出于确保中央集权统治稳定的目的,在政治与军事制度设计中,竭力贯彻分权制衡的原则,以此分散文武官僚与重要机构的权力,分化事权便成为宋朝政治规则的基本特征。其中围绕控制兵权所过度推行的制衡原则,又尤为突出,就此形成了鲜明的治军特点。

宋朝自建国伊始,就充分汲取唐末五代百余年战乱的教训,高度重视"君弱臣强"与统治秩序败坏的重大积弊,因此厉行强化中央集权,在施政上力求防范各种内患的威胁,即所谓的"事为之防,曲为之制",①就此形成宋朝"祖宗之法"的核心精神。② 为此,宋朝在政治与军事制度设计上刻意强调分权制衡的原则,不断对朝政体系加以改造。从政务运行上看,众所周知,首先,对中央机构的事权进行分割,其中最高决策机关由宰相负责的中书(后改称三省)与枢密使(知枢密院事)掌管的枢密院分立,"对持文武二柄,号为'二府'",③军政互相分权,"凡政事送中书,机事送枢密院,财货送三司,覆奏而后行","著为定制"。④ 同时,"二府"皆安排正副职多人,彼此牵制;而其他较为重要的机构也多重叠设置,以相互掣肘。其次,在地方行政体系中同样落实制衡的原则,其中最高区划的路级组织就分别设立转运司、提点刑狱司、安抚司及提举常平司等多个机构,互不统属,使得任何一方都无法主宰本路;在州级长官的知州之外则设通判一职,以制约知州。第三,实行官职与差遣分离的制度,即原本中央机构中的各级官职如没有差遣事权,便为名义上的寄禄官,仅标志地位与俸禄的高低,而实际行使的职权则由专门受差遣的官员负责。史称:"诸司互以他官领之,虽有正官,非别受诏亦不领本司之务。"⑤这种名实脱节的

---

① 《续资治通鉴长编》卷一七,开宝九年十月乙卯,第382页。
② 参见邓小南:《祖宗之法——北宋前期政治述略》,第280页。
③ 《宋史》卷一六二《职官二》,第3798页。
④ 《续资治通鉴长编》卷三一,淳化元年十二月辛酉,第708页。
⑤ 《宋史》卷一六九《职官九》,第4029页。

制度显然有利于皇帝操控人事权,可以任意调动官员,却不至于引发骚动。最后,还赋予御史台、谏官以及路级诸司极大的监察权,对宰相以下百官加以监督与制衡。通过诸如此类的制度设置,宋中央牢固地掌握了政务运行的大权。需要指出的是,相权在北宋中叶以后虽然获得提升,甚至宋孝宗以降还出现了宰相兼任枢密使的惯例,以至于南宋后期因此产生了权臣,但总体上皇权下的制衡机制并未丧失,这正是宋中央集权体制与秩序始终得以维系的根源,也是权臣无法篡位的主要原因。

相较于对行政权的重视,宋统治者更为兵权绞尽脑汁,也更加重视制衡的作用。可以说,宋朝在治军上实行的制衡原则,贯穿于兵权运作的各个重要环节,其具体表现主要有以下若干个层面:

其一,在最高军事决策上的分权。通常情况下,中书、枢密院大臣分别提出军事决策建议,然后由皇帝做出裁决。如宋人所说的"每朝奏事,(枢密院)与中书先后上所言,两不相知,以故多成疑贰。祖宗亦赖此以闻异同,用分宰相之权",①虽意在强调分割宰相的权力,其实也表明枢密院同样不能独自负责重大军务。这种军事决策上的互相牵制原则,贯穿于宋代大多数时期,只是到南宋后期才发生变化。

其二,在调兵与统军上的牵制。枢密院虽属最高军事机关,掌握调兵权,但却不掌管军队,北宋时期统军权归禁军统帅机构的三衙。南宋最初设御营司统管所有军队,以后则因战事频繁,遂先后以大战区的都统制司、制置司、宣抚司及都督府等直接统军,形式上并归枢密院管辖。② 就此构成调兵权与统军权的分离,如北宋人指出:"天下之兵本于枢密,有发兵之权而无握兵之重;京师之兵总于三帅,有握兵之重而无发兵之权,上下相维,不得专制。"③宋人还评说道:"兵典以枢密,宰相可知之而不可总之;三帅可总之而不可发之;发兵之权归枢密,而枢密置使必置副,欲彼

---

①　《挥麈录》后录卷一,第 66 页。

②　漆侠主编:《辽宋西夏金代通史》第二册《典章制度卷》第十章《宋朝军事制度》(陈峰执笔),人民出版社 2010 年版;王青松:《南宋军事领导体制研究》,陕西师范大学历史文化学院博士论文,2007 年。

③　范祖禹:《范太史集》卷二六《论曹诵札子》,《景印文渊阁四库全书》第 1100 册,第 305 页。

此相制也。"①由此，宋朝将发兵权和握兵权对立起来，所谓"兵符出于密院，而不得统其众；兵众隶于三衙，而不得专其制"。②在"枢密掌兵籍、虎符，三衙管诸军"的同时，还由"率臣主兵柄"，③从而巧妙地将兵权一分为三，以便互相牵制。

其三，在统军权上的分割。宋初，既有的殿前司、侍卫亲军司两大禁军统帅机构位高权重，其正副职将帅皆握有较大的统兵权。随着收兵权举措的推行，宋廷逐渐将以上两司正副职架空，继而将侍卫亲军司下的马军、步军司分立，从而形成三个帅司鼎立的格局，即所谓的"三衙"，由此造成统军权进一步分割牵制的结果。④

其四，在将帅与监军之间的掣肘。按照宋朝治军规则，凡是出征作战，主帅之外必设监军之职，如宋初的都监，以后则改称监军。监军的地位虽然低于带兵将领，但因受命皇帝而拥有监督之权，故可以"口含天宪"制约主帅。在北宋中后期，皇帝还派出宦官直接参与监军甚至领兵，进一步牵制将帅行动。⑤另外，军中又有走马承受公事一职，"虽名承受，其实监军"，⑥专责报告将官与军队的动态，往往多由宦官担任，"以察守将不法为职"。⑦

其五，在文武上的相互制衡。宋太祖朝沿袭传统，仍以武官负责枢密院。从宋太宗朝开始，在枢密院中兼用文武，以互相牵制。宋仁宗以后，逐渐以文臣取代武官。⑧同时，宋初由高级将帅担任都部署一职，负责军事行动。从宋真宗后期开始，逐渐参用文臣指挥军队。到宋仁宗朝以后，

---

① 罗璧：《识遗》卷一《有国二权》，《景印文渊阁四库全书》第 854 册，第 519 页。

② 李纲：《梁溪集》卷四三《辞免知枢密院事札子》，《景印文渊阁四库全书》第 1125 册，第 864 页。

③ 《宋史》卷一六二《职官二》，第 3799 页。

④ 参见王曾瑜：《宋朝军制初探》（增订版）；范学辉：《宋代三衙管军制度研究》。

⑤ 参见拙作：《北宋后期文臣与宦官共同统军体制的流弊》，《国学研究》第十七卷，2006年 6 月。

⑥ 《宋会要辑稿》职官四一之一三四，第 4069 页。

⑦ 《宋史》卷四六七《宦者二》，第 13644 页。

⑧ 参见拙作：《从枢密院长贰出身变化看北宋"以文驭武"方针的影响》，《历史研究》2001 年第 2 期。

"以文驭武"方针盛行,不仅以文臣主导枢密院决策,并将军事指挥权归属文官,确立了文臣主持所有战区的规矩,正如宋人所说:"不以武人为大帅专制一道,必以文臣为经略以总制之。武人为总管,领兵马,号将官,受节制,出入战守,唯所指麾"①。到南宋初期,因旧有秩序暂时破坏,一度出现过韩世忠、岳飞等将帅独立指挥大军的局面。但随着"绍兴和议"后第二次收兵权,文官大臣又在很大程度上恢复了对大战区指挥权的控制。此外,宋高宗朝还规定:"每路文臣为安抚使、马步军都总管,总一路兵政,许便宜行事,武臣副之。"②至宋孝宗时期,已完全恢复这一安抚使制度。

最后,在军队部署上的"内外相制"。宋太祖时期,创设了"内外相制"或称"内外相维"的原则,即:将大约半数的军队驻守于京畿地区,其余分布于外地,以互相牵制,其目的是"使京师之兵足以制诸道,则无外乱;合诸道之兵足以当京师,则无内变"。③ 事实上,京畿的驻军同样如此,所谓"京师之内有亲卫诸兵,而四城之外诸营列峙相望,此京师内外相制之兵也;府畿之营,云屯数十万之众,其将、副视三路(河北、河东和陕西三路)者,以虞京城与天下之兵,此府畿内外之制也"。④ 而对于驻防各地的军队,宋初则实行了"更戍法",史称"分遣禁旅,戍守边地,率一二年而更"。表面上是为了军兵"均劳逸,知艰难,识战斗,习山川",其实是经常调换主官与部队,使将帅"不得专其兵",有意造成将不知兵、兵不识将的结果。⑤ 这种"内外相制"与"更戍法"的军事举措长期得到贯彻,直到北宋后期才随着边防形势的变化逐渐松弛。

除了上述各个方面外,在北宋前期,皇帝还用"将从中御"的手段控

①　刘挚:《上哲宗论祖宗不任武人为大帅用意深远》,《宋朝诸臣奏议》卷六五《百官门》,第 724 页。

②　《建炎以来系年要录》卷六,建炎元年六月己卯,第 161 页。

③　《续资治通鉴长编》卷三二七,元丰五年六月壬申,第 7883 页。

④　《挥麈录》余话卷一,第 283 页。

⑤　《文献通考》卷一五三《兵考五》,第 4580 页;《司马光奏议》卷三七《请罢将官札子》,第 408 页。并参见邓广铭:《北宋的募兵制度及其与当时积弱积贫和农业生产的关系》,《中国史研究》1980 年第 4 期。

制将帅,其极端表现便是赐御制作战"阵图",以直接掌控将领的行动。而此后逐渐停用"将从中御"方式,则说明制衡机制已经成熟,唯其如此,帝王才无须亲自过问。揆诸上述治军规则的内容,不难发现一切都是着眼于控制军队,因此过度管控便成为宋朝治军的主要特点。

二、宋朝治军特点形成的根源及过程

宋朝治军上盛行的过度管控特点,是伴随着其王朝发展的历程而确立。其形成的根源错综复杂,既与宋朝的建国背景密不可分,更与统治集团施政路线的调整、转型存在直接的关联。

宋朝治军特点的产生,肇始于宋初的立国形势。如所周知,唐末五代军阀割据、兵变频仍导致的统治秩序败坏、皇权沦落的局面,皆因兵权失控下武力超强干预政治的结果,如后晋时,大将安重荣曾直言:"天子,兵强马壮者当为之,宁有种耶!"①宋人更深刻总结道:"大抵五代之所以取天下者,皆以兵。兵权所在,则随以兴;兵权所去,则随以亡。"②宋朝自身即是因"陈桥兵变"建国,因此宋太祖君臣充分汲取以往教训,对兵权高度重视,在军事制度上开始推行分权制衡原则,严密控制武将和军队,以防范积弊复发,宋朝治军的特点就此萌生。不过,宋太祖因抱有统一天下的志向,需要发挥军队的战斗力和将帅的指挥积极性,故并未僵化、过度地执行制衡的规则。

随着两次北伐辽朝战争的失败,宋太宗从此放弃了开疆拓土的军事行动,转而以内部稳定与建设为主要追求目标,"崇文抑武"与"守内虚外"的治国理念就此形成。③ 在新的施政路线引导下,宋朝不再追求统一四方的远大目标,军队以维持域内稳定和对外防御为宗旨,其主要职责便是镇压内乱,而非与塞外强敌争锋,边防战略自然演化为全面和消极的防御性。宋太宗君臣为此曾多次检讨过对外用兵的历史教训,以说明治国

---

① 《旧五代史》卷九八《安重荣传》,第 1302 页。
② 《香溪集》卷八《五代论》,第 71 页。
③ 参见拙作:《宋代治国理念及其实践研究》,人民出版社 2015 年版。

路线转型的必要性。典型的例证如，宰相吕蒙正以隋、唐两朝屡次征伐辽东无果为例，指出："且治国之要，在内修政事，则远人来归，自致安静。"宋太宗当即表示赞同："且治国在乎修德尔，四夷当置之度外。"还对以往的伐辽战争表达了悔意。① 在这种狭隘的内向统治趋势下，军事建设势必围绕秩序稳定为主题，因此对军队与将领的控制力度加大，兵权制衡的原则也就更加受到重视。故诸如枢密院中并用文武的规则、滥用监军掣肘将帅的手段等，始于这一时期就不足为怪。可以说，在治军上管控过度，虽然降低了军队的作战能力，具有明显的消极性，但因为有利于掌握军队和将帅，并防止军事建设偏离施政路线，故宋太宗君臣才一意孤行，这正是其治军特点形成的主要根源。事实上，宋太宗任用将领的一贯标准，主要看其是否具有"循谨"的特点："朕选擢将校，先取其循谨能御下者，武勇次之。"②

宋真宗登基后，在沿袭以往治国理念与边防战略的同时，也一如既往地保持了治军上的特点，并将其视为奉行不悖的本朝祖宗之法。即使军队因此在边防上陷于被动挨打的境地，宋统治者也未改弦更张，如有官员针对束缚将帅的弊端指出："夫将帅者，王之爪牙，登坛授钺，凿门推毂，阃外之事，将军裁之，所以克敌而致胜也。近代动相牵制，不许便宜，兵以奇胜而节制以阵图，事惟变适而指纵以宣命，勇敢无所奋，知谋无所施，是以动而奔北也。"③"澶渊之盟"后，宋统治集团满足于议和带来的边防安宁，依然没有对军事战略与治军原则加以改革，而是继续维持现状。如当有将领建议对西夏积极压制时，宋真宗询问大臣是否可行，宰相王旦坚持认为："佳兵者，不祥之器。祖宗平一宇内，每谓兴师动众，皆非获已。先帝时，颇已厌兵。今柔服异域，守在四夷，帝王之盛德也。"宋真宗便深以为然。④ 宋真宗还要求武将自觉遵守军规，如宋真宗御制了武臣"敕七

① 《宋史》卷二六五《吕蒙正传》，第 9147 页；《续资治通鉴长编》卷三四，淳化四年十一月甲寅，第 758—759 页。
② 《续资治通鉴长编》卷二五，雍熙元年二月壬午，第 573 页。
③ 《续资治通鉴长编》卷四四，咸平二年闰三月庚寅，第 937 页。
④ 《续资治通鉴长编》卷七三，大中祥符三年五月癸卯，第 1672 页。

条"，细化了对各级将领的要求："一曰修身，谓修饰其身，使士卒有所法则；二曰守职，谓不越其职，侵扰州县民政；三曰公平，谓均抚士卒，无有偏党；四曰训习，谓教训士卒，勤习武艺；五曰简阅，谓阅视士卒，识其勤惰勇怯；六曰存恤，谓安抚士卒，甘苦皆同，常使齐心无令失所；七曰威严，谓制驭士卒，无使犯禁。"对这七项条规稍加分析，不难发现要害在于修身、守职及所谓威严三项，即强调武将应具有循谨、本分和能管束部属的能力，却无一条涉及将领果敢用兵的内容。① 这无疑是对宋太宗"循谨"要求的进一步发展。正因为如此，在落实各项治军原则的同时，又进一步在规则上予以深化。如在军事决策上，中书与枢密院大臣各自提议的做法，便成为惯例。

从宋仁宗朝以降，传统治国理念的惯性思维日益根深蒂固，历经宋初三朝定型的军事原则也得以延续，并成为长期的治军特点。总体而言，除了保持其他诸项制衡原则外，最突出的则是以文驭武的规则进一步扩大化，不仅在枢密院形成文臣主宰的格局，而且以文官统辖战区也近乎成为惯例。如北宋后期，在内地不断仿照河北、河东和陕西的文臣统军制度，崇宁四年（1105 年），宋廷下令："京畿四辅置辅郡屏卫京师，以颍昌府为南辅，襄邑县升为拱州为东辅，郑州为西辅，澶州为北辅。以太中大夫以上知州，置副总管、钤辖各一员，知州为都总管，余依三路帅臣法。"此后，宋廷下令在东南"依三路都总管法"。② 宣和初，宋中央还下令对西部前线存在个别武将充任指挥官的情况加以纠正，"诏西边武臣为经略使者改用文臣"。③ 即使在宋神宗、宋孝宗朝意欲奋发图强之时，甚至南宋中后期宰相兼任枢密使后，其基本治军原则亦未能放弃。宋人还批驳了孙子"将能而君不御者胜"的论断，钳制将帅成为统治集团的共识，如苏轼便认为："夫天下之患，不在于寇贼，亦不在于敌国，患在于将帅之不力，而以寇贼敌国之势内邀其君。是故将帅多，而敌国愈强，兵加而寇贼愈坚。敌国愈强，而寇贼愈坚，则将帅之权愈重。将帅之权愈重，则爵赏不

---

① 参见拙作：《北宋武将群体与相关问题研究》，中华书局 2004 年版，第 320—321 页。
② 《宋史》卷一六七《职官七》，第 3980 页。
③ 《宋史》卷二二《徽宗纪》，第 404 页。

得不加。夫如此，则是盗贼为君之患，而将帅之利之；敌国为君之仇，而将帅幸之。"①纵然在南宋初国难当头之际，翰林学士汪澡仍建议削夺将帅兵权，恢复文臣控制武将的传统。② 宋高宗虽一时不得不倚重将领抗金，但始终处心积虑恢复旧制，实非偶然。

三、宋朝治军特点对边防带来的消极影响

宋朝历史上，在治军上长期保持过度制衡的原则，成为其军事建设的突出特点，但却给边防带来了极大的消极影响。分析并归纳两宋边防因此受到的不利影响，主要反映在以下诸多层面：

第一，军事决策的迁延滞后。自确立全面防御战略后，宋军除了抵抗北方强敌辽朝外，还要应对新兴的西夏势力在西北的威胁。面临两面受敌的被动局面，宋廷因军事保守消极，导致边防决策拖延，以致往往被动挨打。有关这方面的史实不胜枚举，其中宋真宗朝最突出的例证，莫过于西北边防决策上的延误。在宋太宗朝后期，西夏军队不断拓展疆域，至道二年（996 年），又开始围攻西北战略重镇——灵州。在援军和粮饷经常受阻的情况下，宋朝数万军民只能困守孤城。宋真宗即位后，面对日益严峻的灵州局势，统治集团却优柔寡断，在守与弃之间摇摆不定。当前线官员提议修筑绥州城堡，用以牵制西夏兵力，"以遏党项"，但由于决策层意见不一致，"互执利害，久而未决"。咸平四年（1001 年）十二月，宋真宗要求中书、枢密院大臣会商绥州城议案，宰相吕蒙正与参知政事王旦持反对意见，另一位宰臣李沆认为建议虽有价值，但劳民伤财，只有枢密院的大臣倾向支持。结果，庙堂上众说纷纭，议而不决，弃守灵州的议论也再度出现。③ 随后，灵州危急的战报纷至沓来，宋廷不得已又调军营救，然而行动却颇为迟缓。到翌年三月，已坚守六年的灵州城在外援断绝的情

---

① 《苏轼文集》卷三《孙武论下》，第 93 页。
② 《建炎以来系年要录》卷四二，绍兴元年二月癸巳，第 908—909 页。
③ 《续资治通鉴长编》卷五〇，咸平四年十二月丁未、丁卯，第 1089、1094—1099 页。

况下终于沦陷。① 西夏从此控制了西北要地,极大地增强了实力,形成了咄咄逼人的态势。宋真宗朝与西夏议和以后,当政者长期满足于对手称臣的表面安宁,对西夏积蓄力量并扩张的现实缺乏预案。如名将曹玮驻守西北前线期间,多次预见性地提出遏制西夏的方略,却未引起重视。② 宋仁宗朝前期,对西北边防的部署依然如故,因此当元昊突然称帝决裂时,宋朝当政者遂措手不及。据记载,宋仁宗数次询问对策,王鬷、陈执中及张观三位文臣枢密院大臣皆"不能对"。③ 宋廷只得匆忙被动应战,于是陷于多年的西线战事之中。

类似以上重大军事决策的延误,还发生过多次,如宋徽宗朝联金灭辽的"海上之盟"。这项重大决策本身便存在短视的缺陷,即只考虑联手金军获取幽云地区,却没有预见"唇亡齿寒"后更强大的金朝之威胁。就其决策与落实的过程而言,同样存在一再延误的问题,以致错失了宝贵的时机。据记载,始作俑者是亲信宦官童贯,宰相蔡京则予以支持,随后遭到宰臣郑居中、知枢密院事邓洵武等人异议。④ 到童贯掌握枢密院大权后,继任宰相王黼附会此议,⑤才抛开一些官员的反对意见付诸行动。⑥ 因此,从重和二年(1119 年)宋朝派官员出使金朝,到次年双方商定共同出兵夹攻辽朝,再到宣和四年(1122 年)宋军第一次出兵辽燕京,前后拖延数年之久。到假手金军获得燕京等地后,宋统治集团只顾陶醉于虚假的成功,却没有周密的御金对策并及时有效地加强军事部署,结果最终迎来了灭顶之灾。南宋联蒙灭金后的情况,几乎与上述如出一辙。清初学者王船山对此深刻指出:"狄夷不可信而信之,逞志于必亡之契丹,而授国

① 《续资治通鉴长编》卷五一,咸平五年三月甲辰,第 1118 页。
② 《宋史》卷二五八《曹彬传附玮》,第 8984—8988 页。
③ 《续资治通鉴长编》卷一二六,康定元年三月戊寅,第 2987 页。
④ 《宋史》卷三五一《郑居中传》,第 11103—11105 页;《三朝北盟会编》卷一,政和八年四月二十七日,第 4 页。
⑤ 《铁围山丛谈》卷二,第 33 页。
⑥ 《宋史》卷三三五《种世衡传附师道》,第 10751 页;《三朝北盟会编》卷八,宣和四年六月三日,第 52—55 页。

于方张之女直,其后理宗复寻其覆轨,以讫其大命。"①由此可见,宋朝军政制衡下导致的决策混乱滞后,给边防带来严重的后果。

第二,总体动员力的涣散。历史上,汉武帝、唐太宗因为动员了全国的资源,得以集中优势兵力出征,才取得逐匈奴、突厥于塞外的重大战果。而宋朝虽然在经济实力、财政收入、人口规模以及军队数量上占有明显优势,但由于受到军政分权制衡框架的约束,行政权、兵权和财权不够集中,因此难以有效地发挥国家的总体动员能力,即无法使自身优势转化为强大的军事力量,以致在边防上常常处于劣势。正因为如此,宋朝每当遭遇边患危机时,都无法征调足够的力量应对敌军优势兵力。如澶渊之盟之前,宋军在御辽前线分兵把守,力量涣散,其中大将傅潜屯军八万驻守定州,但"闭门自守",②结果只能被动挨打。宋仁宗朝,在御夏前线兵力分散于河东、陕西及西北漫长的防区,长期各自为战,而不能集中军队实施战略反攻。宋太宗、宋神宗虽曾先后尝试调集兵力与后勤供应,对辽、夏发动过征伐,宋孝宗及宋宁宗时期也曾组织大军北伐金朝,然而一旦受挫便回归老路。北宋中叶,已有朝官尖锐地指出:"今中书主民,枢密院主兵,三司主财,各不相知。故财已匮而枢密院益兵不已,民已困而三司取财不已,中书视民之困而不知使枢密减兵、三司宽财以救民困者,制国用之职不在中书也。"③可见宋人对此问题并非不知,只是受制于既定施政路线与制度设计而难以更改。南宋时,朱熹也感叹道:"本朝鉴五代藩镇之弊,遂尽夺藩镇之权,兵也收了,财也收了,赏罚刑政,一切收了。"④

第三,作战指挥的被动僵化。由于战场形势变幻莫测,排兵布阵必须随机应变,故统帅应有灵活指挥权,孙子即指出:"将能而君不御者胜。"⑤这一名言早已久经沙场检验,成为用兵常识,以往王翦、韩信、卫青、霍去病、李靖等全权指挥用兵,取得决战于千里之外的胜利便是如此。但宋统

---

① 《宋论》卷八《徽宗三》,第 150 页。
② 《宋史》卷二七九《傅潜传》,第 9473 页。
③ 范镇:《上仁宗乞中书枢密院通知兵民财利》,《宋朝诸臣奏议》卷四六,第 493 页。
④ 《朱子语类》卷一二八《本朝二·法制》,第 3070 页。
⑤ 《十一家注孙子校理·谋攻篇》,第 61 页。

治者却不顾兵家大忌，以制衡的规则钳制前线将帅，甚至直接干预军事行动，这就使得将帅受到很大的束缚，只能被动应战，以至于往往错失良机。宋人即指出："及乎贼众南驰，长驱深入，咸婴城自固，莫敢出战。是汉家郡县，据坚壁，囚天兵，待敌寇之至也。所以犬羊丑类，莞然自得。"①典型的例证如：宋太宗第二次北伐辽朝时，因为三路大军将帅缺乏独立用兵权，只能在监军的监督下僵化执行预定方案。其中东路主力军主帅曹彬行动迟疑，错失战机，遂在辽军机动灵活的反击下溃败；西路军副帅杨业提出借助地利设伏阻击的良策，主帅潘美不予接受，杨业最终被监军王侁逼迫孤军出战，结果兵败被俘。王船山对此尖锐地批评：曹彬谨慎而不敢居功，潘美陷杨业于死地，都是为了避权、避功，"将避权而与士卒不亲；将避功而败可无咎，胜乃自危，贸士卒之死以自全，而无有不败者矣"。②其实，杨业的悲剧并非个案，如早在宋太宗亲征北汉期间，名将郭进也因不堪监军田钦祚的凌辱，自缢而死。③北宋中叶的武将王德用指出："咸平、景德中，赐诸将阵图，人皆死守战法，缓急不相救，以至于屡败。"④相反的例证则是将帅不受约束后，往往能赢得胜利。如：太平兴国四年（979年）十月，辽军发动南攻，宋军在满城与其对阵。宋太宗预先"赐阵图，分为八阵，俾以从事"。宋军按图布阵，"阵去各百步，士众疑惧，略无斗志"。将领赵延进建议改变阵形，"合而击之"。主帅崔翰不敢"擅改召旨"，后在赵延进等人主动承担责任的情况下，才将军队改为前后二阵，集中兵力出击，于是大获全胜。⑤在宋高宗时期，岳飞、韩世忠等大将因为一度拥有较大的自主用兵权，才能取得抗金战场的许多胜利。

第四，军队中的文武矛盾。在以文驭武规则制衡下，宋朝武将长期受到军中文官的支配，如宋仁宗朝人所承认"自来武臣在边，多被文臣掣

---

① 《续资治通鉴长编》卷三〇，端拱二年正月癸巳，第667页。
② 《宋论》卷二《太宗》，第35页。
③ 《宋史》卷二七三《郭进传》，第9335页；卷二七四《田钦祚传》，第9360页。
④ 《宋史》卷二七八《王德用传》，第9468—9469页。
⑤ 《宋史》卷二七一《赵延进传》，第9300页；《续资治通鉴长编》卷二〇，太平兴国四年十月庚午，第462—463页；《辽史》卷七四《韩匡嗣传》，第1360页。

肘"。① 由于文臣缺乏实战经验,常因纸上谈兵带来恶果,故武将多对其缺乏信任感,由此而产生文武之间的抵牾。欧阳修即反映:"大凡武臣尝疑朝廷偏厚文臣,假有二人相争,实是武人理曲,然终亦不服,但谓执政尽是文臣,递相党助,轻沮武人。"②因此缘故,宋朝边防及作战效能受到很大影响。如北宋中叶侬智高在南疆发动叛乱后,文臣杨畋最初主持平叛,但因其"迂阔无威",引起属下诸将不服,遂接连失利,"以无功斥,名称遂衰"。③ 庆历四年(1044年),良将张亢出任并代副都部署兼河东沿边安抚使后,建议构筑堡寨体系以阻遏西夏骑兵,虽得到中央的同意,却遭到河东最高军事指挥官、文臣明镐的干预,"屡牒止亢"。张亢只得顶着压力修筑,"督役愈急"。事实证明这些堡寨发挥了重要作用,"岁减戍兵万人,河外遂安"。④ 以后,张亢在镇守河北瀛州期间,出于加强防御的目的扩修城池,也受到上司夏竦的阻挠,缘由则在于关系不和,"河北安抚使夏竦前在陕西,恶亢不附己,特沮止其役"。⑤ 结果,张亢最终遭到报复,被贬官并逐出军旅。⑥ 熙宁三年,西夏进入宋境筑堡,环庆路经略安抚使、文臣李复圭授李信及刘甫、种咏等武将"阵图、方略",命令出讨,"信等如其教,未至贼营,贼兵大至,信等众才三千,与战不利,多所失亡,退走荔原堡"。李复圭事后委过于武将,李信、刘甫以"违节制"之罪被杀,种咏死于狱中。此事无疑加深了西北军中文武之间的矛盾,史称"人皆冤之"。⑦ 南宋初,刚愎自用的大臣张浚主持西部防线后,不顾诸将的反对,贸然调集五路兵马在富平与金军决战,结果损失惨重。战后,张浚冤杀曾持反对意见的大将曲端,以泄私愤,从而引起了将士的不满,"陕西士大

① 《续资治通鉴长编》卷一五〇,庆历四年六月癸卯,第3630页。
② 《续资治通鉴长编》卷一四八,庆历四年四月丙辰,第3590页。
③ 《涑水记闻》卷一三,第259页;《宋史》卷三〇〇《杨畋传》,第9966页。
④ 《续资治通鉴长编》卷一五二,庆历四年十月壬子,第3710页;《宋史》卷三二四《张亢传》,第10489页。
⑤ 《续资治通鉴长编》卷一六〇,庆历七年二月壬戌,第3863页。
⑥ 参见拙作:《宋朝儒将的角色与归宿——以北宋张亢事迹为中心考察》,北京大学中国古代史研究中心编:《邓广铭教授百年诞辰纪念论文集》,中华书局2008年版,第513—521页。
⑦ 《续资治通鉴长编》卷二一四,熙宁三年八月己卯,第5218页;《宋史》卷二九一《李复圭传》,第9743页。

夫莫不惜之,军民亦皆怅怅,有叛去者。"①绍兴元年(1131年),翰林学士汪藻上《驭将三说》,认为将帅跋扈,为朝廷之害,建议削弱岳飞等诸将兵权。"藻书既传,诸将皆忿,有令门下作论以诋文臣者",并罗列文臣多年误国之罪。"自此文武二途,若冰炭不合矣。"②以后,当淮西主帅刘光世被解职后,宰相张浚出于对岳飞的成见,反对岳飞接管刘光世所部,而派文臣吕祉节制淮西诸军。但吕祉为人"骄傲",又"不谙军旅",故处置不当,遂引发郦琼等将领的不满,酿成兵变,致使四万军队投降伪齐,给宋朝造成重大损失。③ 在此期间,张浚对岳飞还心存猜忌,上奏要求予以弹压。④ 尔后,岳飞被宋高宗、秦桧君臣杀害,韩世忠等诸将被架空,抗金力量遭受重大打击,实与文武之间的矛盾存在一定的关系。

第五,武将与军队士气的低下。由于受到各种钳制规则的约束,外加循谨安分特性的要求,宋朝将领的斗志受到挫伤,其素质也普遍降低,故作战往往缺乏积极主动性。如前述宋太宗朝曹彬、潘美等人在北伐中的消极表现,即为典型例证。宋真宗朝,边防将帅也多萎缩怯战,其中河北大帅傅潜之"畏懦无方略",⑤已无须多言,继任者王超同样"拙于战斗"。⑥ 如咸平六年(1003年),辽军围攻望都,王继忠率军抗击,王超与葛霸奉命救援,但"超、赞皆畏缩退师,竟不赴援",致王继忠孤军战殁。⑦至于骑兵将领王荣,"无将才,但能走马驰射,性悝怯",更是一再贻误战机。⑧ 还有宋仁宗朝的许多大将都表现得庸碌无为,如夏守赟懵于用兵,

---

① 《宋史》卷三六九《曲端传》,第11493页。

② 《建炎以来系年要录》卷四二,绍兴元年二月癸巳,第910页。

③ 《三朝北盟会编》卷一七八,绍兴七年七月,第1287页;《建炎以来系年要录》卷一一三,绍兴七年八月戊戌,第2110—2113页。

④ 参见杨德泉:《张浚事迹述评》,邓广铭、郦家驹主编:《宋史研究论文集》,河南人民出版社1984年版,第565页。

⑤ 《宋史》卷二七九《傅潜传》,第9473页。

⑥ 《宋史》卷二七八《王超传》,第9466页。

⑦ 《宋史》卷二七八《王超传》,第9465—9466页;卷二七九《王继忠传》,第9472—9473页。

⑧ 《续资治通鉴长编》卷四六,咸平三年正月庚寅,第988页。

"性庸怯,寡方略,不为士卒所服";①韩琦在前线也反映:庆州"久缺部署,高继隆、张崇俊虽有心力,不经行阵,未可全然倚任。驻泊都监之内,亦无得力之人",武将魏昭旽、王克基"昨来暂至延州,皆已破胆"。② 诸如此类,不一而足。对于边防将领无能表现的根源,宋人其实心知肚明,宋太宗朝后期便有多位官员言及将帅无权之弊,如张洎上奏反映:"元戎不知将校之能否,将校不知三军之勇怯,各不相管辖,以谦谦自任","将从中御,兵无选锋,必败"。田锡明确要求:"既得将帅,请委任责成,不必降以阵图,不必授之方略,自然因机设变,观衅制宜,无不成功,无不破敌矣。"王禹偁则指出:"兵势患在不合,将臣患在无权。"甚至提出"抑儒臣而激武臣"的激进主张,希望振奋武将群体的精神面貌。③ 以后,王安石仍检讨了"将从中御"的弊端:"傅潜奏防秋在近,亦未知兵将所在,诏付两卷文字,云兵数尽在其中,候贼如此即开某卷,如彼即开某卷。若御将如此,即惟王超、傅潜乃肯为将,稍有才略,必不肯于此时为将,坐待败衄也。"④然而,宋朝却始终不愿从根本上放弃制衡将领的规则,放权于将官的建议也就难以落实,因此对军队士气带来极大的消极影响,由此导致边防低效的后果在所难免。

此外,北宋长期存在的更戍法,使得出征的军队通常由不同番号的各营临时组成,因此造成将领与部下之间的隔阂,也降低了军队的边防战斗力。宋人对此弊端曾批评道:"将无常兵,兵无常将;出师数万,而以生杀存亡之柄授人于仓卒之中,把旄赐钺,建灵旗以启行。而三军之士不知其谁何,莫敢仰视其面,而欲与之同其生死,攻取战捷,不亦难乎?"⑤直到宋神宗朝变法后,才消除了更戍法之弊。

①　《宋史》卷二九○《夏守恩传附夏守赟》,第 9716 页。

②　《安阳集编年笺注》附录一《韩琦诗文补编》卷二《周历边塞陈利害奏》,第 1620 页。参见拙作:《北宋武将群体素质的整体考察》,《文史哲》2001 年第 1 期。

③　《续资治通鉴长编》卷三○,端拱二年正月癸巳,第 666—678 页。

④　《续资治通鉴长编》卷二四八,熙宁六年十一月戊午,第 6046 页。

⑤　吕陶上奏:《历代名臣奏议》卷二二一,第 2914 页。并参见《宋朝军制初探》(增订版),第 67—70 页。

结　　语

宋朝历史上,在推行制衡原则下形成了管控过度的治军特点,其成效可用双刃剑来概括。一方面,这种特点有利于控制兵权,使军队成为服务内政的顺从工具,有效地抑制了地方割据、兵变夺权因素的发酵,从而维持了统治秩序的长期稳定,并保障了文治发展路线的长存。如北宋人所指出:"此所以一百三十余年无兵变之故。"①但另一方面,这种治军特点却降低了军队的战斗力,不利于国家防卫能力的发挥,从而直接造成边防的长期困境,两宋先后亡于边患,即与此有很大的关系。

总而言之,宋朝之呈现出文盛武衰的时代特征,长期遭受外患压迫无疑是其中的重要体现,而其治军上的问题又与边防困境存在密切的关联。南宋学者叶适深刻地指出:"而本朝之所以立国定制、维持人心,期于永存而不可动者,皆以惩创五季而矫唐末之失策为言,细者愈细,密者愈密,摇手举足,辄有法禁。而又文之以儒术,辅之以正论,人心日柔,士气日惰,人才日弱……"②此话其实已触及宋朝治军特点的根源。事实上,宋人也清醒地意识到本朝施政的得失,如吕祖谦所承认:"文治可观而武绩未振,名胜相望而干略未优。"③

原文发表于《西北大学学报》2018 年第 1 期,文字略有调整

---

① 范祖禹:《范太史集》卷二六《论曹诵札子》,《景印文渊阁四库全书》第 1100 册,第 305 页。
② 《叶适集》之《水心别集》卷一二《法度总论二》,第 789 页。
③ 《宋史》卷四三四《吕祖谦传》,第 12874 页。

参 考 文 献

一、古　　籍

1. 郑玄注,贾公彦疏:《周礼注疏》,《十三经注疏》,中华书局 2009 年版。

2. 孙诒让:《周礼正义》,中华书局 2013 年版。

3. 杨伯峻:《春秋左传注》,中华书局 1981 年版。

4. 焦循:《孟子正义》,中华书局 1987 年版。

5. 孙武撰,曹操等注,杨丙安校理:《十一家注孙子》,中华书局 2012 年版。

6. 吴起:《吴子》,《丛书集成新编》,台北新文丰出版社 2008 年版。

7. 尉缭:《尉缭子》,中华书局 1985 年版。

8. 管仲撰,黎翔凤校注:《管子校注》,中华书局 2004 年版。

9. 商鞅:《商子》,商务印书馆 1939 年版。

10. 王先慎撰,钟哲点校:《韩非子集解》,中华书局 1998 年版。

11. 司马迁:《史记》,中华书局 1982 年版。

12. 班固:《汉书》,中华书局 1962 年版。

13. 范晔:《后汉书》,中华书局 1965 年版。

14. 陈寿:《三国志》,中华书局 1982 年版。

15. 房玄龄:《晋书》,中华书局 1974 年版。

16. 魏收:《魏书》,中华书局 1974 年版。

17. 范祖禹:《唐鉴》,上海古籍出版社 1984 年版。

18. 颜之推撰,王利器集解:《颜氏家训集解》,中华书局 1993 年版。

19. 李世民:《帝范》,中华书局 1985 年版。

20. 魏征、令狐德棻:《隋书》,中华书局 1973 年版。

21. 刘昫:《旧唐书》,中华书局 1975 年版。

22. 欧阳修:《新唐书》,中华书局 1975 年版。

23. 薛居正:《旧五代史》,中华书局 1976 年版。

24. 司马光:《资治通鉴》,中华书局 2011 年版。

25. 脱脱:《宋史》,中华书局 1985 年版。

26. 钱若水撰,范学辉校注:《宋太宗皇帝实录校注》,中华书局 2012 年版。

27. 王称:《东都事略》,齐鲁书社 2000 年版。

28. 杜佑:《通典》,中华书局 1992 年版。

29. 马端临:《文献通考》,中华书局 2011 年版。

30. 徐松:《宋会要辑稿》,上海古籍出版社 2014 年版。

31.《元丰官制不分卷》,《宋史资料萃编》,台湾文海出版社 1981 年版。

32. 司义祖整理:《宋大诏令集》,中华书局 1962 年版。

33. 杨仲良:《续资治通鉴长编纪事本末》,北京图书馆出版社 2003 年版。

34. 李心传:《建炎以来系年要录》,中华书局 2013 年版。

35. 徐梦莘:《三朝北盟会编》,上海古籍出版社 1987 年版。

36. 汪藻撰,王智勇笺注:《靖康要录笺注》,四川大学出版社 2008 年版。

37. 佚名撰,汝企和点校:《续编两朝纲目备要》,中华书局 1995 年版。

38. 孙逢吉:《职官分纪》,《景印文渊阁四库全书》,台湾商务印书馆 1986 年版。

39. 赵升撰,王瑞来点校:《朝野类要》,中华书局 2007 年版。

40. 曾枣庄、刘琳主编:《全宋文》,上海辞书出版社 2006 年版。

41. 唐圭璋编:《全宋词》,中华书局 1998 年版。

42. 杜大珪:《名臣碑传琬琰之集》,《景印文渊阁四库全书》,台湾商务印书馆 1986 年版。

43. 江少虞:《宋朝事实类苑》,上海古籍出版社 1981 年版。

44. 李攸:《宋朝事实》,中华书局 1985 年版。

45. 吕中:《类编皇朝大事记讲义》,上海人民出版社 2014 年版。

46. 曾巩撰,王瑞来校证:《隆平集校证》,中华书局 2012 年版。

47. 徐自明撰,王瑞来校补:《宋宰辅编年录校补》,中华书局 1986 年版。

48. 曾公亮:《武经总要》,商务印书馆 2017 年版。

50. 陈傅良:《历代兵制》,《景印文渊阁四库全书》,台湾商务印书馆 1986 年版。

49. 李心传:《建炎以来朝野杂记》,中华书局 2000 年版。

50. 章如愚:《群书考索》,书目文献出版社 1992 年版。

51. 李上交:《近事会元》,中华书局 1991 年版。

52. 谢维新:《古今合璧事类备要》,《景印文渊阁四库全书》,台湾商务印书馆 1986 年版。

53. 王应麟:《困学纪闻》,上海古籍出版社 2015 年版。

54. 洪遵:《翰苑群书》,中华书局 1991 年版。

55. 李白:《李太白文集》,中华书局 1977 年版。

56. 杨炯撰,祝尚书笺注:《杨炯集笺注》,中华书局 2016 年版。

57. 岑参撰,廖立笺注:《岑嘉州诗笺注》,中华书局 2004 年版。

58. 柳开:《柳开集》,中华书局 2015 年版。

59. 王禹偁:《小畜集》,《景印文渊阁四库全书》,台湾商务印书馆 1986 年版。

60. 田锡:《咸平集》,巴蜀书社 2008 年版。

61. 宋庠:《元宪集》,《景印文渊阁四库全书》,台湾商务印书馆 1986 年版。

62. 宋祁:《景文集》,《景印文渊阁四库全书》,台湾商务印书馆 1986 年版。

63. 余靖:《武溪集》,《景印文渊阁四库全书》,台湾商务印书馆 1986 年版。

64. 苏洵:《嘉祐集》,《景印文渊阁四库全书》,台湾商务印书馆 1986 年版。

65. 韩琦:《安阳集》,《景印文渊阁四库全书》,台湾商务印书馆 1986 年版。

66. 李之亮、徐正英校笺:《安阳集编年笺注》,巴蜀书社 2000 年版。

67. 杨亿:《武夷新集》,《宋集珍本丛刊》,线装书局 2004 年版。

68. 穆修:《穆参军集》,《景印文渊阁四库全书》,台湾商务印书馆 1986 年版。

69. 张方平:《乐全集》,《宋集珍本丛刊》,线装书局 2004 年版。

70. 范仲淹:《范文正集》,《景印文渊阁四库全书》,台湾商务印书馆 1986 年版。

71. 尹洙:《河南集》,《景印文渊阁四库全书》,台湾商务印书馆 1986 年版。

72. 王安石:《王文公文集》,上海人民出版社 1974 年版。

73. 蔡襄:《端明集》,《景印文渊阁四库全书》,台湾商务印书馆 1986 年版。

74. 张载:《张载集》,中华书局 1978 年版。

75. 程颢、程颐撰,王孝鱼点校:《二程集》,中华书局 2004 年版。

76. 苏颂:《苏魏公文集》,中华书局 1988 年版。

77. 王珪:《华阳集》,中华书局 1985 年版。

78. 司马光:《传家集》,《景印文渊阁四库全书》,台湾商务印书馆 1986 年版。

79. 司马光撰,李之亮笺注:《司马温公集编年笺注》,巴蜀书社 2009 年版。

80. 司马光撰，王根林点校：《司马光奏议》，山西人民出版社 1986 年版。

81. 范祖禹：《范太史集》，《景印文渊阁四库全书》，台湾商务印书馆 1986 年版。

82. 胡宿：《文恭集》，中华书局 1985 年版。

83. 沈遘：《西溪集》，《景印文渊阁四库全书》，台湾商务印书馆 1986 年版。

84. 苏轼撰，孔凡礼点校：《苏轼文集》，中华书局 1986 年版。

85. 苏辙撰，陈宏天、高秀芳点校：《苏辙集》，中华书局 1990 年版。

86. 黄庭坚：《山谷集》，《景印文渊阁四库全书》，台湾商务印书馆 1986 年版。

87. 曾巩：《曾巩集》，中华书局 1984 年版。

88. 范纯仁：《范忠宣集》，《景印文渊阁四库全书》，台湾商务印书馆 1986 年版。

89. 王安礼：《王魏公集》，《景印文渊阁四库全书》，台湾商务印书馆 1986 年版。

90. 祖无择：《龙学文集》，《景印文渊阁四库全书》，台湾商务印书馆 1986 年版。

91. 张耒：《柯山集》，《景印文渊阁四库全书》，台湾商务印书馆 1986 年版。

92. 藤县、释契嵩著，林仲湘、邱小毛校注：《镡津文集校注》，巴蜀书社 2014 年版。

93. 邹浩：《道乡先生邹忠公文集》，《宋集珍本丛刊》，线装书局 2004 年版。

94. 李纲：《梁溪集》，《景印文渊阁四库全书》，台湾商务印书馆 1986 年版。

95. 李若水：《忠愍集》，《景印文渊阁四库全书》，台湾商务印书馆 1986 年版。

96. 杨时撰，林海泉整理：《杨时集》，中华书局 2018 年版。

97. 慕容彦逢：《摘文堂集》，《景印文渊阁四库全书》，台湾商务印书馆 1986 年版。

98. 汪藻：《浮溪集》，《景印文渊阁四库全书》，台湾商务印书馆 1986 年版。

99. 汪应辰：《文定集》，中华书局 1985 年版。

100. 范浚：《香溪集》，《景印文渊阁四库全书》，台湾商务印书馆 1986 年版。

101. 陈亮撰，邓广铭点校：《陈亮集》，河北教育出版社 2003 年版。

102. 叶适撰，刘公纯、王孝鱼、李哲夫点校：《叶适集》，中华书局 1961 年版。

103. 真德秀：《西山文集》，《景印文渊阁四库全书》，台湾商务印书馆 1986 年版。

104. 黎靖德：《朱子语类》，中华书局 1986 年版。

105. 刘肃:《大唐新语》,中华书局 1984 年版。

106. 杨亿:《杨文公谈苑》,上海古籍出版社 1993 年版。

107. 潘汝士:《丁晋公谈录(外三种)》,中华书局 2012 年版。

108. 王曾:《王文正公笔录》,中华书局 2017 年版。

109. 王素:《王文正公遗事》,中华书局 2017 年版。

110. 司马光:《稽古录》,中国友谊出版公司 1987 年版。

111. 司马光:《涑水记闻》,中华书局 1989 年版。

112. 田况:《儒林公议》,中华书局 2017 年版。

113. 江休复:《嘉祐杂志》,《景印文渊阁四库全书》,台湾商务印书馆 1986 年版。

114. 江休复:《江邻几杂志》,中华书局 1991 年版。

115. 邵伯温:《邵氏闻见录》,中华书局 1983 年版。

116. 魏泰:《东轩笔录》,中华书局 1983 年版。

117. 吕希哲:《吕氏杂记》,《景印文渊阁四库全书》,台湾商务印书馆 1986 年版。

118. 范祖禹:《帝学》,《景印文渊阁四库全书》,台湾商务印书馆 1986 年版。

119. 王林:《燕翼诒谋录》,中华书局 1981 年版。

120. 欧阳修:《归田录》,中华书局 1981 年版。

121. 文莹:《玉壶清话》,中华书局 1984 年版。

122. 文莹:《湘山野录》,中华书局 1984 年版。

123. 沈括:《梦溪笔谈》,中华书局 2015 年版。

124. 范镇:《东斋记事》,中华书局 1980 年版。

125. 苏辙:《龙川别志》,中华书局 1982 年版。

126. 强至:《韩忠献公遗事》,中华书局 1985 年版。

127. 宋敏求:《春明退朝录》,中华书局 1980 年版。

128. 王辟之:《渑水燕谈录》,中华书局 1981 年版。

129. 蔡绦:《铁围山丛谈》,中华书局 1983 年版。

130. 叶梦得:《石林燕语》,中华书局 1984 年版。

131. 王铚:《默记》,中华书局 1981 年版。

132. 龚鼎臣:《东原录》,中华书局 1985 年版。

133. 王明清:《挥麈录》,《全宋笔记》,大象出版社 2013 年版。

134. 陈郁:《藏一话腴》,《景印文渊阁四库全书》,台湾商务印书馆 1986 年版。

135. 曹彦约:《经幄管见》,《景印文渊阁四库全书》,台湾商务印书馆 1986

年版。

136. 吴坰:《五总志》,中华书局1985年版。

137. 张镃:《仕学规范》,《景印文渊阁四库全书》,台湾商务印书馆1986年版。

138. 何薳:《春渚纪闻》,中华书局1983年版。

139. 马永卿:《元城语录》,《景印文渊阁四库全书》,台湾商务印书馆1986年版。

140. 孔平仲:《珩璜新论》,《景印文渊阁四库全书》,台湾商务印书馆1986年版。

141. 叶梦得:《避暑录话》,《全宋笔记》,大象出版社2006年版。

142. 周煇:《清波杂志》,中华书局1994年版。

143. 彭乘:《墨客挥犀》,中华书局1991年版。

144. 罗璧:《识遗》,《景印文渊阁四库全书》,台湾商务印书馆1986年版。

145. 熊克:《中兴小纪》,中华书局1985年版。

146. 张端义:《贵耳集》,《景印文渊阁四库全书》,台湾商务印书馆1986年版。

147. 徐度:《却扫编》,《全宋笔记》,大象出版社2008年版。

148. 岳珂:《愧郯录》,中华书局2016年版。

149. 俞文豹:《吹剑录外集》,《景印文渊阁四库全书》,台湾商务印书馆1986年版。

150. 洪迈:《容斋随笔》,中华书局2005年版。

151. 程大昌:《演繁露》,《景印文渊阁四库全书》,台湾商务印书馆1986年版。

152. 罗大经:《鹤林玉露》,中华书局1983年版。

153. 赵善璙:《自警编》,《景印文渊阁四库全书》,台湾商务印书馆1986年版。

154. 许月卿:《百官箴》,《景印文渊阁四库全书》,台湾商务印书馆1986年版。

155. 晁公武:《郡斋读书后志》,《景印文渊阁四库全书》,台湾商务印书馆1986年版。

156. 周应合:《景定建康志》,中华书局1990年版。

157. 杨士奇等:《历代名臣奏议》,上海古籍出版社1989年版。

158. 李材:《将将纪》,《四库全书存目丛书》,齐鲁书社1995年版。

159. 王夫之:《宋论》,中华书局1964年版。

160. 永瑢：《四库全书总目》，中华书局 1965 年版。

161. 赵翼撰，王树民校正：《廿二史札记校正》，中华书局 2013 年版。

162. 王国维：《王国维遗书》，上海古籍书店 1983 年版。

二、今 人 论 著

1. 恩格斯：《家庭、私有制和国家的起源》，人民出版社 1972 年版。

2. ［英］汤因比：《历史研究》，上海人民出版社 1964 年版。

3. 钱穆：《中国历代政治得失》，生活·读书·新知三联书店 2010 年版。

4. 陈寅恪：《金明馆丛稿》，上海古籍出版社 1982 年版。

5. 杨宽：《战国史》，上海人民出版社 2003 年版。

6. 雷海宗：《中国的兵》，中华书局 2005 年版。

7. 刘泽华：《中国的王权主义》，上海人民出版社 2000 年版。

8. 安作璋、熊铁基：《秦汉官制史稿》，齐鲁书社 1984 年版。

9. 李开元：《汉帝国的建立与刘邦集团——军功受益阶层研究》，生活·读书·新知三联书店 2000 年版。

10. 何兹全：《魏晋南北朝的兵制》，《历史语言研究所集刊》第 16 本，商务印书馆 1948 年版。

11. 阎步克：《品位与职位》，中华书局 2002 年版。

12. 张国刚：《唐代藩镇研究》，湖南教育出版社 1987 年版。

13. 章群：《唐代蕃将研究》，台湾联经出版事业公司 1986 年版。

14. 马驰：《唐代蕃将》，三秦出版社 1990 年版。

15. 吴廷燮：《北宋经抚年表南宋制抚年表》，中华书局 1984 年版。

16. 张荫麟：《两宋史纲》，北京出版社 2016 年版。

17. 邓广铭：《岳飞传》，人民出版社 1983 年版。

18. 邓广铭：《陈龙川传》，生活·读书·新知三联书店 2007 年版。

19. 漆侠：《王安石变法》，上海人民出版社 1979 年版。

20. 漆侠主编：《辽宋西夏金元通史》，人民出版社 2010 年版。

21. 王曾瑜：《宋朝兵制初探》，中华书局 1983 年版；《宋朝军制初探》（增订本），中华书局 2011 年版。

22. 王曾瑜：《岳飞新传》，河北人民出版社 2001 年版。

23. 黄宽重：《南宋军政与文献探索》，台湾新文丰出版公司 1990 年版。

24. 刘子健：《两宋史研究汇编》，台湾联经出版事业公司 1987 年版。

25. 龚延明：《宋代官制词典》，中华书局 1997 年版。

26. 梁天锡:《宋枢密院制度》,台湾黎明文化事业股份公司1981年版。

27. 苗书梅:《宋代官员选任和管理制度》,河南大学出版社1996年版。

28. 李昌宪:《宋代安抚使考》,齐鲁书社1997年版。

29. 李之亮:《宋河北河东大郡守臣易替考》,巴蜀书社2001年版。

30. 邓小南:《祖宗之法:北宋前期政治述略》,生活·读书·新知三联书店2006年版。

31. 汪圣铎:《两宋财政史》,中华书局1995年版。

32. 李华瑞:《宋夏关系史》,河北人民出版社1998年版。

33. 何冠环:《北宋武将研究》,香港中华书局2003年版。

34. 何冠怀:《攀龙附凤:北宋潞州上党李氏外戚将门研究》,中华书局2013年版。

35. 何冠环:《宫闱内外:宋代内臣研究》,台湾花木兰文化事业有限公司2018年版。

36. 余英时:《朱熹的历史世界》,生活·读书·新知三联书店2004年版。

37. 张明:《宋代军法研究》,中国社会科学出版社2010年版。

38. 戴应新:《折氏家族史略》,三秦出版社1989年版。

39. 曾瑞龙:《经略幽燕:宋辽战争军事灾难的战略分析》,香港中文大学出版社2003年版。

40. 曾瑞龙:《拓边西北:北宋中后期对夏战争研究》,香港中华书局2006年版。

41. 刘展:《中国古代军制史》,军事科学出版社1992年版。

42. 刘庆、毛元佑:《中国宋辽金夏军事史》,人民出版社1994年版。

43. 范学辉:《宋代三衙管军制度研究》,中华书局2015年版。

44. [德]傅海波、[英]崔瑞德:《剑桥中国辽西夏金元史》,中国社会科学出版社1998年版。

45. [美]斯塔夫里阿诺斯:《全球通史——1500年以前的世界》,上海社会科学院出版社1999年版。

46. [美]包弼德:《斯文:唐宋思想的转型》,江苏人民出版社2001年版。

47. [英]利德尔·哈特:《战略论》,战士出版社1981年版。

48. [英]杰弗里·巴勒克拉夫:《泰晤士世界历史地图集》,生活·读书·新知三联书店1985年版。

49. [英]S.A.M.艾兹赫德:《世界历史中的中国》,上海人民出版社2009年版。

50. 聂崇岐:《论宋太祖收兵权》,《燕京学报》1948年第34期。

51. 邓广铭:《北宋募兵制度及其与当时积弱积贫和农业生产的关系》,《中国史研究》1980 年第 4 期。

52. 邓广铭:《宋太祖太宗皇位授受问题辨析》,《邓广铭治史丛稿》,北京大学出版社 1997 年版。

53. 邓广铭:《谈谈宋史研究的几个问题》,《社会科学战线》1986 年第 2 期。

54. 漆侠:《二十等爵与封建制度》,《求实集》,天津人民出版社 1982 年版。

55. 漆侠:《宋代对武人的防制》,《经世日报读书周刊》1947 年 12 月 31 日。

56. 漆侠:《宋太宗第一次伐辽,宋辽战争研究之一》,《河北大学学报》1991 年第 3 期。

57. 漆侠:《宋太宗雍熙北伐》,《河北学刊》1992 年第 1 期。

58. 漆侠:《辽国的战略进攻与澶渊之盟的建立》,《河北大学学报》1992 年第 3 期。

59. 漆侠:《宋太宗与守内虚外》,《宋史研究论丛(第三辑)》1999 年版。

60. 漆侠:《〈武士的悲哀——北宋崇文抑武现象透析〉序》,陕西人民教育出版社 2000 年版。

61. [美]刘子健:《略论宋代武官群在统治阶级中的地位》,《两宋史研究汇编》,台湾联经出版事业公司 1987 年版。

62. 王曾瑜:《宋朝的文武区分和文臣统兵》,《中州学刊》1984 年第 2 期。

63. 王曾瑜:《岳家军的兵力和编制》,《文史》第 11 辑。

64. 王曾瑜:《宋代文明的历史地位》,《河北学刊》2006 年第 5 期。

65. 宁可:《宋代重文轻武风气的形成》,《学林漫录》第 3 集,中华书局 1981 年版。

66. 宋衍申:《是"重武"不是"轻武"》,《光明日报》1985 年 9 月 4 日。

67. 倪士毅:《北宋馆阁制度述略》,邓广铭、俪家驹主编:《宋史研究论文集》,河南人民出版社 1984 年版。

68. 刘浦江:《祖宗之法:再论宋太祖誓约及誓碑》,《文史》2010 年第 3 辑。

69. 李华瑞:《北宋抗金名将王禀事迹述评》,《中州学刊》1995 年第 2 期。

70. 袁征:《宋初驭将政策的重要变化》,《河北大学学报》1986 年第 1 期。

71. 王育济:《论"杯酒释兵权"》,《中国史研究》1996 年第 3 期。

72. 张希清:《论宋代科举取士之多与冗官问题》,《北京大学学报》1987 年第 5 期。

73. 何忠礼:《试论北宋科举制的特点及其历史作用》,邓广铭、俪家驹主编:《宋史研究论文集》,河南人民出版社 1984 年版。

74. 杨德泉:《张浚事迹述评》,邓广铭、俪家驹主编:《宋史研究论文集》,河南人民出版社 1984 年版。

　　75. 王明荪:《宋初的反战论》,邓广铭、漆侠主编:《国际宋史研讨会论文选集》,河北大学出版社 1992 年版。

　　76. 张全明:《也论宋代官员的俸禄》,《历史研究》1997 年第 2 期。

　　77. 邓小南:《近臣与外官:试析北宋初期的枢密院及其长官人选》,漆侠主编:《宋史研究论文集》,河北大学出版社 2002 年版。

　　78. 邓小南:《谈宋初之"欲武臣读书"与"用读书人"》,《史学月刊》2005 年第 7 期。

　　79. 罗文:《北宋文臣统兵的真相》,漆侠主编:《宋史研究论文集》,河北大学出版社 2002 年版。

　　80. 赵冬梅:《宋代武举初探》,北京大学硕士学位论文,1995 年。

　　81. 李立:《北宋河北缘边安抚使研究》,漆侠主编:《宋史研究论文集》,河北大学出版社 2002 年版。

　　82. 曹家齐:《"嘉祐之治"问题探论》,《学术月刊》2004 年第 9 期。

　　83. 范学辉:《"将从中御"始于宋太祖考》,《安徽师范大学学报》2006 年第 1 期。

　　84. 燕永成:《北宋后期的御将新体制及其影响》,《文史哲》2017 年第 5 期。

　　85. 柳立言:《北宋评价武人标准再认识——重文轻武之另一面》,《历史研究》2018 年第 2 期。

　　86. 李华瑞:《20 世纪中日"唐宋变革"观研究述评》,《史学理论研究》2003 年第 4 期。

　　87. 李裕民:《折氏家族研究》,《陕西师范大学学报》1998 年第 2 期。

　　88. 高恩泽:《北宋时期河北"水长城"考略》,《河北学刊》1983 年第 4 期。

　　89. 汪天顺:《曹玮与北宋西北边防整饬》,《西北民族研究》2001 年第 4 期。

　　90. 黄纯艳:《熙宁战争与宋越关系》,《厦门大学学报》2006 年第 6 期。

　　91. 葛兆光:《宋代"中国"意识的凸显——关于近世民族意识的远源》,《文史哲》2004 年第 1 期。

三、本人相关论著

　　1.《武士的悲哀——北宋崇文抑武现象透析》,陕西人民教育出版社 2000 年版;《武士的悲哀——北宋崇文抑武现象研究》,人民出版社再版 2011 年版。

　　2.《宋代治国理念及其实践研究》(合著),人民出版社 2015 年版。

　　3.《文治之路》(印象中国历史·宋朝卷),人民教育出版社 2019 年版。

4.《从定都开封说北宋国防政策的演变及失败》,《陕西师范大学学报》1991年第 2 期。

5.《从狄青的遭遇看北宋中叶武将的境况》(与张明合作),《中州学刊》2000年第 3 期。

6.《宋初武将精神面貌的转变》,《河北大学学报》2000 年第 5 期。

7.《北宋枢密院长贰出身变化与以文驭武方针的影响》,《历史研究》2001年第 2 期。

8.《从文不换武现象看北宋社会的崇文抑武风气》,《中国史研究》2001 年第 2 期。

9.《北宋武将群体素质的整体考察》,《文史哲》2001 年第 1 期。

10.《都部署与北宋武将地位的变迁》,《安徽师范大学学报》2001 年第 4 期。

11.《宋初名将郭进事迹述评》,《西北大学学报》2002 年第 1 期。

12.《论宋初三朝的禁军三衙将帅》,《河北学刊》2002 年第 2 期。

13.《北宋潜邸出身将领述论》,《漆侠先生纪念文集》,河北大学出版社 2002年版。

14.《北宋将门现象探析——对中国古代将门的断代史剖析》,《中国史研究》2004 年第 3 期。

15.《宋代主流军事思想与兵学批判》,《史学月刊》2005 年第 11 期。

16.《宋太宗与平戎万全阵》,《历史研究》2006 年第 6 期。

17.《论北宋后期文臣与宦官共同统军体制的流弊》,《国学研究》第 17 卷,北京大学出版社 2006 年版。

18.《北宋讲武礼初探》(与刘缙合作),《清华大学学报》2007 年第 5 期。

19.《北宋御辽战争的演变与"澶渊之盟"的产生及影响》,《史学集刊》2007年第 3 期。

20.《宋代统治集团以和缓战思想及其影响》,《中国军事科学》2008 年第 4 期。

21.《宋代军功集团在政治上的消亡及其影响》,《中国史研究》2008 年第 4 期。

22.《宋朝儒将的角色与归宿》,北京大学中国古代史研究中心编:《邓广铭教授百年诞辰纪念论文集》,中华书局 2008 年版。

23.《宋代主流意识支配下的战争观》,《历史研究》2009 年第 2 期。

24.《政治选择与宋代文官士大夫的政治角色——以宋朝治国方略及处理文武关系方面探究为中心》,《河南大学学报》2007 年第 1 期。

25.《从呼延赞事迹看宋初朝政路线的演变》,《人文杂志》2009 年第 1 期。

26.《宋朝开国史与士人的记忆与改造》,《人文杂志》2010 年第 5 期。

27.《宋代武成王庙与朝政关系初探》(与胡文宁合作),《中国史研究》2012 年第 2 期。

28.《宋太祖朝节度使类型及其转型述论》,《河北大学学报》2012 年第 4 期。

29.《柳开事迹与宋初士林的豪横之气》,《人文杂志》2012 年第 4 期。

30.《中国古代治国理念及其转变——以宋朝"崇文抑武"治国理念为中心》,《文史哲》2013 年第 3 期。

31.《宋朝化解矛盾的怀柔方式及倾向——以处理内外重大矛盾问题为中心》,《人文杂志》2015 年第 4 期。

32.《简论宋朝的治军特点与边防困境》,《西北大学学报》2018 年第 1 期。

33.《宋太祖朝的曲宴及其政治功用》,《历史研究》2018 年第 4 期。

34.《从治军特点及其得失看宋朝"武绩未振"》,《光明日报》2019 年 1 月 21 日理论版。

35.《宋朝军中饮酒问题浅论》,《西北大学学报》2020 年第 2 期。

36.《北宋皇室与"将门"通婚现象探析》,《文史哲》2004 年 3 期。

原 版 后 记

宋代素有"积弱"之说，后世又有赵宋"重文轻武"的看法，这都昭示出宋朝在中国历史上突出的一面。产生这些现象的根源是复杂和多方面的，其中关键的环节之一，无疑与当时武将群体的状况与相关政策有关。长期以来，学术界对宋代武将问题的研究，更多的是侧重在个案和许多制度方面，而对武将作为群体的探讨，以及对统治集团长期推行的武将政策、方针等问题的探讨，则明显不足。我个人还强烈地认为，宋代的武将政策和处理文武关系的片面做法，不仅对本朝国防及社会风尚造成了极大的危害、腐蚀，还对后世产生了深远的消极影响。因此，更有深入研究的必要。

我自1984年师从著名史学家漆侠先生研读宋史以来，便对以上问题产生了浓厚的兴趣，但由于工作和其他因素的影响，直到近些年才得以集中精力加以摸索。几年前出版的拙作《武士的悲哀——北宋崇文抑武现象透析》一书，便是我对北宋武将问题初步探讨的结果，但其中不免有些偏激的认识。庆幸的是，蒙吾师漆侠先生的支持，我在职读博士期间，确定了《北宋武将群体研究》的学位论文题目。此后，在先生的关心之下，我系统地查阅了有关的资料，静下心来思考了许多问题，并且有机会经常向先生请教。万分遗憾的是，在我大致上完成了博士论文之际，吾师竟意外仙逝，使我失去最后讨教的机会，也使我的许多想法未能得到进一步地辩驳、锤炼。此后，我虽如期通过答辩，却未敢放弃对这些问题的继续探讨。现在,基本上以我的博士论文为基础而完成的这部书稿即将付梓出版,我首先要对吾师漆侠先生表示无尽的谢意和怀念,并对郭东旭先生在我论文写作后期所给予的各方面帮助深表感谢!

王曾瑜先生多年来在学术上对我有很大的影响,特别是在宋朝军制方面的研究,使我获益匪浅。在写作博士论文的过程中,我又多次得到了王先生的当面指教。本书中第五章第五部分"北宋后期战时的文臣与宦官共同指挥统军体系"的内容,就是采纳了王先生的建议所写的。在此,对王曾瑜先生的关心和指教,表示深深的谢意!此外,在我写作论文的期间,乔幼梅、邓小南、张希清先生以及河北大学宋史研究中心的诸位先生,都给我提出过宝贵的意见,在此深表感谢!

本书的出版,得到了西北大学"211工程"经费的资助。在本书出版之际,刘九生先生提出了宝贵的修改意见,又承蒙中华书局崔文印、熊国祯等先生的关心和支持,并且悉心编校,在此一并表示衷心的感谢!

陈　峰

2002 年 11 月一稿

2003 年 10 月二稿

增订本后记

　　这本书原是在我博士论文《北宋武将群体研究》的基础上所完成,于2003年交由中华书局出版,屈指算来,距今已过去十七个年头。的确是岁月如梭,当年精力旺盛的我,现已开始步入老年,曾经乌黑的虬髯,也变得花白和稀疏了。

　　元代史臣在修完《宋史》后,得出了宋朝"声容盛而武备衰"(《进宋史表》)的结论。的确,宋朝武备与边防存在"积弱"的突出特征,就此而言,承担作战、防守任务的军事将领难辞其咎。然而,当时武将群体表现失常的背后,其实有着错综复杂的根源。像宋代名将杨业、狄青、岳飞以及余玠等人,若置身于前后许多王朝之中,应该还能取得更大的功业,而不至于蒙受那么多的冤屈,最后不得善终。这就值得深究,需要从宋代统治、军政以及制度、政策上考察。本书第一版的结语中,曾说过:"北宋武将群体与相关问题研究,是一个还难以穷尽的课题。"时光过去这十数年间,我确实未曾中断对宋代武将问题的关注,不仅有了更深的认识,并且进而延展到更多的相关领域。我以为,无论是具体到宋代武将群体状况,还是大到宋朝军政设计的弊端,都应与其治国理念关联起来。只有从这一根本上加以观察,才能解释诸多相关制度、政策以及举措的缘起,也才能揭示问题的本质,从而追踪到宋朝文盛武衰时代特征的根源。因此,我围绕自己的思路展开研究,发表了系列论文及专著,并申请获批了国家社会科学基金重点项目《宋代治军理念与朝政关系研究》、教育部人文社会科学规划项目《宋代治国理念及其实践研究》。

　　需要说明的是,这次本书增订再版,主要做了以下工作:其一,汲取了新出的学界相关研究成果;其二,按照如今的学术规范要求,对所有注文格式加以调整、补充;其三,对原书表述不妥的文字,进行了许多修改;其四,在某些章节中增加了不少内容;最后,为了补充本书的某些内容,聊以发表过的三篇相关论文附于书尾。遗憾的是,因为目前实在是诸事缠身,故无法将自己更多的新见解付诸其中。如原书对"崇文抑武"方略的消极性多加批判,而对其助推宋代发展的积极方面则论述不够;揭露了文臣士人在军事上的无能表现,却对他们在其他领域的贡献展现不足。未尽之意,只有留待以后。

　　在此,首先要感谢人民出版社为本书提供了增订、再版的机会。还要特别感谢我的博士生吴海峰、朱晨鹭,硕士生曹若颖和刘蒙同学的辛苦付出,他们对本书的史料做了细致的核对,并调整了注释格式,让我省去了不少时间。

陈　峰

2020 年冬于终南山下

责任编辑：贺　畅　周　颖
装帧设计：肖　辉　王欢欢
责任校对：张红霞

图书在版编目(CIP)数据

北宋武将群体与相关问题研究/陈峰 著. —增订本. —北京:人民出版社,
　2021.8
（人民文库．第二辑）
ISBN 978－7－01－022656－9

Ⅰ.①北…　Ⅱ.①陈…　Ⅲ.①军事人物-人物研究-中国-北宋
　Ⅳ.①K825.2

中国版本图书馆 CIP 数据核字(2020)第 224772 号

北宋武将群体与相关问题研究
BEISONG WUJIANG QUNTI YU XIANGGUAN WENTI YANJIU
（增订本）

陈　峰　著

人民出版社 出版发行
（100706　北京市东城区隆福寺街 99 号）

北京新华印刷有限公司印刷　新华书店经销

2021 年 8 月第 1 版　2021 年 8 月北京第 1 次印刷
开本:710 毫米×1000 毫米 1/16　印张:25.75
字数:382 千字

ISBN 978－7－01－022656－9　定价:83.00 元

邮购地址 100706　北京市东城区隆福寺街 99 号
人民东方图书销售中心　电话 (010)65250042　65289539